행위 없는 구원?

행위없는 구원?

개정판 1쇄 인쇄 2024년 11월 4일
개정판 1쇄 발행 2024년 11월 14일
지은이 권연경
발행인 이성만
발행처 야다북스
등록번호 제2007-000306호
주소 서울특별시 강남구 강남대로 320, 1108호(역삼동)
이메일 colorcomuni@gmail.com
편집 이의현 최성욱
마케팅 이재혁 김명진
디자인 최건호
ISBN 979-11-988421-2-1 (03230)
값 27,000원

- 야다북스는 (주)칼라커뮤니케이션의 임프린트 브랜드입니다.
- 잘못 만들어진 책은 구입처에서 교환해드립니다.

행위 없는 구원?

권연경 지음

야다북스

추천의 글

프롤로그, 본문 1-3부(1-7장), 그리고 에필로그로 구성된 이 책은 저자가 그동안 강조해 왔던 '구원'과 '현재의 삶'의 본질적이고 유기적인 관계를 명료하게 석명하고 있다. 통속적 구호로 유포되고 있는 '오직 믿음', '오직 은혜'라는 종교개혁자들의 슬로건을 차분하게 검토하는 이 책은 정독하기만 하면 오해를 불러일으킬 만한 요소가 거의 없는 아주 명료하고 균형 잡힌 책이다. 저자는 이미 잘 알려진 기독교 구원론의 대강大綱에 도전하려고 하기보다는 기독교 구원의 대강을 구체적으로 표현하는 세목細目들을 자세하게 검토한다.

책의 중심 논지는 명료하여 논쟁의 여지가 없다. 주 예수 그리스도의 복음을 믿고 구원받은 신자는 믿자마자 천국으로 직행하기보다는 아직도 속량되지 못한 몸으로 죄와 불의가 넘치는 세상에서 오랜 시간을 살아가야 한다. 이런 전제 아래 저자는 프롤로그에서 '이 긴 세상살이 동안에 행하는 신자의 삶이, 이미 받은 그 자신의 구원의 완성 여부에 영향을 미친다'라는 중심 논지를 제시한다. 물론 저자는 현재의 지구살이에서 구원받은 신자에게 무엇인가 부족한 점이 드러나면, 하나님께서 이미 선사한 구원을 취소할 수 있다고 단언하지 않는다. 아울러 하나님께서 만세 전에 예정하시어 영 단번에 주신 구원은 신자가 지구에서 보내는 그 중간 과도기의 삶이 손댈 수 없는 하나님의 절대주권적 영역이라고 주장하지도 않는다. 다만 저자는 "구원에 관한 한 현재의 삶이 무의미하다"라는 많은 그리스도인들의 구호성 구원주의를 경계하는 것이다. 그런데 안타깝게도 오늘날 상당수의 목회자들은 직분을 할당해 교인들의 봉사를 이끌어 내기 위해 교묘한 공로주의 행위구원론을 구사한다. 이런 목회자들일수록 이 책의 중심 논지에 저항하는 경향이 짙다.

저자는 1부1-2장에서 이 논지를 논증하기 위해 마태복음과 야고보서를 살펴봄으로써 야고보서와 바울서신을 이격시켰던 루터의 과장적 해석과 그의 시대적 한계를 극복하려고 한다. 1부의 결론은 "성도들의 올바른 순종의 삶이 종말론적 구원의 필수 '조건'으로 제시되어 있다"라는 사실이다. 그야말로 논쟁의 여지가 없는 명쾌한 결론이다. 이런 결론을 통해서 저자는 신약성경 책들의 정경적 통일성도 효과적으로 옹호함으로써 경건한 성경 애호자들까지 안심시키고 있다.

2부3-4장에서 저자는 데살로니가전·후서, 갈라디아서, 로마서의 대지를 잘 포착해 신약의 성도들이 받은 구원은 구원받은 자의 구원 이후의 삶에 의해 보양되기도 하고, 희미해지기도 하며, 완성되기도 한다는 점을 잘 지적한다. 특히 갈라디아서는 "이미 의롭게" 된 신자들이 "장차 의롭게 될" 날을 소망하면서 살아가는 역설적 긴장을 부각시킴으로써, 하나님의 구원은 종말론적 긴장 안에서 구원받은 신자의 현재적 삶을 지탱하고 성숙시켜 간다는 진리를 잘 드러낸다. 바울은 결코 일회성 전도 집회를 하느라고 25년간 이방 선교의 현장을 누빈 것이 아니었다. 결론적으로 저자는 바울이 이방인의 사도로서 이루고자 했던 목표는 암구호와 같은 구원 교리를 전파해 개종자들을 얻는 것이 아니라, 이방인 신자들을 실천적이며 도덕적인 공동체로 창조하려는 데 있었다고 말한다. 또한 로마서 15장에서 보듯이, 바울은 자신을 이방인들을 거룩하고 흠이 없는 제물로 하나님께 바치는 제사장으로 자임했다고 한다. 즉 이방인의 사도 바울은 궁극적으로 신자들의 실천적, 도덕적 삶을 창조하는 데 투신하였다는 것이다.

마지막 3부 6장에서는 '믿음'을 죽은 자를 살리는 새 창조의 능력으로 드러낸 하나님의 압도적 신실하심과 그 신적 신실하심에 응답하는 신자의 신실한 삶성령의 열매 '충성'이라고 정의함으로써, 흔히 교회에서 통속화된 버전으로 유통되는 믿음 공로주의의 허위성을 잘 지적했다. 7장에서는 '은혜'를 하나님의 압도적인 신실하심에 응답하는 삶을 창조해 주시는 하나님의 주권이라고 정의한다. 이렇게 '믿음'과 '은혜'의 역동적 상호견인 관계를 강조함으로써 저자는 교인들 대다수의 실제적 삶을 조종하고 있는 목회자들의 행위구원론 혹은 행위상급론은 물론이요, 교인들의 도덕적 실패와 윤리적 타락을 은근히 방조하면서도 교회에 묶어두려는 피상적 믿음/은혜 교리도 극복하려고 애쓴다. 이런 점에서 이 책은 예언자적 논쟁과 탄식을 담고 있다. 하지만 전체적으로 이 책은 하나님의 터무니없는 사랑과 은혜를 찬미하는 책이며, 이 문제들에 대해 한번 대화해 보자고 제의하는 초청의 책이며, 현재의 삶을 믿음의 분투로 채워가는 신자들에게 위로를 안겨주는 책이다.

_김회권 숭실대학교 기독교학과 교수 및 기독교학대학원장

구원과 믿음의 관계에 대한 강조가 지나쳐 구원과 행위의 관계의 중요성이 바르게 인식되지 못할 뿐 아니라 아예 부정되기까지 하는 한국교회의 현실은 성도들로 하여금 자신들의 현재적 삶이 자신들의 구원과 무관한 듯한 착각에 빠지도록 하는 심각한 혼란과 위험을 조성하고 있다. 이처럼 왜곡된 구원관의 위기에 직면한 한국교회 성도들에게 바울서신을 깊이 그리고 폭넓게 연구한 학자인 권연경 교수는 바울서신들에 나타난 구원과 행위의 긴밀한 관계를 참으로 진지하고 솔직하게 그리고 담대하게 차근차근 정리해 준다.

권 교수는 "오직 믿음으로 구원을 얻는다"라는 종교개혁자들의 구호 자체는 인정하지만, 그 구호의 핵심인 '믿음'이 과연 무엇인가에 대해서는 심각하게 질문을 던진다. 또한 그는 그 믿음이 행위를 배제하는 것이 아니라 행위를 필수적으로 수반한다는 사실을 바울

서신**특히 로마서, 갈라디아서, 데살로니가서** 전반에 대한 섬세한 해석 작업을 통해 설득력 있게 입증해 보인다. 그리고 이러한 탄탄한 해석 작업에 근거하여 바울의 '믿음' 구원관이 마태와 야고보의 '행위' 구원관과 상반되는 것이 아니라 동일한 것이라는 의미심장한 결론에 도달한다. 구원과 믿음, 구원과 행위, 믿음과 행위, 오직 믿음, 오직 은혜 등과 같은 복음의 핵심 주제들과 더불어 씨름해 온 성도라면 누구든지 이 책을 통해 참으로 신선한 도움을 얻으리라 확신한다.

_양용의 에스라성경대학원대학교 은퇴교수

학자들의 좋은 글이 자주 평범한 독자들에게서 외면을 당하곤 한다. 내용은 좋지만 표현이 어렵기 때문이다. 그러나 권연경 교수의 글은 명쾌하고 깊이가 있으면서도 누구라도 쉽게 읽을 수 있는 글이라는 점이 참 좋다. 한국교회의 역사가 120년을 넘어서지만 주님의 말씀에 대한 이해가 아직도 척박한 우리의 현실 가운데 하나님께서 권연경 교수를 통해 귀한 선물을 주신 것에 진심으로 감사한다.

_박은조 한동대학교 교목실장 및 석좌교수

목차

추천의 글 5
개정판 서문 13
프롤로그 19

제1부
신약의 가르침과 바울 사도의 목표

제1장 잊힌 목소리: 마태복음과 야고보서 33
제2장 다시 듣는 목소리: 바울의 사명과 바울 복음의 성격 71

제2부
세 편지의 메시지: 구원의 소망과 복음적 삶

제3장 구원의 소망과 하나님께 합당한 삶: 데살로니가전·후서 127
제4장 성령으로 기다리는 의의 소망: 갈라디아서 165
제5장 모든 믿는 자를 구원하는 하나님의 능력: 로마서 217

Faith without deeds is dead.
The righteous will live by faith.

제3부
새롭게 보는 바울 복음의 핵심 코드: 믿음과 은혜

제6장 믿음: 하나님의 부활의 능력 287

제7장 은혜: 하나님의 통치 349

에필로그 417

주(註) 423

일러두기
성경은 특별한 언급이 없을 경우, 저자의 개인 번역(사역) 또는 개역개정 역을 원칙으로 한다.

개정판 서문

　이 책이 나오고 열여덟 해가 지났다. 아마도 자극적인 제목 탓이 컸겠지만, 이 책이 출간된 이후 이런저런 일이 많았다. 보람이 느껴지는 일도 없지는 않았지만, 대개는 서글픈 일들이었다. 이런저런 모양으로 많은 항의나 비난이 있었다. 무게 있는 비판으로 황송하게 만든 분도 있지만, 필요 이상의 비판을 이어가는 이도 있었다. 약속된 강연이 취소되기도 하고, 조심해야 할 사람으로 '공인'되기도 했다. 지난 직장에서는 이 책의 불온한 사상을 빌미 삼아 나를 정치적 희생양으로 삼으려는 시도도 있었다. 슬프게도 한창 배워야 할 학생들을 부추겨 그랬다. 학교가 속한 교단의 '신학위원회'에 소환되어 가면서, 그리고 책도 거의 안 읽고 앉아 있던 '신학위원'들의 '말도 안 되는' 말을 들으며, 이게 도대체 뭐 하는 장난인가 하는 물음을 피할 수 없었다. 책 제목만 달랐어도 전혀 일어나지 않았을 '해프닝'이었다.

이 책 덕분에?, 그리고 여기저기 열심히 떠들고 다닌 강연이나 설교 덕분에, 어릴 적부터 자라며 신앙을 배웠던 교단과 많이 멀어졌다. 개인적으로야 여전히 끈끈한 관계가 대부분이지만, 적어도 교단 차원으로는 조심해야 할 사람이 되었다. 교단 출판사에서 낸 책이 큰 역할을 했다는 점에서, 역설이라면 역설이다. 현실적으로 불가피한 일이었겠지만, 그래도 아프다. 평소엔 아무렇지도 않지만, 간간이 훅 치고 들어오는 슬픔이다. 특별히 오래 가까이 지냈던 이들이 거리를 두는 모습은 쉽게 삼켜지는 일은 아니다. 그럴 때마다 나는 하나님을 믿는 것과 교리를 믿는 것의 관계에 대해 생각하곤 했다. 생각이 달라지면 관계도 멀어져야 하는 우리에게 신앙은 도대체 무엇일까?

가장 불편한 대목 중 하나는 우리의 '막가파식' 비논리다. 종종 "내가 야고보보다 더 세게 말한 대목은 하나도 없는데, 왜 야고보한테는 아무 말 안 하고 나한테만 그러냐?"라고 우스갯소리를 하곤 했었다. '행위 없는 믿음'을 가짜라 말하는 건 좋은데, 그래서 '행위 없는 구원'은 없다고 말하면 큰일이 난다. 사실 그 말이 그 말인데, 하나는 괜찮고 다른 하나는 선을 넘었다 한다. 이건 교리 공부가 아니라 기초 논리 연습이 필요하다. 행위 없는 죽은 믿음으로도 구원받을 수 있다고 우길 요량이 아니라면 말이다. 야고보가 한 이야기를, 그리고 그 유명한 칼빈의 말을 어투만 살짝 바꿔 말했을 뿐인데, 욕은 나만 먹는다. 나와 이런 이야기를 주고받던 한 친구는 "억울하면 출세해"라며 웃었었다. 내 말인 줄 알고 열심히 비판하다 칼빈이 한 이야기라는 말에 당황하던 목사님도 생각난다. 그분 혼자만의 이야기가 아닌 탓이다.

친한 청중과 대화해 본 적이 있다. "우리는 믿음으로 구원을 받습니다. 맞습니까?"라고 물으면 다들 "아멘" 한다. "이 믿음은 살아 있는 믿음을 말합니다"라는 말에도 마찬가지다. 그뿐 아니라 "살아 있는 믿음이란 행함이 있는 믿음을 말합니다"라는 말에도, 또 "행함이 없는 믿음은 죽은 믿음입니다"라는 말에도 주저없이 모두 "아멘"이라고 답한다. 그러다가 "그러니까 행함이 없으면 구원을 못 받는 거네요?"라고 하면 갑자기 침묵이 감돈다. 논리가 너무 뻔하니 부정하지는 못한다. 하지만 그렇다고 긍정하고 싶은 마음도 없다. 마치 말싸움에 져서 속상한 아이처럼, 어색한 표정으로 앉아 있는다. 속아 함정에 빠진 양 속상한 시선을 날리는 사람도 있다. 웅변 같은 침묵의 틈새로 여기저기 어색한 웃음이 새어 나온다. 대답은 안 했지만, 이 침묵의 터무니없음을 직감한 반사작용이다. 좀 더 젊은 청중을 대상으로 똑같은 질문을 던졌을 때는 처음부터 끝까지 시원한 "예!"가 나왔었다. 나는 이 침묵이, 이 침묵이 가리키는 사유의 중단이 오늘 우리 교회의 도덕적 타락이나 무기력과 무관하다고 생각하지 않는다.

이 책 덕분에 인생이 약간 피곤하긴 했지만, 후회한 적은 없다. 따지고 보면, 책을 내는 일 자체가 반응을 유도하는 일이다. 그러니 모두가 다 감사해야 할 일들이다. 서글픈 현실을 확인하는 일도, 더 나은 내일을 기대하게 하는 일도, 모두 우리가 오고 가는 삶의 골목들이다. 한 가지 흥미로운 것은 몇 해가 지나면서 이 책에 대한, 혹은 나의 '불온한' 사상에 대한 비판이 눈에 띄게 줄었다는 사실이다. 사실 최근에는 예전과 같은 비판을 받아본 기억이 거의 없다. 늘 하던 말을 줄곧 해 왔으니, 비판을 피해 가는 요령이 생긴 건 아니다. 그런데 이전보다 말이 더 잘 통한다는 느낌이 크다. 농담 반 진담 반으로 하던 말이지만, 그동안 우리 교회가 그만큼 더 '사고를 쳐 줘서' 그런 게 아닌가 하는 생각이 들곤 한다. 좀 더 나아지기를 기대하며 책을 썼지만, 갈수록 어둠은 더 짙어진다. 얼마 전 있었던 로잔 대회를 보면서, 그리고 '주요' 교단들의 총회에서 벌어지는 요지경 행태들을 보면서, 이미 버렸다 생각했던 기대를 다시 한번 접는다. 적어도 인간적으로는 그렇다.

책의 결말에서 밝힌 것처럼, 행위의 필요성에 방점을 찍으며 이야기를 시작한 것은 복음이 우리를 구원하는 '하나님의 능력'이라는 사실을 말하고 싶어서였다. 그런데 신자를 자처하는 우리의 모습은 너무도 부끄럽다. 처음 책을 쓸 때도 그랬지만, 같은 책을 다시 내는 지금 그 부끄러움이 더 커졌다. 우리 교회는 이렇게 무기력한데, 그 교회의 일원으로 하나님의 능력을 말하기가 참 고역이다. '꼴 좋다'고 손가락질하는 사람들에게 '그래도 우리 복음이 진짜입니다'라고 말하는 형국이니 말이다.

하지만 우리의 부끄러움도 절망의 이유는 아니다. 구약 선지자에게 인간의 실패는 철저한 심판의 이유이자 동시에 희망의 진원지였다. 첫 언약 백성의 타락은 민족의 비극으로 기억될 심판을 불러왔다. 하지만 그것이 끝이 아니었다. 선지자는 바로 그 절망의 자리에서 희망을 노래했다. 인간사의 무대에서 피어오른 희망이 아니라, 인간의 실패라는 황무지에서 새로운 꽃을 피우는 하나님의 희망이었다. 바울도 이런 초월의 희망을 노래했다. 신실하지 못한 이스라엘의 현재가 하나님의 신실함을 무효로 만들지 못한다. 우리는 거짓되지만, 하나님은 언제나 신실하시다 롬3:3-4. 바울에게는 이 하나님의 신실하심이 희망의 이유였다. 동족의 불신앙을 보면서도 끝내 절망하지 않았던 것도 이 하나님의 신실하심을 믿었기 때문이다. 바울은 예수 그리스도에게서, 그의 십자가와 부활의 드라마에서, 이 희망의 궁극적 토대를 찾았다.

오늘 우리가 불러야 할 노래도 이중창이다. 우리의 불순종을 질타하는 곡조가 있다면, 하나님의 희망을 노래하는 곡조도 있다. 따라서 우리의 잘못에 눈을 감는 행태도 나쁘지만, 하나님의 희망을 망각하는 일은 더 위험하다. 우리가 우리의 잘못에 예민한 이유도 하나님이 주시는 희망 때문이다. 그래서 우리의 이야기는 늘 하나님의 이야기다. 예수님의 십자가를 통해 사랑을 보여주신 하나님, 예수님의 부활을 통해 창조주의 능력을 보여주신 하나님께 우리 한국교회의 미래를 부탁한다. 그는 우리를 심판하실 것이다. 나는 그가 어떻게 우리를 심판하실지 두렵다. 하지만 그 심판이 끝은 아닐 것이다. 그는 모든 것이 무너진 그 황무지에서 새로운 복음의 꽃을 피우실 것이다. 우리의 모습이 형편없어도, 아니 오히려 그래서 더욱 우리를 구원하시는 하나님의 능력에 희망을 건다. 욕망에 휘둘린 가짜 믿음의 춤들이 난무하는 시대에, 하나님을 향한 이 희망을, 이 믿음을 이어가는 사람들이 더 많아졌으면 좋겠다.

서툴게 지은 집이라 아예 허물고 새로 짓는 게 정답이겠지만, 원래 모양 그대로 다시 내게 되었다. 문장은 좀 손댔지만, 이야기의 흐름이나 책의 구조는 거의 바꾸지 않았다. 새로 내는 것이긴 하지만, 처음의 모양을 두고 보는 것도 그리 나쁜 일은 아닐 것이라 애써 위로를 해 본다. 처음 나올 때도 그랬지만, 옷을 살짝 바꾸어 다시 나오는 마당에도 감사할 사람들이 많다. 이름을 다 들 수는 없지만, 가능한 한 많은 얼굴들을 떠올리며 감사의 마음을 전한다. 오랜 책에 옷을 갈아입혀 주신 야다북스의 이의현, 최성욱 두 분께도 감사의 마음을 전한다. 그리고 늘 가장 가까운 삶의 버팀목으로 함께하며 사랑의 통로가 되어 준 아내 최인화와 딸 세라에게 고마움을 전한다.

2024년 가을
애틀란타에서

프롤로그

(초판 서문)

　기독교 복음은 구원을 약속한다. 따라서 구원은 기독교 신앙의 궁극적인 목표다. 그래서 기독교 복음은 구원의 복음이라 불린다. 무언가를 얻기 위해 믿음을 갖는 것은 저급하며 아무 사심 없이 믿음과 순종의 삶을 견지하는 것이 더 영웅적이라는 주장이 있다. 하지만 그건 애초부터 기독교 복음보다는 칸트의 윤리학에 더 가깝다. 기독교 복음은 처음부터 구원을 염두에 둔다^{벧전1:9}. 구원은 언제나 기독교 신앙의 가장 결정적인 요소며, 우리 신앙의 종착역이다. 따라서 구원은 신앙적 삶의 궁극적 지평을 형성한다. 그러기에 구원에 관한 우리의 생각은 구원론이라는 국지적 교리를 넘어 구원을 기다리는 삶, 혹은 그 구원에까지 이르는 우리의 삶 전부를 채색한다. 구원에 관해 우리가 가진 생각의 모양은 현재 우리가 살아가는 삶의 모양을 결정한다. 적어도 원론적으로는 그렇다.

　우리의 의식에는 과거도 있고 미래도 있지만, 실제 우리가 살아가는 삶은 현재뿐이다. 물론 우리의 현재는 과거로부터 자라 나오며 또 미래를 향해 끝없이 움직인다. 그래서 과거와 미래가 없는 현재란 있을 수 없다. 그럼에도 불구하고 우리의 삶은 불가피하게 현재적이다. 현재를 살아가듯 우리가 과거와 미래를 살지는 않는다. 우리의 과거와 미래란 엄밀히 말해 우리의 현재를 해명하고 그 현재에 의미를 부여하려는 우리의 의식 작용의 결과물일 수도 있다. 그래서 과거와 미래는 우리의 의식 속에 존재하지만, 현재는 우리의 삶 자체의 텃밭이다. 어찌 보면 과거와 미래는 모두 우리가 현재 우리의 삶을 더 구성지게 불러보려는 색다른 곡조와 같은 것인지도 모른다.

기독교 복음에서 현재의 의미는 아직 선명히 해명되지 못한 회색지대다. 어쩌면 이것은 우리 교회가 드러내는 가장 큰 역설의 하나일지도 모른다. 우리는 현재의 시간을 살아갈 수 있을 뿐인데, 우리 복음은 이 현재를 똑 부러지게 해명하지 못한다. 십자가라는 과거가 우리 삶의 기초라 믿고, 하늘나라라는 미래가 우리의 궁극적 희망이라고 믿지만, 그 과거에서 자라 나온 우리의 현재, 그리고 그 희망으로 이어져야 할 우리의 현재는 마치 다른 그림에서 잘못 끼어든 퍼즐 조각처럼 제 자리를 찾지 못한다. 그 옛날 야곱의 사다리처럼, 골고다에서 시작된 십자가는 바로 하늘에 닿고, 지금 우리가 살아가는 삶은 땅에서 하늘로 오르는 텅 빈 공간에 지나지 않는다. 시대가 진화하면서 야곱의 사다리는 편리한 에스컬레이터로 발전하였고, 그래서 우리는 잠시 눈을 감고 기다리기만 하면 하늘

나라에 도달한다. 그런데 에스컬레이터 위의 막연함처럼, 혹은 더 편리한 엘리베이터 안에서의 어색함처럼, 목표 지점에 이르기 전까지 현재 우리의 삶은 참 어색하다. 우리의 복음 속에서 구원 이후와 천국 이전의 삶이란 원래 이렇게 어색하도록 계획된 것일까? 우리의 미래가 우리의 현재와 큰 관련이 없다고 말하는 우리의 복음은 과연 얼마나 '말이 되는' 복음일까? 현재의 삶을 해명하지 못하는 복음이 과연 복음으로 작용할 수 있을까?

오래 전 '구원 그 이후'라는 제목의 설교집이 유행한 적이 있다. 사실 그 제목은 해답만큼이나 큰 질문을 그 속에 품고 있다. 기독교 복음의 명시적 목표가 구원이라면, '구원 그 이후'의 시간을 말하는 것이 무슨 의미일까? 이미 구원을 얻고 난 후 우리의 삶은 책의 본론이 다 끝난 후 등장하는 일종의 '역자 후기'에 불과한 것이 아닌가? 진짜 이야기는 다 끝나고 마지막 뒤표지가 나오기 전 잠시 여백을 메울 뿐인, 재미는 있겠지만 큰 의미는 없는, '심심풀이 땅콩'이 아닌가? 역자 후기가 책 자체의 내용을 바꿀 수 없는 것처럼, 구원 그 이후의 시간이 우리의 구원 자체를 건드릴 수는 없다. 그렇다면 현재 우리의 삶은 궁극적으로 무의미하다. 구원이 기독교 신앙의 마지막 결승점이라는데, 그 결승점 이후의 이야기가 무슨 기삿거리가 될 것인가? 하지만 이것이 실제로 성경이 말하는 구원과 삶의 이야기일까?

현재 우리의 삶을 달리 부르면 행위가 된다. 행위는 우리 삶의 일부가 아니라, 현재 우리가 살아가는 삶의 다른 이름이다. 행위와 분리된 삶이 어딘가 저기에 존재하는 것이 아니라, 행위가 없는 삶은 존재하지 않는 허구다. 이 책은 바로 이런 현재적 삶 혹은 '행위'의 의미에 대한 관심에서 시작한다. 구원의 복음 속에서 현재 우리의 삶은, 현재 우리의 행위는 과연 어떤 자리를 차지하는 것일까? 우리는 종종 믿음과 은혜를 말하며, 행위 무용론을 펼친다. 삶을 위해서는 아니지만, 적어도 구원에 관한 한 현재의 삶이 무의미하다고 말한다. 그리고 바로 이것이 우리 복음의 알짬이라 생각한다. 하지만 몸뚱이를 갖고 살아가는 우리의 상식적 본능은 사태가 그리 간단치 않다는 것을 직감한다. 삶 또는 행위를 배제하여 문제를 해결하려고 하는 것은 간암 치료를 위해 간 전체를 제거하는 것과 같다. 우리의 교리는 쉽게 '오직 믿음'을 말하지만, 우리의 삶 속에서 통하는 믿음의 언어에는 언제나 행위라는 그림자가 따라붙는다. 사실 믿음 자체가 현재 우리가 살아가는 삶의 한 작용이다. 그리고 몸을 매개로 살아가는 우리의 삶은 불가불 행위라는 차원을 포함한다.

피터 팬은 자기 그림자를 잃을 수 있을지 몰라도, 그가 사는 네버랜드Neverland는 우리가 살아가는 나라가 아니다. 아무리 믿음과 은혜에 집착해도 행위의 그림자는 결코 사라지지 않는다. 잘 의식하지는 않지만, 교리 공부 시간이 아니라 실제 생활에서 우리가 믿음이라고 부르는 것들은 대부분 우리의 이런저런 '행위'다. "저분은 참 믿음이 좋다"라고 말할 때, 우리는 그 사람의 행위를 생각하는가, 아니면 그 사람의 '오직 믿음'을 생각하는가? '오직 믿음'이라는 논리는 애초부터 나누어질 수 없는 무언가를 앞에 놓고 언어의 칼로 그것을 둘로 가르려는 시도가 아닌가? 우리는 과연 복음이라는 몸에서 행위라는 어두운 그림자를 분리할 수 있을 것인가? 믿음에 의한 구원을 그렇게 오래 믿어 왔으면서도 여전히 믿음과 행위의 문제로 골머리를 앓는 것은 애초부터 우리가 비현실적 방식으로 그 둘의 관계를 규정하고 있다는 사실의 반증이 아닌가? 또한 믿음과 행위를 연결해 보려는 우리의 가상한 노력이 피터 팬이 비누로 자기 그림자를 붙이려 하는 몸짓만큼이나 어색하게 보이는 것은 애초부터 떨어질 수 없는 무언가를 둘로 갈라놓고 그것을 다시 붙여 보려 하는 것이기 때문은 아닐까? 과연 성경이 가르치는 구원과 행위는 서로 숨바꼭질하는 피터 팬과 그의 그림자와 같은 것일까? 아마 대부분의 독자들은 아래의 인용문이 말하고자 하는 바에 공감할 것이다.

> 기독교인들이 선행을 많이 한다. 하지만 그건 모든 사람이 만약 선행을 하지 않으면 벼락을 맞을지 모른다는 두려움 때문에 그렇게 한다는 말이 아니다. 내가 하고 싶은 말은 이렇다. 많은 경우 그리스도인들이 선행을 하는 것은, 적어도 부분적으로는, 하나님께서 그들에게 거는 기대가 있다는 확신, 곧 그들이 속속들이 이해하지는 못하지만, 이 기대에 부응하려고 노력할 때 어떤 식으로든 그들의 삶이 더 나은 삶이 되리라는 확신이 있기 때문이다. 공로 없는 은총에 관해 아무리 열정적인 웅변을 토한다 해도 이 확신을 흔들

수는 없다. 그리스도인들이 하나님을 무서워하며 살고 싶어서가 아니라 그들이 살아가는 매일의 삶에 어떤 형태와 의미가 있다는 사실을 믿지 않으면 안 되기 때문이다. 그리고 그들은 이런 의미란 노력을 통해 얻어져야 하는 것이며, 하나님이라 해도 선물로 던져 줄 수 있는 것이 아니라는 것을 알고 있다.[1]

『목적이 이끄는 삶』이라는 책이 한국교회를 휩쓸고 있다. 마치 삶의 목적을 전혀 모르고 있다가 이 책으로 그 의미를 새롭게 깨닫기라도 한 것처럼 난리법석을 떠는 모습이 참 당혹스럽다. 그렇다고 이 책의 내용이 심오한 것도 아니다. 좀 심하게 말하면 성경에서 다 읽는 내용들을 짜깁기한 수준을 넘지 않는다. 그러니까 모두 상식적이기 짝이 없는 내용들이다. 그런데도 우리는 열광한다. 왜 그럴까? 혹시 이것이 막상 현재의 삶이 갖는 의미에 대한 우리의 무지와 빈곤을 반증하는 현상은 아닐까? 우리는 열정적으로 은혜 구원을 외친다. 하지만 우리가 만들어 낸 '은혜 구원'이라는 공식이 정작 오늘의 삶 자체의 방정식은 풀지 못하는 절름발이 공식은 아닐까? 그래서 우리는 이런 결핍을 해소해 줄 만한 '건강 보조제'를 끊임없이 찾아 헤매는 것은 아닐까? 우리가 믿는 구원의 복음은 과연 우리의 현재에 대해 똑 부러진 설명을 제시하고 있는 것일까?

이 책은 바울의 복음에 관한 것이다. 우리의 질문은 바울의 복음 속에서 구원과 행위는 어떤 관계가 있을까 하는 것이다. 이 질문에 답하기 위해 이 책에서 우리는 바울의 진술들을 꼼꼼히 살필 것이다. 하지만 바울과 만나기 전, 우리는 마태복음과 야고보서에서 이야기를 시작한다제1장. 바울과 사뭇 달라 보이는 관점을 확인함으로써 바울에 관한 논의의 각을 더욱 날카롭게 하자는 의도에서다. 그다음 우리는 바울이 이방인의 사도로서 가졌던 목적에 대해 물을 것이다. 사도로 부르심을 받은 후, 그가 복음 선포를 통해 성취하고자 했던 궁극적 목표는 무엇이었을까? 그가 선포한 복음의 생김새는, 그가 그 복음 선포를 통해 이루고자 했던 선교적 목표와 긴밀하게 얽혀 있을 것이기 때문이다제2장. 이 두 장이 제1부를 이룬다.

제2부에서는 바울의 대표적 서신 세 개를 분석한다. 먼저 바울의 선교에서 심각한 목회적, 신학적 논쟁 이전 시기를 대표하는 데살로니가전서와 후서제3장, 첨예한 논쟁의 격랑에서 기록된 갈라디아서제4장, 그리고 논쟁 이후, 주요한 물음들과 논쟁들의 흔적이 좀 더 차분한 사색의 주제로 다루어지는 로마서제5장가 그 대상이다. 제3부에서는 제2부의 개별 서신 분석을 통해 얻은 결론들을 다시 정리해 본다. 여기서는 바울 복음의 쌍두마차로, 구원과 행위 논의에서 중심을 차지하는 두 개념인 믿음제6장과 은혜제7장에 관해 살펴볼 것이다. 많은 경우 믿음과 은혜는 바울의 논증이라는 자리를 벗어나 사실상 독자적인 개념처럼 유통된다. 그리고 오랜 세월이 흐르면서 이제는 식상해진 상투어, 아니면 별다른 감흥이 없는 표어처럼 다가온다. 우리는 이 두 보석을 바울의 편지라는 원래의 반지에 다시 넣어 그 본연의 아름다움을 확인해 보려 한다. 물론 그 '본문 속 세팅'이 우리를 흥분시킬지, 아니면 값싼 번들거림에 익숙한

우리의 눈에 촌스러워 보일지는 읽는 사람의 몫이다.

나는 신약학자다. 따라서 이 책의 논의는 대부분 바울서신의 논증을 주해하고 풀이하는 형식을 취한다. 이러한 주석 작업은 바울의 사상을 확증하는 사실상 유일한 길이다. 하지만 많은 사람들은 바울의 생각과 의도를 따지는 논증에 익숙하지 않다. 바울의 진술들을 각 절 따라 잘라서 읽고, 또 그 자른 것을 기존의 교리적 틀 속에 넣어 해석하는 데 익숙하기 때문이다. 하지만 바울서신은 무슨 격언 모음집이 아니다. 긴 호흡으로 주의 깊게 들어야 할 바울 나름의 논지가 있다. 우리의 과제는 바로 이 논증의 논지를 제대로 파악하는 것이다. 물론 간단한 작업은 아니다. 하지만 그렇다고 마냥 어렵기만 한 것도 아니다. 차근차근 바울의 말을 따라가는 것이 관건이기 때문이다. 문제는 우리가 성경 본문을 차근차근 따라가는 데 익숙지 않다는 것이다. 내 마음대로 읽고 내 방식대로 '은혜받는' 고질적 습관 때문이다. 성경을 하나님의 말씀으로 '모시는' 우리의 고백을 생각하면, 성경의 의미에 대한 이런 폭력은 매우 역설적이다. 이 책에 제시된 내용에 관해 긴 설명을 들었던 한 신학도는 그동안 모호했던 부분이 앞뒤가 맞기 시작한다는 반가움을 표하면서 "교수님은 성경을 참 문자적으로 읽으시네요"라고 말했다. 어쩌면 그 신학도의 반응은 그만큼 우리가 바울의 말을 액면 그대로 받아들이지 않는다는 사실의 한 반증일지도 모른다. 바울의 가르침 앞에 무릎을 꿇고 그의 논리를 따라가기보다는 바울의 말을 필요한 대로 '토막' 내고 '요리'하여 미리 준비한 우리 자신의 조리법에 맞추어 읽어왔다는 것이다.

그러기에 어떤 독자에게는 이 책에 제시된 주석적 논의를 따라오는 데 상당한 안내가 필요할 수 있다. 성경이 내 일기장이 아닌 이상, 경청의 수고를 피할 길은 없다. 적어도 성경 말씀을 제대로 이해하려면 그렇다. 그런 분들에 대한 나의 소박한 바람은 이 책의 설명이 보다 주의깊은 성경읽기로 안내하는 하나의 초청장이 되었으면 하는 것이다. 물론 나는 나 나름의 '확신'을 갖고 글을 풀어간다. 하지만 이는 깨달은 말씀에 충실하려는 진지함의 표현일 뿐, 다른 사람의 동의나 헌신을 강요하고 싶은 그런 식의 확신은 아니다. 바울의 진술과 씨름하는 한 예를 보여줌으로써, 독자들 또한 바울과의 진지한 씨름에 참여하도록 도우려는 것뿐이다. 나의 바람은 우리 한국교회와 바울 사이에 좀 더 실질적인 대화가 이루어지는 것이다. 이 주제에 대한 항간의 논의가 좀처럼 구호성 신학'오직 믿음!', '오직 은혜!'의 수준을 넘지 못하는 상황에서, 바울의 복음에 관해 좀 더 치밀하고, 좀 더 현실적인 대화를 자극할 수 있다면, 이 책의 목적은 달성된 셈이다. 모쪼록 말씀을 먹고 보다 성숙한 신앙으로 자라고자 하는 많은 성도들에게 이 책이 조그만 유익이라도 끼칠 수 있기를 희망한다.

책을 쓰는 작업은 신학적 사고의 한 부분이다. 물론 신학적 작업은 나름의 정직함과 진지함을 요구하지만, 죄의 영향으로부터 자유롭지 않은 두뇌를 활용한다는 점에서 언제나 오류의 가능성으로부터 자유롭지 않다. 실수 없이 완벽한 프리킥 기술을 익힐 수 없는 것과 마찬가지로, 실수 없이 얻어지는 성숙한 신학은 죄로 물든 인간의 현실을 부인하는 비현실적 기대다. 도덕적 '시행착오'가 보다 성숙한 순종을 향한 불가피한 과정인 것처럼, 신학적 사고의 '시행착오' 역시 보다 건강한 생각에 이르기 위한 불가피한 과정으로 작용한다. 그러기에 신학적 진술은 신앙고백이라기보다는 더 온전한 신앙을 향한 훈련의 과정에 가깝다. 이 훈련이 혼자만의 작업일 수 없다는 점에서 이는 또한 신학적 대화의 시도이기도 하다. 나 역시 이 책을 나의 신앙고백으로서가 아니라 신앙공동체의 다른 형제들과 더불어 나누는 신학적 대화로 내어 놓는다. 그러면서 나는 한 사람의 신학적 문제점이나 견해차가 그 사람을 옭아매고 정죄하는 이데올로기적 올가미로서가 아니라, 보다 성숙한 신학을 위한 생산적인 실수로 받아들여질 수 있다면 우리의 공동체가 얼마나 더 아름다울까 하는 바람을 새로이 가져본다. 신랄한 비판은 언제나 감사한 일이지만, 우리의 비판이 공동체를 부수려는 사탄의 도구가 되는 일만은 없었으면 하는 바람이 간절하다.

이 책의 일부는 예전에 다른 곳에 발표되었던 내용을 재활용한 것이다. 제2장과 제3장의 일부는 김진홍 목사 회갑 기념논문집인 『하나님나라 운동, 두레공동체 운동』 2001, 두레시대, 108-135쪽에 실렸던 "바울의 제사장적 자기 이해와 바울 복음의 성격"에서 많은 부분을 빌려왔고, 제6장의 일부는 "의롭게 하는 믿음에 관하여"라는 제목으로 웨스트민스터신학대학원대학교 신문인 「웨신원보」에 기고했던 내용을 많이 활용하였다.

열거하는 것이 무의미할 만큼, 우리의 삶은 은혜의 산물이다. 나의 목숨 자체가 하나님의 은혜의 결과이듯, 내가 살아가는 삶은 그 전부가 천상의 은혜를 지상의 삶 속에 투영해 내는 수많은 사랑과 희생의 산물이다. 또 하나의 서문을 쓰면서, 알게 모르게 내게 하나님의 사랑을 표현해 준 이들에게 감사한다. 이 책을 위해 재정적인 지원을 해 주셨던 학교웨스트민스터신학대학원대학교와 김차생 이사장님께 감사의 말씀을 드린다. 나의 강의를 듣고 여러 가지로 값진 반응을 보여주었던 본교의 사랑하는 학우들 또한 감사의 대상들이다. 함께 사랑과 생각을 나누면서 나를 늘 격려해 주는 학교의 동료 교수들에게도 깊은 감사의 마음을 표한다. 이 책이 SFC를 통해 출판된다는 사실을 고맙게 생각하면서 나는 마치 멀리 시집갔다 오랜만에 친정 나들이를 하는 딸의 기분을 느낀다. 출판을 위해 수고해 준 분들, 특별히 김성민 간사께 깊은 감사의 마음을 전한다. 마지막으로 나의 사랑하는 가족들은 보다 특별한 의미에서 감사의 제목이 된다. 특별히 한 집에서 살면서 나의 연약함을 온몸으로 감당하고 있는 아내와 딸 세라에게 새삼 감사의 마음을 전한다.

종교개혁기념일에

권연경

RE-READ

Faith without deeds is dead. The righteous will live by faith.

제1부

신약의 가르침과 바울 사도의 목표

제1장 잊힌 목소리: 마태복음과 야고보서
제2장 다시 듣는 목소리: 바울의 사명과 바울 복음의 성격

제1부는 두 개의 장으로 이루어진다.

제1장은 '구원과 행위'라는 중심 주제를 염두에 두고 마태복음과 야고보서의 메시지를 살펴본다. 여기서 우리는 이들 두 문서에서 성도들의 올바른 순종의 삶이 종말론적 구원의 필수 '조건'으로 제시되어 있다는 사실을 확인하게 될 것이다. 이 당연한 사실을 한 번 더 분명히 하는 것이 제1장의 목적이다. 물론 이러한 관찰은 바울신학에 대한 질문으로 이어진다. 바울의 편지들은 신약성경이라는 교회 정경의 한 부분을 이룬다. 우리는 교회의 정경으로서 신약성경이 근본적으로 통일된 목소리를 낸다고 믿는다. 그렇다면 우리는 믿음과 은혜를 강조하는 바울의 가르침과 순종의 중요성을 역설하는 신약의 다른 문서들의 가르침을 어떻게 조화시킬 수 있을까?

제2장은 이방인의 사도를 자처했던 바울의 사명 의식을 탐구하는 글이다. 바울 자신의 진술을 진지하게 읽으면서 우리는 바울이 이방인의 사도로서 이루고자 했던 목표가 교리 차원의 각성을 넘어 보다 실천적이며 도덕적인 갱생을 지향한다는 사실을 확인할 것이다. 이 점을 분명히 표현하기 위해 바울은 자신의 역할을 이방인을 거룩하고 흠이 없는 제물로 하나님께 바치는 제사장에 비유한다. 이러한 목표 인식이 중요한 것은 그가 선포한 복음의 성격이 그가 이룩하고자 한 선교 목표와 본질적으로 관련이 있을 것이기 때문이다. 거룩하고 흠이 없는 이방인 공동체를 준비하고 마지막에 이를 제물로 바치는 것이 바울의 사명이었다면, 그 사명 수행의 핵심 수단인 그의 복음 또한 같은 실천적, 도덕적 관심을 공유할 것이다.

이런 의미에서 제1부에 담긴 두 개의 글은 제2부와 제3부에서 전개될 논의를 위한 일종의 정지 작업에 해당한다.

제1장
잊힌 목소리:
마태복음과 야고보서

1. 복음과 윤리

한국교회 대다수 신자들의 복음 이해는 종교개혁의 구원론이 단순화되어 고착된 것으로 볼 수 있다. 대부분의 신자들이 가진 구원론은 '행위가 아니라 믿음'이라는 이원론적, 이항대립적 틀에서 움직인다. 우리는 '오직 은혜로' 그리고 '오직 믿음으로' 구원을 얻는다. 뒤집어 말하면, 우리의 구원은 '행위', 곧 우리 삶의 실천적, 윤리적 차원과는 무관하다. 기독교의 메시지가 '복된' 소식이 되는 이유가 바로 여기에 있다. 언제나 실수투성이인 우리의 부족한 삶에도 불구하고, 순전히 하나님의 은혜로 우리는 구원을 얻을 수 있다. 이 구원은 '믿음'으로 주어진다. 예수 그리스도의 십자가를 믿는 믿음이다.우리의 구원을 말할 때, 부활은 대개 설 자리를 찾지 못해 애매하게 처리되는 수가 많다. 여기서 십자가를 통한 그리스도의 대속代贖을 믿는다는 것은 자기 노력으로 구원을 이루겠다는 오만하고 불가능한 시도를 포기하는 것, 곧 은혜로 주어지는 구원을 겸허히 받아들이는 수동적 수납으로 이해된다. 우리가 구원의 확신을 말할 수 있는 것도 바로 이 때문이다. 구원이 들쭉날쭉한 나의 행위에 달려 있다면 구원의 확신이란 자기기만적 착각에 불과할 것이다. 하지만 다행히 나의 구원은 나의 행위와 무관하며, 오로지 하나님의 자비로운 은혜에만 달려 있다. 그래서 나의 구원은 확실하다. 적어도 (구원 그 이후에는 몰라도) 구원에 관한 한 나의 행위, 곧 내 삶의 윤리적 성과는 아무 기여도 하지 않는다. 이것이 대부분의 성도들이 이해하는 복음의 얼개다.

위에서 그려 본 복음의 대중적 초상은 바울서신을 바탕으로 한 것이다. 루터로부터 시작된 종교개혁의 구원론은 기본적으로 바울서신의 재해석을 통해 이루어졌다 가령, 롬1:16-17. 그 이후 개신교 신학 역시 사실상 바울신학이라는 기초 위에 세워져 왔다. 믿음이나 은혜 등과 같은 구원론의 핵심 개념이 대부분 바울서신에서 나온 것이라는 사실이 이를 잘 말해준다. 하지만 신약성경은 바울의 편지로만 이루어진 것이 아니다. 신약성경 제일 앞에는 예수님의 삶과 가르침을 전해주는 네 개의 긴 복음서들이 있고, 누가복음의 속편으로 초대교회의 형성 과정을 엿보게 해주는 사도행전이 있다. 공동서신이라는 이름으로 통칭되는 히브리서, 야고보서, 베드로 서신들 그리고 요한 서신들 모두 나름의 독특한 색깔을 드러낸다. 물론 요한계시록의 환상적 목소리 역시 바울서신이라는 우산으로 가릴 수 없는 나름의 거대함을 품고 있다.

이와 같은 신약성경의 다채로움에도 불구하고 우리는 늘 '오직 은혜'와 '오직 믿음'이라는 바울신학적 진술을 복음의 핵심으로 간주한다. 물론 이런 신념의 바탕에는 믿음과 은혜에 기초한 바울의 구원론이 다른 신약 문서들의 메시지와 모순되지 않는다는 암묵적 확신이 전제되어 있다. 문제는 이 편리한 전제가 "성경은 모두 하나님의 말씀이므로 그 관점은 일관된 것일 수밖에 없다"라는 믿음에서 연역적으로 추출된 교리적 결론이지, 다양한 성경의 증거들을 직접 조사하여 귀납적으로 도출해 낸 주석적 결론은 아니라는 것이다.[2] 예를 들어, 우리는 '믿음으로 의롭다 하심을 얻는다'라는 바울의 가르침과 '행함으로 의롭다 하심을 얻는다'라는 야고보의 가르침 사이에 아무 모순이 없다고 믿을 수 있다. 하지만 이 두 주장은 적어도 표면적으로는 정면 충돌한다. 성경의 일관성에 관한 우리의 믿음이 신학적 '희망사항'을 넘는 사실적 결론이라면, 우리는 이 표면적 모순을 설명할 수 있어야 한다. 하지만 대부분의 신자들은 이 긴장 내지는 모순을 설명하는 데 어려움을 겪는다. 두 사람이 같은 개념들믿음, 행위, 칭의 등을 갖고 정반대 주장을 내세운다. 더욱이 양자 모두 아브라함의 믿음이라는 동일 인물, 똑같은 성경구약성경적 전거에 호소하며 이런 상반된 결론을 도출한다. 이는 모두 우리 앞에 놓인 문제가 그리 간단한 것이 아님을 시사한다.

잘 알려진 것처럼, 루터는 야고보서를 포기하고서라도 자신의 이신칭의 교리를 지키고자 했다. 갈라디아서는 아내의 이름을 달아 "나의 Katie von Bora"라고 부르며 소중하게 여겼다. 반면 자기가 보기에 바울의 칭의론과 조화될 수 없다고 느꼈던 야고보서는 "지푸라기 서신"이라 부르며 홀대했다.[3] 물론 성경 전체가 하나님의 영감된 말씀이라고 믿는 우리에게는 이런 편리한 취사선택이 통하지 않는다. 하지만 우리라고 별 수 있는 것은 아니다. 바울과 야고보 사이의 '모순'은 여전히 당혹스럽고, 그래서 우리 역시 야고보의 주장에 슬쩍 귀를 막음으로써 양자의 모순을 덮으려 한다. 갈라디아서나 로마서는 무수히 많은 강단에서 풀이되고 설교되지만, 야고보서는 거의 강해되지 않는다. 내로라하는 설교자치고 로마서 강해 한 권 내놓지 않은 사람이 없지만, 야고보서는 대부분 설교자들의 관심 밖이다. 내놓고 그렇게 말하지는 않지만, 실제 우리의 태도는 루터의 해법과 별로 다르지 않다. 조용히 야보고서를 무시함으로써 사태를 무마하려고 한다. 하지만 그런 편리한 편식은 결과적으로 우리가 견지하는 성경관을 부인하는 것과 같다. 우리가 자의적으로 성경의 범위를 조작할 수 있는 것이 아니라면, 루터 식의 '편식'은 당면한 문제 해결에 아무 도움이 되지 않는다. 맛있는 고기만 부지런히 먹어 댄다고 먹기 싫은 야채가 상에서 사라지는 것은 아니다.

한 사람의 그리스도인으로서 나 역시 신약성경이 구원의 진리에 관해 매우 일관된 목소리를 내고 있다고 믿는다. 그래서 바울과 야고보 사이의 (표면적?) 긴장은 더욱 회피할 수 없는 신학적 문제로 다가온다. 명백히 행위의 구원론적 중요성을 강조하는 마태복음이나 야고보서, 혹은 요한계시록이 믿음과 은혜를 주창하는 바울과 본질적으로 같다는 사실을 증명할 수 있어야 하기 때문이다. 성경의 일관성에 대한 교조적 신념에 호소하며 이 문제를 넘어갈 수는 없다. 일관성을 강변하는 것과 그것을 실제로 증명하는 것은 별개의 문제다.

그렇다고 바울신학이라는 강력한 다리미로 마태나 야고보, 혹은 요한 신학의 주름들을 다림질할 수도 없다.[4] 바울이 자기 목소리를 낼 권리를 가진 것처럼, 성경의 다른 저자들 역시 제 나름의 목소리를 낼 권리가 있기 때문이다. 따라서 우리는 먼저 신약성경의 다양한 문서들을 각각 그 나름의 관점과 문맥에서 이해해야 한다. 그리고 그것이 바울의 가르침과 근본적으로 다르지 않다는 사실을 확인해야 한다. 그래야만 신약성경의 통일성에 관한 우리의 신념이 정당한 것으로 확인될 것이다.

이 책은 바울의 복음에 관한 것이다. 따라서 여기서 우리가 신약성경의 다른 부분의 가르침을 상세히 설명하며 비교할 수는 없다. 이 대목에서 우리가 신약성경의 다른 문서들을 들여다 보는 것은 뒤에 계속될 바울 복음의 논의를 위한 일종의 멍석깔기에 해당한다. 이를 위해 우리는 행위의 중요성을 두드러지게 강조한다고 여겨지는 두 문서, 즉 마태복음과 야고보서를 간략히 살펴보려고 한다. 이들 문서에 나타나는 구원론적 관점을 보다 분명히 함으로써 바울 복음의 논의를 위한 정지 작업을 하고자 함이다.

2. 마태복음

신약성경에 담긴 네 개의 복음서는 예수 그리스도에 대한 네 개의 초상화라 할 수 있다.[5] 이들은 각각 나름의 방식으로 같은 한 인물, 곧 나사렛 예수에 관한 독특한 그림을 그려 보인다. 초상화는 사진과 다르다. 그린 사람 나름의 관점이 더 명시적으로 드러나기 때문이다. 네덜란드의 화가 고흐는 많은 자화상을 그렸다. 이들 그림을 보면 우리는 금방 그것이 고흐의 자화상이라는 사실을 알아차린다. 그러면서도 각각의 자화상들은 모두 다르다. 다 나름의 독특한 분위기를 표현하고 있기 때문이다. 이와 같이 네 복음서들도 각기 예수님의 사역을 효과적으로 전달하면서 또 그 나름의 독특한 관점들을 드러내 보인다. 우리가 간략히 살펴보려고 하는 마태복음도 마찬가지다. 예수님을 그린 하나의 초상화로서, 마태복음은 마태 나름의 관점에서 예수님의 삶과 가르침을 조명한다. 전체 줄거리는 거의 마가복음의 골격을 따르지만, 어떤 부분은 생략하고 어떤 부분은 축약하며, 또 다른 많은 자료를 첨가함으로써 마태는 자기 나름의 독특한 색조를 만들어 낸다.[6]

마가복음에 비해 마태복음은 예수님의 가르침에 훨씬 더 많은 비중을 둔다. 누가복음 역시 예수님의 가르침을 많이 담고 있지만, 마태복음은 보다 의식적으로 예수님의 가르침을 메시아적 활동의 중심에 놓는다. 대체로 별 막힘없이 흘러가는 이야기 중에 예수님의 가르침이 자연스레 섞이는 마가복음과는 달리, 마태복음에는 다섯 개의 큰 설교 덩어리들이 이야기의 흐름을 끊으며 중간중간에 삽입되어 있다. 곧 산상수훈5-7장, 선교 명령10장, 천국 비유들13장, 교회에 대한 가르침18장, 그리고 종말 강화23/24-25장 등 다섯 개의 단락이다. 재미있게도 이들 다섯 개의 설교문은 모두 똑같은 종결 어구로 마무리된다7:28; 11:1; 13:53; 19:1; 26:1.[7] 마태가 의도적으로 이들을 배열했다는 뜻이다. 이 설교 단락들은 종종 마태복음을 떠받치는 다섯 기둥에 비유되기도 하고, 첫 언약의 율법을 담은 모세오경과 비교되기도 한다. 물론 다소 억지스런 주장들이지만, 적어도 마태가 예수님의 가르침에 남다른 관심을 기울이고 있다는 사실은 쉽게 확인할 수 있다.[8]

예수님의 가르침에 대한 강조는 부활 후 제자들과 만나는 복음서의 마지막 장면에서도 선명하게 나타난다. 다른 복음서들과는 달리 마태복음은 제자들과의 마지막 만남 장면에서 흔히 '대 사명'이라 불리는 예수님의 명령을 기록한다. 마태복음 전체의 절정이자 요약으로 간주되곤 하는[9] 이 단락의 핵심 메시지는 예수님의 교훈을 가르쳐 지키는 일의 중요성이다.

> 하늘과 땅의 모든 권세를 내게 주셨으니 그러므로 너희는 가서 모든 족속으로 제자를 삼아 아버지와 아들과 성령의 이름으로 세례를 주고 내가 너희에게 분부한 모든 것을 가르쳐 지키게 하라
> 마28:18b-20

한글 번역에는 안 나타나지만, 이 명령의 주동사는 '제자를 삼으라'는 것이다. 그리고 이 제자 삼는 활동을 구체적으로 설명하기 위해 "가서" "세례를 주고" "가르쳐"라는 세 동사가 분사구문 형태로 연결되어 있다. 따라서 이 명령의 핵심은 복음을 전파하여 '제자를 삼으라'는 것이다. 가고, 세례를 주고, 가르치는 것은 제자 삼는 과정을 구체적으로 묘사하는 것이다. 한편 여기서 주목해야 할 것은 "내가 너희에게 분부한 모든 것을 가르쳐 지키게 하라"는 대목이다. 제자가 되는 것은 믿음을 고백하고 세례를 받는 것뿐 아니라, 주님께서 분부하신 바를 배우고 실천하는 것을 포함한다. 여기서 주님의 말씀을 행하는 것은 세례와 엄밀히 구분됨 없이 제자가 되는 과정의 불가결한 일부로 제시된다. 제자가 된 후 주님의 말씀을 지키도록 양육하라는 것이 아니라, 제자가 되는 과정 자체가 주님의 말씀을 배우고 지키는 것을 요구한다는 뜻이다.[10] 주님께서 분부하신 "모든" 것을 가르치고 지키게 하라는 대목은 주님의 말씀을 지키는 일의 중요성을 한층 더 도드라지게 만든다. 주님께서 주신 가르침은 어느 것 하나라도 누락될 수 없다. 주의 제자를 만든다는 것은 바로 이 가르침을 철저하게 전달하고 그 가르침을 지키도록 하는 것이다.

1) 제자: 삶을 드러내는 존재

제자가 되는 과정에서 주님의 말씀을 지키는 일의 중요성은 예수님의 첫 설교이면서 마태복음 전체에서 일종의 취임 연설처럼 기능하는 산상수훈에서도 분명히 드러난다. 여기서 예수님은 자신의 가르침을 듣기 위해 나온5:1 제자들을 향해 이렇게 선언하신다. "너희 의가 서기관과 바리새인들보다 더 낫지 못하면 결코 천국에 들어가지 못하리라"5:20. 잘 알려진 대로, 마태복음에서 말하는 '의'는 우리가 행해야 할 의무로서의 '의'를 말하는 것으로, 바울의 칭의론에서 말하는 '의로움' 혹은 '하나님의 의'와 다르다.[11] 하나님의 뜻을 완전하게 구현하시는 그리스도는 종말론적 의미에서 하나님의 '의'를 이 땅에 구현하시는 분이며, 죄인들은 하나님의 은혜로운 용서를 통해 그 종말론적 의에 참여한다. 치유와 용서로 채워진 예수님의 사역은 이 점을 분명하게 드러낸다. 바로 이런 이유로 그리스도는 또한 새로운 삶을 부여받은 이들이 추구해야 할 의로움의 모델이시며, 그리스도가 드러내고 구현하시는 의는 그를 따르는 제자들이 그들의 삶에서 구현해야 할 엄중한 요구로 다가온다.[12] 마태복음은 바로 이 점을 특별히 강조한다. 예수님은 모세 율법을 폐기하러 오신 것이 아니라 성취하러 오신 것이며5:17, 이 율법은 천지가 없어지기 전까지는 여전히 유효할 것이다5:18. 따라서 이 율법의 계명을 무시하도록 가르치는 자는 천국에서 가장 무가치한 존재로 간주될 것이며, 그 계명을 소중히 여기는 자는 천국에서 소중히 여김을 받을 것이다5:19.[13] 예수님은 그의 제자들에게 "하늘에 계신 너희 아버지의 온전하심과 같이 너희도 온전하라"5:48고 명령하신다.[14] 그래야만 그들이 하늘에 계신 그들 아버지의 자녀가 될 것이다. 제자들이 그 삶에서 하나님의 무조건적 사랑을 반영하지 못

한다면 하나님의 아들이 될 자격이 없는 사람들로 간주될 것이다 5:45.[15]

제자들을 "땅의 소금"개역개정에는 '세상의 소금'으로 잘못 번역되었다이나 "세상의 빛"으로 비유하시는 예수님의 선언 역시 동일한 관심을 표현한다. 제자들은 땅의 소금이다5:13. 곧 어떤 점에서 제자가 된다는 것은 소금과 같다. 개역개정에서 받는 인상과는 달리 "무엇으로 짜게 하리요?"는 무엇으로 **음식을** 짜게 하겠느냐는 말이 아니라, 무슨 수로 **소금 자체가** 다시 잃어버린 '맛을 되찾겠느냐made salty again?'라는 의미다. 부패를 방지하고 음식의 맛을 내는 소금의 기능은 우리가 상상하여 본문에 집어 넣은 것이지 여기서 예수님이 말씀하신 의미는 아니다. 예수님이 소금을 언급하시는 것은 소금이 수행하는 기능 때문이 아니라,[16] 맛을 회복할 수 없다는 소금 자체의 속성 때문이다. 회복 불가능성이라는 바로 이 속성을 제자의 존재와 비교하면서 제자도의 본질을 설명하시고자 함이다.

따라서 예수님이 제자들을 소금에 비유하시는 목적은 하나다. 곧 소금이 맛을 잃으면 그 맛을 다시 회복할 수 없고, 그래서 버림을 당하는 것처럼 제자들 역시 그러할 것이다. "무엇으로 짜게 하리요?"는 다시 맛을 회복할 수 없다는 사실을 강조하는 수사의문이다. 제자들이 그리스도를 따르는 자로서 응당 드러내어야 할 본연의 맛을 잃어버린다면 그 맛을 회복할 도리가 없다. 따라서 그들은 버림을 당한다. 곧 그들은 "천국에서 아무런 미래도 누리지 못할 것이다."[17] 이 경고가 주님을 따르는 제자로서 핍박을 견디는 자들에게 들려진 "천국이 저희 것임이라"는 복된 약속의 뒷면이라는 사실을 알기는 그리 어렵지 않다5:3,10.[18]

제자들은 또한 세상의 빛과 같다5:14. '제자=빛'이라는 비유의 의도는 '산 위에 있는 도시'5:14b와 '켜진 등불'5:15이라는 두 개의 추가적 그림 언어를 통해 구체적으로 밝혀진다. 이 두 이미지들은 모두 '노출'을 본질로 한다는 공통점을 갖는다. 바로 이 점에서 제자들은 빛과 같다. 곧 제자들은 '산 위에 지어진 도시'와 같이, 혹은 '불을 켠 등불'과 같이 감추어진 상태로는 아무 존재 의의가 없는 자들이다. 제자들은 "이같이", 곧 산 위의 도시와 등경 위의 등불처럼 노출된 자리를 차지함으로써 그들이 가진 빛을 "사람 앞에" 드러내어야 한다5:16. 그래서 사람들이 그들의 선행을 볼 수 있어야 한다. 바로 이것이 제자됨의 본질이다. 곧 제자들이란 애초부터 이 세상에 드러나도록 의도된 존재들이다.

통상적인 오해에도 불구하고, 이 말씀은 이제 제자가 되었으니 소금 노릇을 하고 빛 노릇을 하라는 명령이나 권유가 아니라, 소금과 빛이라는 그림 언어로 제자도가 무엇을 의미하는지를 밝히는 말씀이다. 제자도의 핵심은 제자들은 제자로서의 짠맛을 지키는 데 있고 선한 행실이라는 빛을 온 세상 사람들에게 드러내어 비추는 데 있다. 짠맛을 잃으면 우리는 이등 제자가 되는 것이 아니라, 아예 제자로서의 자격 자체를 상실한다5:13-16. 또한 세상에 선한 행실을 드러내지 못하면 품질이 다소 나쁜 제자가 되는 것이 아니라, 제자로 부르심을 받은 의의 자체를 아예 상실한다.[19]

2) 판단의 기준: 열매

예수님의 가르침을 실천하는 일의 중요성은 열매를 통해 거짓 선지자와 참 선지자가 구분될 것이라는 말씀에서도 분명히 드러난다[7:16,20]. 선지자의 진위 여부는 당시에도 매우 절실한 문제였다.[20] 예수님의 해법은 올바른 견해나 입장을 확인하는 것이 아니었다. 참과 거짓을 구분하는 결정적 기준은 '열매', 곧 실제 삶에서 드러나는 실천적 행위다. 이 '열매'가 그들의 종말론적인 운명을 갈라놓는다. "아름다운 열매를 맺지 아니하는 나무"는 상급 없는 구원을 받는 것이 아니라 아예 심판의 도끼에 "찍혀 불에 던져질" 것이다[7:19; cf. 3:8,10].

예수님은 종말론적 심판의 날에는 "나더러 주여 주여 하는 자마다 다 천국에 들어갈 것이 아니요 다만 하늘에 계신 내 아버지의 뜻대로 행하는 자라야 들어갈 것"이라는 사실을 분명히 선포하신다[7:21]. 아무리 인상적인 업적을 쌓은 것처럼 보여도 "내 아버지의 뜻"에 어긋난 것일 때 그것은 그저 "불법"에 지나지 않는다[7:23]. 천국에 들어가는 것은 우리가 예수님의 말씀을 듣고 그것을 행하느냐 행하지 않느냐에 달렸다. 우리가 천국에 들어가기 위해서는 예수님의 은혜에 기대면서 그저 "주여, 주여"를 외치는 믿음으로는 충분치 않다. 주님의 말씀을 듣는다는 사실도 그 자체로는 아무런 의미가 없다[cf. 롬2:13]. 선지자 노릇을 하고, 귀신을 쫓아내고, 기적을 행하는 것과 같은 놀라운 사역을 감당했다는 사실조차도 아무런 도움이 되지 못한다.[21] 이 구절에서 우리를 구원하는 유일한 조건은 하늘에 계신 아버지의 뜻대로, 또 그 뜻을 따라 우리를 가르치신 주님의 명령대로 행하는 것이다.

이어지는 두 건축자의 비유는 이 점을 다시금 강조한다. "그러므로" 예수님의 "말을 듣고 행하는 자는" 자기의 집을 반석 위에 지은 지혜로운 건축자와 같다. 그는 심판의 홍수를 견딜 수 있는 견고한 삶의 집을 지은 사람들이다. 반면 예수님의 "말을 듣고 행하지 아니하는 자"는 자기의 집을 모래 위에 지은 어리석은 사람과 같다. 이런 사람의 삶은 심판의 홍수를 견디지 못할 것이다 7:24-27. [22] 여기서 각 사람의 운명을 결정하는 관건은 그가 주님의 이름을 부르느냐 부르지 않느냐가 아니라 "주여, 주여", 주님의 가르침을 실천하느냐 하지 않느냐다.

마태복음 25장 31-46절에는 유명한 '양과 염소'의 비유가 나온다. 마치 양과 염소가 오른편 왼편으로 확실하게 구분되듯, 심판의 때에는 사람들이 분명하게 두 그룹으로 분리될 것이다 32절. 지금의 교회는 알곡과 가라지가 뒤섞인 시대지만 13:24-29, [23] 우리의 삶을 결산하는 마지막 심판에는 이런 모호함이 벗겨진다 13:30. 목자의 눈이 양과 염소를 혼동할 수 없는 것처럼, 심판자의 눈은 조금의 모호함도 없이 사람들을 갈라놓을 것이다. 그리하여 오른편에는 구원 얻을 사람들이 모이고, 왼편에는 멸망 받을 자들이 모일 것이다 25:33. 그런데 놀랍게도 두 진영의 차이는 흔히 말하는 '믿음'이 아니다. 이들은 모두 예수님을 '주님'이라고 부르며 나름대로 주님께 대한 믿음을 유지해 온 자들이다. 하지만 이런 믿음은 천국에 들어가기 위한 충분조건과 거리가 먼 것으로 드러난다. 우리가 예수님과 어떤 관계를 맺느냐가 우리의 운명을 결정한다는 말은 사실이다. 하지만 주님이 승천하신 후 그의 재림을 기다리는 상황에서 주님과의 일상적 관계는 가능하지 않다. 그렇다고 주님과의 관계가 소위 '영적' 혹은 '정신적' 태도의 문제로 남는 것도 아니다. 비록 신자들 자신은 그런 식의 생각에서 아주 자유롭지 않았던 것처럼 보이지만 말이다37-39,44.

우리의 섬김을 받으실 분이지만 육체적으로는 멀리 떨어져 계신 주님은 놀랍게도 지금 여기에서 우리의 섬김을 필요로 하는 "지극히 작은 자 하나"와 동일시된다.24 우리가 이 구절을 기독론에 관한 것으로 간주할 수 있다면, 여기서 우리는 가장 혁명적인 '윤리적 기독론'을 만난다. 재림을 기다리는 시기에 주님과 우리의 관계는 우리가 속한 공동체 내의 연약한 자들을 향한 사랑의 관계와 동일시된다25:40,45. "세상 끝날까지 너희와 항상 함께 있으리라"는 임마누엘의 약속28:20은 공동체 내의 "지극히 작은 자 하나"를 통한 현존으로 성취된다. 우리의 사랑을 필요로 하는 '이웃들'에게 사랑을 베푸는 행위는 주님에게 사랑을 베푸는 믿음의 행위로 간주되고cf. 눅 10:29,36, 이들에게 사랑 베풀기를 거절하는 행태는 주님 사랑하기를 거부하는 불신앙의 행위가 된다. 지금 계시지 않는 주님을 향한 헌신은 지금 우리와 함께하는 이웃을 향한 사랑으로 구체화된다. 그리고 바로 이 사랑의 행위가 우리의 종말론적 운명을 결정하는 잣대가 된다.

물론 오른쪽에 있는 이들에게나 왼쪽에 있는 이들에게나 이러한 결정은 사뭇 예상치 못한 것이다. 사랑을 베푼 사람이나 베풀지 않은 사람이나, 주님께 무언가를 했거나 하지 않았다는 생각은 하지 못한다. 주님은 기다림의 대상이다. 그래서 우리가 주님께 한 것도 없고 하지 않은 것도 없다. 만일 그 작은 사랑의 행위가 주님을 사랑하는 것임을 미리 알았다면 모두가 헌신적인 사랑을 베풀었을 것이다. 따라서 두 그룹의 차이는 주님을 (영적으로) 사랑하느냐 아니냐가 아니다. 이들이 보여주는 유일한 차이는 이것이다. 곧 주님을 눈으로 볼 수 없는 상황에서 주님이 가르치신 바를 성실히 실천했느냐 하지 않았느냐다. 다소 수사적으로 표현하자면, 마태복음에서 천국에 들어가기 위한 참된 조건은 우리가 주님을 '사랑'하느냐 아니냐가 아니라, 우리가 사랑한다고 고백하는 주님의 '의로움'을 우리가 '실천'하느냐 아니냐다.[25] 여기서 마태의 관점은 "나의 계명을 지키는 자라야 나를 사랑하는 자"라고 말씀하신 요한복음의 가르침[14:21; 15:10,14], 혹은 "보는 바 그 형제를 사랑하지 아니하는 자는 보지 못하는바 하나님을 사랑할 수 없느니라"는 요한일서의 가르침[4:20]과 상통한다.

22장의 혼인 잔치 비유 또한 마태복음의 독특한 관점을 잘 보여준다. '잔치'는 천국을 가리키는 익숙한 상징의 하나다. 왕이 잔치를 베풀고 사람들을 초대하지만, 초대받은 손님들은 초청을 거절할 뿐 아니라 왕의 하인들을 학대하고 죽인다[22:3-6]. 분노한 왕은 군대를 보내 그들의 마을을 초토화한 후[7절], 거리로 사람을 보내 "악한 자나 선한 자나 만나는 대로" 모두 데려다 잔치 자리를 채운다 8-10절. 누가복음에도 비슷한 유형의 잔치 비유가 있지만 눅14:15-24, 그 분위기는 한결 부드럽고 호의적이다. 왕 대신 "어떤 사람"이 등장하며 16절, 초대를 거절하는 이들의 태도 역시, 적어도 표면적으로는, 적대감이 없는 변명의 형태다 18-20절.[26] 주인의 분노는 심판으로 연결되는 대신, 소외된 자들을 향한 끈질긴 관심으로 이어진다 21-24절. 당시 상황에서 초대의 거부는 유대인들의 복음 거부 현상을 가리키지만, 마태의 비유는 여기서도 '심판'이라는 주제를 훨씬 더 부각시킨다.

마태복음의 독특한 입장을 가장 잘 드러내는 대목은 이 비유의 기본 구조에 마태가 파격적으로 덧붙인 이야기다. 만약 동화가 "왕자와 공주가 결혼해서 잘 살았어요"라고 끝나지 않고, "그러던 어느 날, 왕자와 공주는 사소한 일로 말다툼을 하게 되었습니다"라며 그들의 결혼 생활에 관한 이야기로 이어진다면 어떨까? 아마 더 큰 호기심으로 그 대목을 읽게 될 것이다. 이와 비슷하게 마태복음의 잔치 비유는 누가복음의 비유와는 달리 "그래서 모두 잘 먹었습니다"라는 데서 끝나지 않는다. 마태복음에 첨가된 부분에 보면, 왕은 손님들을 "살피러" 직접 잔치 자리로 들어온다 11절. 이 '살핌', 곧 '조사調査'는 심판의 이미지다. 손님들을 살핀 결과 왕은 초대받은 이들 중 예복을 입지 않은 한 사람을 발견한다. 전혀 준비하지 않고 있던 손님들이 모두 예복을 입고 잔치를 즐기고 있었다는 것은 이들을 초대한 왕이 이들에게 예복을 마련해 주었다는 것으로 이해할 수 있다.[27] 그렇다면 이 한 사람은 왕이 손님에게 제공한 예복을 거부한 사람이다. 왜 예복을 입지 않았느냐는 왕의 질문에 그는 아무런 답변도 제시하지 못한다12절. 왕은 정당한 진노로 그를 잔치 자리에서 추방한다13절. "슬피 울며 이를 갈게 되리라"는 것은 전형적인 심판 선언이다13:50; 24:51; 25:30. 이 무거운 색조의 비유는 "청함을 받은 자는 많되 택함을 입은 자는 적으니라"는 무서운 말씀으로 끝을 맺는다14절. "청함"과 "택함"은 일치하지 않는다. 하나님의 초대에는 그에 합당한 응답의 방식이 있다. 그 합당한 응답을 보이지 못한 사람은 천국 잔치를 누릴 수 없다.

나의 어린 시절 기억처럼, 여기서 "예복"을 '예수 믿는 것'으로 해석하고, 천국과 지옥의 관건을 '믿음'으로 이해하는 경우가 있다. 그러나 그런 '편리한' 해석은 교리적 필요에서 나온 것이지 본문에 대한 차분한 해석의 결과는 아니다. 바울서신이나 요한계시록에서 옷을 입는 이미지는 대부분 올바른 행실에 대한 상징이다롬13:11-14; 엡4:22-24; 골3:8-10,12; 계7:14; 19:8.[28] 마태복음 전체의 기조는 이런 해석과 잘 맞아 떨어진다. 청함을 받은 자들은 왕의 잔치에 어울리는 예복, 곧 왕의 초대에 합당한 태도를 보여야 한다.[29] 물론 마태는 이것이 모두에게 기대할 수 있는 것이 아님을 잘 알 만큼 현실적이다. 추수를 기다리는 밭에 알곡과 가라지가 함께 있는 것처럼13:24-30, 잔치에 초대된 손님 중에는 선택된 사람과 선택되지 못한 사람이 나란히 존재한다. 이 둘 사이를 가르는 것은 예복의 존재, 곧 부르심에 합당한 태도의 존재 여부다. 산상수훈의 표현처럼, 초대하신 왕의 뜻대로 실천하는 자들은 천국의 잔치를 누리겠지만, 왕의 뜻을 거역하는 자들은 심판의 운명에 떨어질 것이다. 내가 자주 사용하는 표현으로 하자면, 마태복음에서 천국은 아무나 갈 수 있는 곳이지만, 결코 아무렇게나 갈 수 있는 곳이 아니다.

3) 뒤집어진 용서

우리의 태도가 '구원론적으로' 중요하다는 마태의 신념은 용서에 대한 가르침에서도 분명히 드러난다. 종종 무시되긴 하지만, 마태가 전하는 주기도문은 죄 용서를 위한 간구에 "우리가 우리에게 죄 지은 자를 사하여 준 것 같이"라는 조건을 단다 6:12. "사하여 준"의 과거시제에서 볼 수 있듯이, 용서를 간구하는 시점은 이미 우리가 용서를 실천하고 난 다음이다. 우리는 우리가 실천한 용서를 가리키면서, 우리가 다른 사람을 용서한 것처럼 그렇게 우리의 죄를 사해 달라고 기도한다. 여기서 우리는 '하나님의 자녀로서' 아버지를 향해 기도한다. 자신에게 '빚'을 진 사람을 용서함으로써 우리를 용서하시는 아버지의 자녀라는 사실을 드러내는 것이다.[30] 교리적으로는 정확한 진술이지만, 이런 설명은 이 구절이 강조하는 핵심 논점을 벗어난다. 여기서 우리의 용서는 우리를 향한 하나님의 용서의 전제다. 이 점에서는 누가복음의 주기도문 역시 다르지 않다 눅11:4. 마태는 이를 더욱 강력하게 진술한다. 주기도문 내에서도 마태의 관심은 많은 부분 용서라는 주제에 사로잡혀 있다. 이 사실은 주기도문이 끝난 후 두 개의 독립된 진술을 덧붙여 이 주제를 다시 다루고 있다는 데서 확인된다.

  용서에 대한 이 기도문을 뒤집으면, 만일 우리가 우리에게 죄지은 자를 용서하지 않았다면 우리의 죄를 용서할 필요가 없다는 말이 된다. 이는 우리 편에서 해보는 자의적 추론이 아니다. 실제로 마태가 그런 상황을 염두에 두고 있다는 사실은 주기도문에 덧붙여진 경고문에서 분명하게 드러난다. 용서에 관해 마태가 보고하는 예수님의 말씀은 무서울 정도로 분명하다.

> 너희가 사람의 잘못을 용서하면 너희 하늘 아버지께서도 너희 잘못을 용서하시려니와 너희가 사람의 잘못을 용서하지 아니하면 너희 아버지께서도 너희 잘못을 용서하지 아니하시리라 6:14-15

  이 말씀에서는 하나님의 용서를 먼저 체험한 자로서 우리 또한 다른 사람을 용서한다는 은혜의 논리가 물구나무를 선다. 적어도 여기서는 우리의 용서가 하나님의 용서를 경험하기 위한 선행 조건이다. 하나님께서는 시종일관 우리의 행동에 맞추어 자신의 용서 여부를 결정하시는 분이다.[31] 하나님의 용서가 구원과 무관한 '사소한' 용서일 수는 없다. 따라서 이 말씀은 우리의 구원에 관한 말씀으로 간주할 수 있다. 그렇다면 구원을 위해 필요한 하나님의 용서는 우리가 서로를 용서하는 행위에 달려 있다. 우리가 용서를 실천하면 우리는 하나님의 용서를 경험하며 천국에 갈 것이고, 우리가 용서하기를 거부하면 우리 또한 우리 죄를 용서받지 못한 채

지옥의 고통으로 떨어질 것이다.³²

　물론 궁극적 의미에서 마태가 하나님의 용서를 인간 행위에 대한 후속적 응답으로 제시하는 것은 아니다. 하나님의 은총은 언제나 인간의 몸짓에 앞선다. 마태복음의 의도는 이것을 뒤집으려는 것이 아니다. 용서에 관한 또 다른 가르침을 담고 있는 악한 종의 비유가 이를 잘 말해준다18:21-35. 이 유명한 비유에서 35절의 결론은 앞서 6장 15절의 말씀과 거의 동일하다. 형제를 용서하지 않는 자는 하나님도 그를 용서하지 않으신다는 선포다. 이 원리에 맞게 비유 속 왕은 같은 동료의 적은 빚을 탕감해 주지 않는 악한 종을 심판에 처한다. 하지만 그런 엄격한 심판의 선고는 그 종이 먼저 왕으로부터 거액의 빚을 탕감받았다는 놀라운 사실을 전제한다. 이웃을 용서하지 않는 죄가 중범죄가 되는 것은 그의 냉정함이 하나님이 그에게 보여주신 무한한 용서를 무시하는 태도이기 때문이다. 하나님의 용서는 이 용서의 은총이 우리의 삶에서 서로를 향한 용서로 나타나야 한다는 뜻을 포함한다. 하나님께 용서받았으면서도 동료를 용서하지 않았던 종은 하나님의 은총에 담긴 뜻을 전혀 실천하지 않았다. 그런 사람은 하나님의 자녀가 아니다5:45.

　따라서 마태의 단호함은 인간의 용서가 하나님의 용서보다 앞선다는 것이 아니라, 하나님의 무조건적 용서가 서로를 향한 용서의 삶으로 이어져야 한다는 사실을 **절대적으로** 고집하는 데 있다. 우리가 베풀어야 할 용서는 우리가 받은 용서와 무관한 사소한 행동이 아니다. 우리는 하나님께 받은 용서를 다른 사람에게 적용하지 않을 수 있지만, 그것이 하나님의 용서를 부인하는 행위라는 사실은 알고 있어야 한다. 하나님의 은총 속에 담긴 뜻을 거부하면서 그의 은총을 기대할 수는 없다. 비유 속의 임금처럼, 하나님은 그런 자에게 심판을 선고하신다. '먼저 용서하라'고 우리를 앞세우시는 주님의 움직임은 우리의 실천을 하나님의 은총보다 앞세우는 교리적 오만이 아니라, 은총의 기본 문법조차 자주 망각하는 우리를 깨우치는 훈육의 행보다. 마태는 바로 그 점을 분명히 하고자 한다.

우리는 신학적 선입견이나 교리적 염려 때문에 마태복음의 단순명료한 가르침을 혼탁하게 해서는 안 된다. 주님의 말씀을 듣고 우리가 물어야 할 질문은 "마태복음의 구원론이 행위구원론이냐 아니냐?"라는 것이 아니다. 오늘날 우리가 구원을 말하는 방식을 마태복음에 일관성 있게 적용한다면, 마태복음의 구원론은 분명 '행위구원'의 교리에 가깝다. 우리의 행위가 구원 여부를 결정하는 핵심적 관건이라고 가르치기 때문이다.[33] 물론 이는 조직신학적 의미에서 우리의 행위가 하나님의 은혜에 앞선다는 의미가 아니다. 앞서 용서에 관한 비유에서 분명히 드러나는 것처럼, 우리의 행위가 구원론적으로 중요하다는 것은 우리의 행위가 하나님의 은혜 행위와 분리될 수 없다는 것을 의미한다. 순종의 응답은 필연적으로 하나님의 은혜의 부르심과 연결되어 있고, 따라서 우리의 응답 행위는 하나님의 은혜를 받아들이는 믿음의 표현이다. 그저 말로만 주님의 이름을 부르는 텅 빈 '믿음'이 아니라, 순종이라는 삶의

'열매'로 표현되는 산 믿음이다.

우리가 기억해야 할 종말론적 지혜는 주님의 말씀을 그냥 '듣고' 만족하는 것이 아니라, 듣고 배운 바를 '행하는' 것이다. 이 엄중한 '도덕적 요구'는 우리 삶의 마지막에 하나님의 심판이 기다리는 상황에서 들려진다.[34] 아직 심판이 남아 있다. 현재 우리의 본질_{나무}을 드러내는 것은 다름 아닌 우리의 행위_{열매}다. 따라서 우리의 최종적 구원은 현재 우리가 어떻게 살아가느냐에 따라 결정된다. 이것은 우리의 행실이 구원을 가져다준다고 말하는 것과 다르다. 구원에로의 초대는 언제나 하나님의 주권적 결정의 문제다. 우리의 행위가 종말론적 구원을 위해 필요하다고 말하는 것은 우리를 구원으로 초대하시는 하나님의 주님 되심을 인정하고 그에 합당한 태도를 보이는 것이 마땅하다는 언약의 상식을 되새기는 것일 뿐이다. 마태복음이 우리에게 강조하는 것이 바로 이것이다. 하나님은 각 사람에게 행한 대로 갚는 분이시다_{시 62:12; 롬 2:6-11; 갈 6:7-9}. 마태복음에 나타나는 주님의 가르침은 많은 이들이 말하는 '행위구원'의 범주에서 벗어나지 않는다.[35] 여기서 행위구원이라는 말 자체를 두고 신학적 시비를 벌이거나, 교리적 안전에 대한 현대적 염려 때문에 주님의 선명한 요구를 부정하는 것은 어리석다.

하나님의 거룩함을 우리의 삶에 드러내라는 주님의 언약적 요구는 타협의 대상이 아니다. 우리가 이 요구에 어떤 신학적 명칭을 붙이는가는 중요치 않다. 오히려 우리가 물어야 할 질문은, "그렇다면 우리는 이 마태복음의 _(행위)구원론을 어떻게 할 것인가?"라는 것이다. 행위에 대한 절대적 요구는 우리가 복음의 요체라고 믿고 있는 구원론, 곧 '오직 은혜'와 '오직 믿음'을 강조하는 바울의 구원론과 어긋나는가? 그렇다면 우리는 바울의 가르침을 어떻게 생각해야 하는가? 바울은 주님께 대한 철저한 순종이 없이는 들어갈 수 없는 천국을 은혜와 믿음이라는 헐값에 팔아넘긴 사람인가? 아니면 우리가 바울을 오해한 것인가?

    요구와 명령은 제거하고 약속과 축복만 남길 경우 그것을 복음이라 부를 수 있을까? 피상적이고 형식적인 논리 싸움에 휘말리기 전에 우리는, 마태복음이 담고 있는 요구와 명령들은 우리가 살아가는 삶의 자태에 관한 것이라는 사실을 기억해야 한다. 더 나아가 우리의 삶에 관한 이야기들은 실상 그 삶을 살아가는 우리 자신들에 관한 이야기들이다. 마태복음의 '명령' 신학은 우리의 삶이 중요하다는 것을 전제한다. 더 나아가 그것은 우리 자신이 하나님 앞에서 소중한 존재라는 사실을 전제한다. 우리는 아무렇게나 하고 있어도 되는 하찮은 존재들이 아니며, 우리의 삶은 아무렇게나 살아도 상관없는 쓰레기가 아니다. 지금 우리의 삶 자체가 천국은 아니지만, 우리의 삶은 분명 천국을 향한 여정의 일부다. 마태복음의 예수님은 엄중한 요구와 명령의 형태로 우리를 더 고귀한 순례로 초대하신다. 물론 하나님의 초청장에는 우리가 그 삶에 이를 수 있는 권리와 능력이 동봉되어 있다. 마태복음이 우리에게 가르치는 것은 그 초청장 자체가 아니라 그 초청장이 그려내는 새로운 삶이 곧 복음이라는 점이다.[36]

3. 야고보서의 가르침

먼저 마태복음을 살피면서 시작했지만, 사실 구원과 행위의 문제를 가장 첨예한 방식으로 제기하는 문서는 야고보서다. 야고보서는 신약의 문서들 중 "가장 철저한 윤리적 관심을 드러내는 문서"에 속한다.[37] 마지막 심판을 염두에 두고 올바른 처신에 주로 관심을 기울이고 있다는 점에서 이 글은 구약과 유대교의 지혜문학 전통에 서 있는 것으로 간주되곤 했다.[38] 또 그로 인해 기독교적 색채는 피상적으로 드러날 뿐이라고 여겨지기도 했다. 사실 1장 1절과 2장 1절의 "주 예수 그리스도"에 관한 '가벼운' 언급을 괄호치고 나면 독특한 기독교적 복음이라고 할만한 내용이 전혀 없다는 주장도 자주 들린다. 그리스도의 죽음과 부활은 고사하고 성령에 관한 언급도 나타나지 않으며, 올바른 자세에 관한 모범 역시 그리스도가 아니라 구약의 선지자들에게서 찾고 있다2:8,21-25; 5:11,17.[39] 물론 야고보서가 기독교 문서임을 의심하는 이들은 거의 없다. 하지만 단순히 이 문서의 기독교적 성격을 증명하는 것보다 더 시급한 문제는 야고보서에 개진된 신학적 관점과 우리가 보편적으로 '기독교적'이라 생각하는 바울신학적 관점 사이에서 발견되는 '긴장'을 만족스럽게 설명해 내는 일이다.[40]

잘 알려진 대로 야고보서라는 길지 않은 편지 속에는 소위 '믿음으로 의롭다 하심을 얻는다'라는 바울식 가르침을 정면으로 반박하는 주장이 담겨 있다. 바울은 믿음으로 의롭다 하심을 얻는다고 가르치는 반면, 야고보는 행함이 있어야 의롭다 하심을 얻을 수 있다고 못 박는다. 우리는 이 현상을 어떻게 설명할 수 있을까? 잘 알려진 대로, 루터는 야고보서를 '지푸라기 서신'이라 부르며 정경의 일부로 인정하기를 주저하였다. "(신약의 다른 책들과) 비교해 볼 때 복음적 특성이 전혀 없기 때문"이라는 것이 그 이유였다. 야고보서의 칭의론이 바울의 칭의론과 정면으로 배치된다고 생각하면서 그는 "누구라도 이 두 사람의 가르침을 조화시킬 수 있는 사람이 있다면 나는 내 박사모를 그에게 씌워주고 그가 나를 바보라 부를 수 있게 해 주겠다"라고 호언하였다.[41] 이미 언급하였듯이, 이러한 취사선택은 지금의 우리로서는 만족할 만한 해답이 아니다. 그러기에 루터의 이런 첨예한 문제 제기는 더욱 중대한 사안으로 다가온다. 꼭 위대한 종교개혁자의 박사모를 써 보는 영예를 탐내지 않더라도, '믿음으로 의롭게 된다'라는 주장과 '행위로 의롭게 되며, 믿음만으로는 안 된다'라는 주장 사이의 긴장을 그냥 둘 수는 없기 때문이다.

우선 바울과 야고보 모두가 믿음의 전형으로 간주하는 아브라함을 생각해 보자. 이 두 사람이 아브라함의 '믿음'을 해석하는 방식을 비교해 보면 재미있는 차이가 드러난다. 바울은 갈라디아서와 로마서에서 아브라함이 믿어 의롭다 하심을 받았다는 창세기의 기록을 이신칭의의 한 결정적 논거로 제시한다. "아브라함이 하나님을 믿으매 그것을 그에게 의로 정하셨다"라는 갈라디아서 3장 6절은 칠십인역 창세기 15장 6절을 거의 그대로 인용한 것이다. 이 구절은 로마서 4장 3절에 다시 한번 인용된다. 우리가 익히 잘 아는 것처럼, 이 구절은 바울이 믿음으로 의롭다 하심을 얻는다는 주장을 펴기 위해 내세우는 가장 핵심적인 성경적 근거다. 흥미로운 것은 야고보 역시 같은 창세기 구절을 인용한다는 사실이다. 같은 구절을 인용했다는 사실 자체는 별로 이상할 것이 없다. 문제는 야고보가 이 구절에 근거하여 바울과 정반대되는 결론을 이끌어 낸다는 점이다.

> 이렇게 해서 "아브라함이 하나님을 믿었고, 이것이 그에게 의로 여겨졌다"라는 성경이 이루어졌고 그는 하나님의 친구라 불리게 되었습니다. 그래서 우리는 사람이 행위로 의롭다 하심을 받는 것이지, 믿음만으로 그렇게 되는 것이 아니라는 것을 알게 됩니다약2:23-24.

"성경"이라는 단어가 말해주듯, 바울처럼 야고보 역시 창세기의 구절을 성경의 한 증거로 간주한다. 그러니까 창세기 15장 6절에 기록된 성경 말씀이 "사람이 행위로 의롭다 하심을 받는 것이지, 믿음만으로 그렇게 되는 것이 아니다"라는 자기주장을 증명하는 주장이라는 것이다. 물론 이는 바울이 이 구절을 근거로 도출하는 결론과 정반대다. 바울은 이 구절에 근거하여 "우리가 믿음으로 의롭다 하심을 받는다"라고 선언하기 때문이다갈3:6-9; 롬4:1-12. 그렇다면 이렇게 상반된 두 입장을 우리는 어떻게 받아들여야 할까?

우선 아브라함의 믿음에 대한 야고보의 해석은 오늘날의 독자들에게는 앞뒤가 전혀 맞지 않는 억지로 보일 수 있다. 아브라함이

"믿음으로" 의롭다 하심을 받았다는 창세기의 말씀으로부터 "행위로" 의롭다 하심을 받는다는 결론을 이끌어 내기 때문이다.[42] 하지만 당시 유대인들의 세계에서 야고보의 해석은 아무도 문제로 삼지 않은 당연한 상식이었다. 자신의 해석이 당연한 듯 태연히 그런 결론을 이끌어 내는 야고보의 태도가 이러한 상황을 반영한다. 우리는 믿음에 대한 우리 나름의 개신교적 전제 하에 아브라함 이야기를 우리 방식으로 해석하지만, 당시 유대인들 또한 믿음에 대한 자기들 나름의 전통에 근거하여 아브라함 이야기를 읽었다. 야고보의 창세기 해석은 바로 이런 유대적 전통에 바탕을 둔다. 루터의 후예로서 우리는 믿음을 (심리적, 수동적) 신뢰에 가까운 개념으로 받아들이는 경향이 있지만, 구약과 유대교적 전통에서 믿음은 실제적인 삶의 행보와 분리되지 않는 신실함에 가까운 개념이었다. 신약성경 역시 여러 곳에서 이 믿음을 충성이나 신실함이라는 의미로 번역한다.[43] 야고보가 아브라함의 믿음을 읽는 관점은 바로 이런 것이다. 곧 아브라함은 하나님께 신실하였고, 그의 이 신실함으로 인해 하나님께 의롭다 하심을 받았다는 것이다.[44]

야고보가 칭의에 관한 문제, 믿음과 행위에 관한 문제를 들고 나온 이유는 교회 공동체 내에 믿음으로 의롭다 하심을 받는다고 주장하면서 정작 구체적인 행위는 보여주지 못하는 사람들이 있었던 탓이다. 이런 이율배반적 태도가 바울의 칭의론을 잘못 이해한 결과로 생긴 것인지, 아니면 바울의 가르침과는 무관하게 생겨난 파행적 현상인지는 알 도리가 없다.[45] 굳이 바울의 칭의론을 오해하지 않더라도, 제대로 된 삶의 열매 없이 하나님의 은혜에만 의존하려는 자기기만적 태도는 구약과 신약 전반에 걸쳐 자주 나타난다. 유대인들은 유대인/선민이라는 신분 자체가 구원을 보장해 준다고 생각하며 삶의 열매를 소홀히 하였다. 세례요한과 바울은 여러 곳에서 이런 유대인들의 허위의식을 고발한다 마3:7-10; 눅3:7-9; 롬2; 갈 6:11-13. 이런 '속 빈 강정들'을 향해 야고보는 "믿음이 있다고 큰 소리치면서 정작 행함이 없으면 무슨 소용이 있습니까?"라고 반문한다. 그처럼 말뿐인 '믿음'은 자기를 구원할 수 없다 2:14. 왜냐하면 "행함이 없는 믿음은 그 자체가 죽은 것"이기 때문이다 2:17. 곧 야고보가 말하고자 하는 바는 "행함이 없는 믿음은 헛된 것"이라는 사실이다 2:20. 믿음이 그 이름값을 하자면 행함을 포함해야 한다. 하지만 사람들이 과시하는 믿음은 종종 속이 빈 믿음일 수 있다. 그런 식의 믿음은 기껏해야 생명이 사라진 믿음, 곧 믿음의 기능을 수행하지 못하는 시체에 지나지 않는다. 이런 '믿음'으로 구원을 기대하는 것은 기름 없는 자동차로 여행을 시도하는 것과 같다.

그가 아브라함 이야기를 꺼내는 것은 바로 이 점을 증명하기 위해서다. 하지만 야고보가 처음 인용하는 아브라함 이야기는 우리가 위에서 언급한 창세기 15장 6절이 아니다. 재미있게도 야고보는 창세기 22장에 기록된 사건, 곧 아브라함이 하나님의 말씀에 순종하여 이삭을 제물로 바치는 사건으로부터 자기의 논의를 시작한다.

> 우리 조상 아브라함이 그 아들 이삭을 제단에 바칠 때, 그는 행위로 의롭다 하심을 받지 않았습니까? 약2:21

아브라함이 의롭다 하심을 받았다는 기록은 창세기 15장에 나오는데, 야고보가 그 뒤의 22장에서 논의를 시작할 수 있었던 것은, 당시 유대인들은 아브라함 이야기 전체를 하나의 통일된 이야기로 읽었기 때문이다. 창세기 15장 6절이 별다른 설명 없이 아브라함의 믿음에 관해 말해준다면, 22장의 사건은 아브라함이 얼마나 철저히 하나님께 순종하고 있는지를 가장 극적으로 보여준다. 그래서 유대교 전통에서 창세기 22장의 사건은 아브라함의 믿음의 본질을 보여주는 가장 중요한 사건의 하나로 간주되었다. 히브리서 역시 아브라함의 믿음을 논하면서 그가 "믿음으로 이삭을 드렸던" 사실을 언급하는 것을 보면, 이 사건이 갖는 각별한 의미를 잘 알 수 있다 히11:17-19.

야고보의 관점에서 15장과 22장의 두 사건은 아브라함의 신실함을 묘사하는 동전의 양면일 뿐, 서로 분리될 수 있는 별개의 사건이 아니다. 따라서 이 두 구절은 아브라함의 믿음에 관한 기록이자 동시에 그의 순종에 관한 기록이다. 창세기 15장 6절이 아브라함의 믿음을 단순히 진술한다면, 창세기 22장의 사건은 그 믿음의 구체적인 면모를 보여준다. 15장 6절에 근거하여 믿음으로 의롭다 하심을 받았다고 말할 수 있는 것처럼, 22장에 근거하여 행함으로 의롭다 하심을 얻는다고 말할 수도 있다. 따라서 창세기 22장이 말해주는 바는 아브라함의 경우 그의 "믿음이 그의 행위와 함께 작용하고 행위로 믿음이 완전해졌다"라는 것이다 약2:22; cf. 외경 집회서 44:19-20. 그렇다면 창세기 22장에 기록된 아브라함의 순종에 관한 이야기는 그가 믿음, 곧 신실함으로 의롭다 하심을 받았다는 창세기 15장의 말씀이 "성취된" 것 혹은 "완성된" 것이 된다 23절. 즉 아브라함의 순종 행위를 통해 그 믿음이 담고 있는 완전한 의미가 구체적으로 드러난 것이다.

따라서 아브라함 이야기로부터 우리가 끌어낼 수 있는 결론은 '사람이 행함으로 의롭다 하심을 받는다'라는 것이다 약2:24. 물론 야고보 자신이 강조하듯, 이는 '믿음으로 의롭다 하심을 얻는다'라는 고백을 뒤집는 말이 아니다. 아니, 그래서는 안 된다. 하지만 야고보는 인간의 태도가 늘 이렇게 단순명료하지 않다는 것을 잘 알았다. 그는 사람들이란 뿌리기는 싫어도 수확에는 탐을 내며, 그래서 '행함이 없는 믿음'이라는 불량품을 시중에 유통시키는 존재라는 사실을 잘 알았다 2:14. 물론 이런 불량 '믿음'은 "그 자체가 죽은 것"2:17이며 또한 "헛것"2:20이다.[46] 이런 '믿음'은 비록 믿음이라는 이름으로 팔리지만 실은 전혀 믿음의 약효를 발휘하지 못하는 엉터리에 지나지 않는다. 가짜 약이 병을 낫게 할 수 없는 것처럼, 그런 가짜 믿음은 우리를 구원할 수 없다 2:14. 바로 이런 엉터리 믿음을 염두에 두고 야고보는 "사람이 행위로 의롭다 하심을 받는 것이지, 믿음만으로 그렇게 되는 것이 아니다"라고 경고한다 2:24. 그렇다면 우리가 의롭다 하심을 받는 것은 행함으로 드러나는 믿음을 통해서다. 왜냐하면 행함 없는 믿음이란 마치 생명이 떠나버린 몸처럼 이미 죽은 것이기 때문이다2:26.

어쨌든 야고보의 해석에서 분명히 드러나는 것은 우리의 칭의는 행위를 요구한다는 사실이다. 이것이 믿음의 일부로 간주되면 아브라함처럼 믿음으로 의롭다 하심을 얻는다고 말할 수 있다. 또 엉터리 믿음과 구분되는 개념으로 이해되면 행위로 의롭다 하심을 얻는다고 말할 것이다. 가짜 믿음으로 의롭다 하심을 받을 수 있다는 착각을 피해야 하기 때문이다. 이처럼 야고보가 굳이 행위에 의한 칭의를 말하는 것은 삶의 열매가 없는 빈 껍질을 믿음이라고 내세우는 엉터리 신자들 때문이었다.

야고보는 믿었다는 말없이 그저 정탐꾼들을 환대하고 숨겨주었던 사실만 전해 오는 기생 라합의 이야기를 소개하며, 이 역시 행함에 근거한 칭의의 한 증거로 제시한다. 라합은 칭의, 곧 이스라엘 백성에 편입되는 은총을 누렸다. 이것은 그녀가 '믿었기' 때문이 아니라, "사자를 접대하여 다른 길로 나가게" 하는 '행위'를 보여주었기 때문이다2:25. 야고보가 아브라함의 순종을 그의 '믿음'이라고 해석했던 것처럼, 여기서 라합의 행동 또한 최선의 의미에서 '믿음/신실함'이라 부를 수 있다. 하지만 우리가 그녀의 '행위'를 무엇이라 부르든, 그녀의 칭의가 그녀의 행위에 근거한 것이었다는 사실은 달라지지 않는다.

야고보서에서 우리의 영혼을 구원할 능력의 말씀을 마음에 심는다는 것은 "모든 더러운 것과 넘치는 악을 내버리는" 과정을 포함한다1:21. 그런 의미에서 이 구원의 말씀은 "듣는 자", 곧 "듣기만 하는 자"가 아니라 "행하는 자"를 요구한다1:22. 말씀을 듣기만 하고서 구원을 얻으리라고 생각하는 것은 "자신을 속이는" 일이다1:22. 복 있는 사람은 "자유롭게 하는 완전한 율법"을 듣고 잊어버리는 자가 아니라 그것을 "행하는" 자다1:23-25; cf. 롬2:13. 예를 들어, 스스로를 경건하다고 생각하면서 막상 자기의 혀에 재갈을 물리지 않는 사람은 "자기 마음을 속이는" 것으로, 이런 경건은 헛된 것에 지나지 않는다1:26. 곧 행함이 없는 믿음은 죽은 것이다. 사실 이는 복음서에 나오는 예수님의 가르침과 거의 똑같다.[47]

예수 그리스도를 믿는 믿음은 그 속에 "사람을 차별하여 대하지 말라"는 당위를 포함한다2:1; cf. 롬 2:11. 그럼에도 불구하고 우리가 사람을 외모에 따라 구별하고 차별하면 "죄를 짓는 것"이며, 율법은 그런 우리를 "범법자"로 정죄할 것이다2:9. 가난한 자들에게 긍휼을 베푼다면 그 긍휼이 심판을 이기겠지만, 우리가 긍휼 베풀기를 거절하고 외모에 따라 차별하면 우리에겐 "긍휼 없는 심판"만이 기다리고 있을 것이다2:13.

야고보 역시 하나님의 "더욱 큰 은혜"에 관해 할 말이 있다. 하나님의 이 은혜는 교만한 자가 아니라 겸손한 자를 향한다4:6. 겸손이란 "주 앞에서 낮추는" 것4:10 혹은 "웃음을 애통으로, 즐거움을 근심으로 바꾸는" 것을 의미한다4:9. 물론 이것은 심리적 태도의 변화가 아니라 죄인들이 그 "손을 깨끗이" 하고, 두 마음을 품은 사람들이 그 마음을 하나님께로 "성결하게" 하는 행동의 변화를 가리킨다4:8.

선을 행할 줄 알면서도 행하지 않는 것은 죄인데4:17, 이런 죄로부터 자신을 깨끗하게 하는 것이 바로 하나님 앞에서의 겸손이다. 그리고 이런 자들이 하나님의 큰 은혜를 누릴 수 있는 사람들이다.[48]

물론 야고보서에서 논의되는 칭의는 전통적 개념의 칭의, 곧 마지막 심판을 염두에 둔 개념으로서, 사실상 마지막 심판 때의 구원과 같은 의미다. 따라서 야고보서의 분명한 가르침은, 이 미래의 구원은 올바른 행위를 요구한다는 것이다. 이 행위를 속이 찬 믿음의 한 요소로 간주하든, 속이 빈 믿음과 대비하든 구원에는 행위가 필요하다는 사실은 변하지 않는다.

4. 결론

지금까지 우리는 마태복음과 야고보서의 가르침을 간략하게 살펴보았다. 두 글에서 모두 얻을 수 있는 결론은 (종말론적) 구원에는 행위가 필요하다는 것이다. 마태복음은 그리스도의 가르침을 따라 하늘에 계신 아버지의 뜻을 행하지 않는 사람은 천국에 들어갈 수 없다고 못 박는다. 또한 야고보는 우리가 마지막 심판 때에 의롭다 하심을 얻는 데는 소위 믿음뿐 아니라 신실한 행위 또한 필요하다고 천명한다. 오늘날 어떤 설교자가 나서서 구원을 얻으려면 올바른 행실을 보여야 한다고 가르친다면, 대부분의 사람들은 그를 행위구원론자라고 비난할 것이다. 만약 그런 피상적인 판단을 마태복음과 야고보서에 적용한다면, 마태복음에 소개된 예수님과 그의 육신의 동생 야고보는 모두 명백한 행위구원론자들이다. 이 사실을 부정하는 사람은 교리적으로 심오한 사람이 아니라 국어 공부나 기초 논리 훈련이 필요한 사람이다.

이미 지적한 것처럼, 성경의 통일성을 믿는 우리에게 마태복음이나 야고보서의 가르침은 바울의 가르침만큼이나, 혹은 그 이상으로 중요하다. 그래서 우리는 아직도 해결되지 않은 중대한 질문과 마주한다. 우리가 복음의 진수라고 신봉하고 있는 '믿음'과 '은혜'를 주축으로 한 바울의 구원론과 마태복음과 야고보서의 '생경한' 목소리를 어떻게 조화시킬 수 있을까?

야고보서를 가르치거나 설교하는 이들은 대개 야고보의 가르침 또한 바울이 가르친 믿음-구원의 틀에서 벗어나지 않는다고 말함으로써 이 문제를 해결한다. 실제로 야고보가 믿음에 관해 말하는 방식에 비추어 보면 당연한 해결책이다. 야고보는 일부 사람들이 내세우는 소위 '행함이 없는 믿음'의 가치를 부인한다. 이는 속이 꽉 찬 믿음, 곧 살아있는 믿음이 우리를 의롭게 한다는 주장이지, 믿음으로 의롭게 된다는 진리 자체를 부인하는 것은 아니다. 결국 야고보가 주장하는 것은 행함으로 열매를 맺는, 혹은 행함으로 온전해진 믿음이 우리를 의롭게 한다는 것이다. 그리고 이 점에서 바울 역시 다르지 않다고 말한다. 바울 역시 믿음이 행위로 이어져야 한다는 사실을 강조한다는 것이다.[49]

이런 식의 설명은 우리가 야고보서의 가르침에 비추어 이끌어

낼 수 있는 유일한 해법이라고 할 수 있다. 그런데 여기서 우리가 주목해야 할 것은 일견 단순해 보이는 이 해법이 실상 우리가 통상 이해하고 있는 바울의 구원론에 중대한 수정을 가한다는 사실이다. 야고보나 바울 모두 같은 이신칭의를 가르치는 것이라면, 이는 곧 바울이 말하는 믿음 또한 행함으로 온전해지는 믿음, 곧 그 속에 행함이라는 알맹이를 담은 믿음이라는 의미가 된다. 그런데 '행동하는 믿음'이나 '살아있는 믿음'으로 의롭게 된다는 주장은 대부분의 신자들이 이해하는 대로의 이신칭의와 다르다. 평상시에 우리가 믿음으로 의롭게 된다거나 은혜로 구원을 얻는다고 말할 때는 행함이 없이 의롭게 되고, 아무런 행위나 공로 없이 순전히 하나님의 은혜로 구원을 얻는다는 의미일 때가 대부분이기 때문이다. 따라서 믿음이 실제로는 행위를 포함한다고 말해 버리면, 우리가 복음의 요체라고 간주하는 믿음과 은혜가 그대로 허물어져 버린다. 어찌 보면 뻔히 드러나는 문제점이지만, 이를 분명히 인식하는 사람은 많지 않아 보인다. 이런 작금의 현상이 소위 '인위적 실수'가 아니라고 말할 수 있을까?

결과적으로 대부분 신자의 생각 속에는 두 가지 서로 다른 바울의 모습이 나란히 공존한다. 평상시에 우리는 행위가 완전히 배제된 '오직' 믿음을 의로움의 근거로 내세우는 루터의 모습으로 무대에 오른다. 그러다가 야고보라는 난적이 나타나면 한 걸음 물러선다. 그리고 믿음이란 본래 행위와 함께 간다고 말하는 방어적 태도로 바뀐다. 한 배우가 전혀 다른 두 인물을 연기할 때처럼, 이 두 바울이 서로 어떻게 연결되는지는 분명치 않다. 서로 각자 맡은 배역에 충실할 뿐, 이 두 모습이 실제로 동일 인물이라는 사실을 확인하려는 시도는 이루어지지 않는다. 그러면서 우리는 그저 두 인물이 같은 이름을 갖고 있다는 사실 하나만으로 이 둘 사이에 아무런 모순이 없다고 믿고 싶어 한다. 하지만 바울이라는 한 사람이 하이드 씨가 되었다, 지킬 박사가 되었다 하는 상황은 분명 병적이다. 안디옥에서 이방 성도들과 함께 식사하던 베드로와 보수적인 유대인 신자들이 두려워 그 식사 자리에서 물러나던 베드로가 하나가 될 수 없는 것과 같다갈2:11-14.[50]

앞으로 이어질 논의에서 우리는 바울의 신학이 마태복음이나 야고보의 신학과 전혀 다르지 않다는 사실을 확인하게 될 것이다. 나 역시 "야고보는 다름 아닌 예수 그리스도와 그의 십자가와 부활, 죄 용서의 능력과 믿음의 순종을 전한다. 그러나 그는 자기 나름대로의 특별한 방식으로 이를 전한다"라고 말한 투르나이젠의 판단에 동의한다.[51] 실제로 야고보가 행하는 헛된 믿음에 대한 신랄한 비판은 바울이 로마서 2장에서 행하는 유대인 비판과 맥을 같이한다. 바울이 그 문맥에서 '율법 들음'이 아니라 '율법 지킴'에 근거한 칭의론을 개진하고 있다는 사실은 시사하는 바가 대단히 많다롬 2:13; 약1:25. 물론 종종 로마서 2장의 칭의론은 로마서 3-4장의 칭의론과 조화될 수 없는 것으로 간주되곤 한다. 그러니까 바울의 글 내에도 이런 내적 긴장이 존재한다. 하지만 로마서 2장의 행위구원론적 칭의론은 바울의 진짜 속내가 아니라 유대인 비판을 위해 잠시 채용한 유대적 논증이라고 간주함으로써 문제를 해결한다. 그렇지만 야고보서에 대해서는 이런 해법이 아무런 소용이 없다. 그렇다면 과연 로마서 2장의 율법-칭의론은 바울 자신의 이신칭의론과 상치되는 것일까? 루터는 야고보서를 그런 관점에서 바라보았다.

이 책의 목적은 야고보가 비판하는 피상적인 믿음 이해, 곧 우리 교회에 널리 퍼져 있는 실속 없는 칭의론이 바울의 복음과 아무 상관 없는 불량품 복음이라는 사실을 보여주는 것이다. '오직 믿음'과 '오직 은혜'가 바울을 읽는 절대 기준이 된 상황에서 바울의 복음을 새롭게 이해해 보려는 일은 간단한 작업이 아니다. 이는 피상적 구호에 조율된 우리의 사유를 내려놓고, 실제 바울의 말을 차근차근 따라가려는 노력에로 돌아가는 '주석적 회개'를 의미한다. 이렇게 말씀과 다시 씨름하는 과정에서 우리는 어느 지점에서 우리가 바울의 복음에서 벗어난 것인지 확인할 기회를 얻게 되고, 거기서부터 어떻게 올바른 복음의 세계로 들어가야 할지 생각할 기회를 얻게 될 것이다.

제2장
다시 듣는 목소리: 바울의 사명과 바울 복음의 성격

1. '사도' 바울

그리스도를 만난 이후 바울의 삶은 그 전부가 '이방인의 사도'라는 소명 의식의 산물이라고 해도 과언이 아니다. 물론 그의 이런 '의식'이 그의 삶과 사역의 과정을 좌우한 유일한 요인이라고 말하는 것은 비현실적인 과장일 것이다. 그러나 신약성경에 담긴 바울 자신의 편지나 사도행전이 그려주는 바울의 모습을 보면, '이방인에게 복음을 전하는 사도'로서의 소명 의식이 그의 선교 운동과 신학적 사유를 지탱하는 근본적인 토대였다는 사실을 눈치채기는 어렵지 않다. 그의 회심은 바로 그 자체가 이방인을 위해 복음을 전하라는 구체적인 부르심이었다 갈1:11-16. 그래서 그의 행보는 언제나 "복음을 전하지 아니하면 내게 화가 있을 것"이라는 신적 강제력에 이끌렸다 고전9:16-17. 그리스도인 바울의 삶은 처음부터 끝까지 '이방

인의 사도'로서의 삶이었다롬11:13.⁵²

바울의 사역과 신학적 작업은 가장 근본적인 의미에서 '이방인의 사도'라는 자기 이해의 산물이었다. "바울의 사도적 직무는 그의 복음과 불가분의 관계에 있다."⁵³ 그렇다면 사도로서 그의 소명의 중심에 놓인 그의 복음을 이해하려는 우리의 탐구 또한 그의 삶을 지탱하는 사도적 자기 이해에서 출발하는 것이 당연하다.⁵⁴ 이방인의 사도 바울이 복음 전파 사역을 통해 성취하고자 했던 목표가 무엇이었는지 확인하게 될 때, 그의 선교 활동과 신학적 사고를 움직여 간 핵심 원리가 무엇이었는지도 발견할 수 있을 것이기 때문이다.

그러나 이방인의 사도로서 바울의 자기 이해가 그의 삶과 신학에 결정적인 중요성을 가짐에도 불구하고, 정작 그의 사도적 자의식에 대한 연구가 별로 없다는 사실은 매우 놀랍다.⁵⁵ 물론 바울의 사도 직분에 관한 논의 자체가 없는 것은 아니다. 하지만 전통적으로 바울의 사도직에 관한 논의는 사도직에 대한 그의 주장이 그저 혼자만의 강변에 불과한 것인지, 혹은 초대교회에 의해 열두 사도와 같은 권위를 가진 것으로 인정되었는지 하는 '역사적' 관심에 이끌리는 경우가 많았다. 그에 비해 바울의 사도적 자의식이 바울 자신의 사역과 신학적 사고에 어떤 영향을 미쳤는가 하는 물음은 학자들의 살아있는 관심사가 되지 못했다.

다른 한편으로 바울이 주장하는 사도 직분의 성격을 설명하려는 시도가 전혀 없었던 것은 아니다. 아니 실제로 사도 바울의 정체를 설명하려는 시도는 많이 이루어져 왔다. 그중에서 가장 익숙한 것은 아마 '신학자' 바울의 초상일 것이다.[56] 바울 '신학'이라는 말이 바울 연구의 대명사로 쓰인다는 사실, 그리고 실제로 대부분의 바울 연구가 '바울신학'이라는 이름으로 출판되고 있다는 사실이 이를 잘 보여준다.[57] 물론 바울의 삶과 사역의 바탕에는 깊은 신학적 확신이 자리하고 있다. 그런 점에서 학자들이 그의 신학에 관심을 갖고 '신학자 바울'을 그려내려는 시도는 정당하다. 그렇지만 그가 독특한 신학을 가졌다는 진술이 '그래서 신학이 바울의 사도적 사역의 핵심'이라는 말로 비약될 수는 없다. 즉 바울이 초대교회 신학의 기초를 놓은 신학자라는 주장은 가능하지만, 그렇다고 이것이 신학자 바울이 그의 사도적 사역을 설명하는 가장 핵심적인 개념이라는 주장으로 비약될 수는 없다. 이는 마치 레이건이 그 나름의 경제학적 신념을 가졌다고 해서 그를 한 사람의 경제학자로 다루어야 한다고 말하는 것과 같은 실수다. 신학자 바울이라는 초상은 학자들이 관심을 기울이는 바울의 한 단면이지만, 이 하나의 단면이 바울의 전부를 설명할 수는 없다. '신학자'는 바울의 사역을 설명하는 부분적인 그림일 뿐, 그의 사역의 핵심을 포착하는 중심 이미지가 되기는 곤란하다.

사도 바울을 설명하기 위해 자주 등장하는 또 다른 그림의 하나는 '선교사' 바울이다. 이런 바울관의 성립에 가장 크게 공헌한 것은 말할 것도 없이 사도행전이다. 누가의 기록에서 바울은 한 곳에서 복음을 전하고 서둘러 다른 곳으로 옮겨 가며 매우 바쁜 일정을 소화하는 순회 전도자의 모습으로 등장한다. 물론 이런 행보의 근저에는 이방인의 사도로서 하루빨리 보다 많은 곳에서 복음을 전해야 한다는 생각이 깔려 있다. 따라서 이미 설립된 이방인의 교회를 차근차근 돌아보는 일은 다른 사람에게 넘겨지는데, 바울 주변의 여러 동역자들이 이런 목회적 책임을 담당한 것으로 여겨진다.[58]

신학자 바울과 마찬가지로 선교사 바울 역시 바울 사역의 한 측면을 정확하게 묘사하는 그림임에 틀림없다. 로마서 15장에 잘 나타나 있듯이, 실제로 바울의 선교적 비전은 로마제국 전체를 포괄하는 것이었고, 그는 그 계획을 이루기 위해 사력을 다하는 모습을 보여준다.[59] 그럼에도 불구하고 '선교사 바울'이라는 초상 역시 바울의 사도적 책임의 핵심을 포착하지는 못한다. 특별히 바울은 '순회 전도자'였을 뿐 한 곳에 정주한 '목회자'는 아니었다고 주장할 경우 문제는 더욱 심각해진다. 왜냐하면 사도행전을 급히 읽었을 때 받는 인상과는 달리, 바울이 공동체들에게 보낸 서신들에서는 그가 지속적으로 목회적 관심을 가지고 있었음을 뚜렷이 볼 수 있기 때문이다 고후11:28-29.[60] 이런 점에서라도 바울은 분명 '선교사'로 불릴 자격이 있지만, 그의 사도적 소명의 핵심을 선교사라는 말로만 표현하기는 어렵다.

상식적인 말이 되겠지만, 이방인의 사도로서 바울의 사역을 관통하는 그의 자기 이해 혹은 소명 의식을 포착하려면, 무엇보다 먼저 바울 자신이 자기의 소명에 관해 말하는 바를 주의 깊게 듣는 것이 순서다. 그럼에도 불구하고 이런 상식적인 요구는 바울신학계의 정당한 관심을 받지 못했다. 바울의 복음을 이해하기 위해 투자되는 무수한 노력을 생각해 보면 참으로 역설적인 현상이라 아니할 수 없다.

얼마 전 최종상 박사는 그가 출판한 박사학위 논문에서 바울의 사도적 자기 이해의 중요성을 간파하고, 바울서신의 이해는 바울이 가진 '이방인의 사도'로서의 자기 이해에서 출발해야 한다는 사실을 정확하게 지적하였다. 이러한 기본 인식에 근거하여 그는 로마서는 바울이 이방인의 사도 된 입장에 서서 유대 그리스도인과 이방 그리스도인의 '평등'함을 보여줌으로써 이방 그리스도인들의 입장을 변호하려는 목적으로 쓰인 것이라고 주장했다.[61] 로마서 내에서 최종상 교수의 주장은 상당히 설득력이 있어 보인다. 실제로 바울은 하나님 앞에서 유대인과 이방인이 '아무 차별이 없다'라는 사실을 힘주어 강조하고 있기 때문이다.

그러나 유대 그리스도인들의 배타적 태도에 대응하여 이방 그리스도인들의 입장을 변호하는 역할은 바울의 사역과 서신 전체를 해석하는 열쇠가 되기에는 너무 지엽적이다. 유대인과 이방인 사이에서 이방인 성도들의 입장을 대변하는 자로서의 모습은 로마서나 갈라디아서 및 에베소서 같은 글에는 비교적 잘 적용된다. 하지만 유대인과의 관계가 거의 문제되지 않는 데살로니가 서신들 혹은 고린도 서신들 같은 편지들을 해석하는 데는 아무 소용이 없다.[62] 그렇다고 유대인/이방인 문제가 부각되지 않는 이 서신들이 '이방인의 사도'라는 책임의식과 상관없이 저술되었다고 말할 수는 없다. 바울은 다메섹에서 그리스도를 만난 순간부터 '그리스도를 이방에 전하는' 사도로 살았고 갈1:11-24, 이것은 그가 마주치는 다양한 상황적 변수와 상관없이 그의 삶의 변하지 않는 상수로 남았다. 우리가 그의 편지들에서 금방 알 수 있는 것처럼, 데살로니가 서신들이건 로마서건 그의 모든 편지들은 공히 '이방인의 사도'라는 분명한 소명 의식 아래 쓰인 사도적 편지들이다 살전2:6. 물론 유대 그리스도인들과 이방 그리스도인들의 관점이 첨예하게 대립하는 특수한 상황에서는 이방인들이 가진 믿음의 정당성을 변호하는 것이 이방인의 사도로서 바울이 맡은 중대한 책임이었을 것이다. 그러나 이러한 이방인 변호라는 특수한 역할 하나를 이방인의 사도 바울의 소명의 알짬이라고 생각하는 것은 논리적 비약이다. '이방에 하나님의 아들을 전파하는' 것으로 요약되는 그의 소명이 유대인들에 대한 이방 그리스도인들의 변호라는 한 가지 역할로 축소될 수 없기 때문이다.[63] 바울서신의 올바른 해석을 위해 바울의 사도적 자기 이해를 올바르게 파악하는 것이 결정적이라면, 우리는 바울의 사역과 그의 서신 전체를 아우를 수 있는 보다 근본적인 개념의 틀을 찾아야 한다.

이방인의 사도로서 바울의 자기 이해를 파악하는 작업은 당연히 바울 자신이 자기의 사도 직분을 어떻게 이해하고 있는가 하는 질문에서 시작되어야 한다. 우리에게 익숙한 개념의 틀을 들이대기 전에 먼저 바울 자신의 증언에 귀를 기울여야 한다는 것이다.[64] 이런 기본 원칙 하에 우리는 '제사/제물을 드리는 자'로서의 바울의 면모를 살펴보려고 한다. '신학자'나 '선교사', 혹은 '선지자' 등 바울을 설명하기 위해 학자들이 흔히 제시하는 유비적 개념과는 달리, '성전 제사의 섬김이'라는 초상은 바울 스스로가 자신의 소명을 설명하기 위해 사용하는 그림이다. 따라서 우리는 바울이 자기의 복음과 사도직을 기술하기 위해 사용하고 있는 제사 언어를 조사하면서 바울의 복음과 그의 사역에 대한 밑그림을 그려볼 것이다. 이런 작업을 통해 우리는 바울이 자신의 사도적 소명을 이루기 위해 선포하였던 복음의 성격에 관해서 보다 분명한 생각을 얻을 수 있을 것이다.

2. 제사장 바울

바울의 사도적 자기 이해가 가장 명시적으로 나타나는 구절은 로마서의 저술 목적을 밝히는 로마서 15장 15-16절이다.[65]

> 그러나 나는 여러분의 기억을 되살려 드리는 의미에서 대담하게 여러분에게 몇 가지 적어 보냈습니다. (내가 이렇게 하는 것은) 하나님이 나에게 주신 은혜(의 직분) 때문입니다. 이 은혜(의 직분)는 내가 (이방) 민족들을 위해서 그리스도 예수의 일꾼이 되어 하나님의 복음을 선포하는 제사장이 되는 것입니다. 그래서 (이방) 민족들이 성령으로 거룩하게 되어 하나님이 흡족하게 받으실 만한 제물이 되게 하

는 것입니다.

이 구절에서 바울은 로마서 저술의 궁극적인 목적을 밝힌다. 편지의 서두에서부터 15장 13절까지의 본론에서 바울은 자기가 전하고 있는 복음을 로마서의 성도들에게 상세히 설명하고1-11장, 또 로마서 공동체가 사랑으로 하나 되어야 할 것을 힘주어 강조하였다12-15:13. 하지만 바울의 편지를 받는 로마 교회를 향한 바울의 태도는 사뭇 조심스럽다. 그들이 바울의 선교 활동의 직접적 영향권 밖에 있었기 때문이다. 무엇보다 그는 자기의 복음 설파와 권면이 로마의 성도들을 무시하는 것으로 비치지 않기를 바랐다. 이런 오해는 그들의 후원을 받아 스페인 선교를 수행하려는 그의 계획에 치명타가 될 수 있었기 때문이다. 바울은 로마의 성도들이 바울 없이도 이미 "스스로 선함이 가득하고 모든 지식이 차서" 서로를 권면할 수 있을 만큼 충분히 성숙한 공동체라고 추켜세운다15:14. 사실이기도 하겠지만, 어느 정도는 수사적 움직임이기도 하다. 자신의 편지를 두고 "대담하게=외람되나마"와 "몇 가지=미진하나마" 등의 표현을 쓰는 모습 또한 로마의 성도들에 대한 조심스런 태도를 잘 보여준다.[66]

이처럼 조심스러운 상황이었지만, 바울은 그들에게 편지를 쓰지 않을 수 없었다. 바울은 이런 당위성을 자신의 사도 직분에 근거하여 설명한다. 바울이 로마 교회에 편지를 쓰게 된 것은 "나에게 주신 은혜" 때문이었다. 이 표현은 바울이 자신의 사도적 직분을 가리키기 위해 자주 활용하는 숙어다고전3:10; 15:10; 갈2:9; 엡3:7-8. 편지의 서두에서 그가 예수 그리스도로 말미암아 "은혜와 사도의 직분"을 받았다고 말할 때와 같다1:5. 그러니까 바울은 이방인의 사도로서 자신의 사명을 수행하기 위해 로마서를 기록한 것이었다.

그렇다면 어떻게 로마서 저술이 바울의 사도적 사명 수행의 일부가 되는가? 이에 대한 대답은 로마서 15장 후반부에서 주어진다. 로마제국 동반부에서의 사역을 마감한 후15:19, 바울은 이제 그리스도의 이름이 아직 불리지 않은 곳, 곧 스페인으로 대표되는 제국 서반부로 선교 영역을 확장하려는 계획을 세웠다15:20-21. 그리고 필시 그는 로마제국의 중심이자 제국의 서반부로 가는 길목이라 할 수 있는 로마가 자기 사역을 위한 최고의 전초기지가 될 수 있을 것으로 생각했을 것이다. 그래서 로마 성도들의 후원이 무엇보다도 절실하였다. 이들의 후원이 없다면, 언어도 다르고 달리 배경도 없는 스페인에서의 복음 사역은 거의 불가능한 시도에 가까울 것이었다. 로마서 저술의 배경에는 이런 현실적 필요가 놓여 있었다. 슈툴마허Stuhlmacher가 말하듯, 로마서를 기록할 때 "바울의 진정한 바람은 로마의 성도들과 영적 교제를 맺음으로써 이들과의 교제를 통해 도움을 받고 그 후 스페인으로 건너가려는 것이었다."[67] 바울의 다른 편지들과는 사뭇 다른 의미에서지만, 로마서 저술 또한 그의 사도 직분을 수행하는 중요한 수단의 하나였던 것이다.

로마서는 향후 스페인 선교를 염두에 두고 로마의 성도들과 교제를 트기 위해 기록된 일종의 '선교 편지'라 할 수 있다. 따라서 우리는 바울이 이 편지에서 자신의 사역과 복음을 바로 소개하기 위해 매우 세심한 주의를 기울였으리라 생각할 수 있다. 그런 점에서, 비록 갈라디아 교회나 고린도 교회의 위기와는 다르지만, 로마서 역시 그 나름의 긴장감을 드러낸다. 바울의 향후 선교가 사실상 그의 편지를 받아 읽을 로마 성도들의 태도에 달려 있다고 해도 과언이 아니기 때문이다. 따라서 우리는 이 편지에서 바울이 최고의 신중함으로 자신의 사도 직분에 관해 설명했을 것으로 기대할 수 있다. 이러한 사실로 인해 로마서의 결론 부분은 "사도와 그의 사역을 이해하는 데 결정적인 중요성"을 갖는다.[68] 그리고 바로 이런 근거에서 이 구절이 바울의 사도적 사역, 더 나아가 그 사역의 핵심인 그의 복음의 본질에 관한 탐구를 시작할 최선의 장소라고 할 수 있다.[69]

우리의 주된 관심은 바울이 이방인의 사도로서 자신의 사명에 관해 말하는 16절에 놓인다. 물론 목적의 의미를 전달하는 문두의 전치사 구문은 15절의 동사 "적어 보냈습니다"에 연결될 수 있다. 그렇게 되면 16절 전체는 일차적으로 로마서를 기록한 목적에 관한 설명이 된다. 하지만 16절에서 바울이 로마의 신자들이라는 특수 그룹이 아니라 이방인들 일반에 관해 말하는 것으로 보아, 로마서 저술 행위를 넘어 그의 사도 직분 전체에 관한 설명으로 읽는 것이 더 자연스럽다. 물론 어느 쪽을 택하든 궁극적인 차이는 없다. 바울의 말처럼 로마서의 저술 자체가 사도 직분 수행의 일부이기 때문이다.

이 구절에서 바울은 의미심장하게도 구약의 제사 용어를 빌려 자신의 사도 직분을 설명한다. 바울은 이방인의 사도라는 책임을 이행하기 위해 이 편지를 썼다. 그런데 이방인의 사도로 일한다는 것은 "이방인을 위하여 그리스도 예수의 일꾼"이 되는 것을 의미한다. "그리스도 예수의 일꾼"은 자주 나오는 표현은 아니다. 아마도 그가 즐겨 사용하는 "그리스도 예수의 사도"고전1:1; 고후1:1; 11:13; 엡1:1; 골1:1; 살전2:7; 딤전1:1; 딤후1:1; 딛1:1; cf. 갈1:1나 혹은 "예수 그리스도의 종"롬1:1; 갈1:10과 같은 표현을 제사 용어에 맞게 변형한 것으로 보인다. 여기에 사용된 '일꾼λειτουργόν'이라는 명사는 '섬기는 사람'을 의미하는 일반적 단어로, 로마서 내에서는 시정 공무원을 가리키는 말로 사용된 적이 있다13:6. 그렇지만 칠십인역에서 이 단어는 무엇보다 특히 성전 내에서 제사를 돕는 섬김을 나타내는 데 사용되곤 했다.[70] 여기서도 그런 의미로 사용되었다. 그러니까 바울은 성전에서 제사를 돕는 일꾼과 대조되는 의미로, 이제 성전 대신 '예수 그리스도를 섬기는' 일꾼인 것이다.[71]

여기서 바울이 이 '일꾼'을 두 번째 용법, 곧 성전에서 섬기는 사람이라는 제의적 의미로 사용하고 있다는 사실은 이어지는 구절에서 더욱 분명해진다. 곧 예수 그리스도의 일꾼으로서 바울이 수행하는 섬김은 다름 아닌 "복음을 선포하는 제사장이 되는" 것이다. '제사장 직무를 하다ἱερουργοῦντα'라는 동사는 신약에서 이곳에 단 한 번 나오는데, 다른 문헌의 용례들을 보면 명백히 제사를 드리는 제사장의 역할을 가리킨다Jos. Ant. 6.102; 7.333; Philo, Mos. 1.87. 더 어려운 문제는 위의 용례들과는 달리 바울이 이 동사를 '하나님의 복음'을 목적으로 취하는 타동사로 사용한다는 점이다. 타동사 용법은 다른 용례를 찾기 어려운 특이한 현상이다. 바울의 진술이 비유적이라는 사실 또한 이 단어의 해석을 더욱 어렵게 만든다. 하지만 바울의 의도 자체는 분명하다. 아마도 바울의 이런 용법은 '율법의 제도를 따라' 제사장 노릇을 하는 구약의 제사 제도를 염두에 두고cf. 히8:4 거기에 율법-복음의 대조를 적용해 만든 표현으로 보인다. 구약의 제사장들은 하나님의 '율법을 따라' 제사장으로 섬겼다. 하지만 바울은 이제 낡은 율법이 아니라 진정 하나님의 의를 가능케 하는1:16; 3:21; cf. 히7:12 하나님의 복음을 따라 제사장 역할을 감당한다. 바울은 물리적 성전이 아닌 예수 그리스도를 섬기는 '일꾼'이며, 율법 대신 하나님의 복음을 선포하며 그 임무를 수행하는 '제사장'이다.[72]

이 구절에서 바울이 자기를 한 사람의 제사장으로 그리는지 아니면 성전 제사를 보조하는 레위인으로 그리는지는 논란이 되는 주제다. 크랜필드Cranfield는 바울이 자신을 제사장으로 그리고 있다는 해석을 부인한다. 그 근거로 그는 '일꾼'이라는 단어는 기본적으로 일반적인 (행정을 담당하는) '일꾼'을 의미한다는 사실, 그리고 주로 '제사 드리다'라는 의미를 갖는 동사 ἱερουργοῦν이에루룬이 여기서는 문자적 제사를 의미할 수 없기에 반드시 제사장이 제사를 드린다는 의미로 이해될 필요가 없다는 것이다.[73] 하지만 대부분의 학자들은 여기서 제사장 바울을 말하는 것이 정당하다고 생각한다. 이미 언급한 것처럼 '일꾼'은 성전 내의 제사장 임무와 관련하여 쓰일 수 있다. 또 비유적으로 사용되기는 했지만, '제사장 노릇 하다'는 분명

제사장의 섬김을 묘사하는 단어다.[74] 초대교회에서 예수님을 대제사장으로 이해했기 때문에 바울이 자기를 제사장으로 생각하기 어려웠을 것이라는 논리적, 신학적 반대는 가능하겠지만, 제사장 바울이라는 이미지를 반박할 만한 본문 내의 근거는 없다.

하지만 이런 논쟁은 궁극적으로는 큰 의미가 없다. 바울의 일차적 관심은 이방인의 사도로서 자신의 역할을 '이방인을 제물로 드림'이라는 제사적 상징으로 표현하려는 것이지 제사장이라는 무슨 자격을 내세우려는 것이 아니기 때문이다. 포괄적 의미에서 성전 제사를 돕는 자건, 보다 대담하게 한 사람의 제사장이건, 바울이 소개하고 있는 제의적 그림의 핵심은 '이방인의 제물' 혹은 '이방인의 제사'다. 바로 이 점을 강조하기 위해 바울은 사도로서 복음을 전파하는 자신의 책임을 성전에서 율법을 따라 거룩한 제사를 바치는 성전 일꾼의 역할에 비유한 것이다. 그렇다면 이방인의 사도로서 바울의 섬김이 정확히 어떤 성격의 임무인지 알기 위해서는 그가 어떤 의미에서 자신의 사명을 성전 내에서의 제의적 섬김과 같다고 보는지 파악해야 한다. 바울은 어떤 의도로 자신을 한 사람의 제사장으로 제시하는 것일까?

예루살렘 성전에서 이루어지는 섬김 중 가장 중요한 일은 당연히 하나님께 제사/예배를 드리는 일이었다. 성전 일꾼들의 역할이 제사에만 국한되는 것은 아니지만 겔44:23, 그것이 가장 핵심적인 임무인 것은 분명하다 cf. 외경 집회서 45:16. 히브리서의 저자가 말하는 것처럼, 제사장이란 본래 "예물과 제사 드림을 위하여 세운 자"다. 그래서 대제사장 그리스도 역시 "무엇인가 드릴 것이 있어야" 한다8:3; 5:1. 그렇다면 한 사람의 제사장인 바울 역시 주님께 바칠 제물이 있어야 한다. 바칠 제물도 없이 자기가 제사장이라고 말할 수는 없기 때문이다.

하지만 바울은 문자적=구약적 의미에서 제사장은 아니다. 제사장이라는 자화상은 이방인의 사도라는 자신의 역할을 설명하기 위한 하나의 그림 언어다. 그가 드리는 제물 또한 구약 제사의 제물과 다르다. 바울은 자신이 바치는 제물이 다름 아닌 '이방인들의 제물προσφορὰ τῶν ἐθνῶν'이라고 말한다. 제의적 문맥에서 προσφορά프로스포라는 바치는 행위일 수도 있고, 혹은 바쳐지는 예물일 수도 있다.[75] 정확한 의미는 이어지는 소유격 구문을 어떻게 해석하느냐에 따라 결정된다. 문법적으로 '이방인의 제사'라는 소유격 구문은 이방인들이 제사드린다는 말일 수도 있고, 혹은 대부분의 한글 번역처럼 (바울에 의해) 이방인들이 제물로 바쳐진다는 의미일 수도 있다. 둘 다 가능하지만, 여기서 바울이 자기를 제사장으로 묘사하는 것을 고려하면 자신이 바치는 제물로서의 이방인을 생각했을 것이다.[76] 그러니까 사도 바울은 이방인들을 하나님께 제물로 바치는 제사장으로 섬기는 것이다.

그렇다면 바울의 이런 제사장적 자화상은 이방인의 사도로서 그의 소명에 관해 무엇을 말해주는가? 바울은 분명 실제 제사장이 아니며, 이방 성도들 또한 희생 제물이 아니다. 바울의 표현은 비유다. 하지만 비유란 본시 그 비유가 채용되어야 하는 나름의 이유를 담고 있다. 그렇다면 바울이 자신의 사역을 제의적 비유로 설명하는 이유가 무엇일까? 이방인을 제물로 바치는 한 사람의 성전 제사장으로 자신을 묘사할 때, 바울은 이방인의 사도라는 자신의 섬김에 관해 무슨 말이 하고 싶었던 것일까? 복음을 선포하는 바울의 사역이 어떤 점에서 성전에서 제물을 바치는 제사장의 사역과 통하는 것일까? 이방인의 사도로서 바울의 사역, 그리고 그 사역의 핵심인 복음 자체의 성격을 묻는다는 점에서 이는 바울신학의 핵심을 건드리는 질문이라 할 수 있다.

3. '받으실 만한' 거룩한 제사: 구약의 경우

바울의 제의적 자화상을 정확히 파악하려면 그가 유비로 활용하는 구약의 제사 제도에 대한 논의가 필요하다. 물론 여기서 구약의 제사 제도를 상세히 논의할 수는 없다. 여기서 중요한 것은 바울의 진술을 이해하는 것이지 구약의 제사 제도 자체를 설명하는 것이 아니다. 따라서 여기서는 먼저 바울이 자신의 제사장적 임무에 대해 말하는 바를 살핀 후, 관련된 구약의 진술을 역추적하면서 그 의미를 찾아갈 것이다.

앞서 살핀 대로, 바울은 자기를 이방인들을 제물로 바치는 한 사람의 제사장으로 그린다. 하지만 실제 그의 주장은 더 구체적이다. 사실 이방인을 제물로 드리는 것 자체는 논증의 대상이 아니라 당연한 전제의 일부다. 바울이 예수 그리스도의 일꾼으로서 자기 임무로 실제 부각시키는 것은 제사드리는 행위 자체가 아니라 그 드리는 제사를 하나님이 흡족하게 '받으실 만하게' 만드는 책임이다. "… 이방인이 성령으로 거룩하게 되어 하나님이 흡족하게 받으실 만한 제물이 되게 하는 것입니다"롬15:16. 이방인의 사도 바울이 제사장으로 이루려는 목적은 이방인들이 성령으로 거룩하게 되어 하나님께 받으실 만한 제물이 되는 것이다. 이 진술은 이방인의 사도 바울이 자신의 사명에 관해 말하는 가장 구체적인 진술의 하나다.

이방인의 제물이 거룩하여 하나님께서 받으실 만한 것이 되도록 한다는 바울의 사명 의식은 구약 제사 제도의 한 중요한 요소를 생각하게 한다. 구약에서 제사와 관련된 자료는 대부분 다양한 제사 및 제물과 관련된 규정들이다. 각 제사의 조건은 제사의 종류와 상황에 따라 달라지지만, 이 규정들이 의도하는 핵심은 하나다. 곧 제사나 제물이 하나님께서 받으실 만한 δέκτος 것이어야 한다는 요구다. 레위기의 한 구절은 이 점을 매우 간명하게 잘 표현한다. "너희가 여호와께 감사 제물을 드리려거든 (여호와께) 기쁘게 받으심이 되도록 드릴지며"22:29, 개역개정 수정. 레위기 전반부에 보면, 하나님께서 모세를 통해 다양한 제사와 예법에 관해 상세한 규정을 제시하신다. 하나님께서 흡족하게 받으시는 제사란 여기에 제시된 규정을 철저히 준수하는 제사다.

규정의 초반에 명시되고 있는 것처럼, "그 예물이 소의 번제이면 흠 없는 수컷으로 회막 문에서 여호와 앞에 기쁘게 받으시도록 드릴지니라 그는 번제물의 머리에 안수할지니 그를 위하여 기쁘게 받으심이 되어 그를 위하여 속죄가 될 것이라"레1:3-4. 드리는 제물이 하나님께서 정하신 조건에 맞아야 할 뿐 아니라, 제물을 드리는 방식 또한 하나님께서 정하신 규정에 맞아야 한다. 그래야만 하나님께서 흡족하게 받으실 제사로 인정된다. 이스라엘은 흠이 있는 짐승을 드려서는 안 된다. 왜냐하면 "이는 네 하나님 여호와께 가증한 것"이기 때문이다신17:1. 제사에 관한 신약의 언급들을 보아도 이것이 제사의 기본 요건이었다는 사실이 분명하게 드러난다. 성도들은 예수 그리스도를 통해 하나님께서 "기쁘게 받으실 신령한 제사"를 드리는 거룩한 제사장이다벧전2:5. 바울을 위한 빌립보 성도들의 재정적인 호의는 "받으실 만한 향기로운 제물"이요, "하나님을 기쁘시게 한 것"이다빌4:18.

하나님께서 받으실 만한 제사는 하나님의 규정을 철저히 준수하는 제사다. 올바른 제사의 유일한 기준은 사람들 보기에 타당하냐 아니냐가 아니라 하나님께서 제시하신 규정에 맞느냐 아니냐다.[77] 제사 제도에 관한 모세의 가르침에서 가장 중요하게 부각되는 사실이 바로 이것이다. 성막과 그 모든 부속 장치들은 하나님께서 모세에게 보여주신 양식과 정확히 일치해야 한다출25:9,22,40; 26:30; 27:8; 35:10; 36:1; 39:5 등. 마찬가지로 성막 내에서의 예배/제사 역시 하나님께서 제시하신 방식대로 진행되어야 한다출31:11. 이스라엘이 하나님의 규정을 잘 따랐다는 보고에서는 그들이 "여호와께서 모세에게 명령하신" 대로 따랐다는 설명이 후렴구처럼 반복된다레

8:9,13,17,29,36; 9:7,21. 따라서 이 부분이 실제 제사 과정을 주관하는 제사장들의 가장 큰 관심사가 되는 것 또한 자연스럽다. 제사를 바치는 행위 자체는 당연한 것으로 전제된다. 중요한 것은 드려지는 제물과 제사가 하나님의 규정에 합당한 것이 되도록 하는 것, 그래서 그 제사가 하나님께서 받으실 만한 것이 되도록 하는 일이다. 하나님께서 명하시지 않은 불을 드리다가 죽임을 당한 나답과 아비후 사건이 말해주는 것처럼, 하나님의 규정에 어긋나는 제사 행위 당사자의 즉각적인 죽음으로 처벌되었다레10:1-7; cf. 8:35. 규정을 철저히 준수하는 것, 그래서 제사가 하나님께서 받으실 만한 것이 되게 하는 것, 그것이 제사의 핵심이자 제사장의 기본 임무였다.

이 점에서 제사장 아론이 이마에 달았던 순금 패에 관한 말씀은 매우 시사적이다.

> 너는 또 순금으로 패를 만들어 도장을 새기는 법으로 그 위에 새기되 '여호와께 성결'이라 하고, 그 패를 청색 끈으로 관 위에 매되 곧 관 전면에 있게 하라 이 패를 아론의 이마에 두어 그가 이스라엘 자손이 거룩하게 드리는 성물과 관련된 직책을 담당하게 하라 그 패가 아론의 이마에 늘 있으므로 그 성물을 여호와께서 받으시게 되리라출28:36-38[78]

이 규정은 의도치 않게 규정에 어긋난 제물을 드릴 가능성을 염두에 둔 것이다. 원칙적으로 그런 제물은 하나님께 받아들여질 수 없다. 하지만 실제 그 제물을 드리는 사람은 좋은 의도로, 곧 자기의 제물이 규정에 맞다고 믿고서 그랬을 수 있다. 위의 지시는 바로 이런 상황을 고려한 은혜의 조치로 보인다. 순금 패가 아론의 이마에 있을 때, 제사를 드리는 백성들은 설사 뜻하지 않은 실수로 죄책을 면치 못할 상황에서도 하나님의 은총을 기대할 수 있다. 순금 패를 맨 제사장 아론이 그들의 죄책을 담당할 것이기 때문이다. 이 규정은 제사 본연의 거룩함을 확보하거나 유지하는 제사장의 역할을 잘 드러내 준다.

제사장들이 제의에서 담당해야 하는 가장 중요한 책임은 제사의 거룩함을 보존하는 일이다.[79] 이는 제의적 영역을 넘어서는 책무에서도 마찬가지로 적용된다. 에스겔의 말처럼, 제사장들은 "내 백성에게 거룩한 것과 속된 것의 구별을 가르치며 부정한 것과 정한 것을 분별하게" 해야 한다겔44:23. 바울이 자신을 한 사람의 제사장으로 보았을 때, 그가 말하고자 한 바가 바로 이것이다.

4. 바울과 거룩한 제사

바울 역시 제물이 하나님의 규정에 맞아야 하고 하나님께서 받으실 만한 것이 되어야 한다는 제사의 기본 상식을 잘 알았다. 그는 이방인의 사도로서 자신의 역할을 바로 이런 관점에서 이해한다. "이방인이 성령으로 거룩하게 되어 하나님이 흡족하게 받으실 만한 제물이 되게 하는 것입니다."롬15:16b 분명 이런 묘사는 제물이 거룩해야 하나님께서 흡족하게 "받으실 만한" 제물이 된다는 구약의 제의적 요구를 염두에 둔 것이다. 바울이 자기 소명을 제의적 차원에서 생각하지 않았다면, 실제 성전 제사와 아무 연관성이 없는 복음 사역을 굳이 과거의 제사에 견주었을 리 만무하다. 제의적 이미지는 분명 비유적이지만, 그 비유와 현실 사이에는 매우 중요한 접점이 있다. 거룩한 제물, 곧 하나님께서 흡족하게 "받으실 만한 제물"이라는 절대적 요구가 바로 그 접점이다.

바울은 하나님께서 흡족하게 받으실 만한 제사의 중요성을 강조하면서 이를 이방인의 사도로서 자신의 사역에 적용한다. 우리는 여기서 한 가지 중요한 사실을 발견한다. 곧 바울은 (복음의) 제사장으로서 '이방인의 제물'을 드린다는 것이다. 이것이 하나님께 받아들여지려면 만족시켜야 할 분명한 조건이 있다. 이방인의 사도로서 바울의 임무는 바로 이 조건에 맞는 제물을 마련하여 그 제사가 하나님께서 받으실 만한 것이 되게 하는 것이다. 제사장 바울의 섬김의 결과 생겨난 이방 신자들의 공동체는 하나님께 드려지는, 혹은 드려져야 할, 하나의 제물이다. 그래서 이방인이라는 제물 역시 제사 본연의 거룩함을 요구한다. 그래야만 하나님께서 받으실 만한 제사가 될 것이다. 제사장들의 임무가 제사 자체로 끝나는 것이 아니라 그 제사의 거룩함을 유지할 책임을 포함하는 것처럼, 바울 역시 이방 신자들이라는 제물을 아무렇게나 바칠 수 없다. 그들은 제물이기에 거룩해야 한다. 그래야만 하나님께서 그들을 흡족하게 받으실 것이다. 한 사람의 제사장으로서 바울이 받은 사명은 바로 이 이방인들이 성령으로 거룩하게 되어 하나님께서 받으실 만한 제물이 되도록 돕는 일이었다.[80]

한 걸음 더 나가 보자. 바울이 드리는 이방인의 제물이 하나님 앞에 받으실 만한 것이 된다는 것은 무슨 의미인가? 성전 제의에서 받으실 만한 제사란 무엇보다도 흠이 없는 제물을 드리는 것이었다. 하지만 바울의 제사는 다르다. 그가 말하는 이방인의 제사는 율법이 아니라 하나님의 복음을 따라 드리는 전혀 새로운 종류의 제사다. 그가 말하는 흠 없는 제사는 신체적 결함이 없는 이방인을 골라 하나님께 드리는 그런 차원의 이야기가 아니다.[81]

그렇다면 바울이 드리는 이방인의 제물은 어떻게 하나님께서 받으실 만한 것이 되는가? 바울이 이를 자기 사역의 핵심으로 제시한다는 점에서 이 질문은 이방인의 사도로서 바울이 가진 소명의 핵심을 건드리는 물음이라 할 수 있다.

5. 받으실 만한 산 제사 롬12:1-2

그렇다면 이방인의 제물이 하나님께서 받으실 만한 제물이 된다는 것은 구체적으로 무슨 의미인가? 바울이 자신의 사도 직분에 관해 진술하는 15장에서부터 논의를 시작했지만, 주의 깊은 독자들은 제의적 그림 언어가 15장에 처음으로 나온 것이 아님을 알아

차릴 것이다. 이방인들을 제물로 드리는 제사장으로서 바울의 자기 묘사는 성도들을 하나님께 드려지는 제물로 묘사하는 12장 1-2절의 권면을 생각나게 한다. 로마의 성도들에게 바울은 이렇게 권면한다.

> 그러므로 형제 여러분, 내가 하나님의 모든 자비하심을 힘입어 여러분에게 권합니다. 여러분의 몸을 하나님이 기뻐하시는 거룩한 산 제물로 바치십시오. 이것이 여러분이 바칠 올바른 예배입니다. 여러분은 이 세대를 본받지 말고 오히려 마음을 새롭게 하여 변화되십시오. 그렇게 해서 선하고 하나님이 기뻐하시며 완전한 뜻이 무엇인지 분별하도록 하십시오.

바울은 성도들이 드릴 "영적" 혹은 "올바른합당한" 예배의 조건에 관해 말한다.[82] 여기서 예배는 바로 앞서 나온 제물이나 제사를 이어받는다. 물론 제의적 그림 언어의 일부로 등장하는 이 예배는 현대적 의미의 예배가 아니라 제의적 의미의 성전 예배다.[83] 예루살렘 성전에서 제물을 바치며 하나님께 예배하는 것처럼, 성도들 역시 하나님께 제사-예배를 드린다. 신자들이 하나님께 드려야 할 합당한 예배는 자기 몸을 바치는 것이다. 구약적 제사가 짐승들을 제물로 바쳤다면, 성도들의 영적 예배는 다름 아닌 자기 몸을 하나님께 제물로 드리는 것이다.

하지만 여기서의 핵심은 성도들이 자기 몸을 바친다는 사실 자체가 아니다. 15장 16절에서 본 것처럼, 여기서도 제사 자체의 필요성은 당연한 것으로 전제된다. 본문에서 바울이 정작 강조하고 싶은 것은 자기 몸을 드리는 성도들의 제사가 거룩한 것, 따라서 하나님께서 "기뻐하시는" 것이 되어야 한다는 사실이다. 제사를 '기뻐하신다'라는 것은 '받으실 만하다'라는 말을 달리 표현한 것이다.[84] 성도들이 드리는 예배 역시 하나의 제사라면, 그들이 자기 몸을 드린다는 사실만으로는 충분치 않다. 하나님께서 기뻐하시지 않는 제사, 곧 하나님께 가증스러운 제사도 있기 때문이다. 중요한 것은 하나님께서 정하신 조건을 만족시킴으로써 하나님께서 흡족하게 받으실 만한 제사를 드리는 것이다.

이는 15장에서 바울이 묘사한 사도로서의 자화상과 정확하게 일치한다. 재미있는 것은 바울의 제의적 그림 언어가 살짝 다르다는 점이다. 15장에서는 바울이 제사장이 되어 이방인들을 제물로 바치는 데 반해, 12장에서는 성도들 자신이 직접 자기 몸을 제사로 바친다. 그런데 구약의 제의를 생각하면 둘 다 자연스럽다. 왜냐하면 제사 과정은 제사장이 주관하지만, 제사의 실제 주체는 제사를 드려야 할 백성이기 때문이다. 곧 제단에 피를 뿌린다거나 하는 상징적 절차는 제사장의 역할이지만, 나머지 절차는 대부분 제물을 바치는 당사자의 몫으로 정해져 있다. 따라서 제사는 제사장이 드리는 것이기도 하지만 동시에 백성들이 드리는 것이기도 하다. 이런 점에서 15장에서는 바울이 제사장인 자신을 내세운 것이라면, 12장에서는 성도들의 임무에 초점을 맞춘 것으로 볼 수 있다. 물론 그렇다고 이것이 두 개의 상이한 그림은 아니다. 누구에게 초점을 맞추건 드려지는 제물이 이방인 성도들 자신이라는 사실, 곧 이들 이방인 신자들이 거룩하고 받으실 만한 제물로 드려져야 한다는 사실은 달라지지 않는다. 바로 이것이 바울의 관심사다.

결국 바울의 궁극적 관심은 누가 제사의 주체냐 하는 것이 아니라 드려지는 이방인의 제물이 하나님께서 받으실 만한 제사가 되어야 한다는 것이다.[85] 바울의 관심사는 구약의 제사 제도에 정확하게 일대일로 상응하는 고정된 상징체계를 정립하는 것이 아니다. 그가 자신의 사역과 성도들의 삶을 제의적 언어로 풀어가는 실제적 목적은 구약의 제사와 마찬가지로 성도들의 '제사-예배'가 거룩한 것, 그래서 받으실 만한 것이 되어야 한다는 사실을 분명히 하는 것이다.

6. '몸'을 바치는 제사

거룩해야 한다는 점에서 성도들의 제사-예배 역시 구약의 제사와 다를 바 없는 제사다. 하지만 차이가 있다. 어떤 의미에서는 '제사'지만, 성도들이 드리는 "영적_{올바른} 예배"는 문자적인 의미에서 구약의 제사와 다르다. 상황이 달라졌다. 그래서 새 언약의 '영적 예배'라는 새로운 술은 그것을 담아낼 수 있는 새로운 부대를 필요로 한다cf. 요4:23-24. 성도들은 자기 죄를 대신 담당할 짐승이나 곡물이 아니라 아예 자기 '몸', 곧 자기 자신을 제물로 바치도록 요구받는다. 이는 안수 의식을 통해 제사하는 사람과 바쳐지는 제물을 동일시하던 구약의 제사 원리를 근본적으로 변화시킨다. 성도들이 드리는 '영적 예배'에서 이런 편리한 '대속'은 더 이상 작동하지 않는다. 이제 그들은 다름 아닌 자기 자신을 제물로 바쳐야 한다.

물론 자기 몸을 바친다고 해서 그 몸을 죽여 제단 위에 올린다는 의미는 아니다. 성도들이 드리는 제물은 "살아있는 제물"이다. 그렇다고 산 채로 태워 바친다는 말도 아니다. 몸을 산 제물로 드린다는 것은 몸을 통해 유지되는 지상적 삶, 혹은 육신으로 살아가는 현재의 삶 전체를 하나님께 바친다는 뜻이다.[86] 그런 점에서 "살아있는 제물"이라는 역설적 표현은 성도들의 삶 전체를 거룩한 제의적 영역으로 끌어들인다. 물론 우리는 육신과 동떨어진 삶을 생각할 수 없다. 따라서 바울의 권면은 결국 이 땅에서 우리의 삶 전부가 거룩한 제사로 하나님께 바쳐져야 한다는 요구다. 성도들이 마땅히 드려야 할 영적 예배란 어느 한 부분도 빠짐없이 그들의 삶 전부를 드리는 것이다. 그리고 이들의 이런 제사는 거룩함이라는 하나님의 절대적 요구를 만족시켜야 한다. 그래야만 이들의 "살아있는 제사"가 하나님께서 "기뻐 받으실 만한" 제사가 될 것이다.[87]

하지만 질문은 남는다. 바울이 말하는 "올바른 예배"가 죽음과 무관한 삶의 이야기라면, 바울은 왜 굳이 제사/제물 이야기를 고집할까? 제사는 생명의 상징인 피 흘림을 요구하기에 cf. 히9:22, 제사의 핵심은 언제나 죽음이다. 그러기에 "살아있는 제물"이라는 표현 개념은 '살아있는 시체' 혹은 '뜨거운 얼음' 만큼이나 역설적이다. 원칙적으로 죽어야 성립되는 제사 개념은 그리스도를 믿는 신자들이 매일 자기 몸을 하나님께 바치며 살아가는 영적 예배를 지칭하는 비유로 활용될 수 없다. 둘 사이에 아무런 공통점이 없기 때문이다. 삶과 죽음이라는 상반된 개념이 표면에서 충돌하는 "살아있는 제물"이라는 표현은 좋게 말하면 이해하기 어려운 역설이요, 냉정하게 말하면 말도 안 되는 억지다. 그럼에도 불구하고 바울은 억지스러울 만큼 제의적 언어를 고집한다. 여기서 우리는 표면적인 모순에도 불구하고 바울이 제의적 언어를 고집하는 나름의 이유가 있음을 짐작한다.

그러면 바울이 이처럼 집요하게 제사 언어를 고집하는 이유가 무엇일까? 구체적으로, 바울은 성도들의 영적 예배가 어떤 점에서 구약의 제사와 같다고 본 것일까? 사실 해답은 이미 주어진 것이나 다름없다. 이미 살핀 것처럼, 제의적 비유의 핵심은 제사장으로서 이방인을 하나님께서 받으실 만한 거룩한 제물로 드리는 것롬15:16, 혹은 이방인들 스스로 자기 몸을 거룩한 제사로 드리게 하는 것이다롬12:1. 바로 여기에 구약의 제사와 "살아있는 제물"의 공통점이 있다. 산 것과 죽은 것 사이의 표면적 차이를 넘어, 이 두 제사는 거룩함이라는 제사의 본질을 공유한다. 구약의 제사가 거룩하게 드려져야 했던 것처럼, 오늘날의 영적 예배 역시 거룩함이라는 똑같은 요구 앞에 놓인다. 그런 점에서 이 "올바른 예배"는 성전에서 드려지던 이전의 예배와 다르지 않다. 달라진 것은 제물로 바쳐지는 예배의 방식이지 거룩함이라는 예배의 본질은 아니다. 바로 이 거룩함을 강조하기 위해 바울은 기독교적 삶을 구약의 제사 언어로 표현한다. 그리스도인으로서의 삶, 곧 자기 몸을 하나님께 드리는 새로운 삶은 구약의 성전 제사에 비견되는 거룩한 예배다. 이방인의 사도 바울은 이런 예배를 드리게 하는 것이 자신의 사명이라고 생각했다.[88]

여기서 우리가 잊지 말아야 할 것은 바울의 소명 속에서 이 거룩한 제사는 그의 사역에 수반되는 부수적 결과가 아니라는 것이다. 앞에서 자세히 살핀 것처럼, 성도들의 거룩함은 바울의 사도적 사명의 핵심을 건드린다. 바울의 제의적 자화상은 바로 이 점을 우리에게 분명히 가르친다.

성도들이 드려야 할 "올바른 예배"인 "살아있는 제사"의 구체적 면모는 2절에서 밝혀진다. 자기 몸을 하나님께 거룩한 제물로 드린다는 것은 성도들이 그들의 일상적 삶 속에서 "선하고 온전한^{τέλειον}[89] 하나님의 뜻을 분별하는" 것이다. 성도들의 제사는 그들의 삶에서 하나님의 뜻을 분별하려는 노력으로 나타난다. 여기서 '분별하다'라는 것은 단순한 지적 인식을 넘어 그 인식된 하나님의 뜻을 실천하는 과정까지 포함한다cf. 엡5:10; 빌1:10; 살전5:21.[90] 이 하나님의 뜻이 바로 하나님께서 "기뻐하시는" 것이다cf. 엡5:10; 골3:20; 딛2:9; 히13:21. 이는 바로 앞 1절에서 "기뻐하시는" 제사를 말할 때 사용되었던 바로 그 단어다. 하나님께서 "기뻐하시는" 뜻을 분별하고 실천함으로써 성도들은 하나님께서 "기뻐하시는" 거룩한 제사를 드린다. 구약 제사의 거룩함이 "선하고, 거룩하고, 완전한" 율법에 충실함으로써 확보되었던 것처럼cf. 7:12, "살아있는 제사"의 거룩함 역시 "선하고 완전한" 하나님의 뜻에 순종함으로써 확보된다.

하나님의 뜻을 분별하는 것은 더 이상 이 세대가 공인하는 삶의 패턴을 따르지 않는다는 것이다. 이는 마음을 새롭게 하는 것, 곧 '마음의 갱신'이라는 근원적 변화를 전제한다. 이는 다른 곳에서 마음의 할례라는 유명한 구약적 개념으로2:29, 그리스도의 할례라는 역설적 개념으로골2:11, 혹은 옛 사람을 벗고 새 사람을 입는 그림으로도 표현된다엡4:22-24; 골3:9-12. 물론 바울이 말하는 변화는 부분적 개선의 수준을 넘어 우리의 마음, 곧 존재의 중심이 변화하는 사건이다.[91] 바울은 이 변화의 근본적 성격을 강조하기 위해 종종 죽음과 살아남이라는 그림을 활용한다. 이런 변화가 그리스도를 통해 가능해진다는 점에서 그리스도와 함께 죽고 함께 살아나는 것으로 묘사된다롬6; 갈2:19-20; 5:24; 6:14; 엡2:1-10; 골3:1-5 등.

바울이 영적 예배를 몸을 바치는 제사라 부른 것 또한 이런 급진적 변화를 강조하는 것일 수 있다. 바울은 성도들에게 "몸을 바치라"고 말한다. 그런데 사실 이 권면이 나오는 12장 이전에 '몸'은 '죄의 몸' 등과 같이 대부분 부정적 문맥에 등장한다1:24; 6:6,12; 8:10-13,23. 대신 긍정적인 몸을 가리킬 때는 신체 부위를 가리키는 '지체'가 제유적으로 사용된다6:13,19. 그렇다면 죄의 지배 아래 있던 '몸'을 제물로 드린다는 것은 단순히 우리의 삶을 드리는 것을 넘어, 죄의 다스림 아래 있는 우리의 존재를 '죽인다'라는 의미를 동시에 내포한다. 부정적 기능에 사로잡혔던 존재를 (제물로 드리기 위해) 죽인다는 점에서 이는 골로새서에서 말한바 "땅에 있는 지체를 죽이라"는 권면과 맥을 같이 한다. 죄에 사로잡힌 우리의 '몸'을 끝장냄으로써, 과거 죄에 지배당하던 삶과 단절한다는 것이다. 우리의 몸을 하나님께 "살아있는 제물"로 드린다는 생각은 이처럼 그리스도와의 만남과 더불어 일어나는 영적-도덕적 죽음과 (새로운) 삶의 역동성을 매우 절묘하게 포착한다.

산 제사는 하나님의 뜻을 분별하며 사는 삶이다. 여기서 구약의 제사 개념은 윤리적으로 재해석된다.[92] 그런 점에서 바울의 제의적 언어는 비유적이다. 하지만 바울의 재해석은 제사의 방식에 관한 것이지 제사의 본질에 관한 것은 아니다. 제의적이건 윤리적이건 제사는 언제나 거룩하다. 바울이 이방인의 사도로서 자신의 복음 사역을 설명하기 위해 활용하는 제의적 언어는 바로 이 사실에 큰 방점을 찍는다.

다시 한번 우리는 거룩한 제사, 곧 하나님께서 기뻐하시는 제사가 이방인의 사도 바울이 받은 소명의 핵심이라는 사실을 기억해야 한다. 바울의 제사장 임무는 사도라는 그의 본업과 구분되는 부수적 임무가 아니라 그가 주께로부터 받은 소명 그 자체다. 이방인의 사도로서 바울이 맡은 책임은 이방인들을 하나님께 거룩하고 받으실 만한 제사로 드리는 것이다[15:16]. 이런 사명을 맡은 자답게, 성도들을 향한 그의 권면은 당연히 "여러분의 몸을 거룩한 제사로 하나님께 바치라"는 것이다[12:1-2].[93] 바울의 이런 제사장적 책임은 율법 아닌 복음을 통해, 곧 하나님의 아들에 관한 복음을 선포함으로써 수행된다. 당연히 바울이 선포하는 복음은 바로 거룩한 제사, 하나님께서 기뻐 받으실 만한 제사라는 목적에 잘 어울리는 그런 성격의 복음일 것이다.

7. 지체를 드리는 삶 롬6장

신자들의 몸을 하나님께 살아있는 제물로 바치라는 권면, 그리고 이 세대의 방식에 동화되기를 멈추고 하나님의 뜻을 분별하며 살아가라는 권면은 한 걸음 더 나아가 로마서 6장에 나왔던 권고를 생각나게 한다. 곧 성도들의 "지체"를 불의의 무기로 "죄에게 내주지드리지" 말고 의의 무기로 "하나님께 드리라"는 가르침이다. 물론 6장의 설명과 권면은 제의적 배경에서 나온 것이 아니다. 따라서 12장이나 15장과는 분위기가 다르다. 하지만 이런 표면상의 차이에도 불구하고 이들 사이에는 놓치기 어려운 언어적, 개념적 연관성이 존재한다.[94] 바울이 6장에서 말하는 바는 이렇다. 칭의는 그저 의로운 척하는 게임이 아니라 그리스도와 하나됨을 통해 이루어지는 실존적 변화를 포함한다. 그리스도 안으로 세례 받았다는 것은 그의 죽음과 부활에 참여하는 것이다. 이 죽음과 살아남은 죄에 대한 죽음이자 하나님을 향한 삶이다. 그리스도와의 연합을 통해 신자들은 죄에 좌우되던 삶의 관계와 단절하고 하나님께 순종하는 새로운 삶의 관계로 옮겨졌다6:1-11.

하지만 이런 신적 '직설법'은 아직 성도들의 현재 삶에 그 전모를 드러내지 못한다. 새로운 생명은 시작되었지만 몸의 부활 자체는 아직 기다려야 할 미래의 희망이다6:5. 따라서 죄에 대한 죽음과 하나님을 향한 살아남이라는 '신학적 실재'는 아직 미래의 소망을 기다리며 사는 성도들에게는 피할 수 없는 '도덕적 명령'으로 다가온다. 성도들은 스스로를 죄에 대해 죽은 자요 하나님을 향해서 살아있는 자로 간주해야 한다.[95] 6장의 후반부는 바로 이런 권면으로 채워져 있다.

> 그러니 여러분은 여러분의 지체를 죄에 내맡겨서 불의의 도구가 되게 하지 마십시오. 오히려 여러분은 죽은 사람들 가운데서 살아난 사람답게, 여러분을 하나님께 바치고, 여러분의 지체를 의의 도구로 하나님께 바치십시오13절, 새번역 수정.

> 누구든 여러분이 자기를 종으로 바쳐 복종하면, 여러분은 여러분이 복종하는 그 사람의 종이 된다는 사실을 모릅니까? 여러분은 죄의 종이 되어 죽음에 이르거나, 아니면 순종의 종이 되어 의에 이르거나 하는 것입니다16절, 새번역 수정.

> 여러분이 이전에는 여러분의 지체를 더러움과 불법의 종으로 바쳐 불법에 빠져 있었다면, 이제는 여러분의 지체를 의의 종으로 바쳐 거룩함에 이르도록 하십시오19절, 새번역 수정.

여기서 "바치라*παριστάνετε*"는 동사의 사용은 매우 전략적이다. 12장에서 "너희 몸을 하나님이 기뻐하시는 거룩한 산 제사로 드리라/바치라"고 할 때 사용한 것과 같은 단어다. 물론 현 문맥은 더 이상 제의적 상황이 아니다. 그래서 현 본문의 바침은 제의적 의미의 드림이 아니라 주종관계에서의 바침이다.[96] 누군가에게 우리를 바친다는 것은 우리가 그 사람의 통제를 받는 종이 된다는 것을 의미한다[16절]. "왕 노릇 하다"[12절] 혹은 "주인 노릇 하다"[14절]라는 표현 또한 이 점을 강조한다. 물론 당시 세계에서 주종관계는 무조건적 복종 외의 다른 행동이 불가능한 절대적 상황을 가리킨다. 하나님께 드려진 존재인 우리는 이제 하나님의 종이 되었다. 곧 우리는 하나님의 권위와 명령에 절대 순종해야 할 존재가 되었다는 것을 의미한다[6:15-23]. 바로 이 논점을 전달하는 그림 언어가 "도구*ὅπλα*"다. 이는 "무기weapon"로 번역할 수도 있다. 어느 쪽을 취하든, 바울의 의도는 그대로다. 장인이 자기 목적을 위해 자기 마음대로 도구를 사용하듯, 우리는 죄 혹은 하나님의 손에 들려 각각의 목적에 봉사한다.[97] 혹은 병사가 자기를 지키고 적을 무찌르기 위해 무기를 사용하듯, 우리는 죄의 힘 혹은 하나님에 의해 움직여진다.[98] 선택은 분명하다. 성도들은 이제 죄에 대해 죽은 자요 하나님을 향해서만 살아 있는 자들이다. 따라서 그들은 불의의 도구/무기가 되기를 멈추고, 하나님의 뜻을 수행하는 의의 도구/무기가 되어야 한다. 바로 이것이 칭의의 실제적 의미다.[99]

8. '드려짐'의 삶

활용된 그림 언어는 다르지만, 6장에서 바울이 말하는 바는 12장의 권면과 사실상 같다. 몸을 하나님께 거룩한 제사로 "바치라"는 말은 지체를 하나님께 종으로 "바쳐" 거룩함이라는 결과를 산출해야 한다는 말과 다르지 않다. 6장에서 성도들은 장인에 의해 사용되는 도구 혹은 주인에 의해 지배되는 종인 반면, 12장에서는 하나님께 드려지는 제물이다. 6장에서 바울은 성도들의 변화된 상태, 곧 죄의 다스림에서 벗어나 하나님의 다스림 아래로 들어간 변화 혹은 이렇게 생겨난 새로운 정황에 초점을 맞춘다. 그리고 이를 위해서는 도구나 무기라는 비유를 활용한다. 여기서는 제의적 언어가 그리 효과적이지 않았을 것이다. 반면 12장의 관심사는 이런 새로운 신분을 '어떻게' 구체적으로 드러낼 것인가 하는 것이다. 이를 위해서는 제의적 언어가 효과적이다. 물론 궁극적으로 중요한 것은 비유 자체가 아니라, 이 비유가 담아내는 실제 내용이다. 장인이 사용하는 도구건, 병사가 휘두르는 무기건, 혹은 하나님께 드려지는 제물이건, 중요한 것은 성도들이 하나님께 바쳐져야 한다는 것이다.

성도들은 자신의 "지체"나 "몸"을 하나님께 바친다. 곧 자기 자신을 드린다. 이 바침은 하나님께 대한 순종이나 의에 대한 순종으로 나타난다6장. 성도들은 자신을 하나님께 제물로 드린다. 이런 제사는 하나님의 뜻을 분별하고 실천하는 것으로 나타난다12장. 이 두 묘사는 동일한 삶의 정황을 포착하는 다른 표현들이다. 그리고 우리가 15장 16절에서 확인한 것처럼, 바울은 하나님의 뜻에 순종하는 산 제사가 이방인의 사도로서 자신이 성취하려는 사명의 핵심이라고 선언한다. 이는 바울의 사도적 사역 및 그의 복음의 성격을 정확하게 이해하는 데 대단히 중요한 사항이다. 일체의 비유를 배제하고 표현하자면, 이방인의 사도로서 바울이 받은 사명은 이방인 신자들로 하여금 하나님께 순종하는 삶을 살도록 만드는 것이다.

바울의 사도적 사명의 핵심이 거룩함과 순종에 있다는 결론은 그저 제의적 언어에 기초한 추론만은 아니다. 실제로 바울은 이방인들의 순종이 자기 사역의 목표라고 분명히 밝힌다. 로마서 15장 17-18절에서 바울은 이방인의 사도로서 자신이 말과 행동으로 이룬 결과들은 모두 "이방인들의 순종", 곧 이방인들을 하나님께 순종하는 사람으로 만들기 위한 것이었다고 말한다. 물론 자기 힘으로 한 것이 아니라, 그리스도께서 자신을 통해 성취하신 일들이다. 바울은 이런 일들을 자랑한다. 그런데 그가 말하는 자랑은 단순한 뻐김이 아니라 무언가를 자기 삶의 근거로 내세우는 것이다. 곧 그리스도의 역사하심이 바울이 내세우는 유일한 자랑거리다. 그리스도께서 자기를 통해 이루신 일은 바울이 이방인의 사도로서 성취한 일을 의미한다. 이 모든 일들의 궁극적 목적은 바로 "이방인들의 순종"이다18절. 물론 이것은 서신 초두에서 바울이 밝힌 사도적 사명과도 일치한다. "그를 통하여 우리가 은혜와 사도의 직분을 받아 모든 이방인이 믿음의 순종에 이르게 합니다"롬1:5. 문법상 이 표

현의 궁극적 강조는 순종에 놓인다. 믿음은 이 순종의 근원을 밝혀
준다. 물론 이것이 믿음의 중요성을 축소하는 것은 아니다. 하지만
바울의 궁극적 관심이 이방인들의 순종에 있다는 사실은 놓칠 수
없다. 바울의 사도적 소명은 이방인들을 순종에 이르도록 하는 것
인데, 이 순종은 믿음의 순종, 곧 그리스도를 믿는 믿음에서 나오는
순종이다.[100]

제사장 바울이 드리는 이방인의 제물은 "성령으로" 거룩해진다
15:16.[101] 이는 이방인의 사도로서 성도들을 거룩한 제물로 드리는 사
역이 성령의 활동에 달려 있다는 말과 같다. 성령으로 거룩하게 된
다는 말은 성령을 받기만 하면 어쨌든 거룩한 자가 된 것이라는 말
이 아니다. 여기서 바울이 말하고자 하는 것은 성령의 역사를 통해
실제 성도들의 삶이 하나님 보시기에 거룩한 삶으로 변화된다는
것이다. 데살로니가전서에서 보듯, 하나님께서는 성도들이 거룩하
게 되어야 한다는 뜻을 보이셨고, 이 거룩함은 복음 선포자 바울의
가르침에 순종함으로써 이루어진다. 바울은 성도들이 추구해야 할
마땅한 삶의 방식에 관해 가르쳤다. 그가 그들에게 남긴 명령을 거
역하는 것은 이런 거룩함을 구현하기 위해 그들에게 성령을 주신
하나님을 거역하는 행위다 살전4:8. 성령 체험 자체가 그들을 단번에
그리고 무조건 거룩한 존재로 만들어 주는 것이 아니다. 그들을 성
도, 곧 거룩한 자들로 부르신 부르심은 그들의 삶이 이제 하나님의
거룩하심에 어울리는 것이어야 한다는 요구를 포함한다.

물론 거룩한 삶은 성령의 역사를 필요로 한다. 성령의 역사를

통해 이방인들의 우상숭배는 이제 하나님께 순종하는 삶으로 변화된다. 이를 통해 바울은 자기가 맡은 책임, 곧 이방인들을 하나님께서 기뻐하시는 거룩한 제물로 바치는 사역을 수행한다. 여기서 놓치지 말아야 할 것은 이 거룩함이 이방인의 사도 바울이 받은 사명의 절대 목표라는 사실이다. 그는 이 거룩함이라는 목표를 달성하기 위해 그리스도의 복음을 전파한다. 그렇다면 이 복음이란 어떤 성격의 복음일까? 그리고 이 거룩함을 지향하는 바울의 복음은 우리가 생각하는 복음과 얼마나 같으며, 또 다른 것일까?

9. 거룩하고 흠이 없는 제사

지금까지 우리는 바울의 소명 의식에 관해 살펴보았다. 이방인의 사도 바울은 자신의 소명을 제사장의 사명으로 표현했다. 곧 이방인 성도들을 하나님께서 기뻐하시는 거룩한 제물로 드리는 것이다. 바울은 한 사람의 제사장이며, 이방인들은 그가 하나님께 드리는 제물이다. 따라서 바울의 목표는 이방인들을 하나님께서 기뻐 받으실 만한 제물, 곧 "흠이 없는" 제물이 되게 하는 것이다. 제물이 하나님께서 받으실 만하고 거룩해야 한다는 것은 곧 그 제물이 하나님 보시기에 흠이 없어야 한다는 요구를 가리키는 것이기 때문이다.

구약의 제사에는 "흠이 없는 *ἄμωμος*" 짐승을 드려야 한다는 요구가 수없이 반복된다. 그래서 실제 제사에서 가장 중요한 절차 중 하나는 바로 흠 없는 제물을 마련하는 것이었다출29:1,28; 레1:3,10; 겔43:22-23. 흠이 없는 제사의 중요성은 그리스도의 죽음을 하나의 희생 제사로 해석하는 신약의 말씀에서도 잘 확인된다. 히브리서에 의하면, 예수님은 자신을 "흠이 없는ἄμωμον" 제물로 드리셨다. 그래서 그의 피는 우리를 죽은 행실로부터 깨끗하게 하여 살아계신 하나님을 섬길 수 있게 한다9:14. 베드로전서 역시 그리스도의 피를 "점 없고 흠 없는ἄμωμον 어린 양의 피"와 비교하면서, 이 십자가의 죽음이 하나님 앞에서 흠이 없는 제사, 곧 효과적인 제사였다는 사실을 강조한다. 그리스도께서 드리신 제사의 효력을 부각하기 위해 그 제물의 흠 없음을 강조한다는 사실은 제물의 흠 없음이 올바른 제사에 있어 얼마나 결정적인 요소인가를 잘 말해준다.

의미심장하게도 바울서신에는 성도들의 삶과 관련된 문맥에서 흠 없음에 관한 언급이 매우 빈번하게 나타난다. 그의 권면은 한마디로 성도들이 하나님 앞에서, 혹은 그리스도 앞에서 "거룩하고 흠이 없는" 자들로 설 수 있어야 한다는 것이다. 일단 바울이 사용하는 언어의 제사적 배경을 이해하면, 우리는 바울서신 전체에 걸쳐 후렴처럼 반복되는 이런 표현의 의미를 더욱 분명히 인식할 수 있게 된다.

곧 창세 전에 그리스도 안에서 우리를 택하사 우리로 사랑 안에서 그 앞에 **거룩하고 흠이 없게** 하시려고엡1:4

(그리스도께서 교회를) 물로 씻어 말씀으로 깨끗하게 하사 거룩하게 하시고 자기 앞에 영광스러운 교회로 세우사 티나 주름 잡힌 것이나 이런 것들이 없이 **거룩하고 흠이 없게** 하려 하심이라엡5:26-27

모든 일을 원망과 시비가 없이 하라 이는 너희가 **흠이 없고 순전하여** 어그러지고 거스르는 세대 가운데서 하나님의 **흠 없는** 자녀로 세상에서 그들 가운데 빛들로 나타내며 생명의 말씀을 밝혀 나의 달음질이 헛되지 아니하고 수고도 헛되지 아니함으로 그리스도의 날에 내가 자랑할 것이 있게 하려 함이라빌2:14-16

(하나님 아버지께서는) 전에 악한 행실로 멀리 떠나 마음으로 원수가 되었던 너희를 이제는 그의 육체의 죽음으로 말미암아 화목하게 하사 너희를 **거룩하고 흠 없고** 책망할 것이 없는 자로 그 앞에 세우고자 하셨으니골1:21-22

주께서 너희를 우리 주 예수 그리스도의 날에 **책망할 것이 없는** 자로 끝까지 견고하게 하시리라고전1:8

(우리 하나님 아버지께서) 너희 마음을 굳건하게 하시고 우리 주 예수께서 그의 모든 성도와 함께 강림하실 때에 하나님 우리 아버지 앞에서 **거룩함에 흠이 없게** 하시기를 원하노라살전3:13

평강의 하나님이 친히 너희를 **온전히 거룩하게** 하시고 또 너희의 온 영과 혼과 몸이 우리 주 예수 그리스도께서 강림하실 때에 **흠 없게** 보전되기를 원하노라살전5:23[102]

1) 흠이 없는 자녀 빌2:14-17

열거된 구절 중 우선 빌립보서를 살펴보자. 바울은 빌립보 성도들에게 "모든 일에 원망과 시비가 없이" 서로 한 마음이 되라고 권고한다. 빌립보의 성도들은 "흠이 없고 순전하여ἄμεμπτοι καὶ ἀκέραιοι" 현재의 "어그러지고 거스리는 세대" 가운데서 하나님의 "흠 없는 자녀 τέκνα θεοῦ ἄμωμα"가 되어야 한다. 그리하여 이 어두운 세상에서 "빛들"로 드러나야 한다. 이는 하나님의 언약적 요구에 바탕을 둔다. 성도들이 "흠이 없는" 자녀가 되어야 한다는 권면은 하나님께 드리는 제사가 흠이 없어야 한다는 제사적 요구를 바탕에 깔고 있다. 물론 칠십인역의 용법에서 보듯, '흠이 없다'라는 단어는 제사적 뉘앙스 없이 단순히 윤리적 개념으로 사용될 수도 있다. 신약에서도 그런 용법들이 나타난다계14:5. 하지만 재미있게도 신약에서 이 단어는 대부분 구약의 제의, 혹은 보다 넓은 의미의 율법과 관련되어 나타난다. 특히 앞에서 우리가 살핀 것처럼, 제사적 사고가 바울의 자기 이해에 미친 영향을 고려해 보면, 바울이 말한 '흠이 없는'이라는 표현은 제의적 의미를 의식한 것일 가능성이 많다. 본문에서 바울이 실제 제사 언어를 사용하고 있다는 사실은 이런 추론을 강력하게 뒷받침한다. "만일 너희 믿음의 제물과 섬김 위에 내가 나를 부어드리는 제사로 드릴지라도…"17절, 개역개정 수정.

이 구절에서 바울은 빌립보 성도들의 신앙적 자태를 "믿음의 제물과 섬김"이라 표현한다. 분명한 제사 개념인 "제물"과 짝을 이룬 "섬김λειτουργία"은 로마서 15장에 나왔던 "일꾼"의 추상명사로 성전에서의 '섬김'이나 '예배'를 가리킨다. '믿음의' 제물과 섬김이라는 수식은 '복음의' 제사장 직무를 담당한다는 로마서 15장 16절을 생각나게 한다. 즉 율법의 제사 개념에서 율법을 복음으로 대치하여 만들어 낸 표현이다. 흥미롭게도 여기서 이방인의 사도로서 성도들을 돕는 바울의 섬김은 성도들의 제물 위에 더하여 부어지는 σπένδομαι 하나의 전제에 비유된다 cf. 딤후4:6. [103] 바울의 제사 언어가 자신의 제사장적 지위를 확보하기 위해서가 아니라 성도들의 거룩한 섬김을 강조하기 위해서라는 사실이 여기서도 다시 확인된다. 제사가 율법의 규정 대신 믿음에 의한 것이라는 점은 다르지만, 이 믿음의 제물과 섬김이 하나의 제사로서 하나님 앞에 '흠이 없는' 것이어야 한다는 요구는 달라지지 않는다. 빌립보의 성도들은 흠이 없는 하나님의 자녀들이 됨으로써 하나님께서 기쁘게 받으실 만한 제사를 드린다. 이처럼 신자들의 믿음의 제물과 섬김을 흠이 없도록 만드는 것이 이방인의 사도 바울의 소명이다. 이는 그가 '흠이 없다 ἄμεμπτοι, ἄμωμα'와 '순전하다 ἀκέραιοι' 등의 유사어를 세 개씩이나 동원한다는 사실에서도 확인된다.

재미있게도 이 구절에서 바울의 언어는 신명기 32장에 나오는 모세의 노래를 반영한다. 칠십인역의 번역에 의하면, 모세는 광야 40년에 걸쳐 보여준 하나님의 신실하심과 전혀 어울리지 않는 이스라엘의 사악한 태도를 지적하면서, 그들을 "흠이 있는 자녀들 τέκνα μωμητά"이요 "어그러지고 거스리는 세대 γενεὰ σκολιὰ καὶ διεστραμμένη"라고 비난한다. 히브리어 원문의 어조는 이보다 더 강하다. 하나님께서는 타락한 이스라엘을 향해 "내 자녀가 아니라 타락하고 어그러진 세대"개역개정: "패역한 세대"라고 비난하신다cf 32:20. 이스라엘의 잘못은 그들이 하나님의 언약적 신실하심에 어울리는 신실함을 보이지 못했다는 것이다. 언약의 자녀로서, 하나님의 거룩하심을 따라 그들 또한 거룩한 삶을 살아야 했다. 그러나 그들은 하나님이 아닌 마귀에게 제사를 드렸고32:17, 자기를 지으신 하나님을 버리고 자기를 구원하신 "반석"을 소홀하게 취급하였다32:15.

이스라엘의 신실하지 못한 반역에 격분한 질투의 하나님께서는 그의 자녀들을 향해 노를 발하신다.[104] 그는 이처럼 "거스리는 세대 γενεὰ ἐξεστραμμένη"에게서 그의 "얼굴을 돌이키실 것"이며, 하나님이 없는 "그들이 마지막에 어떻게 되는지 두고 보겠다"라고 엄포를 놓으신다32:19-20. 더 나아가 하나님께서는 신실하신 하나님을 배신하고 우상을 섬긴 그들을 자극하신다. 이제 "나도 내 백성 아닌 다른 백성을 내 백성으로 삼아 그들의 질투심에 불을 붙이고 어리석은 민족을 내 백성으로 만들어 그들을 격분하게 만들겠다"라고 선언하신다32:21. 물론 원수들이 헛되이 자랑하지 못하도록 백성들을 전멸시키지는 않으시겠지만, 그럼에도 불구하고 하나님의 심판은 대부분의 백성을 파멸에 이르게 할 것이다32:22-25.[105] 빌립보서 본문의 "어그러지고 거스리는 세대"는 바울이 의도적으로 광야 이스라엘의 정황을 상기시키고 있음을 시사한다. 새 언약 아래 있는 성도들은 첫 언약 당시 "흠이 있는 자녀"요 "어그러지고 거스리는 세대"였던 이스라엘처럼 행동해서는 안 된다. 오히려 그들은 이제 "하나님

의 흠 없는 자녀들"로 살아야 한다.¹⁰⁶

바울의 권면은 또한 할례 언약을 맺으면서 하나님께서 아브라함에게 요구하신 바 "흠이 없이 행하라"칠십인역는 명령을 반영하는 것일 수도 있다창17:1. "너는 내 앞에서 흠이 없이 행하라"는 말씀은 하나님께서 아브라함을 선택하고 그와 계약을 맺을 때 주신 명령이다. 그런 점에서 이는 하나님께서 그의 택하신 언약 백성에게 요구하시는 순종의 삶을 한마디로 집약한 것이라 할 수 있다.

문맥에서 알 수 있듯, 빌립보 성도들이 드리는 믿음과 제물의 섬김이 흠이 없다는 것은 그들이 온전한 순종의 삶을 산다는 것이다. 곧 "항상 복종하여 두렵고 떨림으로 너희 구원을 이루라"는 요구다빌2:12. 성경적 숙어로서 "두렵고 떨림"은 마지막 하나님의 심판을 마음에 두고 살아가는 성도들의 태도를 가리킨다. 물론 자녀들의 두려움이 종들이 갖는 두려움과 같을 수는 없다롬8:15. 하지만 그렇다고 하나님의 거룩한 뜻을 실천해야 할 의무가 상대화되는 것은 결코 아니다. ¹⁰⁷ "구원을 이루라κατεργάζεσθε, work out"는 말은 '구원을 만들어 가라'는 뜻이다. 이 또한 바울의 권면에 긴장감을 더한다. 현재 빌립보 교회의 상황을 두고 말하자면, 성도들이 "모든 일을 원망과 시비가 없이" 하는 것이 바로 순종하는 삶이요, 하나님의 자녀로서 흠이 없는 제사를 드리는 방법이다. 이 권면의 배경 역시 '원망'을 특징으로 하는 이스라엘의 광야 사십 년이다. 이스라엘은 원망하다가 흠이 있는 자녀라는 선고를 받았고, 결국 그들 중 다수는 광야에서 멸망하고 말았다고전10장; 히3-4장. 새 언약의 백성은 이런 잘못을 반복해서는 안 된다. 성도들은 모든 일에 원망과 시비가 없는 화목한 공동체를 이루어 하나님의 흠 없는 자녀들로 인정받아야 한다cf. 마5:45. 바로 이것이 제사장 바울이 자신을 부어드리는 제사로 드려서라도 성취하고자 했던 목표다.

물론 바울의 이런 희생은 단순한 의미의 희생이 아니라 이방인의 사도로서의 희생이다. 여기서 바울이 이방인의 사도로서 자신의 사명에 관해 말하고 있다는 점은 16절에서 분명히 드러난다. 바울은 빌립보 성도들이 흠이 없는 자녀로 살아주기를 부탁한다. 그래서 "나의 달음질이 헛되지 아니하고 나의 수고도 헛되지 아니" 하여 예수 그리스도의 날에 자기로 하여금 자랑할 거리가 있도록 해 달라고 부탁한다2:16. "달음질"이나 "수고"는 모두 사도 바울이 자신의 사역을 가리키기 위해 즐겨 사용하는 단어들이다고전9:24-27; 갈2:2; 딤후4:7; 롬16:6,12; 고전4:12; 15:10; 고후11:27; 갈4:11; 살전5:12; 골1:29; 엡4:28; 딤전4:10; 5:17; 딤후2:6; cf. 신32:47; 사49:4,8; 45:18.[108] 한편 바울은 성도들의 믿음이나 자신의 사역과 관련하여 '헛되다'라는 말을 자주 사용한다. 이처럼 바울은 매우 현실적인 의미에서 이방인의 사도로서 자신의 임무가 실패할 수도 있다는 가능성을 충분히 인식하고 있었다cf. 고전9:28; 살전3:6.[109] 이 구절에 의하면, 이방인의 사도 바울의 성패는 바로 빌립보 성도들이 하나님의 흠 없는 자녀로 사느냐 아니냐에 달려 있다. 성도들이 드리는 "믿음의 제물과 섬김"이 온전한 순종으로 채워진 흠이 없는 제사라면 바울은 사도로서 맡은 책임을 완수한 셈이 된다. 그가 맡은 책임의 핵심이 바로 이방인들의 순종이기 때문이다

롬1:5; 15:18. 그렇게 되면 바울은 그리스도께서 재림하시고, 하나님께서 빌립보 신자들을 제물로 받으실 때 자랑할 거리가 있을 것이다 살전2:19. 하나님께서 맡기신 사명을 잘 완수했기 때문이다 cf. 딤후4:7-8.

2) 에베소서와 골로새서

에베소서에서도 우리는 같은 관점을 확인한다. 에베소서의 서두에서 바울은 창세 전에 하나님께서 우리를 그리스도 안에서 자기 자녀들이 되도록 예정하셨음을 상기시킨다. 그리고 이 예정의 목적은 우리가 사랑 안에서 하나님 앞에 "거룩하고 흠이 없게" 되는 것이다 엡1:4. 많은 학자들은 이 표현이 본래 제사 개념에서 나온 말이라는 사실은 인정한다. 그러나 현 문맥에서는 제의적 의미가 없이 순전히 비유적으로 쓰였다고 생각한다.[110] 하지만 이는 바울의 사상에서 제의적 사고가 차지하는 비중을 제대로 고려하지 못한 판단이다. 제물에 관한 표현이 성도들에 관한 표현으로 전용되었다는 점에서 이는 분명 비유적이지만, 바울의 사상 속에서 이들 표현이 자리하는 제의적 정황은 그의 의도를 제대로 파악하는 데 매우 중요하다.

에베소서는 하나님의 계획이라는 큰 구도 속에서 구원의 청사진을 그린다. 여기서 바울은 이 영원하고 주권적인 계획의 핵심이 "거룩하고 흠이 없는" 자녀가 되는 것이라 말한다. 창세 전에 이루어진 하나님의 예정은 구원 계획의 주권적 본질을 드러내는 가장 중요한 방식의 하나다. 예정에 관해 말하는 것은 하나님의 구원 계획의 본질에 관해 말하는 것이다. 여기서 중요한 것은 하나님의 예정이 그냥 우리를 '구원하겠다'라고 하는 것처럼 막연한 조치가 아니라는 사실이다. 하나님의 예정은 구체적으로 우리가 그 앞에서 거룩하고 흠이 없는 존재가 되는 것을 바라본다. 물론 이것이 구원의 예정이라는 사실에는 재론의 여지가 없다. 하지만 중요한 것은 이 구원이 우리가 하나님 앞에서 거룩하고 흠이 없는 자들로, 곧 하나님께서 기쁘게 받으실 만한 온전한 제물로 받아들여지는 것을 그 내용으로 한다는 것이다.

이는 또한 우리가 "하나님의 자녀아들"로 선택되는 것이기도 하다1:5. 언약적 구도 속에서 자녀아들라는 정체성은 자녀답게 거룩하신 하나님 아버지의 속성을 드러내라는 요구를 담는다. 바울의 복음은 이방인들이 하나님의 백성들과 더불어 하나님의 유업을 함께 누릴 공동 상속자가 되는 것을 바라본다3:6. 상속자 신분은 아들이라는 신분을 전제한다cf. 갈3:29; 4:7; 롬8:17. 아들이 아니면 미래 유산의 상속자가 될 수 없다. 더 나아가 하나님의 거룩하심을 반영하지 않고서 하나님의 아들이라 말할 수 없다. 거룩함이라는 하나님의 뜻을 저버리는 "불순종의 자녀들아들"[111]은 "그리스도와 하나님 나라에서 상속을 받지 못할" 것이며5:5, 이들에게는 오히려 하나님의 종말론적 진노만이 기다릴 것이다5:6.

하나님의 예정이 우리의 "거룩하고 흠이 없음"을 목적으로 한다면, 그 예정을 구체적으로 실현하는 그리스도 사건 역시 같은 목적을 가질 것이다. 하나님의 예정부터 마지막에 이르기까지 구속의 모든 과정은 "그리스도를 통해" 혹은 "그리스도 안에서" 이루어진다.[112] 특히 십자가에서 이루어진 그리스도의 자기희생은 한 가지 분명한 목적을 가진다. 바울은 이를 "거룩하게 하심"이라는 한마디로 요약한다 5:26. 그의 자기희생은 바로 우리를 "영광스러운 교회", 곧 "티나 주름 잡힌 것이나 이런 것들이 없이 거룩하고 흠이 없는" 교회로 자기 앞에 세우려는 뚜렷한 목적을 바라본다. 바울은 여기서 그리스도의 사역의 결과로 거룩하게 되는 교회의 모습을 두 가지 그림 언어로 설명한다. 하나는 아름답게 단장한 신부다. "티나 주름 잡힌 것이나 그런 것들"이 없다는 것은 결혼을 위해 아름답게 꾸민 신부의 모습을 나타낸다 cf. 계21:2. 그리고 여기에 희생 제물의 이미지가 겹친다. 곧 그리스도의 희생은 교회를 "거룩하고 흠이 없게" 만들기 위한 행동이다. 이렇듯 각각 사용된 이미지는 다르지만, 교회를 아름다운 신부로 단장한다는 말이나 교회가 "거룩하고 흠이 없는" 제물이 된다는 말은 같은 이야기다. 다만 다소 다른 이미지를 겹쳐 더 분명한 의미를 전달하려는 움직임일 뿐이다 cf. 벧후 2:13.[113] 따라서 교회의 거룩함은 십자가의 부수적 효과가 아니라 십자가 자체의 핵심적 목적이라 할 수 있다.

여기서 이방인의 사도인 바울의 책임이 중요해진다. 구원의 복음을 전하는 바울의 사역은 당연히 "거룩하고 흠이 없는" 자녀들을 만들겠다는 하나님의 예정 및 그리스도의 구속 사건의 목적을 공유한다. 하나님께서는 예정하시고, 그리스도는 그 예정을 구체적인 현실이 되게 하셨다. 그리고 이제 바울이 그 복음을 이방인들에게 퍼뜨린다. 이방인의 사도 바울의 임무는 이방인들에게 복음을 전하여 그들을 "약속에 참여하는 자"요, 미래 유업의 "상속자"로 만드는 것이다3:6-7. 당연히 이런 임무는 이들을 하나님 앞에 "거룩하고 흠이 없는 자녀"로 만들려는 노력으로 나타난다. 그러기에 사도 바울의 실제적 권면이 "부르심을 받은 일에 합당하게 행하라"는 말로 시작하는 것은 하나도 이상하지 않다4:1. "하나님을 본받으라"는 권면 역시 하나님의 자녀다운 삶을 살라는 말을 달리 표현한 것이다5:1.[114]

골로새서에서도 이 같은 생각이 확인된다. 에베소서에서와 마찬가지로, 골로새서에서도 구원의 목적은 "거룩하고 흠이 없는 자녀들"을 만드는 것이다. 하나님께서는 그리스도의 죽음을 통해 우리를 자기와 화목하게 하셨다. 그가 이런 행동을 하신 것은 우리를 "거룩하고 흠이 없고 책망할 것이 없는 자녀들"로 자기 앞에 세우시기 위함이었다1:22. 비록 그리스도 사건 자체에 관한 묘사지만, 바울은 그 사건의 주어에 하나님을 놓음으로써 이것이 하나님의 주권적 의도였음을 분명히 한다.

말할 것도 없이 이방인의 사도 바울의 사역은 바로 이런 하나님의 뜻을 구현하려는 것이다골1:24-29. 하나님의 구원 계획과 그리스도 사건의 목적에 관한 진술은 동시에 사도 바울의 섬김이 지향하는 목적에 관한 진술이기도 하다. 바울은 이렇게 말한다.

> 우리가 그를 전파하여 각 사람을 권하고 모든 지혜로 각 사람을 가르침은 각 사람을 그리스도 안에서 완전한 자로 세우려 함이니 이를 위하여 나도 내 속에서 능력으로 역사하시는 이의 역사를 따라 힘을 다하여 수고하노라 골1:28-29

"그리스도를 전파하고, 각 사람을 권하고, 모든 지혜로 각 사람을 가르친다"라는 삼중적 표현은 "힘을 다하여 수고한다"라는 말과 함께 사도 바울의 사역 전체를 포괄한다. 이처럼 바울이 이방인의 사도로 수고하는 목적은 바로 성도 한 사람 한 사람을 그리스도 안에서 "완전한" 자로 세우기 위해서다. '완전하다'라는 것은 모자람이 없이 완벽하다는 것이다. 여기서는 바로 앞 22절에서 구체적으로 언급된 생각, 곧 "그리스도 앞에서 거룩하고 흠이 없고 책망할 것이 없다"라는 말과 사실상 같은 뜻이다. 실제 출애굽기 12장에서는 흠이 없는 유월절 양을 묘사하기 위해 '흠이 없다'라는 익숙한 표현 대신 이 단어를 대용하는데5절, 이는 '완전하다'가 '흠이 없다'와 쉽게 혼용될 수 있음을 의미한다. 그러니까 바울이 성도들을 "완전한" 자로 세우려는 노력은 하나님께서 그들을 "거룩하고 흠이 없는" 자들로 자기 앞에 세우시려는 계획을 구체화하려는 섬김이었다고 할 수 있다.

이는 바울의 지도 아래 골로새 교회를 섬기는 에바브라의 사역에도 그대로 적용된다. 그 역시 그리스도의 신실한 일꾼으로서, 골로새 성도들이 하나님의 모든 뜻 가운데서 "완전하고 확신있게 서기를" 구하면서 그들을 가르쳤다1:7; 4:12. 물론 여기서도 '흠이 없다' 혹은 '완전하다'라는 것은 성도들이 하나님의 뜻에 순종하는 것, 곧 그들이 윤리적으로 올바르게 사는 것을 의미한다. 바울이 사도로 부르심을 입은 목적은 성도들을 이처럼 흠이 없는 자녀로 하나님 앞에 세우기 위해서다. 이 목적을 이루기 위해 바울은 자기 속에서 일하시는 그리스도를 의지하여 힘을 다해 사도로 수고하였다1:29. 이런 진술은 그리스도께서 이방인들을 순종하게 하시기 위해 자신을 사도로 삼으셨다는 로마서의 진술과 조금도 다르지 않다15:18. 결론적으로 바울의 제사적 언어가 그려 보여주는 이방인의 사도란 다름 아닌 이방인들을 순종하는 삶으로 인도하는 사람이었음을 의미한다.

10. 결론

바울은 한 사람의 제사장으로 그리스도를 섬긴다. 이는 성도들을 거룩한 제물로 바치는 섬김이다. 물론 이 섬김은 율법이 아니라 복음으로 이루어진다롬15:16. 그러니까 성도들의 거룩함을 핵심 목표로 삼는 그의 사역은 복음 선포를 통해 성취되는 것이다. 이는 곧 그가 선포하는 복음 자체가 성도들의 거룩함을 핵심에 두고 있음을 의미하는 것이기도 하다. 자신의 사도적 소명에 관한 바울의 진술을 진지하게 받아들인다면, 우리는 바울의 복음에서 윤리적 관심은 주변적이거나 부차적인 요소가 아니라, 오히려 그 복음의 핵심에 가까운 것이라 예상할 수 있다. 성도들의 순종을 이끌어내기 위한 복음이 순종을 덜 중요한 것으로 취급할 수는 없을 것이기 때문이다.

여기서 우리는 구원론은 잠시 젖혀 두고 바울의 윤리에 관해 말하려는 것이 아니다. 그보다 바울이 사도로서 선포한 복음이 구원의 복음이라면, 그리고 그가 그 구원의 복음을 통해 이루고자 했던 목표가 성도들의 거룩함과 순종이라면, 이는 곧 바울이 선포한 구원의 복음 한 가운데 거룩과 순종에 대한 관심이 그 핵심으로 자리하고 있다는 말이 된다. 성도의 거룩함은 순종과 무관하게 주어지는 구원의 부차적 결과가 아니다. 오히려 바울이 말하는 구원은 이미 그 속에 순종이나 거룩함이라는 도덕적 차원을 포함한다. 우리 삶의 도덕적 생김새가 우리의 구원과 직접 얽혀있다는 뜻이다.

구체적으로 설명하지는 않았지만, 바울이 우리를 하나님 앞에 거룩하고 흠이 없는 존재로 세운다고 할 때 이 세움의 문맥은 "예수 그리스도의 날", 곧 우리의 구원이 최종적으로 확정되는 심판의 날이다_{빌2:14-17; 고전1:8; 살전3:13; 5:23}.[115] 그러니까 바울이 이방인의 제물을 하나님 앞에 거룩하고 흠이 없는 제사로 바치는 것은 다름 아닌 예수 그리스도께서 심판을 위해 재림하시는 날이다. 우리가 하나님 앞에 선다는 것은 구원이 결정된 뒤 따로 취해지는 후속 조치가 아니라 우리의 심판 그 자체다. 이방인의 사도 바울의 섬김은 시종일관 그리스도의 재림과 하나님의 심판이 곧 있을 것이라는 생생한 의식 속에서 수행된 것이었다. 그래서 사도로서 그가 드리는 기도와 권면은 그가 맡은 이방인 성도들이 이 심판 때에 하나님 앞에서 거룩하고 흠이 없는 제물로, 곧 하나님께서 받으실 만한 제물로 세워질 수 있어야 한다는 것이었다. 쉽게 표현하면, 이는 우리가 심판 때에 하나님의 나라에 들어갈 합당한 자격을 갖춘 사람들로 인정되는 것을 의미한다.

바울의 복음을 십자가와 부활로 요약하는 것은 그것이 "내가 거룩하니 너희도 거룩하라"는 언약적 요구나 "거룩함이 없이는 아무도 주를 보지 못할 것"이라는 구약적 명제를 건너뛰는 것이어서가 아니다cf. 벧전1:15. 예수 그리스도의 복음에 대한 바울의 열정은 그 복음이 "율법이 연약하여 할 수 없는" 바로 그 일을 가능케 하였다는 사실롬8:1-4, 곧 복음 속에 "모든 믿는 자를 구원하는 하나님의 능력"이 나타난다는 깨달음에 있었다롬1:16. 그리고 그는 바로 이 능력의 복음을 이방 세계에 구현하는 이방인의 사도였다. 계속되는 우리의 논증은 바울이 선포한 이 복음, 곧 하나님의 능력으로서의 복음을 새롭게 듣고자 하는 시도다.

RE-READ

Faith without deeds is dead. The righteous will live by faith.

제2부

세 편지의 메시지: 구원의 소망과 복음적 삶

제3장 구원의 소망과 하나님께 합당한 삶: 데살로니가전·후서
제4장 성령으로 기다리는 의의 소망: 갈라디아서
제5장 모든 믿는 자를 구원하는 하나님의 능력: 로마서

제1부의 제1장에서 우리는 마태복음과 야고보서를 살피면서 우리의 마지막 구원은 분명 우리의 순종을 요구한다는 사실을 살펴보았다. 제2장에서는 이방인의 사도 바울이 받은 사명이 성도들의 거룩함이라는 분명한 목표를 품고 있다는 사실을 확인하였다. 이 논의를 위해 우리는 로마서, 빌립보서, 에베소서와 골로새서 등에 나타난 바울의 진술들을 개략적으로 살펴보았다. 그렇다면 바울의 개별 서신들은 어떨까? 우리가 내린 결론처럼, 그리스도의 재림을 바라보며 성도들을 거룩하고 흠이 없는 존재로 준비하는 것이 정말 그가 받은 소명의 핵심이라면, 이런 '도덕적' 관심사는 바울이 그의 편지들에서 보여주는 은혜와 믿음의 신학과 어떻게 조화되는 것일까? 가령 믿음으로 의롭다 하심을 얻는다는 갈라디아서와 로마서의 가르침이나 은혜로 구원을 얻는다고 강조하는 에베소서의 가르침은 거룩함을 목표로 하는 제사장 바울의 그림과 어긋나는 것이 아닌가? 바울의 개별 서신들에서 읽게 되는 바울의 신학적 비전은 그가 말하는 제사장적 사명과 통하는 것일까? 바울이 아무리 자기 사역을 성도들의 거룩함을 확보하는 제사장적 역할로 정의하더라도 실제 그가 제시하는 복음이 그것과 다르다면, 사도적 소명에 관한 그의 진술은 그의 복음 자체를 설명하는 데는 별 소용이 없을 것이다. 말로는 성도들의 거룩함이 자기의 목표라고 해놓고, 정작 '은혜'와 '믿음'의 복음을 강조하며 윤리적 차원을 소홀히 한다면, 그의 진술은 별 신빙성이 없는 일종의 '정치적' 발언에 지나지 않을 것이다.

따라서 이제 우리에게 남겨진 숙제는 위에서 우리가 발견한 제사장 바울의 비전이 실제 바울이 그의 서신을 통해 선포하고 설명하는 복음 자체와 같은 방향에 있다는 사실을 확인하는 일이다. 완벽한 논증이 되려면 우리는 바울의 모든 서신을 일일이 조사하고 거기에 제시된 신학적 비전이 그의 제사장적 자기 이해와 일치한다는 것을 증명해야 할 것이다. 하지만 이것은 여기서 시도하기엔 너무 방대한 작업이다. 그래서 우리는 우리의 논증에 가장 결정적인 관건이 될 만한 서신 세 개로 우리의 논의를 국한하려 한다. 바울의 가장 초기 서신으로 매우 독특한 시각을 제시하는 데살로니가전·후서, 그리고 흔히 가장 분명한 바울 복음의 설명서로 인식되는 갈라디아서와 로마서 세 서신이다. 특별히 갈라디아서와 로마서는 우리의 논증에 중요한 의미를 갖는다. 이들 서신은 바울의 은혜와 믿음 교리를 가장 강력하게 선포하는 서신으로 알려져 있기 때문이다. 그러니까 우리가 이들 서신에서도 실천적 관심이 바울 복음의 핵심을 이룬다는 사실을 확인할 수 있다면, 우리의 논지는 그만큼 강력한 것이 될 것이다.

제3장
구원의 소망과 하나님께 합당한 삶: 데살로니가전·후서

1. 복음 전파의 사명

이방인의 사도 바울이 받은 사명은 "복음을 전하는 것"이었다롬 1:15; 15:20; 고전1:17; 9:16,18; 15:1-2; 고후10:16; 11:7; 갈1:8-9,11,16,23; 4:13; 엡2:17; 3:8 등. 그 복음의 핵심은 그리스도, 더 분명히 말하면, 십자가에 못 박히신 그리스도다. 다메섹 도상에서 부르심을 받았을 때 하나님께서 바울 속에 계시하신 것이 바로 그의 아들이었다갈1:12. 바울은 이 하나님의 아들 예수 그리스도를 이방인들에게 선포하라는 사명을 받았다갈1:16; cf. 1:1. 그가 고린도의 성도들에게 말한 것처럼, 바울은 고린도에서 전도하며 교회를 세울 때 "예수 그리스도와 그의 십자가에 못 박히신 것 외에는 아무것도 알지 않기로" 작정하였다고전2:2. 마찬가지로 갈라디아서에서도 그의 사역의 핵심은 "예수 그리스도를 십자가에 못 박히신 분으로 밝히 드러내는" 것이었다3:1. 이방인의 사도로서 바울이 받은 사명은 십자가에 달리신 그리스도를 전파하는 것이었다.

종종 오해하듯, '복음을 전한다'라는 말을 '복음의 기본 교리를 전달한다'라는 의미로 이해하면 바울의 역할은 매우 단순해 보인다. 마치 빌리 그래함이 세계를 다니며 예수 그리스도의 복음을 소개하고 회개를 촉구했던 것처럼, 바울 역시 로마제국 곳곳을 누비며 '예수는 주시다'라는 메시지를 선포하고 다녔을 것이기 때문이다. 우리가 사도행전에서 만나는 바울 역시 이처럼 '일정이 바쁜 순회 전도자'의 모습에 가깝다.[116]

바울의 복음 사역을 일종의 순회 전도로 생각하는 데는 복음 전파가 빌리 그래함식 전도 집회 같은 단기적인 가르침으로 전달될 수 있는 어떤 것이라는 생각이 깔려 있다. 이것은 바울이 맡은 복음을 일종의 교리 체계로 이해하는 것이다. 십자가에 달리신 그리스도를 전하는 것은 십자가에 달리신 그리스도가 바로 우리 구원의 근거라는 신학적 명제를 말로 선포하는 것이다. 복음은 무엇보다 지적으로 전달되어야 할 교리적 내용이며 이것을 마음으로 믿도록, 곧 지적, 심리적으로 인정하도록 하는 것이 바울의 책임이라는 것이다. 바울의 복음을 대개 바울의 신학으로 이해하고 그 신학을 해석하는 데 대부분의 관심을 쏟는 학계의 경향이 이런 관점을 잘 보여준다.[117]

그러나 바울의 복음을 하나의 신학 사상으로, 그리고 바울의 복음 전파를 일종의 순회 전도로 생각하는 것은 바울 자신이 제사 언어로 그려주는 바 그의 사도로서의 소명 의식과 잘 맞지 않는다. 앞 장에서 이미 확인한 것처럼, 그의 사도적 소명은 이방인들에게 복음을 전함으로써 이들을 하나님께 순종하는 공동체로 만드는 것, 그래서 이들을 하나님께 거룩한 제사로 드리는 제사장으로서의 책무였다. 그의 말이 빈말이 아니라면, 그가 말하는 복음 전파는 결코 복음이라 불리는 신학 사상을 전달하는 것에 머물 수 없으며, 그가 전하는바 복음 또한 결코 단순한 신학 사상으로 치부될 수 없다. 앞에서 논의한 것처럼, 신학자 혹은 설교자로서의 그림 역시 바울을 설명하는 보조적 이미지가 될 수 있지만, 이방인의 사도로서 바울이 받은 소명의 핵심을 포착하지는 못한다. 바울은 사도로서 자기의 소명이 올바른 신학에 있다거나 복음의 효과적인 선포에 있다고 말하는 대신 이방인들을 하나님께 순종하도록 만드는 데 있다고 말한다 롬1:5; 16:26. 그의 목회를 여러 가지로 회고하고 있는 데살로니가전서에서 우리가 확인해 보고자 하는 것이 바로 이 부분이다.

2. 데살로니가전서와 바울의 복음

이견이 있지만, 데살로니가전서는 우리가 가진 바울의 편지 중 가장 먼저 기록된 것으로 여겨진다.[118] 더 이전에 기록된 편지의 존재 여부는 알 도리가 없지만, 현재 신약성경에 모여진 그의 편지들 중에서는 데살로니가전서가 가장 먼저 기록된 것으로 보인다. 따라서 본 서신은 사도 바울이 교회 공동체에 보내는 편지의 형태로 자신의 임무를 수행한 최초의 사례라 할 수 있다. 이 사실 자체만으로도 본 서신은 바울의 사역과 복음을 이해하는 데 중요한 자료의 하나로 간주될 수 있다. 물론 우리는 이 초기라는 사실의 의미를 지나치게 해석하지 않도록 주의해야 한다. 즉 바울의 이 첫 편지는, 말하자면, 예술가의 서툰 첫 작품과 같은 것이 아니다. 오히려 데살로니가전서는 바울이 선교 활동을 시작하고서 약 20년 정도가 지난 후 기록된 편지다. 또한 이 첫 편지와 나머지 편지들 사이의 시간 간격도 상대적으로 그리 크지 않다. 따라서 첫 서신이라는 점에서 의미심장하기는 하지만, 데살로니가전서 역시 그 배후에 긴 목회적 체험을 품은 베테랑의 편지라 할 수 있다. 그 점에서는 여타 서신들과 크게 다르지 않다.[119] 다만 우리가 최초라는 것을 강조하는 것은 본 서신이 바울의 복음이나 그의 신학을 구성하는 작업에서 비교적 소홀하게 취급되는 바람직하지 못한 상황을 지적하기 위해서다.

하지만 데살로니가전서의 가치는 단순히 최초라는 데서 그치지 않는다. 많은 학자들이 인식하는 것처럼, 이 편지는 신학적 색채 면에서 바울의 다른 서신들과는 상당히 다른 목소리를 내는 것처럼 보인다. 이런 특이함 중 단연 두드러지는 것은, 갈라디아서나 로마서, 혹은 빌립보서 등과 달리, 유대교나 율법과 관련한 갈등이 전혀 드러나지 않는다는 사실이다. 물론 2장 끝부분에 유대인들에 대한 매우 신랄한 비난이 나오기는 한다 2:15-16. 사실 이 비난이 너무 '반유대주의적'이어서 어떤 학자들은 이 구절이 바울 자신의 말이 아닌 후대의 삽입이라고 주장할 정도다.[120] 하지만 이 낯선 비난은 순전히 바울 개인의 체험과 연관된 지엽적 정보로서, 바울이 데살로니가 성도들에게 전하려는 핵심 메시지와는 상관이 없다. 데살로니가전서에서도 "환난"과 같은 잠재적 위협은 늘 존재하지만 1:6, 이는 할례나 율법 문제를 둘러싸고 유대인들이 야기한 것이 아니었다. 오히려 이는 이방 신자들이 그들의 "동족"2:14, 그러니까 그들의 주변 사회로부터 받는 사회경제적 압박이었던 것으로 보인다.[121] 나중에 부연하겠지만, 현재 상황이 할례나 율법 문제로부터 자유롭다는 사실은 이 편지에 바울 특유의 교리라고 할 수 있는 칭의 교리가 나타나지 않는다는 사실과 깊은 관련이 있다.[122] 말하자면 데살로니가전서는 바울의 사역이 아직 유대교나 유대 기독교 진영의 비판에 직면하지 않았을 때의 '평온한' 상황을 대변한다.[123] 갈라디아서나 로마서의 정황과는 달리, 데살로니가의 이방인 개종자들은 아직 할례나 율법과 관계된 신학적 시비에 휘말리기 이전의 순진한 상태에 놓여 있다.

따라서 본 서신은 바울이 할례와 율법이라는 유대적 논쟁에 휘말리지 않았을 때 어떤 식으로 이방 성도들에게 복음을 표현했을지를 보여주는 중요한 자료에 속한다. 갈라디아서와 같은 논쟁의 상황에서 제시되는 바울의 복음은 불가불 그 논쟁을 해결하려는 상황적 필요의 영향을 받는다. 당장의 논쟁과 관련된 주제는 집중

조명을 받아 비중 있게 다루어지겠지만, 아무리 중요한 주제라도 현재의 논쟁 상황과 관련이 없으면 전혀 언급되지 않을 것이다. 그런 점에서 데살로니가의 '평온한' 분위기는 더욱 의미심장하다. 물론 데살로니가전서에도 그 나름의 위기의식이 있고 그에 따라 생겨나는 독특한 정황도 있다. 바울의 성급한 이별 통보도 성도들에게는 잘 납득되지 않았을 가능성이 있다2:17. 하지만 이런 정황적 요인들이 편지의 전체 내용을 좌우할 만한 심각한 '문제'로 발전한 것은 아니다. 성도의 때 이른 죽음과 같은 흥미로운 사안이 다루어지기도 하지만4:13-18, 이 역시 복음에 관한 어조에 영향을 미칠 만큼 심각한 '문제'는 아니다. 실제로 이 편지의 분위기를 좌우하는 바울의 염려 섞인 안도감은 어려운 여건 속에 있는 성도들이 건강한 '믿음'을 잃지 않기를 바라는 목회자의 모습 그대로다. 그래서 데살로니가전서의 분위기는 흔히 공동체 내의 특정 논쟁에 좌우되곤 하는 바울의 다른 서신들과는 사뭇 다르다.

　데살로니가전서의 이런 '다름'은 바울을 균형 있게 이해하는 데 좋은 도움이 된다. 이 편지는 가령 갈라디아서나 로마서와는 그 분위기가 매우 다르다. 하지만 그렇다고 해서 이것이 사도 바울의 사명을 벗어나는 것은 아니다. 갈라디아서가 이방인의 사도로서 바울의 소명 의식의 산물이라면, 데살로니가전서 역시 마찬가지다. 이 편지에서 우리가 목격하는 바울은 로마서의 바울만큼이나 중요한 '이방인의 사도'의 초상이다. 우리가 어떤 식으로 바울의 사역과 복음을 재구성하건, 우리가 그린 그 바울의 그림으로 그의 첫 서신이자 그의 '평소' 모습을 가장 잘 보여주는 데살로니가전서를 제대로 설명할 수 있어야 한다. 유대인-이방인 관계를 주요 무대로 삼아 바울의 사역과 신학을 이해하려는 학자들이 데살로니가의 존재를 불편해하는 경우가 많다는 사실은 이 인기 좋은 '관점'의 한계에 대해 많은 것을 시사한다.[124]

달리 생각할 사람들도 있겠지만, 오히려 우리는 아직 율법과 관련한 논쟁에 휩싸이기 이전의 상황을 다루는 데살로니가전서가 이방인의 사도인 바울의 '본연의 모습'에 가깝다고 생각할 수 있다.[125] 다메섹 체험에 근거한 바울의 복음은 애초부터 그 핵심이 분명했다. 더욱이 이 편지를 쓸 당시 바울은 이미 이방인의 선교사로서 거의 20년 가까운 신학적 숙성을 거친 뒤였다. 그러니까 이 편지에 나타난 바울의 관점은 결코 초보 선교사의 설익은 사상이 아니라 이방 선교의 최전방에서 치열하게 섬겨 온 베테랑 선교사의 농익은 생각이다. 반면 편지의 내용이나 어조를 특정한 방향으로 날카롭게 몰아가는 구체적 논쟁거리는 아직 없다. 그런 점에서 이 서신은 이방인의 사도로서 바울이 이방인 개종자들과 더불어 어떤 모습으로 복음 사역을 전개했을지를 확인할 수 있는 최적의 자료가 될 뿐 아니라, 바울 복음의 성격을 규명하려는 우리에게도 대단히 중요한 자료가 된다.

3. 서신 기록의 정황

먼저 데살로니가전서가 기록된 정황을 간략히 살펴보자. 바울이 데살로니가에 교회를 세우게 된 내력은 사도행전 17장에 기록되어 있다. 빌립보에서 사역을 마친 바울은 남쪽으로 내려와 암비볼리와 아볼로니아를 거쳐 데살로니가를 그다음 선교지로 삼았다행17:1. 기도처밖에 없었던 빌립보와 달리 당시 마게도냐 지방의 수도였던 데살로니가에는 이미 유대인의 회당이 세워져 있었다. 누가는 바울이 세 안식일 동안 회당에서 유대인들에게 복음을 전했다고 말한다행17:2. 물론 세 안식일 동안 회당에서 전도한 것이 데살로니가에 체류한 전체 기간은 아니었을 것이다. 바울의 선교로 약하긴 하지만 정체성이 뚜렷한 공동체가 형성되었다. 선교와 더불어 바울은 직장을 확보하여 돈을 벌 수 있었다. 또 멀리 떨어진 빌립보의 성도들로부터 두 차례에 걸쳐 재정 후원을 받기도 했다빌4:15ff. 이런 일들이 일어나려면 어느 정도의 시간이 필요하다. 따라서 정확한 기간은 알 수 없지만, 바울의 실제 체류 기간은 사도행전의 간략한 기록에서 받는 인상보다는 더 길었을 것이다. 물론 회심한 이방 성도들의 신앙이 충분히 뿌리를 내릴 만큼 긴 시간은 아니었던 것으로 보아 기껏해야 여러 달 정도였을 것이다.[126]

누가의 기록에 의하면, 바울은 데살로니가 사역에서 상당한 열매를 거두었다행17:4. 하지만 금방 유대인들의 심한 반대에 직면했다. 이런 반대는 곧 공개적인 혼란과 성도들에 대한 박해로 이어졌고^{행17:5-9}, 데살로니가의 성도들"형제들"은 어쩔 수 없이 바울을 급히 베뢰아 지역으로 피신시켜야 했다^{행17:10}. 이것이 바울의 데살로니가 사역의 마지막이었다. 자주 그랬던 것처럼, 여기서도 바울은 아직 복음의 뿌리가 채 내리기도 전, 그나마 성도들에게 충분한 상황 설명도 하지 못한 채 교회를 떠나야 하는 안타까운 상황에 직면했다. 데살로니가전서에서 절절히 묻어나는 바울의 답답함과 염려와 깊은 안도감은 바로 이런 상황을 배경으로 한다.[127]

데살로니가전서에서 바울이 직접 말하는 내용 또한 사도행전의 기록과 대체로 일치한다. 데살로니가에서의 사역을 회고하면서 바울은 자신이 급히 성도들을 떠나온 사실에 관해 언급한다. 그리고 여러 번 다시 데살로니가로 돌아가고자 했던 간절한 마음을 토로한다.

> 형제자매 여러분, 우리가 잠시 여러분을 떠났지만, 얼굴로만이지 마음으로 떠난 것은 아닙니다. 사실 우리는 여러분의 얼굴을 보려고 더욱 간절히 애를 썼습니다. 나 바울이 한번 두번 여러분에게 가려고 시도했지만, 사탄이 우리를 막은 것입니다^{살전2:17-18}.

바울의 어투는 이 이별이 자신의 의사에 반하여 이루어진 것임을 잘 보여준다. 그는 성도들과 헤어져 "고아가 되었다 ἀπορφανισθέντες".[128] 하지만 그는 "잠시" 떠난 것이었다. 또 몸으로는 헤어질 수밖에 없었지만, 마음은 데살로니가 성도들 곁에 그대로 남아 있었다. 이렇듯 완결되지 못한 사역을 뒤에 두고 데살로니가를 떠나야 했던 바울의 안타까운 심정이 여실히 드러난다. 당연히 그는 다시 데살로니가로 돌아가려고 시도했다. 성도들에게 돌아가기를 "더욱" 그리고 "간절히" 애썼다는 말 역시 아직 미완의 사명을 완수하고자 했던 사도의 열정을 느끼게 한다. 하지만 그의 귀환 시도는 정확한 성격을 알 수 없는 사탄의 방해로 끝내 실현되지 못했다. 이런 상태로 바울의 남하南下는 계속되었던 것으로 보인다.

하지만 바울은 이런 상황에서도 체념할 수 없었다. 성도들은 여전히 여러 가지로 신앙적 위협에 직면하여 있었고, 그래서 바울은 "시험하는 자가 너희를 시험하여 우리 수고를 헛되게 할까" 하는 염려를 잠재울 수 없었다3:5. 아테네에 이르렀을 무렵 바울은 답답한 마음을 더 이상 주체할 수 없어, 함께 여행하던 디모데를 대신 데살로니가로 파송했다3:1-3,5. [129] 바울이 디모데를 보낸 것은 신자들을 굳게 하고 그들의 믿음에 대해 위로혹은 권면하여 누구도 현재의 환난 때문에 흔들리지 않도록 하려는 것이었다3:2-3; cf. "견고하게 함"과 "안위함"이 함께 나타나는 롬1:11-12.

데살로니가를 다녀온 디모데는 바울이 기대할 수 있는 최상의 소식을 전해 주었다. 그는 바울에게 데살로니가 성도들의 "믿음과 사랑"에 관한 "기쁜 소식"을 전해주었고3:6, 바울은 이 소식을 듣고서 비로소 큰 안도의 한숨을 내쉴 수 있었다. "여러분이 주 안에 굳게 서 있다니, 이제야 살 것 같습니다"3:8. 바울은 데살로니가 성도들에게 자신이 현재 "모든 궁핍과 환난"의 어려움에 처해 있지만,

성도들의 믿음과 사랑, 그리고 바울 일행을 향한 간절한 그리움을 알고서 "여러분의 믿음 때문에 여러분에게 위로를 받았습니다"라고 털어놓는다3:6-7. 물론 바울은 여전히 그 아름다운 상황을 자기 눈으로 확인하고 싶어 했다. 그래서 그는 하나님께서 데살로니가로 가는 길을 순조로이 열어 주시도록 기도하였다3:11. 물론 이런 바람 뒤에는 성도들의 믿음의 부족함이 온전케 되기를3:10, 그리고 이들의 사랑이 더욱 많아지기를3:12 바라는 목회적 열정이 깔려 있다.

4. 데살로니가에서의 복음 전파

데살로니가전서가 기록된 것은 바로 이런 정황에서다. 따라서 본 서신에는 복음을 받고 나서 줄곧 여러 형태의 어려움에 직면한 어린 이방인 개종자들이 '믿음과 사랑'의 삶을 포기할지 모른다는 염려, 그리하여 데살로니가에서 수행한 자신의 소중한 땀 흘림이 수포가 될지도 모른다는 불안감, 성도들이 자기의 갑작스런 떠남을 오해할지도 모른다는 걱정, 그러다 성도들의 믿음과 사랑에 대한 반가운 소식을 듣고 난 뒤의 행복한 안도감, 그리고 이 믿음과 사랑이 앞으로도 더욱 견고해지기를 바라는 목회자의 간절한 심정이 생생하게 드러난다특히 3장. 이처럼 성도들의 믿음과 사랑에 대한 깊은 관심은 하나님께 드리는 감사 기도의 제목으로, 첫 사역에 대한 즐거운 회고의 내용으로1-2장, 혹은 계속되는 권면의 주제로4-5장, 서신 전체를 관통하는 큰 줄기를 형성한다.

데살로니가가 기록된 역사적 정황은 이 특이한 편지의 전반적 분위기가 신학적 관심보다는 목회적 관심에 쏠려 있는 이유를 잘 설명해준다. 쉽게 잊어버리곤 하는 사실이지만, 바울의 서신에서 신학적 토론은 신학적 지식 자체를 위해서가 아니라 공동체를 괴롭히는 특정 문제를 해결하기 위한 신학적 근거로 등장하는 경우가 대부분이다.[130] 따라서 아직 어떤 특정한 문제가 불거지기 이전의 상태를 배경으로 하는 이 편지에는 신학적 토론 자체가 상대적으로 드물다. 종말론적 오해와 관련된 신학적 논의가 없진 않지만, 이 부분에서도 바울의 일차적 관심은 혼란스러워하는 성도들을 '위로'하는 것이지 정확한 신학적 지식을 제공하려는 것이 아니다.[131] 반면, 학자들이 자주 관찰하곤 하는 것처럼, 이 편지의 많은 부분은 바울 자신의 데살로니가 목회를 회고하는 내용으로 이루어져 있다.[132]

바울의 이런 '회고'는 단순한 감상적 과거 회상의 취미 표현이 아니다. 바울의 과거 회상은 마치 잠시 헤어진 연인들이 함께 있었을 때의 즐거운 기억을 되새기면서, 부재의 아쉬움을 달래고 느슨해질 수 있는 관계를 끈끈하게 유지하는 것과 같다. 어린 성도들을 두고 떠나온 뒤, 이들을 향한 그리움과 염려로 잠 못 이루는 사도는 그들과 함께 있으며 사역하던 '그 좋았던 시절'을 자세히 회고하며 서로의 사랑을 확인한다. 이런 사랑의 회고는 바울이 떠나간 뒤 신앙이 주는 어려움 때문에 그에게서 배운 복음을 포기하고 싶은 유혹을 받고 있을 성도들에게도 더없는 위로와 격려가 되었을 것이다.[133] 따라서 우리가 이 편지에서 초점을 맞추어야 할 사항은 이런저런 신학적 가르침이라기보다는 이방인의 사도 바울이 친필로 그려내고 있는 그의 목회적 자화상이다. 바울이 실제로 보여준 목회 사례를 살펴보면서, 우리는 앞에서 제시된 바울의 소명 의식이 얼마나 사실과 부합하는지 확인할 수 있을 것이다.

1) 바울이 생각하는 '복음 전파' 사역의 성격

바울이 자기의 사역을 '복음을 전한다'라는 말로 요약하는 것은 데살로니가전서에서도 마찬가지다2:2,4,8,9. 그러나 이것이 전부가 아니다. 바울은 그 외에도 자신의 사역을 설명하기 위해 다른 개념들을 여럿 사용한다. 자기의 초기 사역을 회고하는 중 바울은 데살로니가 성도들에게 그가 많은 싸움 중에 "하나님의 복음을 여러분에게 말했습니다"라고 이야기한다2:2. 문자적으로 "말했다$\lambda\alpha\lambda\hat{\eta}\sigma\alpha\iota$"는, 얼핏 읽으면, 마치 바울의 복음 선포가 그저 말로만 이루어졌다는 인상을 받게 한다. 하지만 속단은 곤란하다. 그는 바로 다음 절에서 동일한 자신의 활동을 "권면$\pi\alpha\rho\acute{\alpha}\kappa\lambda\eta\sigma\iota\varsigma$"이라 부르기 때문이다2:3. 권면이란 요청의 말이나 위로의 말 등의 의미로 해석된다. 바울의 도덕적 가르침이 통상 이 단어의 동사형 '$\pi\alpha\rho\alpha\kappa\alpha\lambda o\hat{\upsilon}\nu$파라칼룬'으로 시작되는 것에서 알 수 있는 것처럼, 기본적으로 이는 올바른 삶을 위한 도덕적 가르침을 가리킨다롬12:1; 고전1:10; 4:16; 16:15; 엡4:1; 빌4:2; 살전2:12; 3:2; 4:1. 여기서 바울이 말하는 "우리의 권면"은 바로 앞 절의 "하나님의 복음을 말하는" 것과 마찬가지로 사도로서 그의 사역 전체를 포괄한다cf. 고후1:4. 왜냐하면 그는 4절에서 다시 말을 바꾸어 자신이 하나님께 복음을 위임받은 자로서 간사함이나 부정함이 없이 이 복음을 "전한다"라고 말하기 때문이다.

"우리는 그리스도의 사도"라는 7절 또한 1-2장의 주제가 바울의 사도적 목회 자체임을 분명히 보여준다. 바울은 자신의 선교 사역을 기술하면서 '전한다'와 '권면/위로' 등의 표현을 번갈아 사용한다. 이는 바울이 생각하고 있는 복음 전파 사역이 '전하는' 것과 '권하는/위로하는' 일을 포괄하는 전방위적 활동이라는 것을 의미한다.[134] 사도 바울의 목회는 말로 복음을 전하는 것을 포함하지만, 이는 결코 그가 수행하는 사역의 전모가 아니다. 그가 말하는 복음 전파에는 올바른 삶을 위한 권면 또한 포함된다. 언어적 선포가 빠진 복음을 상상할 수 없는 것처럼, 권면이 빠진 복음 또한 무의미하기는 마찬가지다.

데살로니가에서 복음을 전하던 시절의 회고가 계속되면서 지금 우리가 관찰하는 것과 같은 얽힘이 계속된다. 바울은 자신의 초기 목회를 두고 "아버지가 자기 자녀에게 하듯" 성도들을 "권면하고 위로하고 증거경계하였다 *παρακαλοῦντες ὑμᾶς καὶ παραμυθούμενοι καὶ μαρτυρόμενοι*"라고 말한다2:11. 여기 사용된 세 단어는 그 의미가 다소 중복된다. 바울이 이처럼 경계가 모호한 말들을 엄밀하게 구분하는 것 같지는 않다. 오히려 그의 의도는 다소 유사한 단어들을 반복적으로 겹침으로써 자기 사역의 포괄적 성격을 드러내는 것이다.[135] 그러니까 바울은 이들 세 동사를 큰 붓으로 삼아 자기 사역의 다차원적 성격을 부각하려는 것이지 이를 여러 개의 영역으로 나누려는 것이 아니다.

여기서 주목해야 할 것은, 여기 사용된 동사들이 묘사하는 바울의 사역은 단순한 지적 전달을 넘어 구체적 삶을 위한 윤리적 가르침을 포함한다는 사실이다. 4장에서 구체적으로 확인되는 것처럼, 바울은 끊임없이 자기가 처음 성도들에게 가르쳤던 내용을 상기시킨다. 이들은 한결같이 성도들의 올바른 행보와 관련된 도덕적 가르침들이다4:1-2,6,11.[136] 데살로니가후서는 바울이 성도들에게 남겨준 "전통" 혹은 "명령"을 자주 언급함으로써 초기 데살로니가 사역의 도덕적 차원을 더욱 분명히 드러낸다2:15; 3:4,6. 이런 가르침의 전수 과정이 비교적 짧은 공동체 형성 기간에 진행되었다는 사실 또한 이것이 복음 선포 이후에 이루어진 일종의 추가 조치가 아니라 복음 전파 과정 자체의 핵심 요소였음을 말해준다

이런 포괄적 사역의 목적은 데살로니가 교인들이 "하나님께 합당히 행하도록" 만드는 것이었다. '행한다$περιπατεῖν$', 곧 '걷는다'라는 말은 유대 전통에서나 헬라 전통 모두에서 삶의 방향이나 방식을 가리키는 잘 알려진 비유였다cf. 창17:1. 이방인의 사도 바울이 목표한 결과는 성도들이 하나님께 합당하게 행하는 것이었다. 물론 올바른 행함을 위해서는 올바른 이해가 전제된다. 재림에 대한 오해가 신앙 자체를 파괴하는 결과를 낳을 수 있는 것처럼 말이다4:13-18. 하지만 바울이 성취하고자 한 궁극적 목표는 성도들이 올바른 교리나 건전한 신학을 갖추는 것이 아니었다. 올바른 신학이 중요한 것은 그 지식의 올바름이 올바른 삶을 위해서 필수적이기 때문이다.

이렇게 바울은 데살로니가 성도들의 삶이 하나님께 합당한 것으로 변화될 수 있도록 최선을 다해 그들을 "권면하고, 위로하고, 증거경계했다." 이것이 바로 바울이 복음을 '전하는' 방식이었다.

초기 데살로니가 사역에 대한 회고의 일부지만, 이 구절은 바울이 이방인의 사도로서 수행한 선교의 성격이나 목표에 관한 가장 명시적인 진술의 하나다. 주석들은 이 구절에 나타난 바울 사역의 도덕적 성격은 분명히 인식하지만, 이것이 바울의 복음 전파 활동 자체에 관한 묘사라는 사실은 제대로 전달하지 못하는 경우가 많다. 이 구절은 바울의 사역이 (부수적으로) 포함하는 도덕적 후속교육에 관한 진술이 아니라 그의 복음 선포 사역 자체에 관한 진술이다. 이방인의 사도로서 복음을 선포하는 그의 임무는 애초부터 성도들의 올바른 삶을 겨냥한 것이었다.

부득이한 사정으로 데살로니가를 떠난 후에도 바울은 자기가 할 수 있는 한계 내에서 성도들을 위한 섬김을 계속했다. 그중의 하나가 바로 디모데의 파송이었다.[137] 이는 직접 갈 수 없는 상황에서 그가 취할 수 있는 최선의 방책이었을 것이다. 바울의 지시를 따라 디모데는 그리스도 복음을 섬기는 하나님의 일꾼으로 데살로니가로 갔다. 말하자면 복음을 전하는 사도 바울의 대리인 자격으로 똑같은 임무를 수행하기 위해 간 것이다. 디모데의 일차적 임무는 데살로니가 성도들의 "믿음을 알아보는" 일이었다 3:5. 물론 이는 그들이 받아들이고 있는 교리나 신학이 얼마나 순전한 것인가를 확인했다는 말이 아니다. 그들의 믿음을 알아보는 임무의 실제 모습은 믿음에 관하여 성도들을 "위로"하고 "권면"함으로써 그들이 작금의 환난에 흔들리지 않고 도리어 "굳게 서도록" 돕는 것을 의미한다3:2,8. 물론 이것은 애초부터 바울이 데살로니가에서 실천했고, 또 기회가 닿는 대로 다시 가서 실천하고자 했던 사역과 같다. 직접 데살로니가로 가서 "여러분 믿음의 부족한 점을 보완하고" 싶다는 그의 희망 역시 이를 확인해 준다3:10.

바울이 디모데의 반가운 보고를 들은 후 데살로니가 성도들에게 이 편지를 보낸 것 역시 이러한 사도적 섬김의 한 표현이었다. 직접 갈 수 없어 디모데를 대리인으로 보낸 것처럼, 그는 또 편지를 통해 사도로서의 섬김을 계속했다.[138] 앞에서 언급한 것처럼, 이 편지에서 바울의 권면은 자신이 데살로니가에서 직접 목회하면서 가르쳤던 내용을 되새기는 형식을 띠는데4:1,6,11, 그 내용은 대부분 교리가 아니라 윤리적 교훈으로 이루어져 있다.[139] 데살로니가 성도들은 이전 바울로부터 마땅히 어떻게 살아야 하는지, 어떻게 하나님을 기쁘시게 할 수 있는지에 대해 배웠다4:1. 디모데가 데살로니가에 다녀와서 확인해준 것처럼, 기쁘게도 성도들은 바울이 없는 상황에서도 지금까지 이 가르침을 잘 지켜왔다. 이를 두고 성도들을 치하하며, 또한 그러한 삶에 "더욱 많이 힘쓰기"를 "구하고 권면하기" 위해 바울은 이 편지를 쓰게 되었다4:1. 데살로니가에서의 첫 사역에서나 지금처럼 멀리 떨어져 있을 때나 바울의 일관된 관심은 성도들이 하나님을 기쁘시게 하는 삶을 유지하는 것이었다.

데살로니가후서에서도 바울은 "말로나 우리의 편지로 가르침을 받은 전통을 지키라"고 명령한다2:15. 그리고 이 권면은 "우리가 명령한 것을 여러분이 확실하게 실천할 것이라고 주 안에서 확신한다"라는 신뢰를 동반한 것이었다3:4. 140 물론 이 명령은 복음과 다소 구분되는 부차적인 가르침이 아니라 바로 복음 자체와 얽힌 그런 가르침이다. 바울은 성도들에게 "우리에게 받은 전통대로 행동하지 않는 모든 형제에게서 떠나라"고 명령한다3:6. 올바른 실천은 신앙적 정체성의 부산물이 아니라, 성도들이 지켜야 할 정체성 자체의 일부이기 때문이다.

바로 위에서 살핀 것처럼, 데살로니가 성도들은 바울의 사도적 사역을 통해 "마땅히 어떻게 행하며 (어떻게) 하나님을 기쁘시게 할 것인지"에 관한 실천적 가르침을 받았다4:1. 2절에서는 이 가르침이 "주 예수로 말미암아 준 명령"으로 표현된다. 이는 바울이 전달한 명령의 신적 권위와 당위를 강조하는 동시에, 그것이 주 예수에 관한 복음과 구분될 수 없음을 시사하는 표현이다. 여기서 바울이 사용한 "받았다παρελάβετε"라는 단어는 사람들이 자기의 "복음을 받았다"라고 말할 때 사용한 것과 같은 동사다2:13; 갈1:8-9; 고전15:1,3. 바울의 마음속에서 복음을 받는 것과 어떻게 하나님의 뜻을 따라 살 것인가에 관한 가르침을 받는 것은 서로 구별되지 않는다. 바울이 데살로니가 교인들에게 준 명령은 "하나님의 뜻"을 따르라는 말로 요약된다. 이 하나님의 뜻은 곧 성도들이 우상숭배의 부정한 삶을 버리고 "거룩한 삶을 살아야 한다"라는 것이다4:3. 이 거룩함이 하나님께서 데살로니가 성도들을 부르신 목적이다4:7. 그리고 이것이 바로 바울이 말하는바 "자기 나라와 영광으로 부르신 하나님께 합당하게 행하도록" 성도들을 가르쳤다는 말이 의미하는 바다2:12.

2) 복음의 역동적 성격

지금까지 살핀 것처럼, 이방인의 사도 바울이 복음을 전하는 활동은 단순한 설교자의 역할을 넘어 말씀을 전하고 그 말씀이 성도들의 삶에 실제적인 열매를 맺도록 땀 흘리는 목회자의 모습을 보여준다. 바울이 '전한' 복음은 단순한 신학적 체계를 넘어 올바른 삶까지 포함하는 생동적인 메시지였다. 데살로니가에서 바울의 이런 사역은 큰 성공을 거두었다2:1. 그의 표현을 빌리면, 데살로니가 성도들은 "[바울]에게 들은 바 하나님의 말씀"을 사람의 말로가 아니라 "하나님의 말씀"으로 받았다2:13. 고린도전서의 유사한 표현에서 알 수 있는 것처럼, '하나님의 말씀'과 '사람의 말' 사이의 대조는 하나님의 능력이 살아 역사하는 복음과 생명의 능력이 없는 빈말 사이의 대조다. 곧 성령의 능력을 품은 살아있는 복음과 성령의 능력이 결여된 무기력한 인간적 지혜 사이의 대조다고전1:17-18; 2:1-5. 따라서 데살로니가 성도들이 복음을 하나님의 말씀으로 받았다는 것은 바울의 사역이 생동하는 성령의 나타남을 동반했다는 것, 곧 그가 선포한 말씀이 "믿는 여러분 중에서 힘있게 움직이는"2:13 그런 말씀이었음을 의미한다.

본 서신에서 바울이 데살로니가 목회를 회고하는 방식은 이 점을 매우 분명하게 보여준다. 성도들이 '믿음-소망-사랑'으로 요약되는 모범적인 삶의 자태를 유지하고 있다는 사실에 감사를 표하면서1:3, 바울은 이를 자신의 목회와 성도들의 복음 수용 과정에 역사했던 성령의 능력과 연관시킨다. 바울이 전한 복음은 그저 말로만 성도들에게 던져진 것이 아니었다. 반대로 그의 복음 선포는 "능력과 성령과 큰 확신으로" 이루어졌다1:5. 굳이 긴 논증이 필요한 상황이 아니므로 간단히 언급했지만,[141] 다양한 성령의 나타남은 바울의 복음 사역 전체를 관통하는 가장 중요한 특징의 하나다갈3:1-5; 고전2:1-5; 롬15:16-18; 엡1:13-14; 빌3:3.[142] 이처럼 성령에 기초한 바울의 복음 사역은 성도들 또한 "많은 환난 가운데서 성령의 기쁨으로 말씀을 받는" 결과로 이어졌다1:6; 살후2:13. 여기서 "많은 환난"이라는 적대적 상황에 대한 언급은 복음을 통해 일하신 성령의 역사가 그만큼 강력한 것이었음을 보여준다cf. 갈4:13-15. 거룩함에 관한 바울의 권면을 거역하는 것은 성도들에게 "성령을 주신" 하나님을 거역하는 것이라는 4장의 경고 역시 성도들의 신앙이 애초부터 성령의 능력에 기댄 것이었음을 확인시켜 준다4:8.

바울의 복음 선포가 성령의 능력을 동반했다는 것은 구체적으로 복음을 전파하는 그의 행보 역시 성령의 능력을 드러내는 모습이었다는 것을 의미한다. "여러분들과 함께 있을 때 우리가 어떤 모습을 보였는지 여러분들이 잘 알지 않습니까?"라는 물음은 바로 이런 바울 자신의 모습을 성도들의 기억 속으로 소환한다1:5. 바울의 이런 모습은 2장 전체에 걸쳐 매우 구체적으로 회상되는데, 이는 한마디로 성도들을 향해 "거룩하고 옳고 흠 없이 행하였다"라는 말로 요약된다2:10; 살후3:7,9. ¹⁴³ 단어의 조합이 다소 다르지만, 바울의 자기 묘사는 그가 성도들에게서 기대한 바 "거룩하고 흠이 없는" 삶과 사실상 같다3:13; 5:23. 말하자면 회고의 형식을 빌려 다시 한번 자신의 삶을 현재 성도들이 본받아야 할 하나의 모범으로 제시하는 것이다.¹⁴⁴

성도들이 성령의 기쁨으로 복음을 수용하였다는 것 또한 단순한 심리적 흥분을 넘어선다. 이들이 성령의 기쁨으로 복음을 받은 결과가 "우리와 주님", 곧 바울과 바울의 삶이 비추어 내는 그리스도의 모습을 본받는 것이었기 때문이다1:6; 살후3:7. 이는 바울이 2장에서 상세히 회고하는 그의 복음적 행보를 데살로니가 성도들이 부지런히 본받았다는 것을 의미한다. 달리 그리스도를 배울 기회가 없는 이들에게는 그를 선포하는 바울의 삶이 그리스도의 모습을 확인할 수 있는 유일한 자료다. 따라서 복음 전파의 사역이 본받음의 과정을 통해 이루어지는 것은 어찌 보면 불가피한 현상이다. 데살로니가 성도들의 역동적 믿음은 금방 주변 지역에 소문으로 퍼져나갔고, 이로써 이젠 그들이 직접 주변의 다른 그리스도인들에게 모범의 역할을 하게 되었다1:7-8.

하나님의 말씀이 살아 역사한다는 것, 복음의 선포가 성령의 역사를 동반한다는 것은 선포되는 복음이 애초부터 신학적 진술의 차원을 넘어선다는 것을 의미한다1:5; 고전1:17-18. 바울의 언어에서 말씀의 "역사ἐνεργεῖται" cf. 1장 3절의 "믿음의 역사"나 성령의 역사는 애초부터 구체적 삶을 변화시키는 도덕적 능력과 깊이 연관된다. 바울의 복음 선포는 바로 이런 성령의 역사를 출발점으로 삼는다롬15:6.[145] 다시 말해 바울의 복음은 처음부터 성도들의 삶의 변화를 겨냥한 윤리적 메시지요, 이것을 가능케 하는 능력이 있는 역동적 메시지였다. 바울이 복음을 선포하는 목적은 이방인들이 "우상을 버리고 하나님께로 돌아오는" 것이며, 그리하여 "살아계시고 참되신 하나님을 섬기는" 것이다1:9. 우상을 섬기는 것이나 하나님을 섬기는 것이 그저 지적, 심리적 상태를 넘어 구체적 삶의 방식 전체를 포괄하는 것이 사실이라면, 바울이 자신의 복음 선포를 통해 이루고자 했던 '돌아섬/회심' 역시 단순한 생각의 전환을 넘어 구체적인 삶의 변화를 겨냥했던 것이라 할 수 있다cf. 롬12:1-2.[146] 즉 바울의 복음 사역은 우상숭배로 규정되는 하나의 삶의 방식에서 하나님 섬김이라는 새로운 삶의 방식에로의 돌아섬을 목적으로 한다1:9.[147] 잠시 후 다시 살피게 되겠지만, 이는 이방인의 사도로서 성도들을 섬기는 목적이 그들을 구원으로 불러주시는 "하나님께 합당하게 행하게" 만드는 것이라는 바울의 진술과 자연스럽게 이어진다2:12.

3) 역동적 믿음

위에서 언급한 대로, 데살로니가전서를 쓸 당시 바울은 교인들이 신앙을 지키기 위해 인내하며 분투하고 있다는 사실에 한껏 감격하고 있었다. 처음이나 지금이나 배교의 위험은 언제나 심각했지만1:5; 3:3-5 성도들은 잘 견디고 있었다. 이 사실에 고무된 바울은 그들을 칭찬하고 더욱 격려하기 위해 본 서신을 기록하였다. 이 편지의 서두에서 바울은 무엇보다도 데살로니가 성도들이 보여주는 "믿음의 역사"와 "사랑의 수고", 그리고 "소망의 인내"를 기억하며 감사한다1:3. 바울서신의 구조상 이 구절은 서두의 인사말이 끝난 뒤 시작되는 감사와 기도 부분에 해당한다롬1:8-17; 고전1:4-9 등. 바울서신의 형식을 연구하는 학자들은 바울이 이 부분에서 편지 전체의 주제를 제시하는 경우가 많다는 사실을 발견하였다.148 어찌 보면 이는 매우 자연스러운 현상이다. 왜냐하면 바울이 편지를 쓸 때는 대개 그 편지를 쓰게 만든 구체적인 상황들이 있는데, 그가 성도들을 두고 감사하는 내용이 이런 당면한 상황들과 무관하지 않을 것이기 때문이다. 그렇기에 우리는 이 '믿음-사랑-소망'의 삼중적 신앙의 자태가 데살로니가전서를 쓰고 있는 바울의 마음에서 가장 우선적인 관심사였으리라 추측할 수 있다. 성도들의 이런 바람직한 자태는 바울로 하여금 이들이 하나님께 선택 받은 자들이라는 확신을 더욱 견고하게 만들어 주었다. "하나님의 사랑하심을 받은 형제자매 여러분, 여러분이 선택 받았다는 것을 알겠습니다"1:4. 149

바울은 여기서 성도들의 삶을 믿음-사랑-소망이라는 세 가지 축으로 설명한다. 고린도전서 13장에서 볼 수 있는 것처럼, 이들 개념은 각각 그 나름의 독특한 의미를 갖지만13:13, 그렇다고 해서 바울이 성도들의 삶을 서로 다른 세 영역으로 구분하는 것은 아니다. 오히려 믿음-사랑-소망이라는 삼중의 표현은 현재 데살로니가 성도들의 아름다운 삶을 전체적으로 바라보는 색다른 관점들이다. 동일한 자태가 보는 관점에 따라 믿음의 행위로 간주될 수도 있고,

혹은 사랑의 표현으로 묘사될 수도 있으며, 또한 소망의 표현으로 나타날 수도 있다. 신자의 행동은 언제나 하나님께 대한 믿음의 산물이다. 그래서 "믿음의 행위"라 불린다. 또 이 믿음의 행위의 실제 모습은 성도들을 향한 사랑이다. 그래서 "사랑의 수고"라 불린다. 한 걸음 더 나아가 이런 행동이 장래 주님의 재림에 대한 소망에서 나온 것임을 생각한다면 이를 "소망의 인내"라고 부를 수도 있다. 소망은 믿음-사랑의 삶을 위한 종말론적 틀을 제공해 준다.[150]

따라서 우리는 바울이 믿음에 관해 말할 때, 그것이 사랑이나 소망과는 무관한 어떤 것을 가리키는 것으로 생각해서는 곤란하다. 이 모두가 동일한 삶의 자태를 가리킨다는 점에서 바울은 이들 중 어느 한 가지만으로도 성도들의 자태를 묘사할 수 있었다. 바울이 디모데를 데살로니가로 파송한 것은 데살로니가 성도들의 "믿음"을 알아보기 위해서3:5, 다시 말해 그들의 "믿음"에 대해 위로하기 위해서였다3:2. 그런데 디모데가 바울에게 돌아와 그들이 "믿음과 사랑"을 잘 지키고 있다는 "기쁜 소식을 전해" 주었다3:6. 의미심장하게도 바울은 디모데가 들고 온 데살로니가 성도들의 믿음과 사랑에 관한 소식을 표현하면서 '복음 전하다εὐαγγελισαμένου'라는 단어를 사용한다. 바울이 디모데의 소식에 그만큼 큰 기쁨을 느꼈다는 뜻이다. 하지만 바울의 단어 선택은 단순한 기쁨의 표현 이상일 수도 있다. 그는 다른 어디에서도 이 단어를 실제 복음 전파와 다른 의미로 사용한 적이 없다. 만약 여기서 바울의 단어 선택이 의도적이라면 이는 디모데가 확인한 성도들의 믿음과 사랑의 삶 자체가

바울이 전하고자 했던 복음의 본질이라는 생각을 드러내는 것일 수 있다.[151]

디모데의 소식에 고무된 바울은 중보 기도를 통해 자신의 섬김을 계속한다. 그는 자신도 곧 데살로니가에 돌아갈 수 있기를 기도하는데, 그 목적은 성도들의 "믿음"에 부족한 부분이 없도록 하기 위해서였다 3:10. 이어지는 기도에서 바울은 성도들이 공동체 내에서나 교회 밖의 사람들을 향하여 "사랑"이 더욱 넘치게 해 달라고 간구한다 3:12. 이처럼 바울의 기도 속에서 믿음과 사랑은 서로 긴밀하게 얽힌다. 또 편지 말미에서 바울은 "완전무장"개역개정: "전신갑주"이라는 그림 언어로 성도들의 종말론적 태도를 설명한다. 여기서 그는 믿음과 사랑을 아예 하나의 덩어리로 묶어 "믿음과 사랑의 호심경"에 관해 이야기한다 5:8. 믿음과 사랑 두 덕목이 하나의 호심경이라는 생각은 바울의 생각 속에서 믿음은 사랑과 분리될 수 있는 것이 아니라는 사실을 보여주는 가장 인상적인 사례의 하나다.[152] 더 나아가 이는 사실상 "소망의 투구"와도 나누어지지 않는다.[153]

믿음과 사랑에 대한 감사는 데살로니가후서에서도 반복된다. 같은 공동체를 향한 것이지만 두 번째 편지는 다소 다른 상황을 전제한다 2:1-2. 곧 첫 번째 편지 때보다 성도들의 행동에 문제가 있었음을 시사하는 권면이 더 자주 나온다 3:6-15. 그럼에도 불구하고 바울의 관심사는 근본적으로 동일하다. 즉 그들의 믿음과 사랑이다 1:3. 물론 이들의 이런 모범적 자태는 그들이 "모든 핍박과 환난"을 참아내는 상황에서 드러난 것이었다. 그러기에 이는 또한 "인내와 믿음"이라 표현되기도 한다1:4. 믿음과 사랑의 자태를 지키기 위해 핍박을 인내하는 그들의 모습은 그들이 장차 하나님 나라에 들어가기에 합당한 자라는 것을 증거하는 표식이다. 그래서 그들의 고난은 "그 나라를 위하여" 받는 고난으로 간주된다1:5. 물론 이것은 그들이 예수 그리스도의 재림을 향한 소망을 품고 어려움을 이겨가던 그 "소망의 인내"와 다르지 않다살전1:3. 바울의 기도 역시 이런 관점을 그대로 반영한다. 바울이 이방인의 사도로서 하나님께 기도하는 바는 하나님께서 그들을 "그의 부르심에 합당한 자"로 여겨 주시는 것이다. 물론 부르심에 합당한 자로 간주된다는 것은 실상 그들의 삶이 "모든 선을 기뻐하는" 삶이 되고, 또 (하나님의) 능력으로" 그들의 삶 속에서 "믿음의 행위/역사"가 구체적으로 드러나는 것이다1:11. 말하자면 바울의 기도는 데살로니가 성도들이 "모든 선한 일과 말에 굳건하게" 해달라는 것이다2:17. [154]

따라서 바울이 데살로니가전서에서 말하는 믿음이란 우리가 피상적으로 생각하는 믿음과는 다른, 보다 통전적인 개념이다. [155] 바울이 감사의 한 이유로 언급하고 있는 "믿음의 행위τοῦ ἔργου τῆς πίστεως"가 이 점을 잘 보여준다1:3. 개역개정에는 "믿음의 역사"로 번역되어 그 충격이 다소 무디어졌지만, 이는 바울이 다른 곳에서 "율법의 행위" 혹은 "행위"라고 말할 때 사용된 바로 그 단어다가령, 롬2:13. 그러니까 지금 바울은 "믿음의 행위", 곧 믿음으로 살아가는 신자들의 삶에 관해 말하고 있는 것이다. [156] 위에 이미 인용된 바와 같이, 데살로니가후서의 기도 속에서도 이와 같은 표현이 등장한다. "능력으로 믿음의 행위가 이루어지게 하시고"1:11.

물론 여기서 바울의 최종적 관심은 행위다. 그런데 이 행위는 "믿음의" 행위, 곧 믿음의 구체적인 면모로서의 행위다. 과일에 비하자면, 믿음이라는 과일의 속을 채운 육질로서의 행위다. 그러니까 바울의 감사는 성도들이 하나님과 그리스도를 향한 믿음이 그들의 삶에서 구체적인 행위로 드러나고 있다는 사실에 대한 감사다. 이 점은 사랑의 수고나 소망의 인내에도 그대로 적용된다.[157] 이들의 사랑은 실제 땀을 흘리고 희생하는 구체적인 '수고'로 드러났고, 또한 주의 재림을 기다리는 이들의 기다림은 살전1:10 어려움 중에서도 믿음의 자태를 잃지 않는 실제적인 '인내'로 나타났다. 바울은 성도들의 행위와 수고와 인내를 두고 하나님께 감사한다. 그런데 이런 삶의 자태는 그들의 믿음과 사랑과 소망이라는 신앙적 혹은 신학적 바탕에서 이루어진 것이었다. 그래서 바울은 그들의 삶의 모습에서 하나님께서 그들을 선택하셨고 또 부르셨다는 사실에 대한 구체적인 증거를 보았던 것이다 살전1:4; 살후1:11.[158]

5. 구원: 하나님의 부르심

지금까지 우리는 데살로니가전·후서를 살펴면서, 이방인의 사도 바울의 복음 선포 활동이 실천적인 차원에 깊은 관심을 가진 것이었다는 사실을 살펴보았다. 바울의 사역이 목표한 것은 이방인들을 하나님께로 돌아오게 하고, 그들을 하나님의 뜻에 따라 거룩한 삶을 사는 공동체로 만드는 것이었다. 바울은 이를 두고 성도들을 종말론적 구원으로 부르신 "하나님께 합당한"살전2:12 삶, "그의 부르심에 합당한"살후1:11 삶, 혹은 "하나님 나라에 합당한"살후1:5 삶이라고 부른다. 물론 바울의 사역이 성도들의 거룩함이라는 실천적 변화를 목표로 한다고 해서, 그 사역이 아무 신학적 바탕도 없이 그저 유용한 행동 전략으로만 이루어지는 것은 아니다. 바울은 자기의 사역을 '복음을 전파하는 것'으로 요약한다. 그런데 이 복음은 그가 스스로 고안한 것이 아니라 하나님께 "위임받은πιστευθῆναι" 것이다살전2:4. 인간에게서 연유하는 또 하나의 철학이 아니라 하나님에게서 시작되어 인간에게 들려지는 하나님의 이야기, 곧 그리스도의 죽음과 부활을 핵심으로 펼쳐지는 하나님의 사랑과 그의 구원에 관한 이야기다1:10; 4:17; 5:8-10,23. 그의 사역은 철두철미 하나님께서 위임하신 이 복음에 대한 응답이었고, 그가 복음을 위임받은 자로서 수행하는 모든 사역과 그의 입에서 나오는 모든 말들은 전부 이 복음의 틀 속에서 형성된 것이다2:4-5. 그렇다면 사도 바울의 사역을 가늠하는 복음이나 신학적 밑그림은 어떤 것일까?

데살로니가전서에서 바울 사역의 바탕이 되는 신학적 관점을 가장 핵심적으로 요약하는 구절로는 2장 11-12절을 들 수 있다.

여러분도 아는 것처럼 우리가 여러분 각 사람에게 아버지가 자기 자녀에게 하듯 권면하고 위로하고 경계합니다. 이는 너희를 부르사 자기 나라와 영광에 이르게 하시는 하나님께 합당히 행하도록 하려는 것입니다.

앞에서 설명한 것처럼, "권면하고, 위로하고, 경계한다"라는 것은 바울의 사역을 여러 가지의 독립된 영역으로 구획하려는 것이 아니라, 복음 선포의 다층적 면모를 나타내려는 것이다.[159] 12절은 이런 섬김의 목적으로서, 바울이 그토록 부지런히 사역하게 된 근본 이유, 혹은 그가 자신의 섬김을 통해 성취하고자 하는 궁극적 목적을 기술한다. 바울이 이방인의 사도로서 복음을 전파하는 목적은 데살로니가 성도들이 "하나님께 합당히 행하게" 되는 것이다. 하나님께서는 우상을 숭배하던 이방인들을 그의 나라와 영광에 들어가도록 부르시는 분이다. 따라서 이런 하나님께 합당히 행한다는 것은 과거의 행동방식을 버리고 그가 주신 구원의 부르심에 어울리는 방식으로 산다는 것이다.cf. 살후1:5,11; 엡4:1.

바울을 비롯한 초대교회는 구원을 하나님의 부르심이라는 관점에서 이해했다. 이 사실은 바울을 비롯해 기독교가 선포하는 복음의 본질에 관해 매우 중요한 시사점을 던져준다.[160] 소명이라는 우리말 번역도 마찬가지지만, 부르심은 분명한 의도를 품은 개념이다. 구원은 바로 이런 계획적이며 의도적인 부르심의 목적이다. 궁극적으로 은혜로 주어지는 하나님의 부르심은 우리를 그의 나라와 영광으로 이끄는, 곧 종말론적 구원에 대한 약속이다.[161] 데살로니가전서는 바울의 이런 미래지향적 전망을 매우 선명하게 보여준다. 그런데 이런 미래적 관점은 바울의 초기 사상을 대표하는 것이며, 그의 후기 사상은 보다 실현된 종말론적 방향으로 발전해 간다는 식의 추측이 있는데, 이는 사실과 다르다.[162] 앞에서 언급한 것처럼, 데살로니가 서신은 오랜 목회적 경험을 바탕에 둔 베테랑의 저술이며, 이 서신과 다른 서신들 간의 격차는 불과 몇 년에 지나지 않는다. 데살로니가전서가 특이하다면, 이는 이 서신이 아무런 논쟁의 소용돌이에 휘말리고 있지 않다는 사실, 그래서 바울이 평소에 전했을 법한 복음의 면모를 그대로 보여준다는 사실에 있다.

그렇다면 우리는 본 서신의 뚜렷한 미래적 색채 역시 바울의 복음이 지닌 본연의 모습으로 이해하는 것이 마땅하다. 미래적 구원에 초점이 맞추어진 바울의 구원론은 비교적 후기 서신인 로마서에서도 그대로 나타난다[5:9-10].[163] 물론 데살로니가전서에서도 그리스도의 죽음, 곧 십자가 사건은 결정적인 변화의 시초다[5:10]. 하지만 그렇다고 해서 마지막 심판과 하나님의 진노가 상대화되는 것은 아니다. 오히려 우리를 위해 죽으신 그리스도는 바로 이 "미래의 진노에서 우리를 건지시는 분"으로 고백된다[1:10]. 그리고 하나님은 이 구원을 향해 우리를 부르셨다. 따라서 현재 그리스도인의 삶은 시종일관 이 미래적 구원을 향한 부르심에 대한 응답으로 간주된다.

당연한 말이지만, 구원이라는 약속의 성취는 부르심에 '합당한' 응답을 요구한다. 은혜 개념이 강조하는 것처럼, 하나님의 부르심은 어떤 인간적 조건에 의해서도 제약되지 않는다[롬9:11]. 하지만 그렇다고 해서 그 약속의 성취가 자동적인 것은 아니다. 우리를 부르시는 하나님은 거룩한 분이시다. 하나님과의 언약 관계 또한 그의 거룩하심에 어울리는 거룩함을 요구한다.[164] 따라서 하나님의 부르심은 그 부르심에 합당한 응답, 곧 그 부르심의 목표를 성취할 수 있는 삶의 방식을 요구한다.[cf. 엡4:1; 5:4] 다시 말해 하나님의 부르심은 구원의 초대이면서도 동시에 새로운 삶에 대한 요구다.[165] 이는 바울을 구원으로 부르신 것과 그를 이방인의 사도라는 책임으로 부르신 것이 구분되지 않는 것과 같다[갈1:15-16; 롬1:1]. 그리스도인의 삶을 육상경기에 비유하고 있는 고린도전서 9장의 설명에서도 볼 수 있듯, 경기하는 자들이 '법대로' 경기하지 않으면 약속된 승리를 쟁취할 수 없다[고후9:24]. 그리고 합당한 방식으로 달리지 않으면 버림받을 수 있다는 두려움은 바울 자신에게조차 예외가 아니다[고후9:27]. 이것을 기억하는 삶이 바로 "하나님을 기쁘시게" 하는 삶이다[4:1].

데살로니가전서에서 바울은 부르심에 합당한 삶의 방식을 '거룩함'이라는 말로 요약한다[4:3]. 우리를 부르시는 하나님의 뜻은 우리의 거룩함이다. 하나님께서 우리를 택하시고 구원하시는 과정에는 "진리를 믿음"뿐 아니라 "성령의 거룩하게 하심" 또한 필요하다[살후2:13]. 우리는 이런 표현들이 추상적, 신학적 개념이 아니라 성도들의 구체적 삶을 염두에 둔 실제적인 표현이라는 사실을 잊지 말아야 한다. 거룩함과는 반대로 하나님의 부르심과 어울리지 않는 삶의 방식, 곧 미래의 영광에 이르게 하지 못하는 삶의 태도는 '부정함'으로 요약된다. 이방인의 사도로서 바울의 책임은 복음을 통해 우상을 섬기며 부정한 삶을 사는 이방인들을 살아계시고 참되신 하나님을 섬기는 존재로 변화시키는 것이다 살전1:9. 하나님께서는 "우리(=바울)의 복음으로 여러분을 부르셔서 우리 주 예수 그리스도의 영광을 얻도록" 하셨다 살후2:14. 그러니까 바울의 복음 사역은 당연히 이방 성도들이 이런 종말론적 영광을 얻을 수 있도록 그 영광에 합당한 자들로 만들어 가는 과정을 포함한다. 이것이 바로 이방인의 사도 바울이 가진 사명의 핵심이었다 살전2:11-12.

하나님의 부르심에 관한 바울의 두 진술을 비교해 보면 바울의 관점이 매우 분명하게 드러난다.

> 하나님은 부정한 삶이 아니라 거룩한 삶으로 우리를 부르셨습니다 4:7.

> 하나님은 진노가 아니라 우리 주 예수 그리스도를 통한 구원을 위해 우리를 세우셨습니다 5:9.

이 두 구절에서 부르심과 세우심은 사실상 같은 뜻이다. 처음 구절에서 부르심은 "부정한 삶"이 아니라 "거룩한 삶"을 그 목적으로 한다. 두 번째 구절에서는 부르심의 목적이 "진노"가 아니라 "구원"이다. 물론 이 두 진술은 같은 그림의 다른 면모를 묘사한다. 뒤의 진술은 하나님의 부르심이 바라보는 궁극적 목표를 말하고, 앞의 진술은 그 목표에 도달하기 위해 요구되는 삶의 태도를 기술한다. 이 두 진술을 하나로 합치면 이렇게 된다.

> 하나님이 우리를 불러주신 목적은
> 부정하게 살다가 진노에 이르는 것이 아니라
> 거룩한 삶을 통해 구원에 이르는 것이다.

하나님이 우리를 미래의 영광/구원으로 부르셨다. 이 구원에 도달하는 길은 거룩함이라는 삶의 과정을 통과한다. 따라서 구원을 향한 하나님의 부르심은 곧 거룩한 삶을 향한 부르심이다. 데살로니가 성도들의 아름다운 삶을 "소망의 인내"라고 부른 것은 바로 이런 생각을 바탕에 깔고 있다. 반면 이 부르심에 담긴 하나님의 뜻을 버리고 부정한 삶을 고집하는 사람은 그 부정함에 합당한 진노로 떨어질 것이다.[166] 거룩한 삶을 저버리는 사람은 이를 가르친 사람(바울)을 저버리는 것이 아니라, 성령을 주시어 거룩함을 이루도록 하신 하나님 자신을 저버리는 것이다[4:7]. 하나님께 합당한 삶을 사는 거룩함 외에는 하나님의 약속에 참여할 길이 없다.[167]

데살로니가후서에서도 하나님의 부르심에 관한 가르침은 계속된다. 하나님께서는 신자들을 바울이 선포한 "복음으로 부르셔서 우리 주 예수 그리스도의 영광을 얻도록" 하셨다[2:14]. 물론 이 부르심의 목적은 마지막 구원이다. 하나님께서는 처음부터 신자들을 선택하셔서 "성령의 거룩하게 하심과 진리를 믿음으로 구원을 받게" 하셨다[2:13]. "성령의 거룩하게 하심"이 "진리를 믿음"보다 먼저 나온다는 사실 역시 현재 바울의 관심사가 어디로 쏠리는지를 간접적으로 드러낸다. 당연한 말이지만 부르심의 궁극적 목적인 "영광"에 참여하는 것은 성도들이 "그 부르심에 합당한 자로 간주되는" 것을 전제한다. 바울의 기도에서 이 부르심에 합당한 삶은 보다 구체적으로 "모든 선을 기뻐함과 믿음의 역사/행위를 능력으로 이루는" 삶으로 다시 표현된다1:11. 이는 또한 "모든 선한 일/행위와 말에 굳건하게 하시기를" 바라는 기도로도 표현된다2:17. 물론 지금 성도들은 환난 가운데서도 잘 인내하며 그들의 믿음과 사랑을 유지하고 있다. 바울은 이를 "하나님의 공정하신 심판의 표"로 간주한다. 데살로니가 성도들의 입장에서 이는 곧 그들이 "하나님 나라에 합당한 자로 간주된다"라는 것을 의미한다. 그러기에 그들의 고난은 바로 "그 나라를 위한 고난"이다1:5.

물론 바울은 우리의 종말론적 구원 역시 "우리 주 예수 그리스도로 말미암아" 주어지는 것임을 분명히 한다살전5:9. 그리스도는 "장래의 노하심에서 우리는 건지시는" 분이다1:10. 우리는 이 말을 곡해하지 않도록 주의해야 한다. 이 말은 마치 슈퍼맨이 위기에 처한 사람들을 건져 올리듯, 하나님의 진노를 받아 마땅한 부정한 존재를 그리스도께서 구출해 내신다는 말이 아니다. 하나님의 부르심은 애초부터 부정함이 아닌 거룩함을 의도한 것이었다4:7. 그리스도께서 오신 것은 바로 이 부르심을 실현하시기 위한 것이었다. 그렇다면 이 부르심의 구체적인 표현인 그리스도 사건 역시 동일한 의도를 가진 사건일 수밖에 없다. [168] 곧 그리스도의 죽음과 부활은 우리를 부정함에서 거룩함으로 돌려놓으시려는 하나님의 뜻을 표현한다. 바울 자신의 표현을 빌리면, "우상을 버리고 하나님께로 돌아와서 살아계시고 참되신 하나님을 섬기도록" 만들기 위한 하나님의 조치다1:9; cf. 롬6:4,6,12; 고후5:15; 갈2:19-20; 5:24; 6:14; 엡2:1-10; 5:26-27. 바울의 복음 속에서 그리스도의 죽음과 부활, 그리고 그와 더불어 주어지는 성령의 은사는 부정한 삶과의 고리를 끊고 거룩한 삶을 살게 하시려는 하나님의 방책이지, 계속되는 부정함을 무마하려는 어색한 임시변통이 아니다.[169]

하나님의 부르심은 종말론적 구원을 그 궁극적인 목표로 한다. 그리고 이 종말론적 구원은 성도들의 거룩함을 요구한다. 그래서 이방 성도들을 섬기는 사도 바울의 최대 관심사는 어떻게 하면 그들이 하나님의 부르심에 합당하게 거룩한 삶을 살도록 도울 것인가 하는 것이다. 따라서 처음 복음을 선포할 때부터 바울은 그렇게 성도들을 가르쳤다. 바울은 자기의 첫 사역을 이렇게 회고한다.

> 그러므로 형제 여러분, 마지막으로 주 예수 안에서 여러분에게 호소하고 권고합니다. 여러분은 마땅히 어떻게 살며 하나님을 기쁘시게 할 수 있는지 우리에게 배웠습니다. 지금 여러분이 실천하고 있는 바로 그대로입니다. 더욱 힘을 내 주십시오. 우리가 주 예수를 통해 여러분에게 준 명령을 여러분은 잘 알고 있습니다4:1-2.

데살로니가의 선교 처음부터 바울의 관심은 성도들에게 "마땅히 어떻게 행하며 하나님을 기쁘시게 할 수 있는지"를 가르치는 일이었다. 그래서 그는 성도들이 마땅히 지켜야 할 명령들을 그들에게 전해주었다. 데살로니가후서에서는 이 점이 더 분명하게 강조된다. 바울은 "말로나 우리 편지로 가르침을 받은 전통"에 관해 2:15: 3:6, "우리가 명한 것"에 관해 3:4 이야기한다. 또 성도들이 본받을 수 있도록 바울 자신이 친히 실천으로 보여주었던 "본모범"을 상기시키기도 한다 3:9. 다행히 데살로니가전서를 쓸 당시 데살로니가 성도들은 바울에게서 받은 이 가르침을 충실히 이행하고 있었다.[170] 그래서 바울은 이 편지를 써서 그들의 신실함에 흐뭇한 감사를 표시함과 동시에 그런 삶에 "더욱 힘을 내 달라"고 격려를 아끼지 않는 것이다.

종말론적 하나님 나라와 영광을 바라보는 가운데 그 부르심에 합당하도록 거룩하게 살아야 한다는 바울의 관심은 성도들을 위한 그의 기도 속에 매우 감동적으로 표출된다. 이미 지적한 것처럼, 사도가 성도들을 위한 기도를 서신 속에 기록할 때 우리는 그 기도 속에 성도들을 위한 가장 깊은 소원이 담길 것으로 기대할 수 있다. 곧 이 기도는 바울이 이방인의 사도로서 그의 성도들을 위해 바라는 가장 간절한 소망을 표출하리라는 것이다. 두 번 반복되는 기도가 모두 같은 내용을 담고 있다는 사실 역시 이런 결론을 지지해 준다. 말하자면 이 기도와 축복의 말은 데살로니가전서 전체의 주제문에 해당한다.[171]

여러분의 마음을 굳건하게 해 주서서, 우리 주 예수께서 그의 모든 성도와 함께 오실 때 하나님 우리 아버지 앞에서 거룩함에 흠이 없게 해 주시기를 3:13.

평화의 하나님이 친히 여러분을 아무 부족함이 없도록 거룩하게 하시고 여러분의 온 영과 혼과 몸을 지켜주셔서 우리 주 예수 그리스도께서 오실 때 흠이 없기를. 여러분을 부르신 분은 신실하시니, 그가 또한 그렇게 이루어 주실 것입니다 5:23-24.

거룩함으로 요약되는 하나님의 뜻을 실천해야 한다는 권면과, 거룩함과 흠이 없음에 대한 바람은 우리가 앞 장에서 보았던 이방인의 사도로서 바울의 소명과 정확하게 일치한다. 성도들을 하나님 나라와 영광으로 부르시는 하나님께 합당하게 행하도록 만든다는 것은 이들을 하나님께서 받으실 만한 거룩한 제물로 드린다는 제의적 그림을 보다 구체적으로 풀어 놓은 것이다. 데살로니가전·후서에서 드러나는 바울 사역의 구체적 모습은 우리가 이방인의 사도로서 바울 자신이 천명했던 바로 그 소명을 실천하려 애쓰는 목회자의 모습 그대로다. 이것이 바로 그가 선포한 복음이었다. 이 복음을 통해 하나님께서는 우리를 구원으로 부르시고, 또 그 부르심에 합당한 모습으로 살아가도록 우리를 이끄신다. 바울이 선포한 복음은 바로 이런 변화를 가능하게 하는 역동적 복음이었다.

제4장
성령으로 기다리는 의의 소망: 갈라디아서

본격적인 이신칭의 교리가 처음으로 나타나는 갈라디아서는 바울의 복음과 윤리의 관계를 규명하는 시금석과 같다. 루터는 야고보서를 지푸라기 서신으로 경멸한 만큼, 갈라디아서는 '나의 아내'라 부르며 사랑했다. 자신이 바울 복음의 핵심으로 간주한 '수동적' 칭의 개념을 가장 분명히 보여주는 서신이라는 판단에서다. 최근 학계에서도 갈라디아서에 대한 관심은 식지 않고 있다. 특별히 초대 유대교가 공로주의적 의미에서의 율법주의적 종교가 아니라 언약적 율법주의에 가깝다는 샌더스의 주장 이후,[172] 적지 않은 학자들이 루터식 바울 읽기에 심각한 의문을 제기하고 나섰다. 물론 새로운 읽기에 맞서 '전통적' 입장을 옹호하는 목소리도 만만치 않다.

갈라디아서를 행위구원론적 율법주의에 대한 반대로 간주하는 루터식 읽기를 옹호하건, 혹은 샌더스의 주장에 이끌려 새로운 해석을 추구하건, 신랄한 율법 비판과 사랑을 통한 율법의 성취가 나란히 등장하는 갈라디아서의 논증은 올바른 바울 해석을 위해 모두가 넘어야 할 하나의 큰 해석학적 숙제다.[173] 율법주의적 읽기를 고수하는 사람은 5장과 6장의 윤리적 권면과 날선 경고를 제대로 설명할 수 있어야 하고, 반대로 보다 새로운 관점의 해석을 주장하는 이들은 바울의 율법 비판의 성격을 정확하게 밝힐 수 있어야 한다.

1. 이신칭의의 중심성

몇몇 반대의 목소리가 있기는 하지만,[174] 칭의가 갈라디아서의 중심 주제라는 사실을 부인할 이유는 없다. 갈라디아서 논증은 진행되는 과정에서 여러 다양한 주제들이 서로 얽혀 등장하지만, '믿음에 의한 칭의'라는 주제는 서신 전체에 걸쳐 바울 논증의 핵심으로 남는다. 서신 초반에서 시작하여 2장 끝까지 이어지는 긴 자전적 회고는 이신칭의에 관한 강력한 선언으로 막을 내린다[2:15-21]. 역사적 회고 자체가 자신이 선포하는 이신칭의 복음을 정당화하려는 현실적 필요에 이끌리고 있다는 뜻이다. 물론 이 구절은 또한 길게 이어질 신학적 논증의 시작이기도 하다. 3-4장에 걸친 긴 신학적, 주석적 논증을 정리하고 보다 구체적인 권면으로 옮겨가는 것 역시 "의의 소망"이라는 주제를 강조하면서다[5:2-6].

칭의에 관한 이 두 구절들 사이에서, 바울은 아브라함이라는 성경의 핵심 인물에 호소하면서 이신칭의의 진리를 설파한다[3:6-7]. 이 논의는 곧 "아브라함의 복"[3:8-9], 그리고 더 나아가 "율법의 저주"[3:10-14]에 관한 논증으로 옮겨가는데, 이는 모두 믿음으로 의롭다 하심을 얻는다는 진리를 더욱 공고히 하기 위한 성경적 논증들이다. 3장 15-29절에서 바울은 '약속-유업'이라는 쌍둥이 개념을 통해 아브라함 전통에 대한 자신의 주석적 논증을 제시하는데, 이 두 개념은 모두 칭의에 관한 자신의 주장을 확증하기 위해 가져온 성경적 용어다[3:21,24]. 바울의 입장에서 현재 갈라디아의 상황이 하나의 심각한 위기가 되는 것은 이 상황이 칭의라는 믿음의 목적과 관련하여 다음과 같은 아주 근본적인 질문을 제기하기 때문이다. "우리는 어떻게 의롭다 하심을 얻을 수 있는가? 율법의 행위를 통해서인가, 아니면 믿음을 통해서인가?"[175]

2. '의의 소망'과 종말론적 구원

칭의 개념을 중심으로 진행되는 바울 논증을 제대로 이해하려면 먼저 우리는 갈라디아서의 칭의가 종말론적 개념이라는 사실을 인식할 필요가 있다. 많은 이들에게 매우 놀라운 주장으로 들리겠지만, 갈라디아서에서 칭의는 현재 이미 성취된 상태가 아니라 마지막 심판 때에 주어질 소망의 대상으로 제시된다. 지면상 자세한 논증은 제시할 수 없고, 여기서는 몇 가지 논점만 제시하도록 하겠다. 우리는 갈라디아서를 읽으며 자연스럽게 '이미 이루어진' 현재적 칭의를 생각하지만, 이는 우리가 이 편지를 로마서의 빛 아래서 읽기 때문이다. 로마서에는 본래의 미래적 칭의 개념이 현재적 칭의 개념과 섞이는 매우 특이한 현상이 나타난다.[176] 하지만 갈라디아서가 기록될 당시 로마서는 아직 존재하지 않았다. 따라서 갈라디아서의 해석에 필요한 일차적 배경은 로마서가 아니라 바울과 그의 적대자들이 공유한 유대적 전통이다.

잘 알려진 대로, 칭의는 전통적 유대교 종말론의 일부로, 하나님의 율법에 충실히 순종한 사람은 마지막 심판 때에 하나님으로부터 의롭다 하심을 얻을 것이라는 희망을 일컫는다.[177] 당시 유대교 문헌에 칭의의 현재성을 말하는 듯한 구절이 아주 없는 것은 아니지만, 칭의란 본래 마지막 심판을 배경으로 한 미래 종말론적 개념이었다. 따라서 오늘 우리에게 익숙한 '현재적 칭의'란 당시 유대인들에게는 납득하기 어려운 생소한 개념이었다. 대부분의 학자들은 바울이 율법에 대한 순종을 전제한 유대교의 미래적 칭의를 그리스도께 대한 믿음으로 주어지는 현재적 선물로 바꾸었다고 생각한다. 이런 해석은 미래와 현재가 섞여 등장하는 로마서뿐 아니라 갈라디아서에 대해서도 마찬가지로 통용된다.[178] 불가능한 추정은 아니지만, 쉽게 제기될 수 있는 주장 또한 아니다. 애초부터 종말론적 개념인 칭의를 본래 문맥인 심판과 분리하여 현재 실현된 것이라고 주장하려면 누가 들어도 오해의 여지가 없을 정도로 분명하고도 반복적인 설명이 필요했을 것이기 때문이다.

하지만 칭의에 관한 첫 논증이라 할 수 있는 갈라디아서에서 우리는 이런 류의 주장을 전혀 찾을 수 없다. 칭의의 근거가 "율법"이 아니라 "예수 그리스도를 믿음"이라는 사실은 거듭 강조된다2:16-21. 반면 미래의 칭의가 현재가 되었다는 주장은 갈라디아서 어디에서도 발견되지 않는다. 오히려 바울은 자신이 말하는 칭의는 "의의 소망", 곧 기다려야 할 소망의 대상이라고 분명히 못 박는다5:5. 바울이 정말 미래적 개념을 현재적 개념으로 바꿀 의향이었다면, 이런 미래적 표현이, 그것도 그의 신학적 논증을 요약하는 전략적 위치에 그대로 등장하기는 어려웠을 것이다. 이 구절을 의식하여 현재와 미래를 함께 견지하려는 입장도 많지만,[179] 이는 현재적 칭의가 증명되었을 때나 가능한 일이다. 한마디로, 갈라디아서의 증거를 따르면, 전통적 유대교의 칭의론에 대한 바울의 수정은 칭의의 수단율법 아닌 그리스도/믿음과 관계된 것이지, 칭의의 시점미래가 아닌 현재과 관계된 것이 아니다.

갈라디아서 전체를 놓고 볼 때, 이 종말론적 칭의 곧 "의의 소망"은 "유업상속"4:21-31; 5:21, "하나님 나라"5:21 및 "영생"6:7-9과 같은 종말론적 구원 개념과 중첩된다. 유업은 아브라함 전통에 대한 성경적 주석에서 도출된 것으로5:15-18, 초대교회의 종말론에서 매우 중요한 개념이었다롬4:13-14; 8:17; 엡1:11-14; 3:6; 5:5. 이 유업은 다시 성도들이 상속할 것으로 기대되었던 하나님 나라나 영생 등의 개념과 연결된다5:21; 고전15:30; 엡5:5; 마5:3,5,10; 19:16,23,29. 결국 갈라디아서의 논증을 지탱하고 있는 이들 개념들은 모두 종말론적 구원을 가리키는 다양한 방식으로 사실상의 동의어들이다. 갈라디아서에서 바울의 논

증은 시종일관 이런 미래 종말론적 구원이라는 전망에 의해 이끌린다.[180]

바울은 현재 갈라디아의 위기를 종말론적 구원과 관계된 문제로 파악한다. 전반적으로 이는 칭의 혹은 의의 소망이라는 개념을 통해 표현된다2:16-21; 3:6-7; 3:24; 5:2-6. 아브라함 전통에 대한 주석적 논증에서, "아브라함의 복" 및 약속된 "유업" 등은 칭의를 가리키는 성경적 상징이다3:15-18; 4:1-7, 21-31; 5:21; cf. 롬4:13-14. 성령을 좇아 사는 삶에 관한 실제적 논증에서는 하나님 나라 및 영생 개념이 무대에 등장한다5:21; 6:7-9. 물론 이들은 모두 미래의 구원을 나타내는 다양한 표상들이다. 따라서 논증의 실제적인 흐름은 전혀 달라지지 않는다.[181]

결국 갈라디아 성도들의 일탈에 대한 바울의 비판은 이들이 믿음으로 이미 소유하게 된 의를 다시 얻으려 한다는 것이 아니다. 만일 갈라디아의 성도들이 이미 의롭게 된 것이 사실이라면, 현 갈라디아의 상황을 두고 바울이 보여주는 절박한 위기의식은 설명하기 어렵다. 물론 마치 하나님께 받은 용서를 형제에게 실천하지 못해 다시 용서의 은혜를 잃어버린 악한 종과 같이마18:21-35, 그들의 배교적 행위로 이미 얻은 칭의를 몰수당할 위기라고 말할 수도 있지만, 갈라디아서 어디에서도 그런 식의 경고는 찾을 수 없다. 바울의 일관된 논증 방식은 칭의가 미래의 목표로 파악될 때 가장 선명하게 이해될 수 있다. 바울에게나 신자들에게나 "의의 소망"은 여전히 추구해야 할 미래의 목표로 남는다2:17. 문제의 핵심은 이렇다.

곧 믿음과 성령으로만 도달할 수 있는 종말론적 구원5:5; 6:7-9을 얻기 위해 율법이라는 헛된 수단에 의지하려 한다는 것, 그 결과 오히려 참된 칭의의 길인 믿음과 성령으로부터 벗어나 스스로 멸망을 자초하고 있다는 것이다.

3. 할례, 율법, 그리고 율법의 행위: 갈라디아 교회 위기의 본질

바울의 칭의론은 한마디로 사람이 의롭다 하심을 얻는 것은 "율법의 행위들"이 아니라 "예수 그리스도를 믿음으로" 된다는 것이다.

> 하지만 사람이 의롭다 하심을 얻는 것은 율법의 행위들을 통해서가 아니라 예수 그리스도를 믿음으로라는 것을 알고서 우리 역시 그리스도 예수를 믿었습니다. 율법의 행위들을 통해서가 아니라 그리스도를 믿는 믿음으로 의롭다 하심을 받고자 했던 것이지요. 율법의 행위들로는 그 누구도 의롭다 하심을 얻을 수 없으니까요 2:16.

한 절 내에서 칭의의 수단으로서 율법의 행위가 세 번 부정되고, 올바른 칭의의 방식으로 믿음이 세 번 긍정된다. 이러한 삼중 반복은 바울의 핵심 의도를 선명하게 드러낸다. 칭의를 위해 율법의 행위에 의존하는 것은 칭의를 포기하는 것과 같다. 왜냐하면 우리는 오직 예수 그리스도를 믿음으로써만 의롭다 하심을 얻을 수 있기 때문이다.

이 구절은 바울 칭의론의 요약이 될 만하다. 하지만 잊지 말아야 할 것은 현 문맥에서 이 진술이 갈라디아 교회의 위기 상황을 염두에 두고서 이루어진 진술이라는 점이다. 현재 갈라디아의 위기와 무관한데도 공연히 율법의 행위들을 들추어내고, 그것을 이처럼 신랄하게 공격할 이유가 없을 것이기 때문이다. 바울이 보기에 지금 갈라디아 신자들은 분명 율법의 행위들로 의롭다 하심을 얻으려 하고 있다. 나중에 바울이 율법의 행위들을 "율법"이라는 더 일반적인 범주로 확대하는 것을 보아 3:19, 이는 곧 "율법 안에서 의롭게 되려는" 것이라 말할 수도 있다 5:4. 하지만 이것은 칭의에 이르는 정로正路가 아니며, 오히려 칭의에 이르는 달음질을 포기하는 행위에 지나지 않는다 5:7. 칭의는 오로지 믿음을 통해서만 주어지는 것이기 때문이다.

따라서 갈라디아서의 논증을 제대로 이해하려면 무엇보다 "율법의 행위들" 혹은 "율법"으로 의롭다 하심을 얻으려는 갈라디아인들의 시도가 정확히 어떤 것인지, 그리고 참된 칭의의 길로 제시된 믿음이 구체적으로 무엇을 가리키는지 파악해야 한다. 왜 율법 혹은 율법의 행위는 의로움의 수단이 되지 못하는가? 또 왜 우리는 믿음으로 의롭게 되는가? 이 두 질문에 답하면서 우리는 바울의 칭의 복음이 어떤 윤리적 함의를 가지는지를 파악할 수 있을 것이다.

1) '율법의 행위'와 갈라디아 교회의 위기: 전통적 해석

전통적으로 "율법의 행위들"은 '율법을 행함'이라는 의미로 이해되어 왔다.[182] 그렇다면 바울이 갈라디아서에서 비판하는 것은 율법을 지켜서 의롭게 되려는 시도, 곧 흔히 '율법주의'라 부르는 태도다. 반면 이 율법주의적 '행함'과 대척에 있는 '믿음'은 그리스도께서 이루신 일을 수동적으로 받아들이고 신뢰하는 것이다. 바울이 보기에 현재 갈라디아의 위기는 한마디로 바울이 전해준 '믿음'의 복음을 버리고 '율법 준수'에 기초한 '다른 복음'으로 기울어지고 있는 것이다.[183]

이런 해석은 갈라디아의 위기를 하나의 '교리적' 혹은 '신학적' 문제로 파악하는 것이다. 즉 현재의 위기는 갈라디아 교회의 신자들이 할례를 비롯해 율법 전체를 받아들이고 여기에 순종하려는 움직임에 있다는 것이다. 이런 열정이 도덕적으로는 나쁠 것이 없어 보이지만, 믿음과 은혜라는 복음의 관점에서 볼 때에는 매우 심각한 문제를 제기한다. 왜냐하면 의롭다 하심을 얻기 위해 율법 준수라는 '유대적 경건'을 더하겠다는 것은 그리스도 혹은 그리스도를 향한 믿음만으로는 충분하지 않다는 것을 인정하는 셈이기 때문이다. 믿음만으로는 부족하다는 말은 사실상 믿음을 송두리째 부인하는 것과 다름이 없다cf. 2:21; 5:2-4.[184] 결국 위기의 본질은 신학적 혹은 교리적 오해다. 갈라디아인들의 삶에 무슨 가시적 병리 현상이 생긴 것이 아니다. 그들은 그저 자신들의 믿음에 율법의 행위들을 덧붙이려는 것뿐이다. 율법을 열심히 지키겠다는 것인 만큼,

도덕적으로는 오히려 더 나아 보일 수도 있다. 하지만 바울의 배타적 사고에서 이런 첨가는 사실상 믿음의 충분성을 부인하는 것이다. 비록 갈라디아 신자들이나 거짓 교사들의 눈에는 아무 문제가 없어 보인다고 해도 말이다.

갈라디아의 상황에 대한 이런 이해는 매우 중요한 한 가지 판단을 전제한다. 곧 현재 갈라디아에 들어온 거짓 교사들이 할례나 절기 준수 같은 항목들뿐 아니라 율법 전체를 지키도록 요구했다는 것이다. 이들 거짓 교사들은 율법 준수에 열심 있는 사람들이었고, 자연히 강한 도덕적 관심을 가지게 된다. 이처럼 도덕적 율법 준수에 민감한 반대자들과 대항하여 율법의 행위들과 율법을 비판하는 바울의 태도는 불가불 율법을 지키려는 이들의 도덕적 노력에 대한 공격을 포함할 수밖에 없다. 그들의 도덕적 노력은 스스로 무언가를 달성해 보려는 인간적 혹은 종교적 노력의 한 양상에 불과하다. 그런 점에서 이는 "그리스도의 사역의 충분성을 신뢰하는 믿음"[185] 혹은 "그리스도 자신의 신실한 믿음"[186]으로 이해된 믿음과는 함께 갈 수 없는 것이다.

만약 이런 그림이 옳다면, 갈라디아 교회의 위기를 다루는 바울의 비판은 할례와 율법을 부정적으로 다루는 5장 12절까지의 신학적 논증에 국한된다. 반면 나머지 5-6장에는 "성령을 좇아 행하라"는 말로 요약되는 바울의 윤리적 권면이 등장하는데, 이런 권고는 현재 갈라디아의 위기 자체에 대한 대응이 될 수 없다. 왜냐하면 현재 갈라디아 교인들에게 율법 준수를 통한 도덕적 성실성을 요구하는 이들은 거짓 교사들이며, 바울은 오히려 이를 반대하는 입장에 서 있기 때문이다. 따라서 대부분의 학자들은 5-6장의 윤리적 권면을 갈라디아의 상황과 분리하여 이해한다. 5-6장은 실제 교회 내에 모종의 도덕적 혼란이 있어서가 아니라, 율법에 대한 바울 자신의 비판적 논의3-4장 때문에 필요하게 된 것으로 본다. 즉 바울의 반대자들이나 갈라디아 교인들이 보기에 율법에 대한 바울의 공격은 필시 도덕적 방종을 조장하는 것으로 오해되기 쉬웠을 것이고, 따라서 바울은 자신의 신학적 논증이 이런 식으로 오해되지 않도록 5-6장의 윤리적 권면을 덧붙였다는 것이다.[187]

반면 어떤 학자들은 5-6장의 윤리적 권면이 실제 교회 내의 상황을 반영한다고 생각한다. 즉 갈라디아 교회 내에 실제로 도덕적 어려움이 있었다는 것이다. 물론 이 도덕적 혼란의 근원은 율법을 옹호하는 거짓 교사들이 아니다. 오히려 문제의 근원은 이방 회심자들에게 모세 율법에 비견될 만한 실제적인 도덕적 교훈을 제공하지 못한 바울에게 있다고 여긴다. 이들이 보기에 이런 도덕적 혼란은 거짓 교사들이 들어오기 이전부터 바울 공동체에 이미 내재해 있었다. 바울은 그저 "성령을 좇아 행하라"는 원론적 가르침 말고는 달리 구체적인 윤리적 지침을 제시하지 않았다. 바울 복음의 이런 윤리적 결핍은 왜 갈라디아의 신자들이 율법을 옹호하는 거짓 교사들의 가르침에 쉽게 마음을 열었는지에 대한 부분적인 해답을 제공해 준다. 그럴 경우, 갈라디아서 5-6장에서 볼 수 있는 성령의 도덕적 역할에 대한 강조는 일차적으로 변증적 기능을 갖는다고 볼 수 있다. 곧 "성령을 좇아 행하라"는 성령의 윤리가 율법의 윤리 못지않게, 혹은 율법의 윤리보다 더 강력하다는 사실에 대한 논증이라는 것이다.[188]

5-6장의 도덕적 권면을 하나의 경고로 이해하건, 아니면 일종의 변호로 이해하건, 한 가지 사실은 변하지 않는다. 곧 이 권면이 할례(와 율법으)로 인해 촉발된 갈라디아 교회의 위기 상황과는 무관하다는 사실이다. 다시 말해 3-4장의 율법 비판 이후의 후속 조치로 보건, 공동체 내 도덕적 문제에 대한 대응으로 보건, 5-6장의 강한 도덕적 훈계는 율법의 한계에 관한 3-4장의 신학적 논증과 연결되지 않는다는 것이다. 이렇게 갈라디아서 내에는 전혀 다른 의도와 강조점을 지닌 두 개의 논의가 공존한다. 오직 믿음으로 주어지는 의를 내세우는 바울의 신학적 논증과 올바른 행위를 조건으로 영생을 약속하는 윤리적 훈계가 한 편지 안에 어색한 모습으로 마주보고 있는 것이다.

2) 전통적 해석의 문제점

이처럼 갈라디아의 위기를 할례/율법과 관련된 교리적 문제로 간주하고, 갈라디아서가 이 핵심 문제를 다루는 신학적 논증3-4장과 일종의 부록 내지는 별개의 사안에 해당하는 윤리적 권면5-6장으로 이루어져 있다고 생각하면, 우리는 서신 전체 논증의 흐름에 몇 가지 풀기 어려운 문제에 직면하게 된다.

먼저, 이런 이중적 논증은 현실성이 떨어진다. 현재 갈라디아의 위기는 중대하다. 잠시 사태를 낙관하는 듯한 대목이 없지 않지만 5:10, 이는 사실의 진술이라기보다는 설득을 위한 수사적 움직임에 가깝다. 감사 대신 비난으로 편지를 시작하고 1:6, 교인들의 행동을 배교 수준으로 몰아가는 데서 알 수 있는 것처럼, 지금 갈라디아의 상황은 모든 것을 제쳐두고 해결해야 할 만큼 시급한 위기다. 이런 위급한 상황을 다루는 편지에 상반된 기조를 지닌 두 개의 논증을 나란히 둘 수 있을까? 다시 말해 3-4장에서 할례/율법 문제가 다 해결되었다고 자신하고, 5-6장에서는 지금까지의 논증을 상대화시키는 듯한 발언을 한다는 발상이 설득력이 있을까? 당면한 위기가 할례와 관련된 신학적인 위기라면, 왜 5-6장과 같이 핵심을 흐리는 긴 '부록'을 덧붙이고 있는 것일까?

둘째, 제삼자의 입장에서 볼 때, 2:15-5:12에서 제시된 바울의 신학적 논의는 교리적 논증보다는 오히려 신학적 강변에 가깝다. 지금 바울과 거짓 교사들 사이에는 믿음이나 율법과 같은 결정적 이슈들을 두고 근본적인 견해차가 존재한다.[189] 바울은 '오직 믿음'을 외쳤지만, 거짓 교사들은 믿음에 율법을 더해야 한다고 가르쳤다. 더욱이 현재 갈라디아 신자들은 바울보다 거짓 교사들의 입장에 더 기울어져 있는 것처럼 보인다 4:16-18. 어찌 보면 그들의 입장이 명시적으로 할례를 요구하는 구약성경의 가르침과 더 잘 조화되는 것으로 보이기 때문이다 cf. 창17장. 이런 상황에서 바울이 당면한 가장 시급한 과제는 거짓 교사들의 주장이 왜 잘못된 것이며, 할례/율법이 왜 믿음의 부정이 되는지 분명히 설명하는 것이다.

하지만, 온갖 다양한 학설들이 역설적으로 반증하는 것처럼, 갈라디아서 어디에서도 바울은 이에 대해 분명한 설명을 제시하지 않는다.[190] 그렇다고 바울이 갈라디아 교인들을 설득하는 일을 포기한 것일 수는 없다. 오히려 바울은 그들이 자기 복음으로 돌아올 것이라는 확신을 표하기까지 한다5:10. 사실 당연한 듯이 갈라디아 성도들을 비난하는 것을 보면 바울은 그의 책망이 갈라디아 성도들에게 금방 이해될 것으로 생각한 것이 틀림없다. 그러니까 바울에게는 자신의 입장을 내세우는 교리적 강변을 넘어 현재 신자들의 행태를 배교라고 비난할 만한 보다 가시적인 근거가 있었다는 것이다.

셋째, 바울의 논증 자체에는 서로 다른 두 개의 사안을 다루고 있다는 흔적이 보이지 않는다. 현 위기의 직접적인 원인이라고 할 수 있는 할례/율법에 대한 관심은 3-4장에서 끝나는 것이 아니라 서신 끝까지 이어진다5:1-4,14,18, 23; 6:12-13,15. 더욱 의미심장한 대목은 신학적 논증의 뼈대에 해당하는 '성령-육체'의 반제가 신학적 논의3:3; 4:21-31와 윤리적 권면5:16-26; 6:7-9 두 부분 모두에 나란히 나타난다는 점이다. 현 위기의 핵심은 갈라디아 신자들이 성령을 버리고 육체로 끝내려는 것이고3:3, 육체 대신 성령을 따라야 한다는 바울의 권면5:16-18; 6:7-9은 이 문제에 대한 완벽한 해답을 제공한다. 물론 많은 학자들은 갈라디아서 내에서 성령-육체의 반제가 '신학적 의미' 도덕적 함의가 없는와 '도덕적 의미' 두 가지 방식으로 달리 나온다고 주장하면서 3장 3절과 6장 12-13절의 육체를 도덕적 함의가 없는 '할례

받은 육체'로 제한하여 해석한다.[191]

하지만 정작 바울 자신은 이런 구분의 흔적을 보여주지 않는다. 바울의 이분법적 논증에서 '율법-믿음'의 반제2:15-21; 3:1-5는 3장의 주석적 논증에서 '율법-약속'의 반제로3:15-29 발전하고, 이는 사라와 하갈의 알레고리에서 다시금 '육체-약속'의 반제로, 그리고 '육체-성령'의 반제로 이어진다4:21-31. 말하자면 바울의 논증 속에서 율법-육체와 믿음-약속-성령 사이의 반제에서 교리적인 차원과 도덕적인 차원을 구분하려는 의도를 전혀 발견할 수 없다. '육체'가 할례를 지칭한다는 주장을 수긍한다 해도, 육체라는 단어가 불러일으키는 도덕적 뉘앙스를 배제해 버리면 중립적이고 구체적인 '할례' 대신 굳이 모호한 '육체'를 거론하는 바울의 의도를 이해하기 어렵다.[192]

넷째, 무엇보다 심각한 문제는 이와 같은 이중적 이해가 바울의 논증에 해결할 수 없는 모순을 만들어 낸다는 것이다. 문제는 간단하다. 순종의 삶이 없이는 하나님 나라를 유업으로 받을 수 없다거나 영생은 성령을 따라 사는 삶의 결과로 주어진다는 주장5:21; 6:7-9은 믿음으로 '이미' 의롭다 하심을 받았다거나 믿음으로 '이미' 약속된 유업을 받았다는 주장과 모순된다. 우리가 본 것처럼, 많은 학자들은 5-6장의 의도가 방종주의적 태도에 대한 경고라고 생각한다. 하지만 단순한 경고로 보기엔 바울의 어조가 너무 강경하다. 곧 5-6장에서 순종이라는 도덕적 '경고'를 너무 강하게 제시한 나머지 3-4장에서 제시한 믿음의 논리를 사실상 부정하는 형국이 된다. 더욱이 성령을 따르는 삶이 사실상 율법을 실천하는 것이라는 바울의 진술은 "율법의 행위들"이나 "율법"을 부인하며 믿음을 강조하던 이전의 신학적 논증을 무색하게 한다.[5:13-14] 3-4장을 신학적 논증으로 이해하고 이를 5-6장의 도덕적 권면과 구분하는 한 이런 모순은 피할 수 없다.[193]

자연히 이는 5-6장의 도덕적 권면[명령법]을 일종의 교리적 논증[직설법]처럼 해석하여 이런 모순이나 긴장을 해소하려는 시도로 이어진다. 이를 위한 한 가지 방법은 조건을 단 권면을 신분에 관한 기술로 읽는 것이다. 가령, 펑[Fung]은 5장 19-22절의 경고를 이렇게 해석한다. 곧 "하나님의 본성[cf. 고전6:9-11]에 거스르는 행동을 계속하는 이들은 그리스도를 통한 하나님의 통치를 그들의 삶 속에 받아들이지 않았다는 사실을 보여준다"라는 것이다.[194] 하지만 바울은 올바르지 못한 행실이 신자가 된 적이 없음을 증명한다는 식으로 말하지 않는다. 갈라디아 교인들을 배교자로 정죄하는 대목에서조차[1:6; 3:3; 4:8-11; 5:7] 그의 비판은 그들이 과거의 종살이로 되돌아간다는 것이지, 하나님을 만난 적이 없다는 것이 아니었다. 지금 바울은 성도들을 올바른 신앙으로 회복하려는 것이지, 진정한 회심자와 가짜 회심자를 가려내려는 것이 아니다.[cf. 요일2:19][195]

신학적 논증과 윤리적 권면 사이의 '긴장'을 해소하는 또 하나의 방식은 윤리적 권면을 성령의 도덕적 효력에 관한 변증으로 보는 것이다.[196] 이런 주장에는 어느 정도 일리가 있다. 실제로 바울의 권면은 성령이 육체보다 도덕적으로 우월하다는 신념을 바탕에 깔고 있다. 이는 바울의 권면이 종종 직설법 약속의 형태를 띤다는 사실에서 확인할 수 있다 5:16-18. 하지만 이것은 바울의 논의가 전제하는 신념이지 그가 지금 증명하려는 논지가 아니다. 분명 5-6장의 지배적인 논조는 권면이지 변증이 아니다. 정말 바울이 성령에 대한 변증이 필요하다고 생각했을까? 여기에 그렇다고 대답할 만한 자료를 우리는 전혀 갖고 있지 않다. 이런 입장이 갖는 더 큰 문제점은 갈라디아의 상황 자체다. 성령이 그 도덕적 열매를 맺지 못하고, 그로 인해 갈라디아 신자들이 율법을 수용하려고 하는 마당에, 그저 성령이 효과적이라는 말만 반복한다면 그게 무슨 소용이 있겠는가?

마지막 구원에는 순종이 필요하다는 도덕적 요구는 명백하다 5:19-21; 6:7-9. 따라서 이를 소위 (행위 없는) '믿음'의 충족성과 조화시키려는 어떤 시도도 논리적 모순을 품은 개념의 유희가 될 수밖에 없다. 다시 말해 3-4장의 문제가 할례/율법에 의해 야기된 일종의 교리적 위협이라고 생각하는 한, 5-6장의 윤리적 권면을 하나의 일관된 논의로 통합할 방법은 없다. 우리 앞에 놓인 선택은 간단하다. 곧 바울이 두 개의 상충되는 논지를 동시에 내세우고 있다고 말하거나, 아니면 우리의 질문을 반대로 뒤집거나 둘 중 하나다. 3-4장의 '신학적' 논증은 정말로 신학/교리적인 문제를 다루는 것일까? 곧 갈라디아의 위기가 정말 율법 준수에서 야기된 교리적 차원의 위기일까? 바울은 과연 도덕적 노력을 포함하지 않는 '믿음'이 우리를 의롭게 한다고 말하는 것일까? 그렇다면 5-6장의 권고와 경고는 어떻게 된 것일까?

4. 할례와 율법: 바울의 도덕적 비판

1) 도덕적 문제로서의 할례

갈라디아 교회들의 위기가 어떤 성격의 것인가를 알아보기 위한 출발점은 당연 할례다. 할례가 바로 현 위기의 중심이라는 사실이 분명하기 때문이다.[197] 현재의 위기를 교리적인 것으로 볼 때, 할례의 문제점은 그것이 율법을 통해 의롭게 되려는 시도며, 따라서 믿음의 충분성에 대한 부정에 해당한다는 것이다. 만약 이것이 옳다면 적어도 현재의 상황에서는 할례의 유혹을 피하는 것이 문제에 대한 필요충분한 해결책이 될 것이다. 마우어Mauer의 말처럼, "갈라디아의 위기는 전부 할례라는 단 한 가지 이슈를 중심으로 돌아간다. 할례를 받을 것이냐 혹은 거부할 것이냐, 이는 바로 율법을 택할 것이냐 은혜를 택할 것이냐를 결정하는 고백이다."[198]

문제는 이것이 과연 바울이 갈라디아의 위기 상황을 다루는 방식인가 하는 것이다. 5장 4절에서 보는 것처럼, 절대적인 할례 금지 명령은 바로 이런 관점을 드러내는 것처럼 보일 수도 있다. 하지만 바울의 논증을 좀 더 읽어 보면 사정이 달라진다. 할례에 대한 경고에 바로 이어 등장하는 바울의 선언은 매우 놀랍다. "그리스도 예수 안에서는 할례나 무할례가 무슨 효력이 있는 것이 아니기 때문입니다. (우리를 소망으로 인도할) 효력이 있는 것은 오로지 사랑을 통해 작동하는 믿음뿐입니다."5:6 이는 별생각 없이 튀어나온 말실수가 아니다. 편지의 말미에 거의 같은 진술이 다시 나온다. "할례

나 무할례는 아무것도 아닙니다. 중요한 것은 새로 지으심을 받는 것뿐입니다."6:15

이 진술의 중요성은 간과될 수 없다. 할례란 믿음의 부정이므로 할례를 피해야 한다고 주장하는 마당에 할례뿐 아니라 무할례 또한 "아무것도 아니"며 (아무) "효력이 없다"라는 말은 도대체 무슨 뜻인가? 여기서 한 가지가 분명해진다. 곧 할례를 피하는 것 역시 진정한 해결책과는 거리가 멀다는 점이다. 사실 무할례는 할례만큼이나 무의미하다. 바울의 이런 진술은 통상적인 견해, 곧 교리적으로 할례는 믿음을 부인하는 것이며, 따라서 할례의 거부가 곧 믿음의 확증이라는 견해의 터무니없음을 보여준다. 칭의에 관한 한 할례는 무익하다. 하지만 그 점에 있어서는 무할례 역시 마찬가지다. 다시 말해 바울이 염려하는 사태의 전정한 핵심은 할례 자체의 문제를 넘어선다.

바울의 말에 따르면, 참으로 중요한 것은 "사랑을 통해 작동하는 믿음"5:6 혹은 "새로 지으심을 받는 것"6:15뿐이다. 이것이 바로 성도들이 순종해야 할 "진리"의 핵심이며5:7 그들이 따라가야 할 "규범"카논, 6:16이다. 여기서 바울은 믿음과 사랑 그리고 새 창조라는 규범을 할례로 촉발된 위기의 해결책으로 제시한다. 여기서 우리가 주목할 것은 할례나 무할례에 대한 이런 대안이 도덕적 차원의 해법이라는 사실이다. 다소 다른 문맥에서 존슨L. Johnson이 말한 것처럼, 이들은 "추상적 용어들이 아니라 살아있는 성품들로서 사람들의 태도나 행위 등과 같이 행동적 차원으로 묘사할 수 있는 것들이다."¹⁹⁹ 할례의 반대 개념으로서 믿음은 생소한 개념이 아니다. 의미심장한 것은 바울이 이 믿음을 사랑으로 정의한다는 사실이다. 곧 믿음이란 사랑을 통해 활성화되는 ἐνεργουμένη ²⁰⁰ 것이다. 사랑이란 물론 기독교적 삶의 요체로서, 성령을 따라 살아가라는 권면의 핵심을 이룬다 5-6장. 새 창조 역시 갈라디아인들이 따라 행해야 할 삶의 규범으로서, 그리스도인이 따라 행해야 할 성령과 사실상 같다 6:14-15; 5:25; cf 고전7:19.

그렇다면 이는 무엇을 의미하는가? 바울이 본질적으로 교리적인 문제 은혜의 부정/할례에 대해 엉뚱한 도덕적 해답 믿음-사랑을 내어놓고 있는 것인가? 누군가의 표현처럼, 이는 "율법 전체" 5:3를 슬쩍 끌어들이려는 뒷문의 첫 틈새인가? 실상 대부분의 학자들은 5장 6절을 믿음에 관한 3-4장의 진술들을 '명확하게' 하거나 '한정하려는' 시도로 생각한다.²⁰¹ 하지만 바울이 여기서 갑자기 분위기를 바꾸고 있다는 흔적은 없다. "사랑으로 역사하는 믿음"이나 "새 창조"에 담긴 도덕적 내용은 지금까지 나온 (의롭게 하는, 수동적) 믿음의 (부차적?) 결과가 아니다. 바울의 진술 자체에서 알 수 있는 것처럼, 여기서 사랑이나 새 창조는 믿음 자체에 대한 정의다. 그리고 이 사랑과 새 창조는 갈라디아의 위기에 대한 대안으로 제시된다 5:2,4,6. 곧 하나의 단일 개념으로서의 '믿음-사랑'이 할례를 통해 촉발된 갈라디아의 위기에 대한 진짜 해결책이다 5:2,4,6. 이 진술이 논증의 흐름상 매우 결정적인 대목에서 나타난다는 사실 역시 이 진술의 중요성을 잘 말해준다.

바울 스스로가 믿음을 사랑으로 정의하고5:6 이를 갈라디아 성도들에게 요구하고 있다면5:13-14, 믿음에 대한 바울의 강조는 애초부터 믿음이 표현되는 행동의 패턴, 곧 '사랑'에 대한 요구를 포함할 수밖에 없다2:19-20; 5:5-6. 다시 말해 할례에 대한 바울의 공박은 애초부터 교리적인 문제로서 할례 자체라기보다는 할례에 대한 헛된 열정이 야기하는 도덕적 공백을 겨냥한 것이다. 갈라디아 교인들에 대한 바울의 좌절감은 이들이 할례를 받으려 한다는 사실 자체 때문이 아니라, 할례를 받으려는 새로운 열심과 분위기 때문에 "사랑으로 작동하는 믿음" 혹은 "새로 지으심을 받는 것"으로 요약되는 자태, 곧 바울이 복음의 진리로 간주하는 삶의 패턴을 떠난다는 사실 때문이다5:7. 물론 갈라디아 교회의 상황에서 할례는 매우 심각한 도전이다5:2-4. 하지만 이는 바울의 생각이 우리가 쉽게 파악할 수 없는 어떤 '더 깊은 논리'로 움직여서가 아니라, 이 할례가 갈라디아 교인들로 하여금 믿음과 사랑이라는 삶의 패턴, 곧 절대로 지켜야 할 복음의 진리에서 벗어나게 만들기 때문이다.[202] 다시 말해 5장 2-4절에 있는 바울의 진술은 할례 속에 감추어진 신학적 의미를 파헤치는 교리적 선언이 아니라 할례라는 무의미한 사안 때문에 지금 갈라디아 교인들이 바울이 소중히 생각하는 복음의 진리, 곧 사랑으로 역사하는 믿음이라는 삶의 자태로부터 멀어지는 상황을 염두에 둔 경고다.

교리적으로 할례나 무할례나 모두 아무런 의미가 없다. 믿음이나 새로운 창조는 할례 여부와는 무관하게 전혀 다른 근거 위에 서

있는 개념들이다. 하지만 현재 갈라디아 교회들에서는 할례 때문에 정작 중요한 본질, 곧 사랑으로 역사하는 믿음이 소홀히 여겨지는 상황이 발생하였다. 원칙적으로 할례는 '아디아포론*adiaphoron*', 곧 이래도 좋고 저래도 좋은 사안에 속한다. 하지만 현재 갈라디아에서는 할례에 대한 관심이 믿음-사랑의 삶을 위협하는 요인으로 작용하고 있다. 그래서 바울은 5장 2-4절에서와 같은 급진적인 경고를 내릴 수밖에 없었다. 물론 그렇다고 해서 무할례가 복음의 위기에 대한 해답이 될 수는 없다. 중요한 것은 할례를 멈추는 것이 아니라, 할례에 가려 소홀히 취급되고 있는 복음의 본질, 곧 사랑으로 역사하는 믿음을 회복하는 것이기 때문이다.

2) 도덕적 문제로서의 율법

재미있게도 바울의 논증은 할례나 절기 준수 등과 같은 지엽적인 문제에만 국한되지 않는다. 오히려 바울은 할례를 "율법 전체"[5:3]의 한 부분으로 파악하고서, 자신의 논증을 율법 자체에 대한 일련의 논박으로 구성한다[3:19-25; 4:21-31; 5:4]. 일견 이는 바울의 논증이 도덕적인 논증이라는 우리의 주장을 단숨에 무너뜨리는 것처럼 보인다. 왜냐하면 바울은 줄곧 '도덕성의 화신'이라고 불리는 율법을 반박하고 있기 때문이다. 하지만 바울이 실제로 율법을 다루는 방식을 자세히 살피면 오히려 바울의 깊은 도덕적 관심이 분명하게 드러난다. 결론을 먼저 말하면,[203] 바울의 율법 비판은 일차적으로 율법의 도덕적 무력함, 곧 율법에는 율법의 요구를 수행하게 만들 능력이 없다는 사실에 있다cf. 롬8:3. 선동자들에 대한 비판 역시 마찬가지다. 바울은 (전체) 율법을 지키고자 하는 그들의 빗나간 열심이 아니라 정작 율법은 지키지 않으면서 육체적인 조건만 자랑하려는 태도를 비판한다6:12-13; 5:3; 참고 롬2장.[204] 그러니까 바울은 그들의 율법 준수 행위를 비판하는 것이 아니다.

이 점에서 매우 시사적인 것은 우리가 "성령의 인도하시는 바가 되면 율법 아래에 있지 않다"라는 약속/진술이다5:18. 이상하게도 다수의 학자들은 이 진술을 율법 아래 있을 필요가 없다는 의미로 해석한다. 곧 육체에 대항하는 싸움에서 성령이 충분한 인도자가 될 것이므로 더 이상 율법 아래 있을 필요가 없다는 것이다. 하지만 이것은 바울이 실제로 말하는 바가 아니다. 바울이 말하는 바는 성령의 인도하심을 받는 자들은 실제로 율법 아래 있지 않다는 것이다. 뒤집어 말하면, 성령의 인도를 받지 않으면 율법 아래 놓이고 만다는 이야기다.

여기서 우리는 "율법 아래 있다"라는 말의 전략적 의미를 놓치지 말아야 한다. 적어도 바울이 보기에 율법 아래 있는 것은 사실상 율법의 저주 아래 있는 것이다3:10. 이는 죄 아래 갇히고3:22-23, 육체 아래 노예가 된 상태와 같다4:3,9,21-31.[205] 성령의 인도하심을 받게 되면 이런 율법의 저주에서 벗어날 수 있다. 5장 6절에서와 마찬가지로 여기서도 역시 성령을 따르고 그 열매를 맺는 삶은 육체와 그 결과인 율법의 저주에 대한 유일하고도 효과적인 해법이다. 바울이 보기에 갈라디아인들이 할례/율법에 이끌리는 상황의 치명성은 이런 과정을 통해 이들이 "육체의 행위들"로 규정되는 파괴적 삶의 패턴에 갇히게 된다는 것이다. 이런 삶의 마지막은 다름 아닌 저주와 "썩어짐", 곧 종말론적 멸망이다6:8. 율법으로는 의의 소망에 이를 수 없다5:2-4.

이러한 결론을 분명하게 해주는 두 가지 사항을 더 관찰해 볼 수 있다. 첫째, 바울은 엄격한 이분법적 논증 속에서 율법과 육체를 하나로 엮는다. 3장 3절에서의 진술, 그리고 육체와 율법이 기능적 동의어로 등장하는 4장 21-31절의 논증을 염두에 두면, 같은 이분법을 윤리적 관점에서 풀어가는 5장 16-26절과 6장 7-9절의 의미는 명백하다. 율법은 육체와 한 짝을 이루며, 이는 성령과 대치된다. 율법은 성령의 능력 밖에 있는 것으로, 육체의 영향에서 우리를 벗어나게 할 수 없다. 따라서 율법에 속한 삶의 마지막은 파멸뿐이다. 5장 16절과 18절에서도 "육체의 욕심을 실현하는" 삶과 "율법 아래 있는" 삶은 공히 성령의 인도하심을 받는 삶의 반대로서, 둘 다 같은 실존의 조건을 가리킨다. 둘째, 율법과 육체 사이의 긴밀한 연관을 고려해 볼 때3:3; 5:16-18, 여기서 바울이 활용하는 "육체의 행위들τὰ ἔργα τῆς σαρκός"개역개정: "육체의 일"은 이전 논의의 핵심인 "율법의 행위들ἔργα νόμου"2:16; 3:10을 염두에 둔 의도적 표현임에 틀림없다.[206] 이 병행의 암시는 이렇다. 곧 율법 아래서의 삶은 육체의 힘과 필연적으로 얽혀 있어서 오로지 "육체의 행위들"을 산출할 뿐이다.

사실 율법에 대한 도덕적 비판은 5-6장의 윤리적 권면에 국한된 것은 아니다. 이미 2장 19절에서 바울은 "율법 아래 있는" 삶으로는 하나님과의 관계가 가능하지 않다고 주장한 바 있다. 그래서 그는 율법에 대해 죽었고, 믿음 안에서 이루어지는 새로운 삶의 패턴을 수용했다 2:20. 바울은 능동적으로 율법을 행하는 삶을 수동적인 믿음 혹은 신뢰의 삶으로 대치하려는 것이 아니다. 그가 말하는 바는 "율법 아래 있는" 삶이라는 막다른 골목에서 벗어나 "하나님을 향한" 삶이라는 참된 해결책을 찾는다는 것이다.[207]

3장에서도 바울은 이 같은 생각을 보다 일반적인 방식으로 표현한다. 율법이 의의 소망에 이르게 하지 못하는 이유는 분명하다. 율법은 생명을 줄 능력이 없기 때문이다 3:21. 물론 이것은 율법이 생명의 원천이라는 유대교의 핵심적 신념을 정면으로 부정하는 주장이다 시1,19,119편 등을 보라. 이런 진술은 에스겔 선지자가 표현한 소망, 곧 성령의 선물을 통해 생명을 얻게 되리라는 소망을 상기하면 더욱 의미심장해진다 겔36:25-28. 성령을 통한 재생의 소망에서 율법이 배제된다는 뜻이기 때문이다. 물론 갈라디아서의 문맥에서 이 주장은 율법에서는 성령이 나오지 않는다는 핵심적 주장을 새롭게 표현한 것에 불과하다 3:2-5,14.[208]

바울의 이러한 주장이 도덕적 판단을 포함한다는 사실은 바울이 염두에 두고 있는 선지서의 전통 겔36:26-28 말고도, 그가 율법의 기능을 도덕적 차원에서 묘사한다는 사실에서도 분명히 나타난다. 율법은 단지 죄를 다루기 위한 간수로서 주어졌다 3:19. 이런 간수적 기능이 예방적인 것인지, 아니면 범죄를 증가시키는 것인지는 중요치 않다. 율법이 할 수 있는 일이란 모든 것을 "죄 아래" 3:22 가두는 것뿐이다. 율법은 그 요구를 충족시키지 못한 사람에게 저주를 선언하는 것이므로 죄 아래 있다는 것은 사실상 "저주 아래" 있다는 말과 같다3:10. 바울의 율법 비판이 겨냥하는 것은 율법이 내포한 모종의 교리적 의미가 아니라, 하나님의 뜻에 대한 순종을 이끌어 내지 못하는 율법의 무력함이다.[209] 이것이 바로 '율법에 속한 삶'의 역설이다.

따라서 성령은 결코 율법에서 나오지 않는다는 바울의 주장3:2-5은 본질적으로 율법에 대한 도덕적 비판이라고 할 수 있다. 왜냐하면 생명을 부여하는 성령의 능력롬8:11; 고전15:45; 고후3:6, 요6:63 참고만이 신자들로 하여금 사랑의 요구로 집약되는 율법을 성취하도록 할 수 있기 때문이다롬8:1-4 참고. 바울이 "그리스도의 (율)법"6:2이라는 특이한 표현을 통해 말하고자 했던 바가 바로 이런 생각이었을 것이다.[210] 브루스 롱기네커Bruce Longenecker는 갈라디아 교회의 위기가 보여주는 도덕적 성격을 잘 요약해 준다.

> 바울이 보기에 그리스도인들이 율법을 지켜야 한다는 주장은 그저 신학적 교정이 필요한 생각의 오류에 그치는 것이 아니었다. 오히려 이는 그리스도인들로 하여금 하나님의 성령이 아닌 다른 초자연적 세력들의 손아귀에 빠지게 하는 지름길이었다. 바울의 생각에 현재 위기는 성령에 의해 활성화되고 인간관계를 통해 드러나는바 기독교적 성품 자체를 위협하는 것이었다.[211]

바울이 할례/율법의 문제에 대해 본질적으로 도덕적 차원의 논증으로 대응하고 있다는 사실은 적어도 바울의 입장에서는 갈라디아의 위기가 하나의 도덕적 문제, 곧 갈라디아인들의 구체적 행위와 관련된 것이라는 사실을 보여준다. 갈라디아인들은 할례와 율법을 향한 공허한 열정에 빠져 정작 중요한 복음의 진리, 곧 성령 안에서의 믿음과 사랑이라는 삶의 패턴을 버리고 있다. 바울이 갈라디아 교인들의 태도를 하나의 배교로1:6, 혹은 육체를 위해 성령을 버리는 것으로 규정하고3:3, 적대자들에게 휘둘려 진리를 순종하지 못하게 되었다고 비난할 때5:7, 그가 의미한 바가 바로 이것이었다. 바울은 갈라디아인들이 성령에 이끌리는 삶으로부터 떠나고 있다는 통탄할 만한 상황 때문에 성령을 논증의 중심 주제로 다루는 것이다.

3) 율법의 행위

바울이 칭의의 방식으로서 율법을 부정하는 것은 율법을 지키는 행위가 나빠서가 아니라 율법은 성령을 주지 못하며3:1-5, 따라서 올바른 순종을 이끌어 낼 능력이 없기 때문이다. 그래서 율법은 하나님의 능력과 무관한 육체에 속한다. 그러니까 문제는 율법 준수가 아니라 오히려 율법 준수의 부재다. 만약 이런 해석이 올바른 것이라면, "율법의 행위들"에 대한 통상적 해석은 바울의 의도를 빗나간다. 바울이 말하는 율법의 행위들은 율법의 도덕적 준수를 의미하지 않는다. 그보다 갈라디아의 상황에서 율법의 행위들은 할례 및 절기의 준수 등을 포함하는 것이 분명하다 4:10-11; 5:2-4; 6:11-12. 안디옥 사건을 포함하면, 식탁 규정 역시 여기에 포함될 수 있다 2:11-14. 그러나 이런 규정들은 사랑으로 요약되는 율법의 본정신과는 구별된다 5:13-14. 그리고 역설적이게도 이 사랑의 율법은 율법의 일들에 대한 집착이 아니라 성령을 따르는 삶을 통해 성취된다 5:13,16,18.

우리는 2장의 논증에서 "율법의 행위들"이 유대인과 이방인의 차별 상황에서 등장한다는 사실에 주목한다. 바울의 진술에 따르면, "우리", 곧 바울과 베드로와 같은 유대 신자들은 "본래(부터) 유대인이었고 이방 죄인이 아니었다" 2:15. 그렇지만 그들은 사람이 의롭게 되는 것이 율법의 행위들에 달린 것이 아님을 깨닫게 되었다. 그래서 "우리", 곧 바울과 베드로 같은 유대인들 역시 예수 그리스도를 믿었다. 이 논증에서 "율법의 행위들로 의롭게 된다"라는 말은 사실상 유대인이기 때문에 의롭게 된다는 말과 같다. 그렇다면 여기서 바울이 언급한 율법의 행위들은 유대인과 이방인을 구별하는 기능과 관련된다. 제임스 던 James Dunn이 강조하는 것처럼, 바울의 이런 비판은 당시 유대인들의 공허하고 무책임한 선민의식과 관계된다. 그 속에는 하나님께서 유대인, 곧 아브라함의 후손을 건져주시리라는 희망이 포함되어 있다.[212] 그래서 그들은 유대인 됨을 드러내는 정체성의 표지들, 곧 할례나 절기 준수와 같은 '행위들'에 민감하였다. 하지만 하나님의 백성다운 순종이 없는 상황에서 이런 외적 형식이 의미 있을 수는 없다. 실제 갈라디아서에서 이들 몇몇 항목들 외에 갈라디아 신자들이 율법 준수에 열심을 보였다는 증거는 없다. 앞서 살핀 것처럼, 선동자들을 향한 비판은 그들이 율법을 지킨다는 것이 아니라 정작 율법은 지키지 않으면서 할례에만 집착한다는 것이었다. 이런 불순종의 상황에서 육체적 표지는 무의미하다. 바울이 로마서에서 밝히는 것처럼, 참된 유대인의 신분은 내적인=실천적인 것이라야지 외적인=형식적인 것이 아니며, 정체성의 참된 표지는 육신에 행한 할례가 아니라 마음에 행한 할례라야 한다. "율법의 행위들"에 관한 바울의 비판은 유대인들의 이런 신학적 자기기만과 관계된 것이다.[213]

5. 성령의 원천으로서의 믿음

지금까지 우리는 율법이나 율법의 행위로는 의롭다 하심을 얻지 못한다는 바울의 부정적 진술을 살피면서, 바울의 율법 비판은 율법을 (도덕적으로) 지키려는 태도에 대한 비판이 아니라는 사실을 확인하였다. 또한 율법의 대안으로 제시된 믿음 역시 '수동적 의탁'의 의미를 넘어 사랑이라는 적극적이고 도덕적인 차원을 지닌다는 사실을 살펴보았다. 더 나아가 바울은 율법 아래서의 삶을 도덕적 막다른 골목으로 간주하고, 이에 대한 효과적 대안으로 성령을 좇는 삶을 제시하고 있음도 확인하였다. 이런 사실들을 고려하면, 바울의 이신칭의론이 담고 있는 실질적 내용들을 어느 정도 짐작해 볼 수 있다. 지금부터 이를 좀 더 구체적으로 살펴보도록 하자.

첫 번째 질문은 당연히 믿음에 관한 것이다. 우리가 그리스도를 통해 혹은 믿음을 통해 의롭다 하심을 얻는다는 말은 구체적으로 무슨 뜻일까? 바울이 믿음을 의의 소망, 곧 종말론적 구원에 이르는 길로 제시할 때 그는 성도들에게 무엇을 주문하는 것일까? 이런 질문을 염두에 두고 믿음에 대한 바울의 설명을 따라가다 보면 한 가지 매우 중대한 사실을 발견하게 된다. 곧 갈라디아서에서 그리스도/믿음은 무엇보다도 성령의 원천으로 간주되고 있다는 것이다. 즉 바울이 그토록 믿음을 강조하는 것은 바로 이 믿음으로부터 성령의 역사가 가능해지기 때문이다. 이 주장을 좀 더 구체적으로 살펴보자.

1) 믿음이냐, 율법의 행위냐? 3:2-5

바울 칭의론의 주제 진술이라 할 수 있는 2장 16-21절의 논증은 율법의 행위냐, 믿음이냐 하는 선명한 반제로 이루어진다. 3장 1-5절의 논증은 이 주제적 진술을 구체적으로 설명하는 첫 번째 논증이다. 두 번 반복되는 질문은 바울의 주된 관심이 어디에 있는지를 쉽게 보여준다.

> 내가 너희에게서 다만 이것을 알려 하노니 너희가 성령을 받은 것이 율법의 행위로냐 혹은 듣고 믿음으로냐 2절

> 너희에게 성령을 주시고 너희 가운데서 능력을 행하시는 이의 일
> 이 율법의 행위에서냐 혹은 듣고 믿음에서냐 5절

주제문2:16-21의 근간을 이루는 율법의 행위와 믿음 사이의 대립은 여기서도 계속되는데, 이는 3장 1-5절의 논증 역시 칭의에 관한 논증의 일부라는 것을 말해준다. 그런데 재미있게도 직접적 논쟁의 대상이 칭의에서 성령으로 바뀐다. 즉 어떻게 의롭다 하심을 얻느냐는 구원론적 물음이 어떻게 성령을 받았느냐 하는 체험적 질문으로 바뀐 것이다. 여기서 우리는 칭의와 성령 주심 사이의 긴밀한 연관 관계를 확인한다. 2절은 갈라디아인들 편에서의 성령 체험을 강조하는 반면, 5절은 성령을 주시며 능력을 행하시는 하나님의 임재를 부각시킨다. 그러나 둘 다 성령을 칭의의 핵심적 관건으로 제시한다는 점에서는 같다. 물론 칭의, 곧 의의 소망을 추구하는 과정에서 성령이 어떤 역할을 하시는지에 대해서는 보다 구체적인 설명이 필요한 대목이지만, 성령 체험의 방식이 칭의의 방식을 결정한다는 점은 분명하다.

바울의 질문은 성령이 율법의 행위와 믿음 중 어느 것을 통하여 주어졌는가 하는 것이다3:2,5. 물론 그 대답은 이미 분명하다. 사실 그들은 바울이 전한 "십자가에 달리신 그리스도"의 메시지를 들었고3:1, 그것을 믿음으로써 성령을 받았다. 그리고 이것은 그들이 "율법의 행위들"에 관해 듣기 이전의 일이었다. 율법의 행위들은 성령의 통로가 아니다. 성령의 유일한 통로는 믿음이다. 따라서 이들이

지금 성령의 통로가 아닌 율법의 행위들에게 기울어지는 것은 믿음을 통해서만 주어지는 성령을 버리는 것과 같다. "여러분이 그렇게 어리석습니까? 성령으로 시작했는데, 이제 와서 육체로 끝내겠다고요?"3:3. 성도들은 믿음에 머물러야 한다. 이 믿음을 통해서 성령이 역사하시기 때문이다.

2) 그리스도의 구속과 성령 3:6-14

3장 6절부터 바울의 논증은 구약, 특히 아브라함 전통을 중심으로 한 주석적 논증의 형태를 띤다. 6-7절은 아브라함 자신의 체험을 근거로 이신칭의를 확증하고, 8-9절은 "아브라함의 복" 개념을 활용하여 이신칭의의 복음을 이방 신자들을 위한 성경적 **구약적** 메시지로 확증한다. 10-13절의 주제는 율법의 저주 및 그리스도의 십자가를 통해 이루어진 이 저주로부터의 속량이다. 결론인 14절은 13절에 묘사된 십자가 사건과 율법의 저주로부터의 속량이라는 이중적 목적을 기술한다. 우선 14절 상반절에서 이 속량은 이신칭의라는 아브라함의 복이 이방인들에게 미치게 된 실제적 계기로 제시된다. 여기서 아브라함과 관련된 논증이 일차적으로 마무리된다. 하지만 바울의 논증은 여기서 끝나지 않는다.

또 하나의 목적절인 14절 하반절에서 바울은 이 성경적 결론을 갈라디아 성도들의 실제적 경험과 연결한다.[214] 그리스도의 구속은 또한 "우리로 하여금 믿음으로 말미암아 성령의 약속 **=약속된 성령**을 받게 하려는" 목적을 갖는다 14b절. 그러니까 그리스도의 십자가와 율법의 저주로부터의 속량은 그 자체로 완결되는 사건이 아니라 우리에게 성령을 주시기 위한 선제적 조치였다. 여기서 다시 한 번 칭의와 성령 체험의 긴밀한 관련이 드러난다. 그리고 여기서 우리가 주목하는 것은 이 성령의 약속이 그리스도 사건의 목적으로 제시된다는 점이다14b절. 그리스도는 우리가 성령의 약속을 받을 수 있게 하시려고 십자가 죽음을 통해 그들을 율법의 저주에서 건져 주셨다.

또한 성령이 그리스도 사건의 목적이라는 진술은 자연스럽게 이 성령이 "믿음으로" 주어졌다는 체험과 연결된다14b절. 십자가 사건을 토대로 한 성령의 선물은 "믿음으로" 주어진다. 3장 1-5절에서와 마찬가지로, 여기서도 믿음은 성령의 원천으로 등장한다.

3) 믿음에 근거한 약속/성령3:21-22; 4:1-7

믿음이 성령의 원천이라는 생각은 3장 21-22절에서도 발견된다. 율법은 생명을 주는 능력을 결여하고 있어 의의 근거가 될 수 없다. 이 생명 부여의 능력은 하나님의 약속에만 있다. 따라서 이 약속만이 유일한 칭의의 근거다. 많은 주석가들은 여기서 "생명을 주는 능력"이 성령에 대한 암시라는 데 동의한다.[215] 그렇다면 바울이 구약에서 도출한 "약속"의 기능은 현재 바울의 사역을 통해 역사하는 성령의 기능과 다르지 않다.[216] 그런데 이 약속은 "믿음으로" 주어진다22절. 결국 약속이 믿음으로 주어진다는 바울의 진술은 사실상 성령이 믿음으로 주어진다는 말과 다르지 않다.

우리는 4장 1-7절에서도 마찬가지 현상을 관찰한다. 여기서도 그리스도의 속량에 관한 논의는 성령에 관한 논의로 이어진다. "하나님이 그 아들의 영을 우리 마음 가운데 보내셨다"6절. 이 부분에서는 그리스도께서 이루신 율법으로부터의 해방과 성령의 임재 사이의 관련이 3장 14절에서 보다 더욱 명시적으로 나타난다. 우선 바울은 "그 아들"과 "성령"을 언급하며 모두 "보내셨다"라는 같은 동사를 활용함으로써, 그리스도의 오심과 성령의 오심이 사실상 분리될 수 없는 하나의 사건이라는 생각을 암시한다.[217] 또한 "그 아들의 영"이라는 표현 역시 성령의 오심과 아들의 오심 사이의 긴밀한 얽힘을 더 분명하게 전달한다.

그리스도 사건과 성령을 연결하는 바울의 논증은 다분히 의도적이다. 왜냐하면 논증의 논리만 따지면 성령에 관한 언급이 반드시 필요한 것은 아니기 때문이다.[218] 사실 속량과 양자됨입양에 관한 5절의 논의는 자연스럽게 7절의 결론으로 연결된다. 그런데 바울은 먼저 6절에서 성령의 보내심을 이야기한 후, 이를 7절의 최종 결론으로 연결한다. 이러한 움직임의 의도는 쉽게 확인된다. 곧 속량과 양자됨이 바로 갈라디아인들이 받은 성령의 근거다. 그들이 하나님의 자녀"아들"이기 때문에 하나님께서 "그 아들의 영"을 그들에게 보내셨다6절. 3장 10-14절에서 율법의 저주로부터의 속량으로 이해된 그리스도의 십자가가 성령의 원천으로 제시된 것처럼, 여기서도 율법으로부터의 속량으로 이해된 그리스도의 보내심이 그 아들의 영, 곧 성령의 보내심의 원천으로 이해된다. 믿음이 성령의 원천으로 제시되었던 것처럼3:1-5, 21-23, 그리스도 사건 역시 성령의 원천으로 제시되는 것이다3:13-14; 4:1-7.

4) 믿음에서 나는 성령5:2-6

율법과 믿음의 반제는 신학적 논증의 요약에 해당하는 5장 2-6절에서 다시 나타난다. 율법을 통해 칭의를 추구하는 자들을 엄중히 경고한 후5:1-4, 바울은 의의 소망이란 성령과 믿음으로 기다리는 것임을 분명히 한다5:5. 여기서 대부분의 주석가들은 이 수식어 πνεύματι ἐκ πίστεως를 개역개정의 "성령으로, 믿음을 좇아through the Spirit, by faith"처럼 두 개의 독자적인 부사구로 간주한다. 이런 해석도 일리가 있지만, 지금까지 믿음 및 그리스도가 계속 성령의 원천으로 제시되고 있음을 고려하면3:2-5,14b,21-22, 이 구절 또한 "믿음에서 나는 성령the Spirit (which comes) from faith"으로 옮기는 것이 더 낫다. 그러니까 여기서 믿음과 성령은 의의 소망을 기다리는 별개의 방식이 아니다. 의의 소망은 "성령으로" 기다린다. 그런데 이 성령은 그 어떤 인간적 수단도 아닌 "믿음에서" 나온다. 곧 우리는 "믿음에서 나는 성령으로" 의의 소망을 간절히 기다리는 것이다. 만약 이런 해석이 옳다면, 여기서도 믿음은 성령의 원천으로 제시되고 있는 셈이다.[219]

지금까지 우리는 갈라디아서에서 그리스도 및 그리스도께 대한 믿음이 무엇보다 성령의 원천으로 이해되고 있다는 사실을 확인하였다. 아브라함의 씨와 하나님의 아들로 오신 그리스도, 그리고 이 그리스도에 대한 믿음을 칭의의 유일한 열쇠로 내세우면서 바울이 궁극적으로 강조하려 한 것은 이 믿음을 통해 믿는 자들에게 주어지는 하나님의 성령이었다. 바울의 논증에서 성령의 궁극적 중요성은 4장 1-7절과 21-31절의 논증에서도 간접적으로 확인할 수 있다. 3장 13-14절에서는 "그리스도"13절와 "믿음"14b절 모두가 성령 체험의 근거로 제시된다. 그 후 4장 1-7절에서는 그리스도와 성령의 연결은 그대로 남지만 믿음은 논의에서 사라진다. 더 나아가 4장 21-31절에서는[220] 그리스도/믿음과 율법의 반제가 아예 율법과 성령이라는 반제로 바뀐다. 놀랍게도 그리스도나 믿음은 논증에 등장하지 않으며, 이제는 성령이 홀로 장래 유업의 효과적인 보증인으로 제시된다. 물론 이는 그리스도와 믿음이 중요치 않다는 뜻이 아니다. 다만 이런 현상들은 그리스도와 믿음에 대한 강조가 결국 성령으로 수렴된다는 사실을 강조한다. 그래서 칭의에 있어 궁극적 반제는 믿음/그리스도와 율법의 반제가 아니라 성령과 육체 사이의 반제다.[221] 그리스도와 믿음 모두가 성령의 원천이라는 측면에 초점이 맞춰지기 때문이다. 갈라디아 신자들의 신앙 여정에서 "그리스도를 통해"나 "믿음으로"는 모두 "성령으로"를 바라보는 표현들이다.

6. 성령으로 기다리는 의의 소망

이신칭의를 중심으로 한 논증에서 바울이 성령을 궁극적 대안으로 제시하는 목적은 분명하다. 궁극적인 의미에서 칭의는 성령을 통해서 이루어진다. 우리가 "그리스도 안에서"2:17 혹은 "믿음으로"2:16 의롭다 하심을 얻는다는 것은 그리스도의 사역을 통해3:13-14; 4:5-6, 그리고 믿음으로3:1-5,14 주어지는 성령의 역사가 의의 소망에 이르는 유일한 길이라는 말과 같다.

그렇다면 성령이 칭의의 효과적 수단이라는 말은 무슨 뜻일까? 많은 이들이 보기에 바울이 칭의의 문맥에서 성령을 강조하는 것은 이 성령이 칭의 혹은 유업의 (부분적) 성취에 대한 증거가 되며, 또 그런 이유로 칭의에 있어 할례/율법이 불필요하게 되었음을 확증해 주기 때문이라고 생각한다cf. 3:1-5,14b.[222] 그러니까 갈라디아 신자들이 율법으로 돌아서게 된 것은 성령의 종말론적 의미에 대한 '무지'의 결과였고3:1,3, 그래서 바울은 하나님의 약속의 성취요 이미 이루어진 칭의에 대한 확실한 증거로서 성령을 내세워 이런 무지를 교정하려고 했다는 것이다.

하지만 "의의 소망"으로 제시된 칭의의 종말론적 성격은 이런 식의 해석을 용납하지 않는다. 성령이 아직 이루어지지 않은 칭의에 대한 증거일 수는 없다. 또한 실제 성령에 관한 바울의 진술에는 학자들이 구성해 낸 이런 '결정적' 내용이 전혀 나오지 않는다. 바울은 믿음을 칭의에 이르는 유일한 길로 정의한다. 또 이 믿음을 다시 성령의 원천으로 제시한다. 이는 성령이 이미 이루어진 칭의의 증거여서가 아니라 성령이 종말론적 칭의 의의 소망에 이르는 유일한 방식이나 수단이기 때문이다. 이러한 사실은 신학적 논증의 요약이라고 종종 간주되는 5장 5절에서 매우 명확하게 확증된다.

> 왜냐하면 우리는 믿음에서 나는 성령으로 의의 소망을 간절히 기다리기 때문입니다.

흔히 생각하듯 만일 성령이 이미 이루어진 칭의의 증거라면, 바울의 이 진술은 자신의 결정적 주장을 사실상 뒤집는 것이다.[223] 물론 바울이 그처럼 모순된 행보를 보인다고 생각할 이유는 없다. 바울은 칭의가 이루어졌다고 말하지도 않을 뿐 아니라, 성령이 그 현재적 칭의의 증거라 말한 적도 없다. 갈라디아의 위기 상황에서 바울이 성령을 강조하는 이유는 분명하다. 곧 성령이 의의 소망을 기다리는 방식이 되기 때문이다.

갈라디아의 상황에 대한 바울의 신학적 판단이 가장 분명하게 드러나는 부분은 본격적인 논증이 시작되는 3장이다. 여기서 바울은 성도들의 행태를 매우 어리석은 것으로 질타한다. 이들의 어리석음은 이들이 "성령으로 시작해 놓고 이제 와서 육체로 마치려" 한다는 데 있다 3:3. 성령으로 시작했다면 성령으로 마치는 것이 마땅하다. 그런데 어리석게도 갈라디아인들은 지금 육체라는 수단으로 끝내려 한다.

학자들은 '시작'과 '마침'의 의미를 다양하게 추측한다. 인기 있는 한 견해는 이 표현을 갈라디아인들의 이방 종교적 배경, 혹은 선동자들의 가르침을 반영하는 것으로 해석한다.[224] 하지만 바울이 여기서 선동자들의 입장을 반영하고 있다는 증거는 없다. 또한 소위 '새 관점'을 주장하는 이들 사이에서는 이 표현이 바울의 언약적 신율주의covenantal nomism를 나타내는 것으로 해석되기도 한다.[225] 물론 이런 추측들은 바울의 의도와 잘 어울리지 않는다.

바울의 언어는 갈라디아서의 종말론적 관점을 인식하면 쉽게 이해될 수 있다. 3절의 해석에 가장 결정적인 증거는 같은 동사의 짝이 미래 종말론적 문맥에서 사용되는 빌립보서 1장 6절이다. "너희 안에서 착한 일을 시작하신ἐναρξάμενος 이가 그리스도 예수의 날까지 이루실ἐπιτελέσει 줄을 우리는 확신하노라". 여기서 "시작"은 분명 성도들의 회심을 가리킨다. "마친다이루신다"라는 것은 예수 그리스도의 날과 연결되어 종말론적 마침 혹은 완성을 의미한다. 곧 하나님께서 빌립보 신자들의 삶에서 시작하신 일을 그리스도의 재림 때까지 완성하시리라는 기대다.[226] 같은 의미로, 성령으로 회심하며 신자의 삶을 "시작한" 갈라디아인들은 끝까지 성령으로 그들의 여정을 "마쳐야" 한다. 곧 의의 소망에 이르게 될 재림의 날까지 계속 성령으로 달려야 한다. 사실 최근까지 그들은 이런 달음질을 잘해 왔었다5:7. 그런데 이제 와서 갑자기 "육체"의 수준에 머무는 것들로 돌아서는 터무니없는 모습을 보인다. 물론 이것은 그들이 간절히 바라는 목표, 곧 의의 소망에 이르는 방법이 아니다6:8a. 이는 제대로 끝내는 방법이 아니라, 확실하게 끝장나고 말 최악의 선택이다. 여기에 현재의 위기가 있다. "여러분이 그렇게 어리석습니까?"3:3라는 질타는 바로 이런 위기감을 효과적으로 전달한다.

이러한 사실은 '약속된 유업' 개념으로 종말론적 칭의를 설명하는 아브라함 논의에서도 금방 확인된다. 당연한 일이겠지만, 성령은 미래 유업의 유일한 근거다. 가령 4장 1-7절을 보자. 앞서 본 것처럼, 여기서 바울은 그리스도, 곧 "그 아들"이 이룬 속량에서 곧바로 상속자라는 신분으로 넘어가지 않는다. "그 아들"을 통한 속량은 우리에게 자녀아들라는 신분을 부여하고5절, 이 자녀의 신분에 근거하여 하나님은 "그 아들의 영", 곧 성령을 보내신다6절. 이 절차를 거친 후에야 바울은 우리가 상속자라는 결론을 이끌어낸다7절. 말하자면 바울은 성령 보내심을 언급하지 않고는 상속자 신분에 관해 말할 수 없었다.

이미 언급한 대로 4장 21-31절에서는 이 점이 더욱 분명하게 드러난다. 유업은 하나님의 약속에 달려 있다. 신자들은 "육체를 따라" 난 사람들이 아니라, 이삭처럼 "약속을 따라" 난 사람들이다. 하나님의 약속을 따라 났다는 것은 "성령을 따라" 났다는 말과 같다3:28. [227] 그래서 성령을 통해 하나님의 자녀가 된 갈라디아 성도들은 이삭과 같이 "약속대로 유업을 이을 자"가 된다3:29. 곧 성령으로 태어난 갈라디아인들이 약속하신 유산을 누리게 될 상속자라는 것이다.

성령으로 의의 소망에 이르며, 성령으로 약속하신 유업을 얻게 되리라는 생각은 성령의 열매를 산출하는 삶, 곧 성령을 좇아 사는 삶을 통해 하나님 나라의 유업을 받는다는 진술cf. 5:21, 그리고 성령이라는 밭에 심어서 성령으로부터 영생을 수확하리라는 진술6:7-9과 사실상 동일하다. 결국 바울이 성령을 강조하는 것은, 이 성령이 갈라디아 성도들이 추구하는 종말론적 구원의 필수 요건이 되기 때문이다. 성령을 떠나서는 의의 소망에 이를 수 없다. 그래서 바울은 이 성령의 원천이 되는 믿음을 강조하고, 성령을 주지 못하는 율법의 공허함을 폭로한다.

결국 바울의 주장은 성령이 종말론적 구원에 이르는 유일하고도 효과적인 관건이라는 것이다.[228] 이것이 의의 소망으로 표현되건, 약속된 유업으로 나타나건, 혹은 우리가 상속할 하나님 나라나 영생으로 표현되건, 성령의 결정적 중요성은 달라지지 않는다. 율법(의 행위들)이 아니라 성령이 우리를 종말론적 구원으로 인도한다. 따라서 성도들은 이 성령의 인도에서 벗어나지 말아야 한다. 아니, 현재 이 성령의 길에서 벗어나고 있는 갈라디아의 성도들은 속히 성령으로 돌아와야 한다5:15-18; 5:25.

7. 성령의 도덕적 기능에 대한 강조

바울은 갈라디아 교회들의 위기를 다루면서 무엇보다도 믿음의 궁극적 목표, 곧 그들의 종말론적 구원의의 소망, 하나님 나라, 영생의 관점에서 사태를 바라본다. 율법이 아니라 그리스도를 믿는 것이 이 종말론적 구원에 이르는 유일한 길이다. 그런데 믿음이 구원의 길이 되는 것은 하나님께서 믿음을 통해 성령을 주시기 때문이다3:1-5. 우리는 이 성령을 통해 종말론적 구원에 이른다. 그렇다면 당연히 생겨나는 질문은 이것이다. 성령은 어떻게 우리를 구원에 이르게 하는가? 사실 이 질문에 대한 답변은 지금까지의 논의를 통해 이미 분명해졌다. 앞서 살핀 것처럼, 바울은 현재 갈라디아의 위기를 본질적으로 도덕적 위기로 파악한다. 율법에 대한 바울의 비판 역시 율법의 도덕적 무능력에 초점이 맞추어져 있다.

따라서 이 무력한 수단을 의지하겠다는 갈라디아인들의 선택은 위험하기 짝이 없다. 곧 할례나 유대적 절기 같은 "율법의 행위들"에 집착하다가 오히려 성령을 따라 살아가는 삶에서 이탈하게 된다. 이는 율법 조문으로는 제어할 수 없는 육체의 전횡에 스스로를 방치한다는 말과 같다. 현재 이들은 복음을 순종하는 삶, 곧 성령 안에서 서로 사랑하는 삶을 무시하고 육체의 욕망에 이끌려 서로 "물어뜯고 잡아먹는" 상황을 연출하는 중이다5:15,26. 그들은 멋지게 "성령으로 시작해 놓고서" 어리석게도 "이제 와서 육체로 마치려" 한다3:3; cf. 빌1:6. 이런 도덕적 파행의 의미는 단지 구원받은 자답게 행동하지 않는다는 아쉬움 정도가 아니다. "사랑으로 작동하는 믿음"이라는 복음의 진리에 순종하지 않게 됨으로써 갈라디아인들은 그들이 가진 구원의 소망 자체가 위협당하는 상황에 놓이게 되었다. 현재의 상황이 중대한 위기인 이유가 바로 여기에 있다.

바울이 요구하는 바는 분명하다. 갈라디아 신자들은 다시 성령의 인도하심에로 돌아와야 하며5:16,25, "성령으로 의의 소망을 기다려야" 한다3:3; 5:5. 지금의 위기 해결에 필요한 것은 그들이 이미 의롭다 하심을 받았다거나 성령이 그들이 이미 얻은 칭의의 증거라거나 하는 식의 교리적 위안이 아니다. 복음의 진리를 거부하고 하나님으로부터 돌아서는 배교의 상황에서 이런 위로는 그들의 영적 자살에 대한 일종의 확인 사실에 해당할 것이다. 문제의 핵심은 교리적 이해가 아니라 실제 그들의 실천이다. 지금 그들에게 필요한 것은 다시 성령 안에서의 삶을 회복하라는 날카로운 꾸지람일 수밖에 없다.

5-6장의 윤리적 권면은 이를 매우 분명히 보여준다. 여기서 바울의 권면은 사실상 그리스도인의 삶에서 나타나는 성령의 역할에 대한 해설에 해당한다. 바울이 말하는 바는 성령은 이미 성취된 구원의 증거가 아니라, 신자들로 하여금 성령의 열매를 맺도록 하는 새로운 삶의 능력이요 인도자라는 것이다. 그러니까 여기서 성령은 무엇보다 "성령을 따라 행하는" 삶을 의미한다. 바울은 이처럼 성령에 이끌리는 삶이 칭의와 유업과 하나님 나라와 영생, 곧 종말론적 구원의 유일한 길이라고 말한다.

1) 칭의와 '사랑으로 역사하는 믿음'5:5-6

'이신칭의'에 관한 바울의 논증이 도덕적 차원을 갖는다는 사실은 이 주제에 관한 논의를 핵심적으로 요약하는 5장 2-6절에서 가장 분명히 드러난다. "율법 안에서 의로워지려는" 잘못된 시도와는 반대로 우리는 믿음에서 나는 성령을 통해 의로움이라는 소망을 간절히 기다린다. 6절의 도덕적 성격은 앞에서 이미 논의한 바 있다. 여기서 우리가 주목할 것은 바울이 "사랑으로 작동하는 믿음"이라는 도덕적 개념을 칭의에 이르는 유일한 수단으로 제시한다는 사실이다.

> 우리는 믿음에서 나는 성령으로 의의 소망을 간절히 기다립니다. 왜냐하면γάρ 그리스도 예수 안에서는 할례나 무할례나 무슨 힘을 가진 것이 아니기 때문입니다. 힘을 가진 것은 오로지 사랑을 통해 작동하는 믿음뿐입니다.

학자들은 대개 5절과 6절 사이의 논리적 연관을 무시한다.[229] 이 관계를 인식하는 경우조차 이 구절에서 선명히 드러나는 미래 종말론적 관점은 무시되기 일쑤다.[230] 하지만 실현된 종말론을 전제하고서 이 두 진술을 끊어 읽으면 사실상 바울이 말하고자 하는 바를 거꾸로 뒤집는 셈이 된다. 미래의 소망에 관한 진술을 "그리스도 안에서 (현재) 누리는 의로움에 관한 탁월한 진실"로 바꾸어 버리는 것이다. 바클레이Barclay는 두 가지 삶의 길이라는 극단적 대안에 관해 말하기는 하지만, 그 역시 미래 종말론적 문맥에는 별다른 관심을 기울이지 않는다. 놀랍게도 간절히 기다려야 할 "의의 소망"조차도 현재적 신분이 가져다주는 유익함의 일부로, 곧 "그리스도 안에서 성취된 참된 아브라함 언약을 구별해 주는 표지"로 순치된다. 물론 미래 종말론적 흐름을 완전히 무시할 수는 없기에 이 구절 내에 마지막 심판이라는 모티브가 있다고 인정하지만, 이것마저도 현재적 정의를 통해 부분적으로 "예기된" 것으로 중화된다.[231]

바울이 전달하고자 하는 바를 정확히 파악하기 위해서는 6절에 쓰인 동사 ἰσχύει의 본래 의미를 충분히 인식할 필요가 있다. 이 단어는 '무엇을 할 수 있는 능력이 있다'라는 의미를 갖는다 빌4:13; 눅13:24; 약5:16 참고.[232] 영어 번역에서 이 단어는 일반적으로 'to be of no avail' 혹은 'to matter' 등의 의미로 옮겨진다. 하지만 이는 이 단어가 가진 '힘/능력'이라는 모티브를 제대로 살리지 못해, 결과적으로 바울의 의도를 모호하게 만드는 것이다. 현 문맥에서 바울은 "의의 소망"에 도달하는 두 가지 상이하면서도 서로 경쟁 관계에 있는 시도들을 대조한다. 따라서 여기서 능력이 없다는 말은 '의의 소망에 이르게 할 능력이 없다'라는 말이 된다.[233] 이미 의롭다 하심을 받은 사람들에게는 할례나 무할례가 '의미가 없다'라거나 '아무 상관이 없다'라는 것이 아니다. 바울의 주장은 이들 할례/무할례가 무력하다는 것, 곧 갈라디아인들로 하여금 의의 소망에 이르게 할 능력이 없다는 것이다 3:21, 또한 롬8:3 참고. 할례 받는 행위는, 할례 받지 않은 것과 마찬가지로 칭의를 추구하는 데 아무런 도움이 되지 못한다. 칭의를 가져다 줄 수 있는 능력은 오직 "사랑을 통해 작동하는 믿음"에만 있다. 신자들이 "성령으로" 의의 소망을 기다려야 할 이유가 바로 여기에 있다. "사랑을 통해 작동하는 믿음"이 다름 아닌 성령의 역할이기 때문이다5:22-23. 이 구절에서 사랑과 믿음(개역개정에는 "충성")은 모두 성령의 열매로 묘사되어 있다.

이처럼 바울은 "성령으로"와 "믿음으로"를 사랑이라는 실천적 개념으로 정의한다. 성령에 의해 유지되는 사랑의 삶이 의의 소망을 기다리는 유일한 방식이다. 바울이 성령을 칭의에 도달하는 유일한 길로 제시하였을 때5:5, 그가 생각하고 있는 것은 바로 성령의 도덕적 기능이었다5:6.[234] 바울에게 성령이 '칭의'의 확실한 근거인 것은 성령이 이미 이루어진 칭의에 대한 교리적 증거여서가 아니라, 성령이 미래의 의로움에 도달하는 데 요구되는 믿음-사랑의 삶을 가능하게 해 주기 때문이다. 코스그로브Cosgrove가 말했듯이, "바울은 성령 안에서의 삶을 참된 윤리적 노력을 위한 전제조건으로 이해하고 있으며, 이 윤리적 노력에 대한 궁극적 인정/칭의는 아직 미래에 속한 것이다."[235]

대부분의 주석가들이 인정하는 것처럼, 이 구절이 갈라디아서 전체의 요약이라면 우리는 이렇게 결론내릴 수 있다. 곧 바울이 칭의의 수단으로 믿음을 내세울 때, 그는 믿음의 도덕적 내용을 전제하고 있다는 것이다cf. "믿음의 행위(역사)"에 관해 말하는 살전1:3 참고. 의의 소망, 곧 미래의 칭의가 믿음으로 주어진다는 논증은, 이 믿음의 도덕적 역동성을 고려해 볼 때, 애초부터 하나의 도덕적 논증이었다. 갈라디아인들이 믿음과 사랑의 삶이라는 구원의 열쇠를 포기하는 상황에서 바로 이 중대한 진리를 다시금 강조하는 것은 지극히 당연한 현상이다.

2) 미래의 유업과 성령 안에서의 삶 5:16-26

성령 안에서의 삶이 미래의 칭의의 소망를 얻기 위한 불가결의 조건인 것처럼, 성령 또한 약속된 유업을 얻기 위한 요건이다. 성령-육체라는 특유의 반제로 이루어진 사라와 하갈의 풍유에서 바울은 오직 성령으로 난 자들만이 하나님의 유업에 참여할 수 있으며, 육체를 따라 난 자들은 약속으로 난 자녀들의 공동체에서 배제될 것임을 분명히 한다. 유업이라는 주제는 5장 16-26절에서 계속되는데, 여기서 유업은 미래의 하나님 나라로 구체화된다 21b절. 이 단락에서 바울의 요구는 분명하다. 곧 "성령을 따라 행하라"는 것이다 16,18절. 그렇지 않으면 하나님 나라를 상속받지유업으로 받지 못할 것이다. 성령과 육체를 인간의 삶을 지배하려는 두 가지 배타적인 세력으로 묘사하고 있는 17절은 이 두 세력들 사이의 불가피한 갈등을 부각시킴으로써 성령을 따라야 할 요구가 얼마나 절박한 것인가를 강조한다. 사람은 성령을 따르든지 육체를 따르든지 할 수 있을 뿐, 제3의 가능성은 존재하지 않는다.[236]

바울의 논증이 성령-육체의 이분법적 구도를 갖는다는 것은 3장 3절과 4장 21-31절에서 이미 분명해진다.[237] 여기서 새로 부각되는 것은 이런 이분법적 논증의 도덕적 차원이다. 성령과 육체 간의 갈등은 그저 수동적인 소속정체, identity의 문제가 아니다. 이는 또한 구체적 행동의 결단을 포함하기도 한다. 성령을 따라 났다는 것은 실제로 성령을 따라 행한다 16,25절는 것이며, 육체를 따라 났다는 것은 사실 육체의 욕망을 삶으로 구현한다는 것을 의미한다 16절.[238]

여기서 바울의 논지는 이렇다. 곧 "성령을 좇아 행함으로써" 갈라디아 성도들은 육체의 욕심을 실현하거나16절 육체의 행위들을 산출하는19-21절 암울한 상황을 피할 수 있다. 반면 육체의 행위들을 생산하는 삶은 미래의 하나님 나라를 유업으로 얻지 못하게 되는 확실한 방법이다. 경고가 주된 의도라 굳이 말로 적지는 않았지만, 21절의 경고가 주는 의미 또한 분명하다. 곧 성령을 따라 살아감으로써 성령의 열매를 맺는 사람이 약속된 유업을 상속하게 될 것이라는 사실이다.[239] 상속할 하나님 나라는 미래 구원의 한 심상이다. 따라서 여기서도 바울은 성령 안에서의 삶을 미래 구원의 불가결한 조건으로 제시한다.[240] 물론 이는 육체로 난 자가 아니라 오직 성령으로 난 자만이 미래의 유업을 얻을 수 있다고 말했던 이전의 주장을 좀 더 구체적으로 진술한 것에 불과하다4:21-31. 곧 성령을 통해 미래의 유업을 얻으리라는 바울의 '신학적' 진술은 사실상 애초부터 성령의 열매라는 도덕적 차원을 염두에 둔 논증이었다.

따라서 갈라디아서에서 바울의 논증은 시종일관 분명한 도덕적 논리를 바탕에 깔고 있다. 갈라디아 교인들에 대한 바울의 문제 제기는 그들이 성령 안에서의 삶에서 이탈하고 있다는 것이었다3:3. 바울은 성령 안에서의 삶이 미래의 구원칭의, 유업, 하나님 나라, 영생을 위한 절대적 조건sine qua non이라고 간주한다. 당연히 성령을 떠나 육체로 향하는 이들의 움직임은 미래 구원에 대한 소망을 내팽개치는 어리석은 행동으로 이해되었다. 그래서 바울은 "어리석은 사람들이여!"라고 목소리를 높이며 "성령을 좇아 행하십시오"라고 절박하게 외치는 것이다.

이렇게 보면 갈라디아서 5-6장의 윤리적 권면은, 믿음을 강조하는 3-4장의 '중심적' 논의를 흐리거나, 심지어 뒤집어 놓는 일종의 후속 조치가 아니다. 오히려 이는 갈라디아 교인들의 배교적 태도를 공박하는 그의 도덕적 관점을 그 필연적 결론으로 이끌고 가면서 그의 논의를 완성하는 대목이다. 3-4장의 긴 논의는 바울의 도덕적 요구에 대한 일종의 정지작업으로, 성령 안에서의 삶이 미래의 구원에 불가결하다는 기본적인 사실을 각인시킨다. 하지만 지금까지 우리가 본 것처럼, 이 신학적 논의는 처음부터 성령을 떠나 육체로 빠지는 갈라디아인들의 외도를 염두에 둔 것이다. 논의가 무르익으면서 이런 도덕적 차이가 더욱 부각되고 명시적인 것이 될 뿐, 바울의 논의는 시종일관 도덕적 관심을 그 바탕에 깔고 있다.

8. 결론

갈라디아서의 논증에는 시종일관 깊은 도덕적 혹은 실천적 관심이 배어 있다. 이런 우리의 관점은 통상적 해석과는 상당한 거리가 있다. 갈라디아서는 소위 '오직 믿음'의 교리를 가르치지 않는다. 바울의 일관된 신념은 우리가 성령을 따라 행하며 성령의 열매를 맺을 때 비로소 의의 소망에 도달할 수 있다는 것이다. 성령의 길을 떠나면 그 결과는 멸망이다. 바로 이것이 갈라디아의 위기의 핵심이다. 할례와 얽힌 모종의 교리적 문제 때문이 아니라, 할례에 대한 무익한 열심에 빠져 사랑-믿음, 혹은 새 창조로 요약되는 복음의 진리 자체를 소홀히 하게 된 것이 바울이 포착한 위기의 핵심이다. 당연히 바울의 호소는 성령을 따르는 삶을 회복하라는 것이다. 그래야만 육체의 욕망을 구현하며 멸망으로 가는 추락을 멈출 수 있다5:15. 갈라디아의 위기를 대처하는 과정에서 드러나는 바울의 신학적 관점은 서신 마지막 부분의 진술에서 매우 분명하게 드러난다.

> 스스로를 기만해서는 안 됩니다. 하나님은 우리가 우습게 볼 수 있는 분이 아닙니다. 하나님의 원칙은 변하지 않습니다. 사람이 무엇을 뿌리든, 그 뿌린 것을 그대로 거둘 것입니다. 자기의 육체에다 뿌리는 사람은 육체로부터 썩어진 것을 거두고 성령에다 심는 사람은 성령으로부터 영생을 거둘 것입니다. 우리는 선을 행하면서 낙심해서는 안 됩니다. 왜냐하면 우리가 중도에 포기하지 않는다면 정한 때에 (영생을) 수확하게 될 것이기 때문입니다6:7-9, 풀이역.

갈라디아서의 칭의 교리는 행위와 무관한 칭의나 구원을 가르치지 않는다. 바울은 칭의를 미래 종말론적 구원을 가리키는 말로 사용하면서, 이 "의의 소망"이 성령을 좇아 살아가는 삶의 결과로 주어진다는 사실을 분명히 한다. 이에 비해 바울의 적대자들은 오히려 율법 준수에는 무관심한 채 할례나 절기 준수 등으로 대표되는 "율법의 행위들"을 통해 의롭다 하심을 얻으려 했다. 그런 점에서 그들은 피상적 의미의 '은혜구원론자'들에 가깝다. 따라서 선동자들의 유대적 가르침을 '행위구원론'으로, 이에 맞서는 바울의 복음을 '은혜구원론'으로 생각하는 것은 바울의 생각을 송두리째 뒤집는 것이다. 바울이 포착하고 비판하는 유대주의적 선동자들의 문제는 율법 실천이 아니라 그 실천의 부재였다. 물론 이 실천의 부재는 생명의 능력을 갖지 못한 율법의 무기력함과 연결된다 3:21. 그가 선포했던 기독교 복음은 율법의 이런 생명의 부재를 극복하고 성령을 통해 참된 율법의 성취를 일구어내는, 그럼으로써 우리를 의의 소망에 이르게 해주는 하나님의 능력이었다. 바울의 답답함은 율법을 지키려는 열심이 (행위 없는?) 믿음의 충분함을 부인한다는 식의 교리적 불만이 아니라, 성령의 능력으로 의의 소망에 이르게 하는 참 복음에서 벗어나 구원의 능력이 없는 헛된 가르침에 빠진다는 것이었다.

제5장
모든 믿는 자를 구원하는 하나님의 능력: 로마서

위에서 말한 대로, 데살로니가전서는 아직 신학적 논쟁에 휩쓸리기 이전의 바울, 그러니까 이방인의 사도로서 평소 바울의 모습을 가장 잘 보여준다. 그 뒤 갈라디아 교회의 위기가 있고, 고린도 교회와의 복잡다단한 이야기들이 전개된다. 그 후 우리는 로마서의 바울을 만난다. 자연 로마서의 바울은 데살로니가전서의 바울과는 다르다. 로마서에는 갈라디아서에서 바울을 괴롭혔던 문제, 곧 복음 속에서 율법의 역할에 관한 논쟁의 흔적이 그대로 남아 있다. 또한 고린도 교회에서 우리가 접하는 문제들, 곧 우상숭배라는 이교적 환경 속에서 마주치는 여러 실제적인 문제들에 대한 관심 역시 생생하게 드러난다. 하지만 로마서에서 만나는 바울은 더 이상 '투사'의 모습은 아니다. 치열하고 격앙된 논쟁가의 모습을 벗고, 보다 차분한 마음으로 이러한 주제들에 관해 사색하며 논증한다. 로마서의 바울은, 말하자면, 온갖 힘겨운 전투를 겪고 난 베테랑의 모습과 같다. 한때 교회의 생사를 좌우하던 목회적 위기들은 이제 하나의 신학적 주제들이 되어 바울의 편지를 채운다. 논쟁보다는 사색이, 공격보다는 차분한 논증이 주된 색조를 이루면서, 로마서는 바울이 남겨준 편지들 중 가장 '조직적인' 모양으로 우리를 만난다. 멜랑히톤이 그랬던 것처럼, 로마서를 바울 복음, 더 나아가 '기독교 복음의 개요서'로 여기는 우리의 습관이 아주 정확한 것도 아니지만 그렇다고 턱 없이 빗나간 것도 아니다.

로마서의 이런 차분함은 편지가 기록된 정황과 관련이 있다. 로마서는 로마의 성도들에게 자기를 소개하는 편지다. 잘 알려진 것처럼, 로마 교회는 바울이 개척한 교회가 아니다. 자신이 터를 닦지 않은 곳에 편지를 쓴다는 점에서 바울의 행동은 그 의도가 오해될 수 있는 대담한 움직임이었다 cf. 15:20. 로마의 성도들을 대하는 그의 예의와 신중함은 로마서 저술 당시의 조심스러운 상황을 잘 설명해 준다.[241] 15장 14-33절에 설명된 바와 같이, 바울이 로마에 편지를 보낸 것은 로마 교회로부터 선교 후원을 기대했기 때문이다. 이 편지를 기록할 당시 바울은 로마제국의 동반부 선교를 마감하고 스페인으로 대표되는 제국의 서반부 선교를 계획하고 있었다. 태어나고 자랐던 동반부와 달리, 언어도 다르고 아무런 선교의 거점도 없는 서반부 선교는 베테랑 선교사 바울로서도 큰 도전이었을 것이다. 이런 상황에서 그는 제국의 중심에 위치한 로마의 기독교 공동체를 스페인 선교의 전초기지로 삼고자 했다. 그래서 그는 로마 방문을 준비하고 있었고, 실제 방문 전 미리 편지를 보내 자신과 자신의 사역을 소개한다. 자신을 깊이 알지 못하는 교회에 자기 복음을 소개하는 것임을 감안할 때, 우리는 로마서에 제시된 바울의 설명이 신중하고 철저한 사색의 결과였으리라 기대할 수 있다. 따라서, 오해의 위험을 무릅쓰고 말하자면, 로마서는 바울 복음의 '결정판'에 가장 가깝다고 말할 수 있다.²⁴²

1. 복음의 첫 소개

1) 부활, 능력, 그리고 성령 1:4

스페인 선교 준비의 하나로 쓰는 편지이기에 바울은 이 로마서 저술 역시 이방인의 사도로서 자기의 사명을 수행하는 것으로 간주한다 15:15-16. 공식적 관계가 없는 공동체에 보내는 편지인 만큼, 우선 자기를 알리고 그들과 호의적인 분위기를 만드는 것이 중요하다. 그래서 편지 제일 앞에 나오는 자기소개가 다른 편지들에서는 보통 간단하게 나오는 데 반해,²⁴³ 로마서에서는 자신의 사명에 관한 언급에서 시작하여 그가 이방인의 사도로서 선포하는 복음 자체에 관한 설명으로 길게 확대된다 1:1-6. 바울은 예수 그리스도의 사도로 부르심을 받았다. 이 사도 직분은 하나님의 복음을 선포하는 역할이다 1절. 갑자기 생겨난 것이 아니라 하나님께서 진작부터 선지자들을 통해 성경에서 약속해 두신 것이다. 말할 것도 없이 복음에 대한 언급은 곧 이 복음의 중심인 "그(하나님)의 아들"에 관한 이야기로 자연스레 이어진다 2절. 로마서에서 바울의 복음에 관한 첫 진술을 만나는 곳이 바로 여기다.

바울은 자신의 복음이 "그의 아들", 곧 하나님의 아들에 관한 것으로, 성경에 미리 약속되었던 것이라고 말한다 2-3a절. 그 후 바울은 이 하나님의 아들에 관해 두 가지 사실을 소개한다. 첫째, "육신을 따라서" 그는 다윗의 후손으로 태어나셨다 3절. 둘째, "성결의 영을 따라서" 그는 죽은 자 가운데서 부활하여 능력으로 하나님의 아들로 인정되셨다 4절. 복음이 성경에 미리 약속된 것이라는 점과 그리스도가 다윗의 후손이라는 사실은 복음과 (구약)성경 계시 사이의 연속성을 말해주지만, 이런 연속성 자체가 복음의 핵심은 아니다. 보다 본질적으로 바울의 복음은 하나님의 아들에 관한 것이다 2절. 그런데 이 아들이 하나님의 아들로 "인정된" 것, 혹은 "임명된" 것은 그의 부활에서다. 2 4 4 복음의 핵심인 그리스도를 소개하면서 십자가 대신 부활을 언급하는 움직임은 의미심장하다. 그리스도가 부활을 통해 하나님의 아들로 인정되셨다면, 하나님의 아들에 관한 바울의 복음은 부활 없이는 제대로 이해될 수 없다 4:25.

바울의 복음에서 그리스도의 부활이 갖는 중요성은 그의 사도직분의 이해를 통해서도 확인될 수 있다. 그는 "하나님의 복음"을 위해 사도로 부르심을 받았다 1절. 그런데 바울은 자신이 사도로 부르심을 받은 사건을 부활하신 그리스도를 목격한 사건으로 일관성 있게 묘사한다 고전 9:1; 15:8ff.; 갈 1:16. 따라서 "그의 아들"에 관한 복음 롬 1:2 이 부활하신 그리스도에 관한 복음이 되는 것은 지극히 당연하다.

바울은 부활을 설명하면서 두 개의 수식어를 첨가한다. 첫째, 그리스도는 "능력으로" 죽은 자 가운데서 부활하셨다. 혹자는 이 구절을 "능력 중에 있는 하나님의 아들"로 풀이한다.[245] 그러나 바울은 그리스도가 하나님 우편에 계신 것을 능력 중에 계신다고 표현하지 않는다. 오히려 능력은 자주 부활의 동인으로 제시된다[고후 13:4; 롬4:20-21; 6:4; 엡1:19-22; cf. 3:16; 빌3:10]. 그렇다면 여기서도 능력은 높아지신 그리스도의 현 상태보다는 부활의 동인으로 작용한 하나님의 능력을 가리킬 것이다.[246] 바울의 복음에서 그리스도의 부활은 생명을 창조하시는 하나님의 능력이 가장 결정적으로 드러난 사건이다.[247] 따라서 그리스도의 부활과 연결된 하나님의 능력은 바울의 복음 이해에 꼭 필요한 또 하나의 핵심 개념이다. 이는 바울이 복음을 "하나님의" 복음이라고 부르고 있다는 사실과 무관하지 않다. 곧 하나님께서 자기의 능력으로 그리스도를 살리신 일, 바로 이것이 바울의 복음을 이해하는 결정적 관건이다.

둘째, 능력으로 이루어진 이 부활은 "성결의 영을 따라서" 된 일이다. "성결의 영$πνεῦμα\ ἁγιωσύνης$"이라는 다소 특이한 표현은 성령을 가리키는 유대적 표현일 것이다.[248] 하나님의 능력으로 부활하셨다는 것은 곧 "성령을 따라" 부활하셨다는 말과 같다. "육신을 따라"와 함께 이 표현의 정확한 의미 역시 논란의 대상이지만, 갈라디아서의 경우처럼[4:21-31], 여기서도 역시 생명을 얻는 두 가지 방식으로 보는 것이 현명할 것 같다. 다윗의 후손으로 나신 것이 육신에 의한 탄생이라면, 그의 부활은 성령에 의한 탄생이다. 물론 성령을 통한

부활은 이것이 하나님의 '능력'을 통한 것이라는 말과 통한다.[249]

우리는 바울이 자기 복음을 처음으로 소개하는 자리에서 그리스도의 부활, 그 부활의 동인인 하나님의 능력, 그리고 그 능력의 표현으로서 성령을 서로 긴밀하게 엮고 있음을 본다. 바울의 자기 소개가 신중한 사색의 산물이라면, 우리는 바로 이런 개념들이 바울의 복음을 특징짓는 가장 결정적 요소일 것이라 예상할 수 있다. 물론 이는 우리가 흔히 믿음이나 은혜 등의 말로 엮어내는 '복음'과는 사뭇 분위기가 다르다. 이런 놀라움은 계속되는 바울의 설명에서 더욱 구체적으로 확인된다.

2) 하나님의 의, 구원의 능력

1장 16-17절의 유명한 선언은 복음에 대한 두 번째 요약이면서 서신 전체의 주제문에 해당한다. 이는 편지의 도입부와 본론을 연결하는 '감사' 및 '방문계획 보고'8-17절의 일부다. 서신의 형식에서 이 부분은 종종 서신 전체의 주제를 미리 알려주는 기능을 수행하는데, 이는 로마서의 경우에도 마찬가지다. 개역개정은 접속사를 생략했지만, 실제로 16-17절은 바로 앞 15절의 진술에 대한 근거를 제시한다. 바울은 로마에서도 복음 사역을 이어가기를 원한다. 왜냐하면 그는 복음을 부끄러워하지 않기 때문이다. '부끄러워하지 않는다'라는 것은 강조를 위한 이중부정으로, '무척 자랑스럽다'라는 뜻이다. 자랑은 단순한 자부심을 넘어 어떤 것에 대한 신뢰를 내포한다빌3:3.[250] 즉 그것은 복음이 바울의 삶을 지탱하고 있는 참된 해답이라는 신념을 반영한다. 그런 의미에서 이는 또한 바울이 복음에 열광하는 근본 이유, 곧 바울 복음의 핵심에 관한 진술이 된다.

바울이 복음을 자랑하는 것은 이 복음이 "모든 믿는 자에게 구원을 주시는 하나님의 능력"이 되기 때문이다16절. 복음을 복음으로 만드는 것은 다름 아닌 "하나님의 능력"이다. 4절에 이어 다시 한번 복음이 '능력'과 연결된다. '능력'은 의도적이다. 바울은 복음이 하나님의 '은혜'라거나 하나님의 '사랑'이라 말하기보다 하나님의 '능력'이라 정의한다. 물론 이 능력은 복음에 관한 첫 설명에서 그리스도 부활의 동인으로 이미 나왔다1:4. 그러니까 바울은 부활을 가능케 했던 하나님의 능력, 곧 죽은 자를 살리시는 창조주 하나님의 능력이 바로 복음을 복음답게 만드는 결정적인 특징이라고 생각한다. 물론 이는 유대인의 율법이건갈라디아서, 로마서, 헬라인의 지혜건고린도전서, 그리스도가 아닌 다른 모든 인간적 '대안들'은 바로 이 능력을 결여하고 있다는 인식을 반영한다. 그런 점에서 이 구절은 로마서에 제시된 바울 복음의 문을 여는 열쇠라 할 수 있다.

이 구절에서 바울은 로마서에서는 처음으로 구원에 관해 말한다. 복음에서 드러나는 하나님의 능력은 "구원을 위한" 혹은 "구원에 이르게 하는" 능력이다. 학자들은 대개 여기서의 구원을 매우 포괄적으로 정의하지만, 사실 바울의 복음에서 구원은 근본적으로 마지막 심판을 배경으로 한 미래 소망의 대상이다5:9-10; 8:24; 9:27; 10:9; 11:14, 26; 13:11. 따라서 여기서의 구원 또한 미래 종말론적 의미로 해석하는 것이 자연스럽다. 그런데 로마서의 구원은 또 다른 미래적 개념인 영생과도 겹친다2:7; 6:22-23. 그러니까 지금 바울은 우리를 최종 구원에까지 이르게 하실 수 있는 하나님의 능력에 관해 말하고 있다. 이런 미래 종말론적 전망은 왜 로마서 1-4장의 칭의 논의가 곧바로 미래 구원에 관한 논의5-8장로 옮겨가는지 설명해 준다. 바울이 가진 이런 미래적 전망은 로마서 논증의 흐름을 제대로 파악하는 데 매우 중요하다.251

바울이 복음을 하나님의 능력으로 규정하는 움직임은 다분히 의도적이다. "하나님의 능력"이라는 복음의 정의는 고린도전서에도 나온다. 주변 사회의 세속적 지혜에 민감하게 반응하던 고린도 성도들에게 바울은 십자가 복음을 다시금 상기시키며, 이 복음이 망하는 사람에게는 어리석고 거치는 것에 불과하지만, "구원 얻는" 사람에게는 "하나님의 능력"고전1:18이자 "하나님의 지혜"고전1:21라고 역설한다. 그래서 바울은 고린도 선교에서 인간적 지혜에 의존하지 않고 어리석어 보이는 십자가의 메시지만을 전파하려 했다. 이는 성도들의 믿음이 인간의 지혜가 아니라 "하나님의 능력"으로 생겨나기를 바랐기 때문이다고전2:1-5. 그래서 그는 인간적, 세속적 지혜를 자랑하며 교회를 혼란에 빠뜨리는 이들을 향해 그들의 지혜로운 "말"이 아니라 "능력"을 검증하겠다고 경고한다고전4:19. 왜냐하면 하나님 나라는 "말이 아니라 능력으로" 상속해야 할 곳이기 때문이다고전4:20.252 나중에 다시 설명하겠지만,253 바울의 생각 속에서 "은혜"는 "능력"과 동의어로 쓰이는 경우가 많다고전15:10-11. 곧 바울의 은혜의 복음은 하나님의 능력이라는 요소를 빼고서는 이해할 수 없다.

바울이 하나님의 아들에 관한 복음을 선포하며 거두고자 한 결과가 "믿음의 순종 obedience of faith"이라는 사실 또한 주목할 만하다 롬 1:5. 개역개정에는 "믿어 순종하게 하나니"라고 풀었지만, 본래는 "믿음의 순종"이라는 소유격 구문이다. 이런 표현에서 강조되는 단어는 수식어가 아니라 피수식어다. 곧 "순종"이 주된 관심사며, "믿음의"라는 수식어는 이 순종의 성격을 밝혀주는 역할을 한다. 그래서 어떤 경우는 믿음을 생략하고 바로 순종을 말하기도 한다 15:18. 복음 전파의 목표는 순종이다. 물론 구약에 익숙한 유대인들은 이 순종이 이스라엘의 회복과 긴밀히 연관된 개념임을 잘 알고 있었다 렘31:31-34; 겔36:25-27. 바울의 복음은 바로 이 순종을 목표로 삼는다. 하지만 이것은 유대인들이 생각했던 것처럼 율법에 기댄 순종이 아니다. 바울이 믿기에 참된 순종은 인간을 다스리는 죄의 세력을 파괴할 수 있어야 하는데, 이는 십자가와 부활로 요약되는 복음에서만 주어질 수 있다. 그래서 제대로 된 순종은 복음을 믿음으로써 가능해진다. 그래서 "믿음의 순종"이다. 이 구절을 '믿는 것이 곧 (하나님께서 원하시는) 순종'이라는 식으로 푸는 것은 신약의 용법에서 이 두 개념이 긴밀히 연결되면서도 서로 구분된다는 사실을 간과한 것이다.[254] 복음 선포의 결과가 순종이라는 바울의 말은, 그 복음이 '성령, 능력, 부활' 등의 개념으로 설명된다는 바울의 말과 더불어 바울 복음의 성격에 관한 결정적 진술이 된다.

복음을 하나님의 능력으로 정의한 바울은 17절에서 이를 더욱 자세히 설명한다. 개역개정에는 누락되었지만 "복음에는 하나님의 의가 나타나서…"라는 17절 역시 "왜냐하면γάρ"이라는 접속사로 이끌리어, 복음이 하나님의 능력이라는 16절 진술의 근거를 제공한다. 바울의 핵심 선언은 복음이 모든 믿는 자를 구원하시는 하나님의 능력이라는 것이다. 그리고 이 진술을 확증하고 설명하기 위해 복음 속에 나타나는 하나님의 의에 관해 이야기한다. 그러니까 17절부터 시작되어 4장까지 이어지는 칭의에 관한 긴 논의는 복음이 "모든 믿는 자를 구원하시는 하나님의 능력"이라는 16절의 주제적 진술을 확증하기 위한 논증이라 할 수 있다.[255]

여기서 복음의 결정적 특징인 "하나님의 능력"은 또 하나의 특징적인 개념인 "하나님의 의"와 연결된다. 이 연결의 의미는 이중적이다. 하나님의 능력이 하나님의 의를 통해 설명되는 것처럼, 하나님의 의 또는 칭의 역시 하나님의 능력 개념과 더불어 이해되어야 한다.[256] 그러니까 로마서에서 바울이 개진하는 칭의 교리는 믿는 자를 구원에 이르게 하시는 하나님의 능력이라는 보다 근본적인 개념과 분리되어 설명될 수 없다. 위에서 살핀 대로, 바울이 말하는 하나님의 능력은 그리스도의 부활을 통해 드러난 능력이라는 점에서 그리스도의 부활과 긴밀히 관련된 개념이다.[1:4] 그렇다면 바울이 말하는 하나님의 의 혹은 칭의는 하나님께서 자신의 능력으로 그리스도를 다시 살리셨다는 사실을 빼고는 제대로 이해될 수 없다.[4:25] 계속되는 논의에서 더 분명히 드러나겠지만,[257] 칭의와 부활 사이의 본질적인 연관성은 바울 칭의론의 올바른 이해를 위해 보다 철저히 규명되어야 할 사안의 하나다. 십자가와 대속 개념에 지나치게 편중된 한국교회의 칭의관을 염두에 둔다면, 이 부분의 중요성은 아무리 강조해도 지나치지 않는다.

2. 하나님의 진노와 심판

1) 진노: 칭의의 뒷모습

하나님의 의와 구원에 대한 논의는 구원이라는 동전의 뒷면이라 할 수 있는 진노 개념에서 시작된다. 바울의 칭의론은 3장 21절에서 시작되고 그 이전의 논의들은 칭의론을 위한 예비적 논증이라는 인식이 널리 퍼져 있다. 그러나 이런 생각은 정확하지 않다. 구원의 능력에 관한 구체적 설명으로서 칭의론은 1장 17절에서부터 이미 시작되었다. "복음에는 하나님의 의가 계시된다^{ἀποκαλύπτεται}"라는 17절의 진술은 곧바로 "하나님의 진노가 계시된다^{ἀποκαλύπτεται}"라는 18절의 진술로 이어지기 때문이다.[258] 하나님의 진노는 "불의로 진리를 막는 사람들"이 드러내는 "모든 경건치 않음과 불의"를 겨냥한다18절. 여기서 "모든"이라는 수식이 의도적인데, 그 구체적 의도는 이후의 논증에서 더 분명하게 드러날 것이다. 바울은 "모든 경건치 않음과 불의"를 우선 우상숭배21-22,25,28절 및 거기서 파생되는 도덕적 타락으로 규정한다24-31절. 창조주 하나님 대신 피조물을 섬기는 영적 타락은 당연히 그 속에 하나님께서 정하신 도덕적 질서의 타락을 동반한다. 물론 이런 행태는 "이 같은 일을 행하는 자는 사형에 해당한다고 하나님께서 정하심을 알고도"라는 사실로 인해 핑계할 수 없는 범죄가 된다32절.

1장 18절에서 "계시된다"개역개정: "나타나나니"가 현재시제라는 사실에 근거하여 하나님의 진노가 이미 드러나고 있다는 주장이 매우 빈번하게 제기된다.259 물론 문법적으로 충분히 가능한 생각이지만, 바울이 조금 뒤에서 하나님의 진노를 마지막 심판의 시점으로 유보하는 것을 보면 현명하지 못한 결정이다2:5; 2:6-11,16. 여기서 진노가 현재적이라면, 이는 이방인의 진노는 현재 드러나고 있지만 유대인의 진노는 마지막 때까지 유보되어 있다는 말이 되는데, 이런 식의 생각은 매우 억지스럽다. "모든"을 반복하며 이방인과 유대인의 동등함을 역설하는 문맥에서 이런 식의 구분을 시도할 리 만무하다2:2,9-10. 물론 세 번 반복되는 하나님의 "버려두심" 혹은 "넘겨주심"이 일종의 진노의 현재적 표현이라 해석하거나, 혹은 잘못에 대해 "상당한 보응을 받았다"라는 것을 진노와 연결할 수도 있지만, 정작 바울은 이런 연결을 시도하지 않는다. 오히려 이는 심판 때의 진노라는 익숙하면서도 명확한 개념에 불필요한 혼란을 조성하는 것이다. 우리는 바울이 진노를 늘 심판과 관련된 미래적 개념으로 제시한다는 사실을 기억해야 한다살전1:10; 5:9; 엡2:3; 5:6; 골3:6.

바울은 이방인의 진노 역시 마지막 심판 때의 일이라고 분명히 못 박는다2:8-9; 3:9,19. 여기서의 현재형은 보편적 진리를 기술하는 격언적 현재gnomic present다. 바울 자신의 말대로, 구원이 더 가까워지긴 했지만 여전히 미래다5:9-10; 13:11. 진노는 이 구원이라는 동전의 뒷면으로서 역시 마지막 심판을 염두에 둔 미래적 개념들이다14:10-12. 로마서 전체 문맥의 뚜렷한 증거에도 불구하고 1장 18절에서 진노의 현재성을 주장하는 관행은 학자들의 신학적 '경향성'이 어떻게 본문의 평이한 의미를 무시하는지 보여주는 좋은 사례다.[260]

1장 18-32절에 그려진 타락상은 이방인들을 향한 당대 유대인들의 관점을 반영한다.[261] 말하자면 바울은 유대인의 입장에서 이방인들의 상태를 고발한다. 사실 유대인들의 입장에서 볼 때 이방인들의 죄상은 달리 설명을 필요로 하지 않는다. 그럼에도 불구하고 바울은 긴 지면을 할애하여 이들의 죄악상을 고발한다. 그렇다면 바울이 이런 논증을 길게 제시하는 의도가 무엇일까? 그의 논의가 2장으로 넘어가면서 우리는 바울의 의도를 짐작하기 시작한다. 2장의 논증은 "그리고"가 아니라 "그러므로"라는 접속사로 시작한다. 곧 바울은 이방인들의 죄악상을 먼저 고발하고 그다음 유대인의 죄악상을 고발하는 것이 아니다. 논리적 결론이나 추론을 나타내는 2장 1절의 "그러므로"는 1장의 포괄적 비판이 단지 이방인 비판을 위해서뿐 아니라 더 나아가 2장의 유대인 비판을 염두에 둔 전략적 포석이라는 것을 말해준다.

바울은 먼저 인류의 보편적인 죄를 유대인의 언어로 신랄하게 비판한 후 이러한 비판의 추진력을 그대로 살려 유대인들 자신을 비판한다. 이방인의 죄를 비판하는 유대인을 향해 '너도 마찬가지'

라고 지적하는, 일종의 나단식 논법이다. 이렇게 보면 2장에서의 유대인 비판이 많은 부분에서 이방인들을 향한 비판의 어조를 띤다는 것은 매우 자연스럽다지혜서 11-15.²⁶² 이방인 비판이 애초부터 유대인들을 염두에 두고서 이루어진 것이라면 유대인들에게도 공히 적용될 수 있는 그런 측면을 부각시키는 것이 당연할 것이기 때문이다. 역으로 1장의 "모든 경건치 않음과 불의"를 겨냥한 1장의 비판 역시 이방인뿐 아니라 유대인에게도 적용할 수 있다. 이방인을 먼저 떠올리게 하는 어조지만, 그렇다고 유대인이라고 해서 면제될 이유가 없는 그런 비판이다. 애초부터 2장으로의 이행을 염두에 둔 포석이기 때문이다.

2) 유대인의 위선적 선민의식과 바울의 도덕적 비판

2장의 유대인 비판은 3장 후반에 제시될 긍정적 칭의론을 위한 일종의 멍석깔기다. 여기서 우리가 주목할 사실은 유대인을 겨냥한 바울의 비판이 시종일관 그들의 '도덕적' 실패를 겨냥한다는 것이다. 갈라디아서에서도 지적한 사실이지만, 바울의 비판은 소위 '율법주의'적 태도, 그러니까 율법을 열심히 지켜서 이를 통해 의롭게 되겠다는 태도를 겨냥한 것이 아니다. 1세기 유대교에 율법을 지켜 의롭게 되려는 율법주의적 경향이 얼마나 퍼져 있었는지는 중요한 역사적 논쟁의 주제다.²⁶³ 그러나 이것은 로마서 2장의 주제는 아니다. 교회 내에서도 유대교를 행위구원의 종교로 보고 이를 기독교의 은혜구원론과 대조하려는 경향이 강하다. 이런 현실을 고려하면, 여기 제시된 바울의 유대인 비판을 정확하게 이해하는 것이 매우 중요하다.

다시 말하지만, 로마서 2장에서 나타난 바울의 비판은 유대인이 의롭다 함을 얻기 위해 율법을 열심히 지킨다거나 지키려 애를 쓴다는 것이 아니라, 오히려 그 반대다. 곧 이들이 율법을 자랑하기만 할 뿐 정작 실천하지는 않는다는 것이다.

> 비판하는 당신이 똑같은 일을 행하니 말입니다1절.
> 이런 일을 행하는 자를 비판하면서 똑같은 일을 행하는 사람이여3절.

유대인들의 이방인 비판은 결과적으로 제 얼굴에 침 뱉기다1절. 타인을 정죄함으로써 그들은 자기 자신을 정죄한다. 당연히 이들 유대인 역시 하나님의 심판을 피하지 못한다3절. 하나님의 심판은 "이런 일을 행하는 자"에게 "진리대로", 곧 아무 차별 없이 공평하게 적용될 것이기 때문이다2절. 바울은 유대인의 불순종을 "고집과 회개하지 않는 마음"이라 묘사하는데5절, 이는 사실상 이방인들이 보여준 태도와 다르지 않다cf. 1:21,28,32.

유대인들의 불순종이 역설적인 것은 그들이 율법을 자랑한다는 것이다. 그들은 율법을 소유하고 있고, 또한 그 계명을 잘 안다. 그래서 그들은 자기가 이방인들에 비해 도덕적으로 우월하다고 생각했다. 하지만 그건 착각이었다. 그 우월함은 그들의 머리 속에만 있었을 뿐, 실제 그들의 실천은 이방인과 다르지 않았기 때문이다. 그들은 율법을 "의지"했다17절. 하지만 이는 율법의 소유를 근거로 이방인과 자신을 구별하려는 것일뿐17-20절, 막상 그 율법을 실천하려는 노력으로 이어지지는 않았다21-23절. 한마디로 자가당착 혹은 위선이다. 그래서 실제로 이들의 하나님 자랑은 "하나님의 이름이 너희 때문에 이방인 중에서 모독을 받는다"라는 아픈 비판으로 끝난다24절.[264]

결국 유대인의 자부심은 실제 율법을 준수하는 도덕적 탁월함이 아니라, 율법 소유와 율법에 대한 지식에 근거한 배타적 정체성에 대한 집착이었다. 행동을 근거로 그들의 태도를 판단하자면, 그들은 율법 실천보다는 율법 소유가 중요하고, 도덕적 탁월함보다는 육신의 할례가 더 중요하다고 생각했다. 바울의 분명한 경고가 시사하듯, 유대인들은 하나님의 선택이, 그리고 이 선택을 가시화하는 할례와 율법의 소유가 하나님의 진노에 대한 면죄부가 된다고 믿었다.[265] 하지만 바울은 이런 식의 자의적 '확신'은 '착각'에 불과하다고 잘라 말한다. 하나님 앞에서 칭의는 율법의 소유가 아니라 율법의 실천을 요구한다13절. 할례에 대한 유대인들의 맹목적인 신뢰는 행한 대로 공평하게 갚으시는 하나님을 오해한 것이다2:6-11. 율법을 순종하지 않는 상황에서 할례는 무의미하다25절. 반면 율법을 지키는 무할례자들은 오히려 할례자 대우를 받을 것이다26절. 이들이야말로 할례의 본래적 의미를 구현했기 때문이다. 그래서 율법을 지키는 이방인들이 율법을 소유하고 이 율법을 범하는 유대인을 심판할 수도 있을 것이다27절.[266]

요컨대 육체적 할례에 근거한 정체성은 무의미하다. 하나님께 의미 있는 정체성의 표지는 육체의 할례가 아니라 마음의 할례다. 물론 마음의 할례란 구약에서 이미 잘 알려진 개념으로서, 불순종하는 이스라엘이 순종하는 백성으로 회복될 것을 바라보는 개념이다.신30:6; 렘4:4; 9:25; cf. 행7:51.[267]

> 네 하나님 여호와께서 네 마음과 네 자손의 마음에 할례를 베푸사 너로 마음을 다하며 뜻을 다하여 네 하나님 여호와를 사랑하게 하사 너로 생명을 얻게 하실 것이며신30:6

> 유다인과 예루살렘 주민들아 너희는 스스로 할례를 행하여 너희 마음 가죽을 베고 나 여호와께 속하라 그리하지 아니하면 너희 악행으로 말미암아 나의 분노가 불같이 일어나 사르리니 그것을 끌 자가 없으리라렘4:4

또한 예레미야 선지자는 하나님께서 "할례 받은 자"와 "할례 받지 못한 자"를 모두 벌하실 것이라고 경고하는데, 이는 "모든 민족은 할례를 받지 못하였기" 때문이며, "이스라엘은 마음에 할례를 받지 못하였기" 때문이다렘9:25-26. 결국 '마음의 할례'라는 (구약)성경적 개념을 통해 바울이 말하려는 것은 참된 순종의 필요성이다. 하나님께 의미 있는 정체성은 유대인이라는 외적 정체성이 아니라 마음의 할례, 곧 하나님께 대한 실제적인 순종이다. 중요한 것은 율법을 통해 드러난 하나님의 뜻에 순종하는 것이지, 율법을 무슨 깃

발처럼 내걸고 이를 자랑하는 것이 아니다. 즉 중요한 것은 올바른 행위지, 육신적 할례가 아니다.[268]

원칙적으로 유대인, 곧 하나님의 백성이 하나님의 구원을 받는다는 말은 옳다. 아브라함의 후손이라는 신분은 무의미한 것이 아니다. 다만 하나님께서 인정하시는 기준에 따라 아브라함의 후손으로 인정받는 것이 중요하다. 그런데 하나님께 인정받는 신분은 육체의 할례가 아니라 마음의 할례에 근거한다. 곧 우리를 심판에서 건지는 참된 신분은 "표면적/외적" 정체성이 아니라 "이면적/내적" 정체성이다[28-29절]. 여기서 주의할 것은 바울이 말하는 표면과 내면의 구분은 우리가 흔히 말하는 내면-외면의 구분과는 다르다는 사실이다. 여기서 "이면적$ἐν\ τῷ\ κρυπτῷ$"이라는 말은 앞서 심판의 근거로 언급된 "사람들의 은밀한 것$τὰ\ κρυπτὰ\ τῶν\ ἀνθρώπων$"과 연결된다[16절]. 그리고 이 "은밀한 것"은 마지막 심판의 근거로서, 앞서 심판의 근거로 제시된 "행위$τὰ\ ἔργα$"와 사실상 겹친다[6절].[269] 그러니까 바울이 말하는 이면적 정체성이란 율법을 외적으로 자랑하기만 하는 것이 아니라, 실제로 율법을 실천하는 정체성을 말한다.[270] 하나님 앞에서 순종을 통해 드러나는 이 "이면적" 정체성은 유대인들이 집착했던 '외면'의 조건들, 곧 "표면적$ἐν\ τῷ\ φανερῷ$" 정체성의 표지들과 대척 관계에 선다[2:11].

이런 이면적 정체성은 "율법 조문", 곧 율법의 규정으로 확보되지 않는다.[271] 율법의 규정을 따른 육체의 할례는 "표면적" 유대인을 만들 수 있지만, 이것으로는 '행위', 곧 '이면/내면'을 따라 심판하시는 하나님의 칭찬은 기대할 수 없다. 중요한 것은 "이면적" 유대인이 되도록 해주는 '마음'의 할례인데, 이 할례는 오직 "영으로", 곧 성령의 역사를 통해서만 가능하다. 두어 번의 간헐적 언급을 제외하면5:5; 7:6, 로마서의 본격적 성령론은 8장에 가서야 등장하지만, 영에 관한 이런 간략한 언급은 사실상 바울 복음의 본질에 관한 예비적 진술이라 할 수 있다. 물론 복음의 구체적 내용은 아직 설명되지 않는다. 이 구절 또한 복음 제시 자체보다는 하나님의 심판과 관련된 원칙의 진술에 가깝다. 하지만 여기서 바울은 '율법 조문과 영'이라는 전략적 이분법을 통해 유대교적 패러다임의 한계를 밝히며 어떤 면에서 자신의 복음이 이 한계를 해결하는지 분명히 밝히고 있다.

물론 이 '율법 조문-영'의 반제는, 그리스도께서 부활을 통해 하나님의 능력으로 하나님의 아들로 인정되셨으며, 이것은 바로 "성결의 영을 따라" 된 것이라는 서두의 진술을 떠올리게 한다. 하나님께서 그리스도를 죽음에서 살리신 것은 "성결의 영을 따라" 된 일이다1:4. 이 성령은 우리 마음에 할례를 행하실 수 있는 하나님의 능력을 가리키는 것으로서, 그런 생명의 능력을 갖지 못한 율법과 분명한 대조 관계에 놓인다. 아직 예비적이지만, 여기서 우리는 바울 복음에서 성령이 차지하는 결정적 중요성을 예감한다.

3) 행위에 의한 심판과 종말론적 칭의

유대인들의 위선을 비판하는 중 바울은 매우 근본적인 신학적 원리를 개진한다. 곧 행위 심판의 원리다. 바울의 관심사는 율법의 소유나 율법에 관한 지식을 넘어 그 율법을 구체적으로 실행하는 것이다. 물론 바울의 이런 입장은 인간의 행위가 하나님의 종말론적 심판의 기준이 된다는 신학적 확신에 바탕을 둔다. 바울은 이런 입장을 의심이 없는 분명한 필치로 천명한다2:6-11.

  A 하나님께서는 모든 사람에게 그 행한 대로 갚아주십니다6절.
    B 인내로 선을 행하여 영광과 영예와 불멸을 추구하는 사람에게는 영생으로7절,
      C 반대로 자기만 생각하며 진리를 거스르고 불의를 따르는 자에게는 진노와 분노로 갚아주십니다8절.
      C′ 악을 행하는 사람 누구에게나 환난과 고통이 있을 것입니다. 먼저 유대인에게, 그리고 헬라인에게도 그렇습니다9절.
    B′ 선을 행하는 사람 누구에게나 영광과 영예와 평화가 있을 것입니다. 먼저 유대인에게, 그리고 헬라인도 그렇습니다10절.
  A′ 하나님께서는 사람을 차별하지 않으시기 때문입니다11절.

위의 배열에서 드러나듯이, 행위 심판에 관한 바울의 진술은 깔끔한 교차 대구 형식으로 매우 선명한 의미를 전달한다. 첫 6절과 마지막 11절은 행위에 근거한 심판이라는 불변의 원칙을 제시한다.[272] 이 두 개의 원론적 명제 사이에서 7-10절은 각각 선을 행하는

자와 악을 행하는 자 및 그들에게 주어질 영생과 진노라는 종말론적 결과를 반복 대조한다. 9-10절은 우선 7-8절의 내용을 순서를 바꾸어 반복하지만, 두 번째 진술에서는 "먼저는 유대인에게, 그리고 헬라인에게도"가 추가되면서 이 원리가 이방인뿐 아니라 율법을 자랑하는 유대인들에게도 해당된다는 사실을 분명히 한다. "하나님께서는 외모로 사람을 취하지 않으신다"라는 진술 역시 6절의 내용을 재확인하면서 다시금 유대인들의 공허한 자부심을 겨냥한다.

이 행위 심판의 원리를 바탕으로 바울은 칭의에 관한 중요한 진술을 내어놓는다.

> 하나님 앞에서는 율법을 듣는 사람이 의인이 아닙니다. 오히려 율법을 행하는 사람이 의롭다 하심을 얻을 것입니다 13절.

1장 17절 이후 이 구절은 칭의에 관한 로마서의 첫 진술에 해당한다. 처음 제시된 칭의의 원리는 의롭다 하심을 얻는 것이 율법의 '들음'이 아니라 율법의 '행함'에 근거한다는 것이다. 그리고 "의롭다 하심을 얻으리니"라는 미래 시제가 시사하는 것처럼, 바울이 여기서 말하는 칭의는 당시 유대인들이 알고 있던 전통적 의미의 칭의, 곧 마지막 심판을 배경으로 하는 칭의를 가리킨다.[273] 따라서 이는 미래적 의미의 구원 5:9-10이나 영생 5:21; 6:22-23과 사실상 동일하다. 사람이 하나님의 심판 자리에서 의롭다 하심을 얻으려면 율법을 듣기만 해서는 안 되고 율법을 몸소 실천해야 한다.

물론 행위를 요구하는 이런 칭의론은 이미 제시된 행위 심판 사상을 칭의 개념으로 바꾸어 쓴 것에 불과하다. 마지막 심판 때 하나님께 의롭다 여김을 받는 것은 하나님께 영생을 선물로 받는다는 말과 같기 때문이다. 여기서 제시된 바울의 칭의론은 "의의 소망"이라는 표현을 통해 개진되는 갈라디아서의 미래 종말론적 칭의론과 동일하다.[274] 또한 이것은 야고보서의 칭의론과도 같다. 야고보 역시 진정한 믿음은 그 속에 행위가 포함된 개념임을 분명히 하면서, "사람이 행위로 의롭다 하심을 받고 믿음으로만 의롭다 하심을 얻는 것이 아니라"약2:24는 사실을 분명히 한다. 이는 또한 그저 "주여, 주여"를 외치는 것이 아니라, "하늘에 계신 내 아버지의 뜻대로 행하는 자라야 천국에 들어갈 것"마7:21이라는 주님의 가르침과도 일치한다.[275]

우리는 여기서 바울이 '유대교적 견지에서 보자면'과 같은 전제를 달고 있지 않다는 사실에 유의해야 한다. 행위에 의한 심판과 칭의 개념은 바울 자신의 복음의 일부지16절, 복음으로 넘어오면서 버려지는 임시적 논증이 아니다.[276] 사실 바울의 구원론 및 칭의론을 올바르게 이해하는 데 있어 이 구절의 중요성은 아무리 강조해도 지나치지 않는다. 하나님께서 각 사람을 그 행위대로 심판하신다는 것은 하나님께 대한 가장 근본적인 고백에 속한다. 회심 전이든 이후든 바울이 결코 포기해 본 적이 없는 신념이다살전4:6; 갈6:7-9; 고후5:10; 롬14:10-12; 엡5:5-6:9; 골5:6,25; 딤전5:24-25; cf. 벧전1:17; 계2:23; 20:12-15. 종종 행위 심판의 원리가 바울의 은혜 사상과 어긋난다는 이유로 이를 아직 청산되지 못한 유대교적바리새적 잔재 내지는 바울 사상의 본류에서 벗어난 잔가지 정도로 폄하하는 사람이 있지만,[277] 이는 바울의 복음을 오해한 결과다. 행위 심판의 사상은 '공평하신 하나님'에 관한 구약과 유대교적 전통을 거쳐 이어져 온 것으로시33; 62편, 바울의 은혜 사상을 담는 틀, 혹은 바울의 복음적 사고가 뿌리내리고 있는 터전matrix이다갈2:6; 롬2:11. 마태복음과 야고보서에 관한 논의에서 확인한 것처럼, 이는 신약 전체에 걸쳐 일관되게 드러나는 근본적 확신에 속한다. 바울의 복음 역시 이런 신학적 틀 안에서 이해되어야 한다.

3. 하나님의 의와 '율법의 행위'

칭의의 정확한 '개념'에 관한 계속되는 논쟁이 말해주듯, 사실 바울은 칭의가 무엇인가를 설명하는 일에는 별 관심이 없어 보인다. 우리에게는 좀 당혹스럽지만, 바울의 입장에서 칭의 개념 자체는 긴 설명을 달아야 할 만큼 모호한 개념이 아니었다. 정작 바울의 관심은 칭의가 이루어지는 방식에 있다. 이에 대한 바울의 주장은 크게 부정과 긍정의 두 진술로 압축된다. 논증의 전환점을 이루는 21절 전후의 진술은 바울의 주장을 매우 명확하게 요약해 준다.

> 그러므로 율법의 행위들로는 하나님 앞에서 의롭다 하심을 받을 사람이 없습니다3:20.
>
> 곧 예수 그리스도를 믿는 믿음을 통해 모든 믿는 사람에게 주어지는 하나님의 의입니다3:22.

부정적으로, 칭의는 율법의 행위들을 통해 주어지지 않는다.[278] 긍정적으로, 칭의는 예수 그리스도를 믿음으로써 주어진다.[279] 갈라디아서에서처럼, 로마서에서도 이 두 진술은 동전의 양면처럼 긴밀하게 결합되어 있다. 당연히 바울의 칭의론에 관한 이해는 바울이 부정하는 "율법의 행위들" 및 그가 진정한 칭의의 방식으로 제시하는 "믿음"에 대한 탐구를 필요로 한다.

1) 율법의 행위들

먼저 바울 칭의론의 부정적 차원, 곧 "율법의 행위들"이라는 개념을 생각해 보자. 바울은 사람이 율법의 행위들로 의롭다 하심을 얻을 수 있다는 주장을 부정한다. 바울이 이 점을 거듭 강조한다는 사실은 이런 주장이 당시 널리 퍼진 생각임을 시사한다.[280] 그렇다면 바울이 칭의의 수단이 못 된다고 일축하는 이 율법의 행위들은 과연 무엇을 가리키는가?

앞에서 이미 언급한 것처럼, 전통적으로 (단수처럼 번역된) '율법의 행위'는 의식적인 요소나 도덕적인 요소를 불문하고 전체로서의 율법을 준수하는 것, 더 나아가 이런 율법 준수를 통해서 의롭다 하심을 얻으려는 태도로 이해된다. 흔히 '율법주의'라고 부르는 태도다. 그렇다면 칭의가 율법의 행위 아닌 믿음으로 주어진다는 말은, 적어도 칭의에 관한 한 우리의 행위는 아무런 가치가 없다는 뜻이 된다. 이는 율법을 완전히 지킬 수 있건 없건 율법이 애초부터 칭의와 무관하다는 원칙론적 입장일 수도 있고cf. 롬5:20; 갈3:11-12,19, 혹은 율법을 완전히 지키면 의롭게 되겠지만 그것이 현실적으로 불가능해서 안 된다는 현실적 판단일 수도 있다cf. 갈3:10. 어떻게 생각하든 율법 준수가 칭의의 수단이 될 수 없다는 사실은 마찬가지다.

우리는 이미 갈라디아서에 관한 논의에서 이 개념을 다룬 적이 있다. 그런데 바울이 로마서에서 이 표현을 전혀 다른 의미로 사용한다고 생각할 이유는 없다. 곧 여기서도 "율법의 행위들"이라는 흥미로운 표현은 율법의 도덕적 실천을 가리키는 개념이 아니다. 오히려 이는 유대인/아브라함의 후손이라는 신분을 보증하는 기능과 관련된 율법의 측면이나 항목을 가리킨다. 도덕적 계명의 실천과 구분된다는 점에서, 이 "율법의 행위들"은 자연스럽게 할례, 절기 규정이나 음식 규정 등과 같이 현실적으로 중요하게 통용되었던 몇몇 '행위들'로 수렴된다. 갈라디아서에서 제시된 논증은 로마서에서도 그대로 적용되는 것이라 굳이 반복할 필요는 없을 것이다. 여기서는 로마서의 문맥에서 드러나는 두 가지 사항을 추가로 지적하고자 한다.

앞에서 우리는 바울의 비판이 유대인들의 실천 없는 율법 자랑, 곧 이들의 도덕적 타락상을 겨냥하고 있음을 보았다. 유대인들에 대한 바울의 도덕적 비판은 3장에서 그 절정에 달한다. 바울은 전통적으로 이방인들의 도덕적 타락에 적용될 법한 "율법"의 구절들을 인용하고서 3:10-18, 율법이 말하는 "모든" 내용은 사실 율법 밖에 있는 이방인들보다는 바로 "율법 아래에 있는 자들", 곧 유대인들에게 주어진 것임을 지적한다 3:19. 따라서 인용 구절 속에 묘사된 도덕적 타락상은 바로 유대인들 자신의 자화상이다. 바울은 이를 통해 "모든" 입, 곧 이방인뿐 아니라 유대인들의 입 또한 막고, "온" 세상, 곧 이방인뿐 아니라 유대인 역시 하나님의 심판 아래 있다고 결론을 내린다 3:19.

바울의 논증 속에서 사람이 율법의 행위들로는 하나님 앞에 의롭다 하심을 얻을 수 없다는 20절의 진술은 19절에서 확인된 사실에 대한 추론으로 나온 것이다.[281] 그러니까 20절에서 비판되는 "율법의 행위들"은 19절까지 설명된 내용, 곧 유대인들이 자기의 외적 신분을 자랑하기만 하고 실제로 율법을 지키지 않는다는 비판적 논증과 닿아 있다. 앞에서 바울은 율법을 듣기만 하는 자가 의로운 자가 아니라고 말한바 있다. "율법의 행위들"로는 안 된다는 20절의 진술 역시 외면적 정체성만으로는 안 된다고 말한다는 점에서 앞 13절과 같은 비판이라 할 수 있다.

> 하나님 앞에서는 율법을 듣는 자가 의인이 아니요 2:13a
> 율법의 행위로 그의 앞에 의롭다 하심을 얻을 육체가 없나니 3:20a

만일 바울이 율법을 지키지 않는다는 이유로 유대인들을 비판해 놓고서 금방 말을 바꾸어 율법을 지키는 것으로는 의롭다 하심을 얻지 못한다고 말했다면, 전혀 앞뒤가 맞지 않는 논증non sequitur이 되었을 것이다. 물론 어차피 온전히 지키지 못한다는 것을 전제한다면 그런 논증도 가능하다. 하지만 바울의 실제 논증은 율법의 온전한 실천이 불가능하다는 사실을 증명하려는 것이 아니다. 2장 전체에 걸친 바울의 비판은 시종일관 이방인과 별반 다를 바 없는 그들의 도덕적 타락상, 그러니까 율법을 지킬 의사가 없는 태도를 공격한다. 3장 10-18절에 인용된 구절들도 마찬가지다. 바울의 비판은 나름 열심히 지키려고 애쓰지만 완전하게는 지킬 수 없는 안타까운 부류가 아니라 자랑만 할 뿐 아예 율법을 지킬 의사가 없는 사람들, 곧 "하나님을 찾지도 않을" 뿐 아니라 "하나님을 두려워하지도 않는" 그런 종류의 사람들을 겨냥한다. 그러니까 바울이 유대인들에게서 발견하는 문제는 율법을 지키려는 노력의 한계가 아니라 율법을 지키려 하지 않는, 그러면서도 할례 등의 "행위들"을 앞세우고 율법을 가졌다고 자랑하는 위선이다.[282] 따라서 "율법의 행위들"은 앞에서 말한바 "율법을 듣(기만 하)는" 태도, 곧 율법을 지키지 않으면서 유대인이라는 사실을 자랑하는 태도와 통하는 개념으로 보는 것이 가장 자연스럽다.

"율법의 행위들"이 율법의 도덕적 실천을 의미할 수 없는 또 하나의 이유는 그렇게 되면 바울의 논증이 자가당착에 빠지기 때문이다. 앞에서 바울은 하나님 앞에서 의롭다 하심을 얻는 자는 율법을 듣기만 하는 자가 아니라 율법을 지키는 자라고 말했었다. 그리고 여기서는 율법의 행위들로는 의롭다 하심을 얻지 못한다고 말한다. 그런데 이 율법의 행위들을 율법을 실천하는 것으로 이해하면, 바울의 말은 율법을 지키는 자는 하나님 앞에서 의롭다 하심을 얻지 못한다는 뜻이 된다. 이는 "율법을 행하는 자라야 의롭다 하심을 얻을 것"이라는 2장 13절의 주장과 정면으로 배치된다. 물론 바울이 이처럼 모순된 말을 하고 있을 가능성은 없다. 곧 율법을 행하는 자라야 의롭다 하심을 얻는다고 말해놓고, 금방 율법을 행하는 것으로는 의롭다 하심을 얻을 수 없다고 말하기는 어렵다. 물론 어떤 이들은 2장 13절에서 바울이 논증을 위해 실현 불가능한 원론을 임시적으로 활용한다고 주장하며 두 구절 사이의 긴장을 해소하려 한다. 하지만 2장 13절이 논증을 위한 임시적 방편이라는 주장은 행위에 의한 심판을 역설하고 있는 2장 6-11절, 그리고 이것을 자기 복음의 분명한 일부로 간주하고 있는 2장 16절의 진술에 의해 무너진다.

"율법의 행위들"로 의롭다 하심을 얻을 수 없다는 것은, 율법을 지킨다고 의롭게 되는 것이 아니라는 말이 아니라 율법을 안 지키면서 할례 같은 외적인 '행위들'만 의지해서는 결코 의롭게 되지 못할 것이라는 말이다. 종말론적 의미에서 구원은, 이를 칭의라 말하건, 영생 혹은 유업이라 부르건, 언제나 하나님의 뜻에 대한 순종을 전제한다 2:6-11. 물론 바울이 칭의 개념을 현재적 회심의 상황으로 확대 적용할 때는 이야기가 달라진다. 우리의 회심에 행위나 순종이 개입될 수는 없기 때문이다. 하지만 그렇다고 현재적 회심을 묘사하는 진술을 종말론적 구원에 관한 진술로 오해할 수는 없다.[283]

2) 유대인과 이방인의 동등성

실제로 율법의 행위-믿음의 반제를 틀로 하는 로마서 3장의 논증을 살펴보면, 바울이 유대인과 이방인의 동등한 입장을 강조하는 데 특별한 관심을 기울이고 있음을 알 수 있다.[284] 3장 20절에 이르기까지 바울의 논증은 한마디로 모든 사람이 다 하나님의 심판 아래 놓여 있다는 것이다[19절]. 이는 곧 "율법의 행위들"로는 의롭다 하심을 얻을 사람이 없다는 결론으로 이어진다[20절]. 그리고 이런 결론은 바로 "(그러나) 이제는 율법 외에 하나님의 의가 나타났으니"라는 긍정적인 선포로 이어진다[21절].[285] 그런데 율법 외에 또는 율법과 상관없이 나타난 이 하나님의 의는 "예수 그리스도를 믿음으로 말미암아" 주어지는 것으로 밝혀진다[22절]. 그런데 재미있게도 하나님의 의가 예수 그리스도를 믿음으로 주어진다는 진술에서 바울이 처음으로 찾아내는 함의는 "차별이 없다"라는 것이다[22절].

유대인과 이방인의 동등성은 "모든" 사람들이 다 죄를 지었고, 그래서 모두 하나님의 영광에 이르지 못한다는 관찰에서 시작한다[23절]. 그래서 이들은 모두 율법 아닌 "그리스도 예수 안에 있는 속량"을 통해, 곧 "하나님의 은혜로 값없이" 의롭다 하심을 얻는다[24절]. 그러기에 어느 누구도 자신에게 주어진 하나님의 의를 두고 자랑할 수 없다[27절]. 왜냐하면 하나님의 의는 '행위라는 법'이 아니라

'믿음이라는 법'으로 주어진 것이기 때문이다. 그래서 우리는 "사람이 의롭다 하심을 얻는 것은 율법의 행위들에 있지 않고 믿음으로 되는 줄" 인정한다 28절.

여기서 바울은 수사적으로 반대자의 입장을 한번 수긍해 보는 귀류법 논증을 펼친다. 개역개정에는 번역되지 않았지만, 29절은 "혹은"이라는 접속사로 시작한다. 이를 풀면 '만약 그렇지 않다면'이라는 뜻이 되고, 이를 좀 더 풀면 '만약 당신들이 주장한 바가 옳다면'이라는 수사적 움직임이 된다. 그런데 이처럼 상대의 입장, 곧 '율법의 행위들로 의롭게 된다'라고 가정하게 되면, 터무니없는 결론이 도출된다. 이는 곧 '하나님이 오로지 유대인만의 하나님'이라는 말이 되기 때문이다. 하지만 하나님은 그런 분이 아니시다. 누구나 다 알 듯, 하나님은 "진실로 이방인의 하나님도 되신다" 29절. 그러니 '율법의 행위들로 의롭게 된다'라는 주장은 틀렸다. "율법의 행위들"을 칭의의 근거로 내세우는 것은 하나님을 유대인만의 하나님으로 제한하는 것이다. 그렇다면 이 "율법의 행위들"은 율법을 잘 지키는 도덕적 행위가 아니라 유대인이라는 정체성을 지탱하는 그 '행위들'을 가리킨다.

현 문맥에서 바울이 "율법의 행위들"과 믿음을 대조하는 현실적 의도의 하나는 한 분 하나님 앞에서 유대인과 이방인이 아무 차별이 없다는 사실을 강조하려는 것이다. 이는 22절에서 이미 선언된 내용이다. 한 분이신 하나님께서는 "할례자"도 믿음으로, "무할례자"도 믿음으로 의롭다 하신다 30절. 현 문맥의 날 선 논증에서 믿음이 할례자와 무할례자의 동등함을 보장하는 근거로 활용된다면, 그 반대 항목인 "율법의 행위들"도 마찬가지다. 곧 현재 바울의 논증에서 "율법의 행위들"은 할례자와 무할례자를 구별하는 '정체성의 표지'에 해당한다. 하지만 하나님의 의는 외면적으로 서로를 가르는 그런 "율법의 행위들"에 의존하지 않는다. 할례자건 무할례자건 모두 "믿음으로" 의롭다 하심을 얻는다. 모두를 믿음으로 의롭다 하시는 하나님 외에 다른 차별적 하나님은 존재하시지 않는다30절.[286]

로마서 3장에서 이신칭의에 관한 핵심적 진술을 제시한 바울은 이어지는 4장에서 아브라함의 경우를 들어 방금 개진한 이신칭의의 원리를 성경적으로 확증한다. 여기서도 계속되는 대조는 도덕적 실천으로서의 행위와 믿음 사이의 대조가 아니다. 아브라함이 "행위로" 의롭다 하심을 입었으면 자랑할 것이 있었을 것이다2절. 하지만 성경이 분명히 밝히는 대로창15:6 아브라함의 칭의는 분명 "믿음으로" 이루어졌다3절. 아브라함은 하나님을 믿었고, 하나님께서는 바로 그 믿음을 그의 의로 여겨주셨다5절. 칭의의 첫 사례에 해당하는 아브라함의 경우 적어도 하나님 앞에서는 자랑할 것이 없다. 따라서 우리가 아브라함의 규범적 중요성을 인정한다면, 우리의 칭의에 관해서도 마찬가지 결론이 적용된다. 하나님께서 우리를 의롭다 하시는 사건은 우리에게 아무런 자랑의 근거도 허용하지 않는다3:27.[287]

바울은 아브라함을 "일한 것이 없이 하나님께 의로 여기심을 받는 사람"의 한 전형으로 소개한다4:6. 이 칭의를 가능케 하는 믿음은 "일을 아니할지라도 경건치 않은 자를 의롭다 하시는" 분을 믿는 믿음이다4:5. 그리고 바울은 아브라함의 이 경험을 다윗이 노래한 사죄의 체험과 같은 것으로 파악한다4:6-8. 죄인이 사함을 받고 경건치 못한 자가 의롭게 되는 과정에 인간의 행위, 특히 선한 행위가 개입될 여지가 없음은 당연한 일이다.

여기서 중요한 것은 이것이 바울이 논증하려고 하는 핵심 주제가 아님을 인식하는 것이다. 바울이 본격적으로 다루는 질문은 "행위 없이" 주어지는 칭의의 복이 미치는 범위에 관한 것이다.[288] 칭의는 죄를 덮어주는 용서다. 그런데 이런 칭의의 복은 본래 할례자에게 주어지는 것인가, 아니면 할례를 받지 않은 사람에게도 주어지는가4:9? 이 질문에 답하기 위해 바울은 아브라함이 의롭다 하심을 받았던 방식, 곧 그가 믿음으로 의롭다고 인정받은 것이 할례 이전이었다는 사실에 주목한다4:10. 다시 말해 아브라함의 경우 칭의는 할례 이전, 곧 무할례자일 때 주어졌다. 이는 칭의가 애초부터 할례와는 무관하다는 것을 의미한다. 물론 아브라함은 나중에 할례를 받았다창17장. 하지만 이는 이미 주어진 칭의에 대한 사후적 확인절차일 뿐 결코 칭의를 위한 선결조건이 아니다4:11. 아브라함의 경우 우리가 확인할 수 있는 칭의의 유일한 조건은 믿음뿐이다. 그리고 이 원리는 아브라함의 믿음을 공유하는 모든 이들에게 공히 해당된다4:11-12. 그런 의미에서 칭의에는 "차별이 없다"3:22.

13-16절에서는 동일한 논점이 '율법이냐, 약속/믿음이냐' 하는 반제로 재진술된다. 여기서 할례는 이제 그 할례를 성문으로 규정

하고 있는 율법으로 확장된다. 그래서 율법이냐 믿음이냐 하는 반제가 생겨난다. 물론 아브라함을 시초로 하는 칭의의 역사에 율법이 개입될 이유가 없다. 그때나 지금이나 칭의는 믿음에 근거할 뿐이다. "세상의 상속자가 될 것이라"는 말씀, 곧 바울 당시의 관점에서 말하자면, 종말론적 하나님 나라를 상속하게 되리라는 약속 역시 율법과 상관없이 주어졌다. 이 미래적 소망은 오직 "믿음의 의"에서 생겨난다4:13. 믿음으로 주어지는 칭의가 바로 미래적 소망의 근거다.[289]

현재적 의미의 칭의가 인간의 도덕적 행위를 포함하지 않는다는 것은 논증조차 필요없는 당연한 이야기다. 바울의 논증은 이런 사실을 건드리는 것이 아니다. 바울의 '할례-믿음' 혹은 '율법-믿음'의 반제는 이런 칭의의 복이 미치는 범위에 관한 것이다. 칭의의 복은 할례 혹은 율법으로 상징되는 외면적 유대인의 신분과 무관하다는 사실을 밝히기 위한 것이다. 아브라함에 관한 논증에서 할례와 율법이 칭의 이후 순종의 필요성을 부인하기 위해 동원된 개념이 아닌 것처럼, 바울의 율법-믿음의 반제 또한 칭의 이후 성도들의 도덕적 행위 여부를 다루는 개념이 아니다. 로마서 4장의 '할례-믿음' 혹은 '율법-믿음'의 반제는 아무런 인간적 기여 없이 주어지는 최초의 회심적 칭의가 이제는 유대인에게 국한되지 않는다는 것을 강조하기 위한 것이지, 구원이라는 종말론적 기대를 안고 살아가는 성도들에게 순종이 필요치 않다는 것을 주장하려는 것이 아니다. 아브라함이 보인 '불굴의 신앙'에 대한 바울의 묘사는 오히려

전혀 다른 방향을 가리킨다.²⁹⁰

유대적 신분에 관한 관심이 잠시 뒤로 물러나는 4장 이후에는 율법과 믿음의 반제 역시 사라진다. 그러다가 율법에 관한 논의가 재개되는 10장 1-4절에 가서야 다시금 나타난다. 물론 여기서도 우리는 동일한 관점을 확인한다. 유대인의 실수는 "하나님의 의"는 모른 채 "자기 의"를 추구했다는 것이다3절. 이 구절에서 명시적으로 표현되지 않았지만, 유대인들의 이런 태도는 율법에 대한 집착으로 나타났다. 그런데 그리스도께서 오셔서 율법에 종지부를 찍으셨다4절. 이는 "모두"가, 곧 유대인뿐 아니라 이방인들 또한 믿음으로 의롭게 되도록 하시려는 것이었다. 그러니까 유대인들이 "자기 의"를 추구했다는 것은 모두에게 적용되는 "하나님의 의" 대신 자기들만 배타적으로 소유할 수 있는 의, 곧 유대인의 율법을 통해서만 추구할 수 있는 그런 의에 집착했다는 것이다cf. 빌3:9. 하지만 그리스도 이후 그런 배타적 선민의식은 하나님의 칭의 방식과 관계가 없다는 것이 분명해졌다. 그리스도께 대한 믿음이 유일한 칭의의 수단이며, 이는 모두에게 적용된다. 따라서 "차별이 없다"12절; cf. 3:22. 그러나 유대인들은 여전히 "자기들의 의"를 고집하고 있고, 그래서 유대인은 믿음이 없어 넘어지고 오히려 이방인이 믿음으로 굳게 서게 되는 역설적 상황이 발생하였다11:20. 물론 이것은 이방인의 우월성을 말하는 것이 아니다. 유대인과 이방인이 하나님의 새로운 의 앞에서 철저히 동등하다는 사실을 부각하는 논증인 것이다.

율법의 의를 추구했다는 것이 율법의 도덕적 준수를 통해 의롭게 되려 했다는 의미가 아니라는 사실은 9장 후반부의 논의에서도 분명히 드러난다. 바울의 판단에 이스라엘의 실수는 그들이 "믿음"에 의지하지 않고 "행위"에 의지했다는 것이다9:32. 이는 또한 "의의 법을 추구했다"라는 말로도 표현된다9:31. 일견 "행위" 혹은 "의의 법"에 대한 바울의 언급은 이스라엘의 율법주의적 열성, 곧 율법에 대한 도덕적 열성으로 의롭게 되려는 태도를 지적하는 것처럼 보인다. 하지만 여기서 바울이 말하는 "행위"는 앞서 나왔던 "율법의 행위들"의 약어일 뿐 도덕적 열성을 나타내는 표현이 아니다.[291] 로마서에서 바울은 유대인들이 행위에 의지한 것이 아니라 행위 없이 율법을 자랑하기만 한다고 지속적으로 비판해 왔기 때문이다. 물론 그들은 "의의 법"을 추구하였다. 바울은 그들이 하나님을 향한 열심이 있었음을 부인하지 않는다10:2. 그들의 문제는 그 열성이 "지식에 근거한" 열성이 아니었다는 사실이다10:2. 그 결과 그들은 하나님의 의에 순종하지 않았다10:3. 바울은 이스라엘의 이런 실패를 "율법에 이르지 못한" 것으로 판단한다9:31. 바울의 논리 속에서, 서로 동일한 추구의 목표를 가리키는 "법"과 "하나님의 의"는 사실상 동일한 개념으로 간주되는 것이 거의 확실하다. 이스라엘이 "율법에 이르지 못했다"라는 말은 이스라엘의 실패가 율법주의적 태도가 아니라 율법 준수의 실패로 이해되어야 함을 말해준다.[292] 물론 이것은 바울이 2장에서 매우 신랄한 비판을 퍼부었던 그 빗나간 선민의식과 다르지 않다.

지금까지 살펴본 것처럼, "율법의 행위들이 아니라 믿음으로"

의롭다 하심을 얻는다는 사실을 강조하는 바울의 의도는 분명 도덕적 행위를 부정하거나 상대화하려는 것이 아니다. "율법의 행위들"은 일차적으로 유대인들의 배타적 선민의식과 관련된다. 믿음은 이런 차별을 철폐하고 유대인과 이방인 사이의 철저한 동등성을 부각시킨다. 곧 "율법의 행위들을 통해서가 아니라 믿음으로"라는 바울의 논증은 도덕적 행위를 부정하는 논증이 전혀 아니다.

바울의 논증 속에서 "율법의 행위들"은 2장에서 일관성 있게 비판한 유대인들의 그릇된 선민의식을 집약한다. 곧 할례와 같은 외적 표지를 근거로 유대인이라는 외적 신분을 자랑하지만 정작 율법을 지키지는 않는 이율배반적 태도다. 바울의 비판은, 그런 껍데기 정체성, 혹은 그런 위선으로는 하나님께 받아들여질 수 없다는 것이다. 의로움을 위해 필요한 것은 "율법을 행하는 사람"이 되는 것, 곧 마음이 할례를 받아 내적인 유대인이 되는 것이다2:28-29. 그러니까 바울의 칭의론이 율법을 지키려는 태도를 공격하고 있다는 주장은 바울의 의도를 정반대로 오해한 것이다. 순종을 미래 구원의 필수 과정으로 간주한다는 점에서 바울은 오히려 그 반대의 입장에 가깝다.

4. 믿음으로 계시된 하나님의 의

3장 21-31절은 바울 칭의론의 절정이다. 보다 엄밀하게 말하면, 십자가를 중심으로 한 이신칭의론 자체는 21-25절에 나타나고, 26-31절은 그 칭의론에 함축된 사실, 곧 믿음의 칭의에서 유대인과 이방인의 구별은 무의미하다는 사실을 재확인한다. 물론 이 두 가지는 서로 연관된다. 칭의가 율법의 행위들이 아니라 믿음과 은혜에 근거한다는 말은 칭의가 더 이상 유대인에게 국한된 것이 아니라는 말과 같다. 물론 이 역시 "율법의 행위들", 혹은 외적인 유대인 됨이 칭의의 근거가 될 수 없다는 주장과 통한다.

바울 칭의론의 핵심은 칭의가 믿음에 근거한다는 것이다. 믿음은 물론 예수 그리스도에 대한 믿음을 의미한다. 여기서 칭의의 근거는 우리에게서 그리스도에게로 옮겨간다. 우리가 믿음으로 의롭다 하심을 얻는다는 것은 곧 "그리스도 예수 안에 있는 속량을 통해" 의롭게 된다는 것을 의미한다. 우리는 죄를 범한 자들이었고, 그래서 하나님의 영광에서 멀어져 있는 자들, 곧 하나님의 원수 된 자들이었다3:24; 5:8,10. 이런 상황에서 그리스도께서 우리를 위해 죽으심으로써 우리를 속량하셨다. 이를 두고 바울은 하나님께서 우리가 "전에 지은 죄를 간과"하셨다고 말한다3:25. 우리가 아직 죄인이요 원수 된 상황에서 하나님께서는 그리스도의 속량을 통해 우리를 자신과 화목하게 하시고 우리를 의롭다고 해주셨다5:8-10. 이 칭의 이전에 우리가 한 일이라곤 범죄 행위뿐이다. 그러기에 칭의는 순전히 "하나님의 은혜"다. 우리 편에서 보자면 정말로 "값없이" 받은 선물이 되기 때문이다.

얼핏 여기 개진된 바울의 설명은 로마서 2장에서 먼저 개진된 칭의론과 모순되는 것처럼 보인다. 하나님께서는 모든 사람을 그 행위를 따라 심판하신다2:6-11. 칭의는 율법을 듣는 것이 아니라 율법을 행할 것을 요구하며2:13, 하나님께서 원하시는 정체성은 육체의 할례가 아니라 마음의 할례로 결정된다2:29. 그렇다면 이런 설명은 우리가 아직 죄인일 때 "하나님의 은혜로 값없이" 의롭게 되었다는 선언과 모순되는 것이 아닌가? 율법을 행하는 자를 의롭다고 하시는 하나님께서 경건치 않은 자를 의롭다고 하시는 하나님과 같을 수 있는가? 그렇다면, 어떤 이들이 주장하는 것처럼, 앞에 개진된 행위 심판론은 그저 유대인을 유대인 자신의 논리로 무너뜨리기 위해 잠시 쓰다 버린 논리였다고 말하는 것이 더 정확하지 않은가? 그렇다면 행위 심판의 원리와 행함에 근거한 칭의론 역시 "내 복음"이라고 내세우는 바울의 말은 또 어떻게 되는가?

이런 표면적 모순을 해소하는 가장 중요한 단서는 3장 21절 이후로 바울이 말하는 칭의가 현재적 변화를 가리킨다는 사실을 관찰하는 것이다. 갈라디아서에 관한 논의에서 살핀 것처럼, 칭의는 본래 미래 종말론적 개념이다. 로마서 초기의 논증에서도 마지막 심판을 배경으로 한 종말론적 칭의 개념이 나타난다2:13.[293] 하지만 3장 21절로 들어서면서 바울은 관점을 좁혀 그리스도 사건을 통해 '현재 나타난' 하나님의 의에 주의를 모은다. 그러니까 그리스도를 믿는 신자들의 현재적 정황을 묘사하면서 본래 종말론적 개념인 칭의를 확대하여 적용하는 것이다. 본래 미래 종말론적 개념인 칭의는 여기서 처음으로 신자의 현재 이루어진 상황을 설명하는 개념의 하나로 등장한다.

> 그러나 이제 율법과 상관없이 하나님의 의가 나타났습니다3:21.
> 하나님의 은혜로 아무 대가 없이 의롭다 하심을 얻었습니다"3:24.
> 그러므로 우리는 믿음으로 의롭다 하심을 받았습니다5:1.
> 이제 우리는 그의 피를 통해 의롭다 하심을 받았습니다5:9.

갈라디아서와는 달리, 로마서에서는 칭의의 현재성이 매우 분명하게 나타난다. 물론 미래적 의미의 칭의가 사라진 것은 결코 아니다2:13; 4:24; 5:19. 시제와 무관한 원론적 진술 역시 자주 등장한다5:16,18. 하지만 "지금 하나님의 의가 나타났다"라는 진술은 칭의의 현재성을 의식적으로 강조하려는 바울의 의도를 매우 선명하게 보여 준다.**294**

많은 학자들은 여기서 일종의 실현된 종말론적 논리를 이끌어 낸다. 마지막 심판 때에 주어질 칭의가 현재 이미 계시되었다는 것은 종말론적 구원이 현재 주어진 것과 같다는 것이다. 거의 정설처럼 여겨지지만, 이런 해석은 바울의 언어를 너무 기계적으로 혹은 조직신학적으로 해석한 결과다. 앞산을 뒷산이라 부를 수 있지만, 그렇다고 실제 앞산이 뒷산 자리로 옮겨지는 것은 아니다. 마찬가지로 미래 종말론적 실재를 지칭하던 단어를 가져와 현재 상황을 묘사하는 데 사용할 수 있지만, 그렇다고 해서 미래적 사건 자체가 현재로 옮겨지는 것은 아니다. 가령 어떤 학자들은 칭의란 미래의 종말론적 심판이 십자가와 믿음을 통해 현재에 이루어진 사건이라고 말한다. 이렇게 되면 바울이 이 현재적 칭의를 강조하면 할수록 미래 심판의 의미는 상대화된다. 십자가를 통해 하나님의 결정적 판단이 이미 내려진 상황이라면 미래의 심판은 사실상 요식행위에 지나지 않는 것이 아닌가?

하지만 바울이 마지막 심판에 관해 하는 말을 들으면 정작 바울 자신은 '하나님의 종말론적 판단이 이미 내려졌다'라는 사실을 모르는 것 같다. 칭의가 강조되는 갈라디아서나 로마서에서도 심판의 엄중함은 전혀 약해지지 않는다갈5:21; 6:7-9; 롬14:10-12. 심판은 여전히 우리를 기다리며, 우리는 현재 우리의 행위에 따라 마땅한 심판을 받을 것이다. 따라서 우리는 그에 어울리는 두려움으로 하나님을 기쁘시게 하기 위해 애를 쓴다롬11:20-22; 고후5:9-11. 또한 현재의 불순종은 하나님의 진노를 초래할 것이다고전6:9-10; 갈5:21; 엡5:5. 구원은 가까워졌지만 아직 숨겨져 있고 그래서 여전히 참고 기다려야 할 소망의 대상이다롬8:24,25; 13:11; 고후4:18. 이는 '칭의가 미래 심판의 선취'라는 멋진 진술을 무의미하게 만든다. 바울은 절대 미래의 구원을 현대로 당겨오지 않는다cf. 5:19.[295] 바울은 미래의 구원 자체를 현재로 옮기는 마술가가 아니다. 그는 그저 본래 미래를 가리키던 말을 가져와 이를 현재를 설명하기 위한 용어로 원용하고 있을 뿐이다.[296]

그렇다면 바울은 왜 본래 미래적 용어인 칭의를 이용해 현재 그리스도인의 존재를 설명하는 것일까? 바울의 논증의 흐름을 살펴건대 가장 설득력 있는 설명은 종말론적 구원에 이르는 과정에서 그리스도의 십자가와 부활이 차지하는 결정적 중요성을 부각시키고, 이를 통해 미래 구원의 확실성을 강조하기 위해서라고 보는 것이다5:1,9-10. 하지만 그리스도 사건의 '결정적 역할'은 미래와 현재의 구분 자체를 흐리게 하는 것이 아니다. 바울이 현재적 칭의를 말하는 것은 '미래가 현재에 침투했다'라는 식의 모호하고 범주 파괴적인 주장을 개진하려는 것이 아니라, 이미 발생한 그리스도 사건이 우리가 희망하는 미래의 구원을 위한 결정적 토대라는 사실을 강조하려는 것이다. 하나님의 원수들이 의롭다 하심을 얻고 하나님과 화목하게 되는 변화는 철두철미 "예수 그리스도 안에 있는 속량을 통해" 이루어진다. 사실 5-8장에 이르는 바울의 논증은 시종일관 칭의의 기독론적 토대를 부각시키려는 의도를 잘 드러낸다.[297]

모든 것을 통틀어 가장 결정적인 단계를 말하라면 바로 그리스도의 십자가다. 이 십자가는 모든 장애를 초월하는 하나님의 사랑을 드러낸 사건이며5:1-11, 그리스도를 두 번째 아담에 비견하는 역사적 분기점을 마련한 사건이고5:12-21, 우리를 죄에 대해 죽게 하고 하나님께 대해 살게 함으로써 죽음의 길을 벗어나 영생을 향한 길로 들어서게 만든 사건이다6:1-23. 또한 십자가는 생명의 성령이 죄와 사망에서 우리를 해방한 사건이기도 하다8:1-4. 결국 그리스도께서 행하신 일, 혹은 하나님께서 그 아들을 통해 베푸신 사랑에서부터 비로소 구원의 가능성이 열린다5:5,8. 이미 발생한 그리스도 사건과 그에 대한 믿음이 우리의 미래를 결정한다. 이 사건이 사랑의 사걷기에 우리의 미래 역시 희망찬 것일 수밖에 없고, 그래서 현재 우리의 태도는 미래를 바라보며 "소망으로 즐거워하는" 삶이 된다 5:2-4; 8:31-39. 바로 이 확실성을 강조하기 위해 바울은 과감히 미래적 칭의 개념을 우리의 현재에 소급 적용하고 있는 것으로 보인다. 미래의 소망은 아직 보이지 않는 것이라는 바울의 말은 미래의 현재성을 말할 수 없게 하지만 롬8:24-25; 고전4:18, 그럼에도 불구하고 그 소망은 확실하다 5:5,9-10; 8:28,32. 십자가에서 나타난 하나님의 사랑이 바로 그 미래를 보장하기 때문이다 5:5-11; 8:31-39.

우리가 그리스도를 믿어 하나님의 은혜로 값없이 "의롭다 하심을 얻는" 것은 구원에 이르는 삶의 과정의 첫 단추지 미래 구원의 획득이 아니다.[298] 여기서 바울이 말하는 칭의란 우리가 하나님의 은혜로 값없이 회복된 언약 관계 속으로 들어가게 된 사실을 가리킨다. 그리고 현재의 칭의와 화목은 미래 우리의 구원을 위한 가장 결정적 관건으로 작용한다. 물론 이 현재적 칭의와 화목은 십자가 사건에 근거한다. 그래서 우리는 십자가에서 미래 구원의 확실성을 발견한다.

> 그러면 이제 우리가 그리스도의 피를 통해 의롭다 하심을 받았다면, 더욱 그를 통해 진노하심에서 구원을 받을 것입니다. 곧 우리가 하나님과 원수였을 때도 그 아들의 죽으심을 통해 하나님과 화목하게 되었다면, 화목하게 된 우리는 더욱 그의 살아나심을 통해 구원을 받을 것입니다 5:9-10.

바울은 현재의 칭의와 화목에서 나타난 하나님의 사랑에 근거하여 미래의 구원을 확신한다. 이 칭의는 그의 피, 곧 그의 죽으심을 통해 가능했다. 그런데 그리스도께서 살아나셨다. 그래서 우리 역시 그의 부활을 통해 미래의 구원에 참여할 것이다 5:10; 8:10-11. 하지만 이 자신감은 현재의 칭의는 '무조건' 미래의 구원으로 이어진다는 식의 막무가내 억지가 아니다. 현재적 칭의와 화목을 미래 구원의 근거로 내세우는 바울의 논리는 칭의의 근거인 십자가가 하나님의 불가해하면서도 단호한 사랑의 표현이라는 사실에 근거한다. 우리가 소망하는 구원이 확실한 것은 성령을 통해 우리 마음에 부어진 하나님의 사랑 때문이다 5:5. 이 사랑은 그리스도의 십자가에서 드러난 사랑이다 5:8. 바울은 이 십자가의 시점 곧 하나님의 사랑이, 우리가 아직 "연약한" 자 곧 죄인이요 원수였을 때 드러났다는 사실에 주목한다 5:6-8. 그가 하나님의 사랑의 정도를 말해주는 근거로 십자가 사건의 시점에 특별한 관심을 기울이고 있다는 사실은 분명하다.

우리가 아직 연약할 때 6절

우리가 아직 죄인이었을 때 8절

우리가 원수였을 때 10절

하나님의 사랑은 원수마저도 사랑하는, 그러니까 인간의 상식을 초월한 수준의 사랑이다. 이 사랑으로 인해 이제 우리는 하나님과 화목한 자로 그와 더불어 평화를 누린다5:1,10. 그렇다면 우리의 구원은 확실하다고 말할 수 있다. 원수를 위해 아들을 내어줄 정도의 사랑이라면, 이미 화목하게 된 자들을 마지막 구원에 이르기까지 지키시리라는 것은 두말할 필요가 없다. 이렇게 강력한 사랑이 우리 마음에 부어졌다면, 비록 현재의 삶은 여전히 잠재적 두려움과 불확실함의 요인으로 가득 차 있더라도8:35-37, 우리의 미래에 대해 강력한 확신을 갖는 것이 당연하지 않는가5:2,11; 8:32-34?

그러니까 바울이 말하는 구원의 확실성이란 신학적 타임머신을 조작한 유사 논리에 근거한 것이 아니라, 하나님의 신실하신 사랑이나 그의 언약적 의지에 대한 전적인 신뢰의 표현이다. 십자가가 무조건 미래를 보장한다는 식의 억지나 미래가 이미 현재가 되었다는 식의 언어유희가 아니라8:24-25, 아무리 험한 미래일지라도 하나님의 신실하신 사랑으로 넉넉히 이길 수 있다는 신념, 곧 신실하신 언약의 하나님을 향한 인격적 신뢰의 표현이다8:31-39. 그런 점에서 소망은 결국 "죽은 자를 살리시며 없는 것을 있는 것으로 부르시는" 하나님을 향한 믿음의 확장이라고 할 수 있다4:17.[299]

5. 현재의 칭의에서 미래의 구원으로

3장의 칭의 논의는 현재적 차원에 집중되어 있지만, 그렇다고 바울의 전체적 전망이 현재에 고착된 것은 아니다. 사실 칭의론

이 반전되는 3장의 울타리를 벗어나면 바울의 관심은 오히려 현저히 미래를 향한다. 2장에서 3장 전반의 논증은 마지막 심판을 문맥으로 한 미래적 칭의론이며, 5장에서 8장은 전반적으로 현재의 칭의가 어떻게 미래의 구원으로 이어지는가에 관한 다각적인 설명이다. 곧 현재 드러난 "하나님의 의"가 어떻게 믿는 자를 "구원"하는 "하나님의 능력"이 되는가에 관한 설명이다 1:16-17. 이미 강조한 것처럼, 바울이 3장에서 칭의의 현재적 차원을 강조하는 것은 이것이 미래 구원의 결정적 근거가 되기 때문이지, 이것이 미래 구원의 '선취'가 되기 때문은 아니다. 그렇기에 현재의 칭의에 관한 바울의 논증은 오히려 미래적 구원에 대한 그의 관심을 더욱 강력하게 만든다.[300]

현재의 칭의에서 확인되는 하나님의 사랑은 분명 미래의 구원에 대한 강력한 확신의 근거다. 하지만 이는 칭의가 구원을 무조건 보장한다는 식의 맹목적인 확신과는 다르다. 칭의와 구원은 모두 그리스도를 통해 이루어지는 하나님의 초월적 개입의 결과지만, 그렇다고 해서 이 초월적 은혜가 우리의 실존과 무관한 '천상의 소문'인 것도 아니다. 칭의에서 구원에 이르는 은혜의 과정은 성도들의 실존을 변화시키는 하나님의 능력의 계시를 전제한다. 물론 이 과정의 중심에 그리스도께서 계시다. 그래서 바울은 어떻게 그리스도께서 이런 실존적 변화를 가능케 하시는지를 다양한 방식으로 설명한다. 바로 이것이 5장에서 8장까지의 내용이다.

1) 아담과 그리스도 5:1-11

우리가 "우리 주 예수 그리스도로 말미암아" 구원의 소망을 바라고 즐거워한다는 말은 무슨 의미인가? 이에 대한 바울의 첫 답변은 그의 역할을 아담의 역할에 견주어 설명하는 소위 '아담 기독론적' 논증을 통해 제시된다.cf 고전15:42-49. 인류의 운명을 뒤바꾸는 그리스도의 역할은 인류의 대표인 아담의 역할에 비견된다. 아담의 존재는 범죄와 사망으로 규정된다. 그의 범죄로 인해 죄가 세상에 들어왔고, 이 죄로 인해 사망이 사람의 삶을 지배하게 되었다5:12. 아담 이후의 사람들이 아담과 같은 범죄를 지었다고 할 수 없지만, 이들 역시 죄와 사망의 지배 아래 있는 동일한 운명에 참여하게 되었다5:13-14.[301] 반면 그리스도는 이 아담적 존재의 비극적 운명을 역전시킨다. 인류의 운명을 결정한다는 점에서 그는 한 사람 아담과 같은 한 사람이다5:14.[302] 하지만 아담과 그리스도 사이에는 유형론적 유사함만큼이나 결정적 차이가 존재한다. 그리스도를 통한 의의 선물은 아담의 범죄와 다르다5:15,16. 아담의 범죄로 죄가 더하게 되었지만, 죄가 더한 곳에 은혜는 더욱 넘친다5:15,17,20. 곧 그리스도를 통해 역사하는 하나님의 은혜는 아담적 죄와 사망을 너끈히 이길 만큼 강력하다. 요컨대 그리스도의 역할은 죄가 사망 안에서 통치하는 아담적 상황을 은혜가 의로 말미암아 통치하는 상황으로 바꾸고, 이를 통해 우리가 영생에 이르게 만드는 것이다5:17,21. 고린도전서의 표현을 빌리자면, "마지막 아담"이신 그리스도께서 "살려주는 영"이 되셨다 고전15:45.

하지만 이 살려줌은 죄를 의의 이름으로 덮어버리는 얄팍함이 아니다. 바울은 죄인들이 의롭다 하심을 얻었으므로 자동적으로 영생을 누리게 되었다고 말하지 않는다. 아담의 범죄는 모든 사람의 정죄라는 결과를 가져왔다. 사람들이 저지른 '지나간' 죄의 결과는 덮어줄 수밖에 없다3:25; 4:7-8. 하지만 지나간 죄의 결과를 덮는 것과 죄의 다스림을 용인하는 것은 다르다. 6장에서 자세히 논의되겠지만, 지난 죄의 용서라는 법정적 사건은 죄의 통치로부터의 벗어남이라는 실존적 변화를 동반한다. 죄의 용서는 죄의 묵인이 아니라 죄의 전횡을 더 이상 허용치 않으려는 강력한 신적 의지의 표현이다. 그래서 한 사람 그리스도의 "의로운 행위δικαίωμα"는 많은 범죄의 상황에서부터 "의로운 행위δικαίωμα"라는 새로운 결과를 만들어 내었다5:18.[303]

많은 주석가들은 여기서 "의로운 행위"라는 단어가 사용된 것은 바로 앞에 나온 "정죄κατάκριμα"와의 운율을 고려한 것일 뿐, 실제로는 "칭의δικαίωσις"를 의미한다고 주장한다. 하지만 운율적 이유만으로 의미가 다른 단어를 사용한다는 주장은 의뭉스럽다. 바울은 로마서에서 이 단어를 여러 번 사용하는데, 모두 뚜렷한 실천적, 도덕적 뉘앙스를 나타낸다.[304] 여기서도 이 단어의 선택은 다분히 의도적이다. 다음 절에서 그리스도 사건의 결과는 은혜와 의의 선물을 받는 자들이 "생명 안에서 왕 노릇 할다스릴" 것이라는 진술5:17, 혹은 "은혜도 또한 의로 말미암아 왕 노릇 할다스릴" 것이라는 진술5:21로 묘사된다. 곧 죄의 통치 아래 있는 삶이 하나님께 순종하는 삶으로 변화하는 과정이다. 6장에서 바울은 더 분명하게 그리스도 사건을 통해 우리가 죄의 지배에서 해방되어 생명의 새로움으로 행하게 된다고 말한다6:4. 그래서 우리는 죄가 우리 삶에 왕 노릇 하지 못하게 하라는 요구 아래 놓인다6:12.

7장에서 십자가는 율법에 대한 우리의 죽음과 그리스도를 향한 새로운 관계를 가능케 한 사건으로 제시된다. 이는 우리가 "하나님을 위하여 열매를 맺게" 하려는7:4, 혹은 "영의 새로운 것으로 섬기게" 하려는 의도의 표현이다7:6. 또 8장에서 십자가 사건은 생명의 성령이 죄와 사망의 굴레에서 우리를 해방한 사건으로 묘사된다. 그리고 그 실제적 결과는 "그 영성령을 따라 행하는 우리에게 율법의 요구가 이루어지게 하는" 것이다8:1-4. 그러니까 분명 바울은 그리스도 사건이 가져다주는 근본적인 삶의 패턴의 변화를 마음에 품고 있다cf. 12:1-2. 그렇다면 여기 5장에서 그리스도 사건의 결과를 (우리의) "의로운 행위"라 묘사한 것도 전혀 이상하지 않다. 바울이 5장 후반부의 '아담 기독론'을 통해 말하고자 한 것은 이런 변화가 바로 한 사람 그리스도를 통해 가능해졌다는 것이다. 그리고 이 변화의 도덕적 성격은 이어지는 6장의 논의에서 더욱 구체적으로 드러난다.

2) 그리스도와 더불어 죽고 살아남: 새로운 삶의 시작 6장

만일 은혜가 죄를 그냥 둔 채 화해와 영생의 복을 수여하는 것이라면, 죄가 많을수록 은혜가 더 커진다는 논리가 성립한다. 여기서 한 걸음 더 나가면, '죄를 지어 은혜를 더 크게 하자'라는 말도 가능해진다.6:1. [305] 하지만 이는 은혜의 본질을 망각한 것이다. "죄가 더한 곳에 은혜가 더욱 넘쳤다"라는 말은5:20 은혜가 빛나려면 죄가 있어야 한다는 식의 궤변이 아니다. 반대로 이는 죄가 넘치던 곳에 예기치 못한 용서의 은혜가 찾아오고, 그 은혜가 죄와 우리의 관계를 끊어내고 하나님을 섬기는 새로운 삶을 선물한다는 의미다. 지나간 죄를 덮어주는3:25 하나님의 은혜는 죄가 있어도 상관없다는 느슨함이 아니라, 오히려 죄의 횡포를 끊고 새로운 삶을 시작하게 만들려는 단호함의 표현이다. 은혜의 넘침은 더 이상 죄의 존재를 허용하지 않는다. 5장에서 이미 드러나기 시작한 것처럼5:21, 여기서 바울이 생각하는 죄는 인간이 저지른 범죄의 결과가 아니라 인간을 다스리는 하나의 세력으로 이해된다. 그러니까 진정한 해결책은 법정적 의미에서 죄책을 덮는 수준의 해결책이 아니라, 실존적 의미에서 죄의 지배를 해결할 수 있어야 한다. 한마디로 바울의 논증은 그리스도를 통해 이 문제가 해결되었다는 것이다. 그리스도를 통해 주신 은혜의 통치가 죄와 죽음의 통치를 종식시키는 것이다. 곧 언약적 사랑의 표현이며5:5-11 인류의 운명을 뒤집은 사건인5:12-21 그리스도 사건은 죽음의 원인인 죄의 다스림을 종식시켜 새로운 삶을 가능케 한다. 바울이 선포한 은혜의 복음은 이런 실존적 혁명을 그 속에 내포한다.

6장에서 바울의 논증은 세례 개념에 의존한다.[306] 갈라디아서에서처럼, 세례란 신자가 "그리스도 안으로" 들어가는 것, 혹은 그리스도라는 새로운 존재의 공간으로 이전되는 것이다갈3:27-29. 곧 세례는 우리를 그리스도 속에 내포된 존재, 따라서 그리스도에 의해 삶의 방향이 결정되는 존재로 만든다. 여기서도 바울은 세례의 이러한 의미를 활용한다. 세례는 그리스도 안으로의 세례, 곧 그와 연합하는 세례로 이해된다6:3.[307] 그런데 우리가 세례로 하나 되는 그리스도는 죽음과 부활에 의해 규정되는 분이시다. 따라서 이제 그리스도의 죽음과 부활은 그리스도 안으로 세례 받은 신자들의 존재를 규정한다6:3.

바울의 논증에서 결정적인 대목은 그가 그리스도의 십자가 죽음, 더 나아가 그리스도의 죽음을 통해 야기되는 우리 자신의 십자가 죽음6:6을 '죄에 대한 죽음'으로 해석한다는 사실이다. 마찬가지로 부활은 하나님을 향해 살아나는 것으로 해석된다6:6. 물론 이는 그리스도의 죽음 자체가 죄에 대한 죽음이며, 그의 부활이 하나님을 향한 부활이라는 사실을 전제한다6:10. 세례를 통해 신자들이 공유하게 된 죽음과 부활은 이런 구체적 의미에서의 죽음과 부활이다. 바로 이런 이유로, 그리스도와 연합된 신자들은 죄에 대해서는 죽은 자, 그리고 하나님을 향해서만 살아있는 자라는 새로운 정체성을 얻는다6:11. 현 문맥에서 바울이 그리스도의 죽음을 이런 식으로 해석하는 의도는 분명하다. 칭의를 체험한 신자들의 삶에는 더 이상 죄가 설 자리가 없다는 것이다.

우리는 압니다. 우리의 옛 사람이 그와 함께 십자가에 못 박혀서 죄의 몸이 죽어 없어지고 우리가 다시는 죄에게 종살이하지 않게 되었습니다6:6.

그러므로 우리가 그의 죽음과 하나 되는 세례를 받아 그와 함께 묻혔습니다. 그리하여 아버지의 영광으로 그리스도께서 죽은 사람들에게서 살아나신 것처럼 우리 또한 새로운 생명으로 살게 되었습니다6:4.

죽음은 우리를 규정하던 죄의 몸의 소멸을 의미한다. 죄의 활동무대인 죄의 몸이 죽으면서 우리를 다스리던 죄의 토대가 사라진다. 그런 점에서 십자가는 육신에 있는 죄를 정죄한 사건이다8:3. 이로써 예수님의 십자가를 통해 대리적으로 매개되는 몸의 죽음으로 죄와 우리의 관계는 청산된다cf. 갈2:19. 하지만 죽음을 통한 해방이 은혜의 마지막 장면은 아니다. 그리스도 안에서 우리가 경험하는 은혜의 여정에는 부활이라는 또 하나의 결정적 과정이 기다린다. 물론 이미 부활하신 예수님과 달리, 우리 몸의 부활은 아직 기다려야 할 미래의 일이다6:5; 8:11,23. 그러나 신자들은 이미 부활하신 그리스도 안에 있다cf. 갈2:20. 따라서 그의 부활에 역사한 하나님의 능력이 이미 신자들의 삶에서도 역사한다. 말하자면 그리스도 안에 있는 신자들은 "생명의 새로움", 곧 "새로운 생명"이라는 전혀 다른 삶의 정황으로 옮겨진다.[308] 그리스도 안에서 신자들은 죽음으로 죄와 결별하고, 새로운 생명으로 하나님을 향해 살아간다6:11.

중요한 것은 죄의 전횡으로부터의 해방이 칭의의 부산물이 아니라 칭의 자체에 대한 설명이라는 것이다. 우리는 "죄에서 벗어나 의롭다 하심을 얻었다"6:7. 이 구절을 바울 칭의론의 일부로 간주하는 것이 정당하다면,309 여기서 우리는 바울 칭의론의 실제적인 속내를 확인할 수 있다. 곧 칭의란 그 자체가 죄의 다스림으로부터의 해방 및 그리스도 안에서의 새로운 삶을 내포한다.310

바울과 같은 고대인들에게 절대적 의미에서의 자유는 불가능한 환상이었다cf. 갈5:17. 무슨 수를 쓰더라도 인간은 스스로의 주인이 될 수 없다. 우리의 삶은 죄의 종 혹은 하나님의 종이라는 두 '종살이' 사이의 선택이다6:16.311 우리는 예전에 우리를 다스리던 죄에 대해 죽었다6:2. 이는 죄 아래 종 노릇 하던 삶의 종식을 의미한다6:6. 마찬가지로 하나님을 향한 새로운 삶은 하나님의 통치 아래 그분의 뜻을 섬기는 것을 말한다. 우리는 더 이상 생명을 주지 못하는 "법 아래" 있는 것이 아니라 "은혜 아래" 있다6:14. 우리는 더 이상 "죄의 종"6:16이 되어 "불의의 무기"6:13로 행세하지 않는다. 죄의 지배를 종식시키는 하나님의 은혜 아래, 우리는 "순종의 종"6:16 혹은 "의의 종"6:18,19으로서 하나님의 뜻을 실행하는 "의의 무기"6:13로 살아간다. '무기'나 '도구'는 스스로의 의지가 아니라 그것을 다루는 자의 의도를 실현한다. 우리는 "불의의 무기/도구"로서의 삶을 청산하고 이제 "의의 무기/도구"가 되어 살아간다. 우리가 더 이상 죄의 지배 아래 부정과 불법에게 우리 삶을 바칠 수 없는 이유가 여기에 있다6:14-15.

하지만 이런 신학적 불가능성은 아직 실존적 불가능성은 아니다. 혹은 하나님과의 관계적 현실이 저절로 도덕적 현실로 이어지는 상황은 아니다.³¹² 나는 더 이상 존재하지 않고 내 속에는 오직 그리스도만 살아 계신다고 고백하지만, 이런 고백은 내가 여전히 육신 속에 살아가고 있다는 현실을 부인하는 것은 아니다갈2:20. 마치 재혼한 여인이 옛 남편과 관계를 맺을 가능성이 있는 것처럼, 새로워진 관계에도 불구하고 우리는 여전히 죄에 순종함으로써 죄의 종으로 행세할 수 있다. 더욱이 이런 과거 회귀적 행동이 은혜를 더하게 할 것이라는 자기기만적 동기와 결합될 수도 있다6:1. 곧 우리는 우리 지체를 여전히 죄에게 드림으로써 부정과 불법의 삶을 살아갈 수 있다.

물론 그렇게 되면 우리는 행위대로 심판하시는 하나님으로부터 사망이라는 판결을 받을 것이다6:16,21. 사망이 죄의 필연적 결과라는 사실은 언제고 변치 않는 하나님의 진리다6:23; 2:6-11; cf. 갈6:7-8.³¹³ 현실적으로 죄에 머무는 삶을 지속하면서도 내 머릿속의 믿음 덕에 영생을 누릴 수 있다는 말은 구원의 복음이 아니라 죽음의 속삭임이다갈6:7; 엡5:6. 영생은 언제나 거룩한 삶이라는 섬김에 대한 보상으로 주어진다2:7,10; cf.5:3-4; 8:17-18.³¹⁴ 믿음과 은혜는 행위 심판의 철조망에 구멍을 내는 플라이어plier가 아니다. 우리가 하나님께 감사하는 것은 행위 심판의 원리가 예수님의 십자가에서 소진되어 우리가 무조건 영생에 이르게 되어서가 아니다. 우리가 감사하는 진짜 이유는 하나님께서 그리스도를 통해 우리를 죄의 종이라는 정황에서 하나님의 종이라는 새로운 삶의 정황으로 옮기셨기 때문이다 6:17-18. 그 결과 우리는 순종과 의로움의 삶을 살게 되고, 이런 삶을 통해 영생의 소망을 갖게 되었다 6:22. 영생이 은혜의 선물인 것은 죄를 지어도 무조건 영생을 얻기 때문이 아니라 8:13, "그리스도 예수를 통해" 거룩함에 이르는 열매를 맺을 수 있도록 하나님께서 친히 우리를 변화시키시기 때문이다 6:17-18.

그리스도를 통한 칭의와 화목은 죄의 묵인을 넘어선다. 칭의의 본질은 주인 바꾸다.[315] 칭의와 화목의 핵심은 옛 주인인 죄와 관계를 끊고 6:7, 새 주인인 하나님과 관계를 맺는 변화다 6:11. 여기서 우리는 칭의를 십자가보다 오히려 부활과 연결하는 바울의 의도를 이해한다.

> 의로 여기심을 받게 될 우리를 위한 것이기도 합니다. 곧 예수 우리 주를 죽은 사람들에게서 살리신 분을 믿는 우리입니다. 예수는 우리의 범죄 때문에 죽음에 넘겨지셨고 또 우리의 칭의를 위해 살아나셨습니다 4:24-25.

칭의는 십자가만큼이나 부활을 필요로 한다. 죄와의 관계 청산만큼이나 새로운 삶 또한 절실하기 때문이다. 사실 새로운 삶 자체가 죄의 청산이 필요한 이유를 설명해 준다. 두 주인을 섬길 수 없는 상황에서, 하나님이라는 새 주인을 섬기려면 옛 주인의 다스림을 벗어나야 하기 때문이다. 죄를 청산하는 십자가가 칭의의 초석이라면, 새로운 삶을 가능케 하는 부활은 칭의의 목적을 지탱한다. 그래서 우리를 의롭게 하시는 하나님께서는 죽은 자를 살리시며 없는 것을 있는 것같이 부르시는 분이다.

3) 죄에 휘둘리는 율법의 무력함

6장에서 칭의는 죄에 대한 죽음으로 묘사되었다. 7장에서 이 변화는 율법에 대한 죽음으로 나타난다. 우리는 "그리스도의 몸을 통해" 율법에 대해 죽임을 당하였다. 유대적인 관점에서 율법에 대한 죽음을 말하는 것은 이단적일 만큼 대담한 발상이지만, 이 죽음 역시 앞서 말한 죄에 대한 죽음 못지않게 불가결하다.

> 그러므로 나의 형제자매 여러분, 여러분도 그리스도의 몸을 통해 율법에 대해 죽임을 당했고, 그래서 다른 분 곧 죽은 사람들에게서 살아나신 분에게로 가 하나님을 위해 열매를 맺게 되었습니다 7:4.
>
> 이제 우리는 우리를 얽어매던 것에 대하여 죽어 율법에서 벗어났습니다. 따라서 우리는 새로운 영으로 하나님을 섬기지, 낡은 율법 조문으로 섬기지 않습니다 7:6.

역설적이지만 칭의는 율법에 대한 죽음일 수밖에 없다. 죄의 욕망이 우리를 지배하며 휘두른 무기가 바로 율법이었다. 하나님의 율법을 앞세운 죄의 지배는 우리로 하여금 정죄와 죽음에 이르는 열매를 맺게 했다 7:5. 그래서 우리는 율법에서 벗어났어야만 했다.

하지만 율법 자체를 죄로 속단하는 것은 위험하다. "율법은 거룩하고 계명도 거룩하고 의로우며 선한"7:12 것으로, 본시 우리에게 생명을 주기 위해 제정된 것이다7:10. 그런데 생명을 위한 수단인 율법이 결과적으로 사망을 가져다주는 도구가 되었다7:10. 이는 "선한" 율법이 사망의 직접적인 원인이라는 말이 아니다7:13. 문제의 핵심은 율법이 아니라 죄의 세력이다. 우리의 육신 속에서 활동하는 죄의 욕망이 이 율법의 법적 구속력을 앞세워 우리에게 사망을 선고한 것이다7:6-9,11,13. 율법은 신령하다. 하지만 문제는 내가 "육신에 속하여 죄 아래에 팔렸다"라는 사실이다7:14.[316] 그래서 사망이라는 결과가 나온다. 결국 죽음의 진원지는 율법이 아니라 내 속에 거하는 죄다. 내가 사망의 몸속에 있다는 것이 문제의 핵심이다.

율법의 무죄함을 강조한다는 점에서 7장 7-25절은 종종 '율법에 대한 변증'이라 불린다.[317] 율법의 무죄를 증명하기 위해 바울은 사건의 진범을 찾으려 애쓰고, 결국 그 범인은 죄, 곧 내 육신 속에서 지배력을 행사하고 있는 죄의 세력인 것으로 드러난다. 이렇게 진범이 잡히고 율법은 무죄로 판명된다. 하지만 이 과정에서 율법은 또한 무능력하다는 치명적 한계를 드러낸다.[318] 율법은 좋은 의도를 가졌지만 죄의 힘 앞에 무력했고, 결과적으로 죄의 하수인 처지로 전락할 수밖에 없는 존재임이 드러났다. 비유하자면 율법의 신세는 다니엘의 정적들에게 이용당해 사자굴이라는 칙령을 제정한 왕과 같다. 왕의 좋은 의도는 대신들의 사악함을 이기지 못했고, 이 무력함으로 인해 왕의 칙령은 다니엘을 죽음에 내모는 사망의 권위가 되고 말았다. 바울이 말해주는 율법 이야기의 핵심은 율법의 선한 권위조차 비극적 결말의 수단으로 만들어 버리는 죄의 파괴력이며, 우리가 바로 이런 "죽음의 몸"에 갇혀있다는 비극적 현실이다 7:13,24.

4) 복음의 해답: 생명의 성령

바울은 이 죄의 세력에 휘둘리는 율법, 곧 우리를 생명에 이르게 하지 못하는 상태의 율법을 "율법 조문"이라 부른다. "율법 조문"은 '문자letter'라는 의미로, 율법이 종이나 돌판 위에 기록된 문자적인 규정 이상도 이하도 아니라는 뜻이다 고후3:6-7. 물론 이는 율법의 무력함을 강조하는 표현의 하나다. 바울은 우리가 십자가에 달리신 '그리스도의 몸으로 말미암아' 이 율법 조문의 구속력에서 벗어났다고 말한다. 그 결과 이제 우리의 섬김은 율법 조문이라는 낡은 방식이 아니라 영, 곧 성령이라는 새로운 삶의 방식을 취한다 7:6. 7장에서 율법의 연약함을 폭로하며 등장하는 영과 율법 조문의 반제는, 2장에서 율법에 대한 유대인들의 잘못된 태도를 비판하며 등장했던 영과 율법 조문의 반제를 이어받는다.

> 외면적인 유대인이 참 유대인이 아니며, 외면적인 육체의 할례가 참 할례가 아닙니다. 오히려 이면적 유대인이 참 유대인이며, 참 할례는 마음에 받는 것입니다. 이런 마음의 할례는 영으로 되지 율법 조문으로는 되지 않습니다. 이렇게 마음의 할례를 받은 사람은

다른 사람들이 아니라 하나님께 칭찬을 받습니다2:28-29.

이제 우리는 우리를 얽어매던 것에 대하여 죽어 율법에서 벗어났습니다. 따라서 우리는 새로운 영으로 하나님을 섬기지 낡은 율법 조문으로 섬기지 않습니다7:6.

2장의 논의와 7장의 논의를 함께 엮으면, 바울이 비판하는 문제의 핵심이 드러난다. 율법 혹은 율법에 대한 표면적 열성의 역설은 이것이 참된 하나님 섬김을 산출하지 못한다는 사실에 있다. 그런 점에서 이는 모두 무능력한 율법 조문의 영역에 머문다. 실제 문제를 해결할 수 있는 것은 바로 영, 곧 성령이다. 사람이 아니라 하나님께 인정받는 할례는 마음의 할례이며, 이 마음의 할례는 율법의 규정을 넘어 성령의 역사를 필요로 한다. 그리스도를 통한 죽음으로 이 율법 조문의 얽매임에서 벗어나고, 우리는 마음의 할례를 받는다. 그리하여 우리는 이제 "새로운 영으로 하나님을 섬기는" 삶을 시작한다. 이제 우리는 "죽은 자 가운데서 살아나신 분", 곧 그리스도를 새로운 남편으로 맞이하여 "하나님을 위해 열매 맺는" 삶을 살아간다7:4.

바울은 "새로운 영으로 하나님을 섬기는" 삶을 "하나님을 위해 열매 맺는" 삶으로 표현한다. 율법 조문, 곧 율법의 규정만으로 하나님을 섬기려는 삶은 결과적으로 죄의 전횡에 휘둘리는 삶이 된다. 율법 조문은 하나님의 생명을 매개하는 수단이 아니기 때문이다. 하지만 우리는 그리스도의 죽음을 통해 이 율법에 대해 죽는다. 그리고 그리스도를 새 남편으로 맞이하여 하나님을 위해 열매를 맺는 삶으로 옮겨진다. 물론 이 그리스도는 다름 아닌 "죽은 자 가운데서 살아나신 분"이다7:4. 6장에서 바울은 이것을 "새로운 생명으로 살아가는""새 생명 가운데서 행하는": 개역개정 삶이라 말했다6:4. 바로 이것이 하나님께서 그리스도를 통해 우리에게 이루시는 변화의 핵심이다. 8장 초두의 감동적인 선언은 바로 이런 사실을 명확하게 보여준다.

> 그러므로 이제 그리스도 예수 안에 있는 사람에게는 어떠한 정죄도 없습니다. 그리스도 예수를 통해 주시는 생명의 성령의 다스림이 죄와 죽음의 다스림에서 당신을 해방했기 때문입니다. (자세히 말하자면 이렇습니다.) 율법은 육신의 연약함 때문에 한계에 봉착해 있었습니다. 하지만 하나님은 그 상황을 해결하셨습니다. 곧 죄가 지배하는 상황을 해결하기 위해 자기 아들을 죄가 지배하는 육신의 모습으로 보내셨고 (그 아들의 죽음을 통해) 육신에서 활동하는 죄의 통치를 끝내셨습니다. 이렇게 해서 우리는 더 이상 육신을 따르지 않고 하나님의 영을 따라 살게 되었고, 이렇게 우리의 삶에 율법의 규정들이 성취되게 하셨습니다8:1-4, 풀이역.

그리스도 사건의 핵심은 "생명의 성령", 곧 생명의 능력이 되는 성령이 우리를 "죄와 사망"의 굴레에서 해방한 것이다. 우리는 육신에 속하여 죄의 통치를 받는 존재들이었다. 이런 상황에서는 율법조차 우리를 정죄하는 역할 이상은 할 수 없었다. 육신을 지배하는 죄를 해결할 능력이 없기 때문이다. 그런데 하나님께서 자기 아들을 "죄 있는 육신의 모양으로" 보내셨고, 십자가에서 육신을 죽이심으로써 그 육신 속에서 활동하는 죄를 "정죄"하셨다.[319] 즉 죄의 지배를 끝장내셨다는 뜻이다. 여기서 죄의 지배를 벗은 새로운 삶의 가능성이 생겨난다. 그래서 그리스도 안에 있는 자들은 더 이상 죄에 휘둘리지 않는다. 우리는 더 이상 육신을 따르지 않고, 생명의 성령을 따라 살아간다. 그 결과 우리의 삶에 선하고 거룩한 율법의 규정들이 이루어진다. 그리스도 안에 있는 자들에게 결코 정죄함이 없는 이유가 바로 여기에 있다. 그리스도께서 모든 정죄를 방어해 주신다는 말이 아니라, 우리가 생명의 성령을 따르며 율법의 요구를 성취하는 삶을 살기 때문이다.

십자가는 행위를 살피는 심판의 원리를 뒤집지 않는다. 언제나 육신의 생각에 이끌리는 삶은 사망의 열매를 낳는다. 반대로 성령의 생각을 따르는 삶은 생명과 평안을 얻을 것이다[8:6,13]. 우리에게 정죄함이 없는 것은 죄가 더 이상 상관없기 때문이 아니라 하나님께서 그리스도 안에서 성령을 부어주시며[5:5], 우리가 이 성령의 인도하심을 받기 때문이다. 이제 우리는 육신을 따르는 예전의 삶을 버리고 하나님의 영을 좇아 살아간다. 그리고 이런 우리에게 율법의 규정들, 곧 "율법이 요구하는 의로운 행위 *τό δικάιωμα τοῦ νόμου*"가 이루어진다[8:4]. 성령의 인도하심을 따라 우리가 "성령의 일"을 생각하고, "하나님의 법"에 순종하면서 "하나님을 기쁘시게" 하는 삶을 배우기 때문이다[8:7]. 따라서 "그리스도의 영이 우리 안에 거하시는" 한[8:9],

곧 우리가 "하나님의 영으로 인도함을 받는" 한8:14 우리에게 정죄함이 있을 이유가 없다8:4.³²⁰

5) 부활의 영

바울은 성령을 "생명의 성령", 곧 '생명을 주시는 성령'이라고 부른다. 물론 생명을 부여하시는 성령의 능력을 가장 극적으로 표현한 사건은 다름 아닌 그리스도의 부활이다. 따라서 우리를 의롭게 하는 믿음은 불가불 그리스도의 부활에 집중된다. 더 나아가 이는 아브라함 역시 동일한 부활 신앙, 곧 "죽은 자를 살리시며 없는 것을 있는 것으로 부르시는" 하나님을 믿었다는 사실로 재확인된다4:17. 바울은 하나님께서 우리에게 이 성령, 곧 부활의 영을 주셨다고 말한다. 믿음으로 우리는 그리스도와 하나가 된다. 이 그리스도 안에서 우리는 그와 더불어 죄에 대해 죽었다. 그리고 그의 부활에 참여하여 그 부활에 역사했던 하나님의 영의 인도하심 속으로 들어간다6:4. 따라서 그리스도의 부활은 우리가 그리스도 안에서 우리의 현존, 곧 의롭다 하심을 얻고 하나님과 화목하게 된 우리의 존재를 설명하는 가장 결정적인 요소가 된다. 당연히 바울의 논의는 끊임없이 그리스도의 부활로 눈길을 돌린다. 몇 구절을 개역개정 번역으로 인용해 보자.

> 그에게 의로 여겨졌다 기록된 것은 아브라함만 위한 것이 아니요 의로 여기심을 받을 우리도 위함이니 곧 예수 우리 주를 죽은 자

가운데서 살리신 이를 믿는 자니라 예수는 우리가 범죄한 것 때문에 내줌이 되고 또한 우리를 의롭다 하시기 위하여 살아나셨느니라4:23-25

화목하게 된 자로서는 더욱 그의 살아나심으로 말미암아 구원을 받을 것이니라5:10b

이는 아버지의 영광으로 말미암아 그리스도를 죽은 자 가운데서 살리심과 같이 우리로 또한 새 생명 가운데서 행하게 하려 함이라 6:4b

이는 다른 이 곧 죽은 자 가운데서 살아나신 이에게 가서 우리가 하나님을 위하여 열매를 맺게 하려 함이라7:4b

예수를 죽은 자 가운데서 살리신 이의 영이 너희 안에 거하시면 그리스도 예수를 죽은 자 가운데서 살리신 이가 너희 안에 거하시는 그의 영으로 말미암아 너희 죽을 몸도 살리시리라8:11

우리의 새로운 존재를 설명하는 핵심은 성령이다. 그리고 이 성령은 그리스도의 부활에서 그 진면목을 드러낸다. 따라서 서신 초두에서 살핀 것처럼, 바울이 자기 복음을 설명하면서 그리스도의 부활에 초점을 맞춘 것은 결코 우연이 아니다. 바울의 복음은 하나님의 아들, 곧 예수 그리스도에 관한 것이다. 그런데 이 예수님이 하나님의 아들로 인정된 것은 그가 하나님의 능력으로 죽은 자 가운데서 부활하심으로써다. 바울은 이 부활의 토대가 되는 능력을

"성결의 영"으로 표현한다1:4. 바울이 복음을 자랑스러워하는 것은 바로 이 능력 때문이다1:16. 또한 바로 이런 이유로 그는 하나님의 의의 계시, 곧 칭의에 관한 긴 설명을 제시한다. 믿는 자를 구원에 이르게 하시는 하나님의 능력이 이 칭의와 화목에서 시작하기 때문이다1:17. 더 나아가 칭의와 화목은 구원하시는 하나님의 능력을 드러낸다. 칭의란 바로 그리스도의 부활을 통해 역사하시는 하나님의 창조주적 능력이 우리의 삶에 역사하는 변화를 의미하기 때문이다. 바로 이 부활의 능력을 바울은 성령의 언어로 풀어가고 있는 것이다.[321]

6. 구원의 확신

로마서의 논의를 마감하기 전에, 구원의 확신 문제를 언급할 필요가 있을 것 같다. 십자가에 달리고 부활하신 하나님의 아들을 중심 주제로 삼는 바울의 복음은 무엇보다도 모든 믿는 자들을 구원에까지 인도하시는 하나님의 능력이었다1:16. 복음이 구원의 능력일 수 있는 것은 이 복음 속에 하나님의 의로움이 나타나기 때문이다. 곧 십자가와 부활을 통해 우리를 의롭게 하시고 우리를 자신과 화목하게 하시는 하나님의 역사는 우리가 미래의 구원에까지 이르고도 남는다는 확신의 근거를 제공한다5:9-10. 앞에서 밝힌 것처럼, 이 확신은 교리적 논리에 근거한 확신이 아니다. 바울에게 있어 십자가는 무엇보다도 하나님의 사랑이 만천하에 드러난 사건이었다5:5-6. 바울은 이 선제적이고 무조건적인 사랑에서 미래의 소망에 대한 확신의 근거를 찾았다. 말하자면 '이 정도의 사랑이라면 그 무엇이 문제가 되겠는가?'라는 태도다. 8장의 후반부는 바울의 이런 확신을 매우 감동적인 필치로 풀어낸다. 하나님께서 자기 아들까지 내어주신 마당에, 더 이상 어떤 것을 아까워하시겠는가? 죄인과 원수를 의로움과 화해로 이끌고, 이를 위해 자기 아들까지 내어주신 하나님이시라면, 이제 의롭게 된 자녀를 마지막 구원까지 이끄시리라는 것은 두말할 필요도 없다. 누가 우리를 그리스도의 사랑에서 끊을 수 있겠는가?

하지만 이런 확신은, 아브라함의 믿음에서 분명히 확인된 것처럼, 우리 앞의 현실에 눈을 감고 우리의 마음을 조작하는 자기 암시가 아니다. 구원이 처음 믿을 때보다 더 가까워진 것은 사실이지만, 이 구원은 여전히 미래의 소망으로 남아 있다8:24; 13:11. 우리의 현재는 고난이라는 이름으로 우리 앞에 서 있다5:3; 8:18. 바울은 여전히 "환난이나 괴로움이나 박해나 기근이나 헐벗음이나 위험이나 칼"로부터 자유롭지 못하며, "도살 당할 양"과 다름없는 형편에 처해 있다8:35-36. 이런 삶의 현실은 언제나 우리에게 강력한 유혹으로 작용한다. 이 유혹과 더불어 종말론적 죽음은, 우리가 기다리는 영생만큼이나 생생한 가능성으로 남아있다8:12; 6:21,23. 그러나 우리는 이런 환란에서 "인내"하며, 이 인내를 통해 "연단"된 성품을 갖추는 법을 배우고, 이런 연단의 과정이 우리를 "소망"으로 이끈다5:3-4. 곧

"이 모든 상황에도 불구하고" 우리는 "우리를 사랑하시는 이로 말미암아 넉넉히 이긴다"8:37. 현재 우리의 삶에는 우리를 하나님으로부터 멀어지게 만드는 수많은 요인들이 작용하고 있지만, 우리는 그 어떤 일이나 그 어떤 가능성도 이 사랑보다 크지 못하다는 것을 잘 알고 있다. 바로 이 사랑이 바울이 발견한 소망의 기초였다8:31-39.

엄밀히 말하면, 바울이 보여주는 구원의 확신은 우리가 '구원을 얻었다'라는 것이 아니라 '구원을 얻을 것이다'라는 것이다. 우리는 이 미래 시제를 자의적으로 현재로 만들 수 없다. 우리는 종종 그런 언어적 조작을 시도하지만, 이는 신앙의 확신 문제가 아니라 우리의 불안감을 해소하려는 이기적 강박증일 때가 많다. 그렇다고 해서 '구원을 얻을 것'이라는 미래적 고백이 확신의 연약함을 의미하는 것은 아니다. 오히려 불확실한 미래를 두고 '구원을 얻을 것이 분명하다'라고 말할 수 있는 신앙은 '이미'가 아니면 불안해 하는 사람들의 소아병적 염려를 넘어간다. 십자가처럼 심오한 사랑으로 우리를 도우시는 아버지께서 옆에 계신다면 우리가 미래를 두고 걱정할 이유가 무엇인가?

우리가 바울에게서 발견하는 구원의 확신은 논리적, 교리적 확실성이 아니라 사랑으로 우리를 찾아오시는 하나님을 향한 인격적 신뢰의 열매다. 우리의 고백처럼 구원이 조건에 맞는 거래가 아니라 하나님의 은혜로운 선물이라면, 이에 대한 우리의 확신은 이 선물을 주시는 분에게서 찾는 것이 당연하다. 캐제만Käsemann의 말처럼, 은인Giver과 은사Gift는 구분되지 않는다. 하나님께서는 '틀림없이 구원의 선물을 주실 분'이라는 확신이 없이 그 구원에 대한 확신을 가질 수는 없을 것이기 때문이다. 굳이 하나님을 생각하지 않고서도 '구원받았습니까?'라는 질문을 주고 받을 수 있다면, 우리는 이 구원의 출처가 어디인지 새로 물어야 할 것이다. 구원의 확신이 존재하는 만큼 종교적 자기기만 또한 흔한 물건이기 때문이다.[322]

RE_READ

Faith without deeds is dead. The righteous will live by faith.

제3부
새롭게 보는 바울 복음의 핵심 코드: 믿음과 은혜

제6장 믿음: 하나님의 부활의 능력
제7장 은혜: 하나님의 통치

이방인의 사도로서 바울이 받은 소명은 하나님 앞에 거룩하고 흠이 없는 공동체 건설에 있었다. 그가 이방인의 교회들에 보낸 편지들 역시 이러한 그의 사도적 비전에 맞는 신학적 관점을 드러내 준다. 앞서 제2부에서, 비록 바울서신 전부를 다 조사한 것은 아니지만, 바울의 가장 '신학적'인 서신들을 통해 우리의 논지를 확인했다는 점에서 우리의 작업은 그 소기의 목적을 달성한 셈이다. 하지만 개별 서신의 메시지를 확인하는 것으로는 여전히 해결되지 않는 의문들이 남는다. 우리는 바울의 편지를 하나하나 따로 읽기도 하지만, 바울서신 전체를 두고 중요한 신학적 주제를 추적하기도 한다. 만일 지금까지 우리가 논증한 것이 사실이라면, 가령 믿음이나 은혜와 같은 바울신학의 핵심 주제들은 어떻게 이해해야 할까?

지금까지의 논증에서 사실 자주 다루어지기는 했지만, 논지가 좀 더 분명해지려면 우리는 바울이 제시하는 굵직굵직한 신학적 주제들 역시 우리의 논지와 일관되게 설명할 수 있어야 한다. 이어지는 두 장은 바로 이런 의도에서 더해진 것이다. 물론 제한된 지면에서 바울신학의 주요 주제들을 전부 다룰 수는 없다. 그래서 여기서는 바울신학을 지탱하는 가장 핵심적인 개념들이면서도 바울신학의 이해 혹은 오해에 가장 결정적인 역할을 하는 두 가지, 곧 믿음제6장과 은혜제7장를 다루고자 한다. 바울이 믿음과 은혜에 관해 실제 말하는 바를 추적하면서, 그가 강조하는 믿음과 은혜 개념이 어떻게 그가 성취하고자 하는 도덕적, 실천적 목표와 관련되는지를 살피게 될 것이다.

제6장
믿음: 하나님의 부활의 능력

1. 믿음

1) 바울 복음의 핵심

믿음은 기독교 신앙의 핵심이다. 믿음이라는 단어를 사용하지 않고서 기독교를 논할 수는 없다. 기독교 '신앙信仰'이라는 말 자체에서 드러나는 것처럼, 믿음은 그저 은혜나 사랑처럼 중요한 단어 중 하나를 넘어 기독교적 삶 전체를 포괄하는 대표어로 쓰인다. 물론 좁은 의미의 '믿음'이 기독교 진리의 전부는 아니지만, 그만큼 믿음은 기독교의 가장 핵심적인 개념으로 자리하고 있다.

믿음이 바울의 독점물은 아니지만, 이 믿음을 기독교 진리의 핵심으로 만드는 데 가장 결정적인 역할을 한 사람은 역시 바울이다. 믿음은 신약성경 전반에 걸쳐 나오는 말이긴 하지만, 대부분의 경우 우리가 '믿음'이라는 말과 함께 떠올리는 구체적인 구절들은 거의 다 바울서신에서 온 것이다. 그리고 이 '믿음'은 바울의 모든 편지에서 가장 중요한 개념으로 등장한다. 사실 믿음을 기독교 진리 전체를 요약하는 개념으로 사용하는 습관 자체가 바울에게서 시작한다고 말할 수도 있다 가령, 살전2:10; 고전7:12-14; 14:24. '오직 은혜로'와 더불어 '오직 믿음으로'라는 종교개혁의 모토는 바울 복음의 요체를 절묘하게 요약한다.

믿음은 바울 복음의 핵심이다. 로마서에서 밝히는 것처럼, 바울은 자기 복음을 의지하며 그 복음을 자랑스러워했다. 이런 자신감은 이 복음이 모든 "믿는" 자를 구원하는 능력이 된다는 사실에 근거한다 롬1:16. 복음이 구원의 능력이라는 사실은 이 복음 속에 하나님의 의가 나타난다는 사실로 설명된다 롬1:17. 곧 하나님의 의가 계시된다는 사실 때문에 이 복음이 구원의 능력이 되는 것이다. 그런데 복음의 능력을 설명해 주는 이 의의 계시는 다름 아닌 "믿음에서 믿음으로", 곧 철두철미 믿음에 근거한 것으로 제시된다 1:17. ³²³ 바로 여기서 복음이 "모든 믿는 자를 구원하시는 하나님의 능력"이라는 진술이 가능해진다. 로마서 3장에 등장하는 칭의에 관한 구체적 진술들은 바로 이 핵심적 주장을 보다 구체적으로 풀어놓은 것에 지나지 않는다.

> (그러나) 이제는 율법 외에 하나님의 한 의가 나타났으니 율법과 선지자들에게 증거를 받은 것이라 곧 예수 그리스도를 믿음으로 말미암아 모든 믿는 자에게 미치는 하나님의 의니 차별이 없느니라 21-22절

이 예수를 하나님이 그의 피로써 믿음으로 말미암는 화목제물로 세우셨으니 25a절

그런즉 자랑할 데가 어디냐 있을 수가 없느니라 무슨 법으로냐 행위로냐 아니라 오직 믿음의 법으로니라 그러므로 사람이 의롭다 하심을 얻는 것은 율법의 행위에 있지 않고 믿음으로 되는 줄 우리가 인정하노라 27-28절

믿음의 중요성을 확인하기 위해 더 많은 사례를 소개할 필요는 없을 것이다. 믿음이 바울 복음의 핵심적 요소임을 부인할 사람은 없을 것이기 때문이다. 사실 우리의 관심은 믿음의 중요성을 확인하는 것보다는 이처럼 중요한 믿음이 바울의 복음에서 구체적으로 어떤 자리를 차지하는지 밝히는 것이다. 즉, 이 책의 물음에 맞추어 표현하자면, 바울 복음에서 믿음이 어떤 윤리적 함의를 가지는가를 밝히자는 것이다.

2) 누구의 믿음인가: 그리스도 혹은 우리?

다소 의외라고 느낄 수도 있겠지만, 바울서신에서 믿음의 개념은 많은 부분 칭의와 관련된 논증의 문맥, 곧 로마서와 갈라디아서의 특정 부분에 집중된다.[324] 바울의 핵심적 주장은 우리가 예수 그리스도를 믿음으로 의롭다 하심을 얻는다는 것이다. 믿음이란 예수 그리스도를 믿는 것이라는 사실은 기독교 신앙의 가장 뻔한 사항의 하나겠지만, 실제로 이런 가르침의 기반이 되는 바울의 표현

자체는 심각한 논란의 대상이 된다. 칭의와 믿음에 관한 논증은 갈라디아서, 로마서 그리고 빌립보서 등의 세 서신에 등장하는데, 여기서 그리스도와 믿음을 하나로 묶는 바울의 표현들은 전부 "예수 그리스도를 믿음으로"뿐 아니라 "예수 그리스도의 믿음/신실하심으로"라는 의미로도 번역될 수 있다. 그렇게 되면 이 구절은 예수님을 믿는 우리의 믿음이 아니라 예수님의 믿음, 곧 예수님 자신이 보여주신 믿음을 의미한다. 물론 믿음이라는 용어는 의뢰나 의존과 같은 수동적 의미가 될 수도 있지만, 신실하심이라는 적극적 의미가 될 수도 있다. 성령의 열매 중 하나로 나오는 충성이 실은 보통 믿음이라 번역하는 바로 그 단어라는 사실이 이를 잘 보여준다 갈5:22. 따라서 이 믿음이 우리 아닌 그리스도께 적용될 경우 그 의미는 "예수 그리스도의 신실하심"이 된다. 물론 이 신실하심은 십자가 사건을 중심으로 한, 아버지의 뜻에 죽기까지 순종하신 그 신실하심이다. 이렇게 되면 복음에 하나님의 의가 계시되는 것이 "믿음에서 믿음으로"라는 1장 17절은 하나님의 의의 드러남이 우리의 믿음이 아니라 그리스도의 믿음을 통해 이루어진다는 사실을 가리키는 진술이 된다.[325]

점점 많은 학자들이 그리스도의 신실하심 쪽을 선호하지만, 논쟁은 여전히 치열하다. 사실 이 논쟁은 바울 칭의론의 근본을 건드리는 중요한 물음이다. 그런 점에서 이 논쟁은 우리에게도 매우 중요하다. 그러나 여기서 이에 관한 긴 설명을 더할 필요는 없어 보인다. 우리의 일차적 과제는 바울 복음의 윤리적 차원을 조명하는 것이다. 믿음에 관한 우리의 짧은 논의 역시 이 믿음의 윤리적 차원에 모아진다. 물론 만일 바울이 말한 믿음이 그리스도의 신실하심이고 이것이 그가 믿음에 관해 말하고자 한 전부라면, 굳이 믿음의 윤리적 함의를 말할 이유도 없을 것이다. 그렇지만 상황은 그리 단순하지 않다. 많은 이들의 주장처럼, 칭의의 직접적 근거인 믿음이 그리스도의 신실하심을 가리킨다 하더라도, 우리의 믿음 역시 여전히 요구된다는 사실은 변하지 않는다. 의롭다 하심을 얻는 것이 "율법의 행위로서가 아니라 예수 그리스도의 신실하심으로 되는 것"이라 하더라도 "(그래서) 우리도 예수님을 믿었다"라는 이야기는 달라지지 않는다갈2:16.

말하자면, 칭의의 핵심 진술에 등장하는 믿음이 많은 경우 그리스도 자신의 신실하심을 가리킨다 하더라도 우리 믿음의 중요성이 약해지는 것은 전혀 아니다.[326] 여전히 우리는 예수님을 믿어야 하며, 이 믿음은 언제나 칭의와 구원의 불가결한 방식으로 남는다롬10:9-10. 바울이 말하는 바는 복음이 "모든 믿는 자"에게 구원을 주시는 하나님의 능력이 된다는 것이다1:16. 따라서 그리스도의 신실하심과 관련된 문제를 넘어, 신자의 믿음은 여전히 구원의 적용 범위를 규정한다. 우리가 관심을 기울이는 것이 바로 이 믿음이다. 곧 우리가 하나님과 그리스도께 보여주어야 할 믿음이 윤리적으로 어떤 함의를 가지는가 하는 것이다.

3) 믿음의 의미

바울의 복음은 구원의 복음이다. 그리고 우리는 이 구원의 메시지에 믿음으로 응답한다. 그런 의미에서 믿음은 구원의 복음으로 우리를 찾아오시는 하나님께 대한 우리의 응답을 한마디로 응축한 개념이다.[327] 그러니까 믿음이란 하나님과 관계를 맺는 우리의 삶 전부를 포괄한다. 하지만 우리가 하나님을 혹은 예수 그리스도를 '믿는다'라는 것은 구체적으로 어떤 태도를 가리키는가? 루터가 말한바 '수동적' 믿음, 곧 하나님께서 예수 그리스도를 통해 이루어 주신 은혜의 행위를 수동적으로 혹은 심리적으로 수납하는 것인가?[328] 아니면 바울의 믿음 역시 야고보가 말한 능동적 믿음, 곧 행위로 그 본질이 구현되고 확인되는 그런 믿음인가? 바울이 말하는 믿음은 행위와 어떤 관계인가? 믿음은 행위와 반대되는가 cf. 롬4:2; 엡2:9, 아니면 행위를 포함하는가 cf. 살전1:3; 살후1:11? 사실 바울의 세 서신들을 논의하면서 이미 답이 나온 물음이지만, 중요한 문제인 만큼 다시 한번 다루어 보기로 하자.

바울의 복음은 시종일관 믿음을 축으로 하여 제시되지만, 정작 바울의 편지에서 믿음의 개념에 대한 설명을 찾기란 쉽지 않다. 바울은 믿음의 중요성을 누구보다도 강조하지만, 정작 믿음이 무엇인가를 설명하는 일에는 별 관심이 없어 보인다. 믿음에 관해 당연한 듯 말하는 바울의 모습을 보면, 그는 자기 독자들이 믿음이 무엇인지 이미 잘 알고 있다고 전제하는 듯하다. 대부분의 경우, 그의 직접적인 관심사는 믿음의 의미를 설명하는 것이 아니라 성도들이 믿음을 제대로 유지하도록 돕는 것이다. 어쩌면 바울에게는 우리가 '도대체 믿음이란 무엇인가?'라는 질문을 제기한다는 사실 자체가 당혹스럽게 비칠 것이다. 구원의 가장 기본인 믿음조차 제대로 이해하지 못하고 있다는 사실을 수긍하기가 어려울 수도 있다. 하지만 믿음에 대한 이런 막연함이나 착각은 바울이 직접 가르친 성도들에게도 예외는 아니었다. 바울은 종종 "헛된 믿음"이나 하나님의 은혜를 "헛되이 받는" 태도에 대해 경고한다. 믿음에 대한 오해의 가능성은 그때나 지금이나 마찬가지였던 셈이다 고전15:2,58; 고후6:1; 갈3:4.

4) 믿음은 행위를 배제하는가?

야고보서와 바울을 조화시킬 때는 말이 달라지지만, 사실 대부분의 신자들에게 '믿음으로' 구원을 얻는다는 진술은 거의 자동적으로 '행위에 의하지 않고' 구원받는다는 것을 의미한다. 그러니까 우리가 '오직 믿음으로'라고 할 때, 이 '믿음'이 실제로 전달하는 가장 핵심적인 생각은 '우리의 행위와 상관없이'라는 것이다. 우리가 믿음으로 의롭다 하심을 얻는다는 것은 우리의 도덕적 행위 여부와 상관없이 하나님께서 우리를 의롭다고 여겨주신다는 말이다. 우리가 은혜로 구원을 받는다는 말도 마찬가지다. 그런 점에서 대부분의 성도들은 '믿음으로'라는 표현을 '은혜로'라는 말과 거의 같은 의미로 이해한다. 물론 은혜는 하나님의 주권적인 섭리를 강조하는 반면, 믿음은 하나님의 은혜에 대한 인간의 응답을 가리키므로, 이 두 개념은 분명히 다르다. 하지만 우리의 칭의나 구원이 우리의 도덕적 행위와 무관하다는 뜻을 전달한다는 점에서 '믿음으로'는 '은혜로'와 사실상 같은 의미를 전달한다. 종종 믿음과 은혜를 동의적 용법으로 결합하는 바울의 용법 또한 이 점을 잘 드러내 준다롬4:16; 엡2:8-9.

우리의 도덕적 행위가 구원론적으로 무의미하다는 의미에서 구원이 '오직 믿음으로만'이라면, 바울의 복음에서 실질적인 기독교 윤리의 기초를 발견하기는 힘들다. 우리 신앙 행위의 궁극적 목적이라고 할 수 있는 구원이 행위를 배제한 '믿음'만을 요구한다면, 이 배타적 믿음-구원론 속에는 올바른 삶을 논할 만한 자리가 전혀 없게 된다.329 그렇게 되면 로마서에서 보는 것과 같은 빈정거림, 곧 "우리의 불의가 하나님의 의를 드러내는 것이라면 하나님은 우리를 심판하실 수 없을 것"이라거나롬3:5-6, 한 걸음 더 나아가 아예 "그렇다면 선을 이루기 위해 오히려 악을 행하는 것이 좋겠다"라고 하거나3:8, 혹은 "은혜를 더하기 위해 죄에 거하자"6:1와 같은 궤변도 가능해진다. 물론 실제로 이렇게 대놓고 말하는 사람은 많지 않을 것이다. 하지만 이런 의미에서의 믿음에는 위와 같은 파행적 태도를 막을 장치가 없다.330 적어도 구원 문제에 관한 한 우리의 행위가 무의미한 것으로 남는다면, 이런 복음으로는 올바르게 살아야 할 아무런 구원론적 근거를 제시할 수 없다.331

하지만 위에 인용된 방종주의적 궤변들에 대한 바울의 입장은 단호하기 그지없다. "그럴 수 없느니라"는 바울 특유의 강한 부정3:6; 6:2이나, "그들은 정죄 받는 것이 마땅하다"라는 강한 저주의 발언3:8은, 바울의 복음 속에서는 불의나 죄가 설 자리가 없다는 신념을 표현한다. 바울은 자기 복음이 올바르게 선포되는 곳에서는 불의한 자에게 진노하시는 하나님께서 불의하시다거나 하나님의 의를 더 도드라지게 드러내기 위해 오히려 죄를 짓자는 식의 궤변은 성립할 수 없다고 힘주어 말한다. 그렇다면 바울의 이런 도덕적 단호함은 믿음으로 주어지는 구원 이야기와 어떻게 조화될 수 있을까? 바울의 도덕적 열의도 구원은 철저히 '행위 없는 믿음'으로만 가능하지만, 구원받는 자들은 어쨌든 (구원과 관계없이) 하나님의 뜻대로 사는 것이 좋다는 권고사항에 불과한 것일까? 하지만 이런 권유가 무슨 힘이 있을까? 바울 자신은 올바른 삶을 아무리 강조한다고 하더라도, 우리의 구원이 올바른 삶과 아무 상관이 없다면, 개인의 자발적인 선택 말고는 달리 복음적 윤리를 논할 근거는 없어 보인다.

믿음을 행위의 반대 개념으로 놓는 통상적 이해가 재고되어야 하는 한 가지 결정적인 이유는 바울서신 속에 '행위구원론'적 관점이 빈번하게 등장하기 때문이다. 이는 바울의 개별적인 서신들에 대한 위의 분석에서 이미 분명해졌다. 우리는 성령을 좇아 살아가는 삶을 통해 의의 소망을 기다린다. 영생은 성령을 위하여 심는 삶이 산출하는 종말론적 수확이다 갈5:5-6; 6:7-9. 하나님의 심판은 언제나 우리의 행위를 겨냥하며 롬2:6-11, 신자나 불신자를 불문하고 육을 따라 사는 삶의 필연적 결과는 종말론적 사망 혹은 썩어짐이다 롬6:21-23; 8:13. 바울은 불의한 삶을 살면서도 하나님 나라를 상속받을 수 있다는 생각을 절대 용납하지 않는다 갈5:21; 고전6:9-10; 엡5:5.

바울이 이처럼 분명히 행위의 **구원론적** 중요성을 강조하는 마당에, 구원의 조건 혹은 유일한 방식으로 제시된 믿음이 행위 무용론적 개념일 가능성은 없다. 물론 믿음은 행위와는 구별된다. 현재적 칭의나 화목에서처럼 아무런 행위나 공로를 말할 수 없는 상황에서 믿음이 구원의 수단으로 등장한다는 사실이 이를 잘 말해준다. 하지만 이런 개념적 구분을 확대해석하지 않도록 주의해야 한다. 믿음과 행위가 서로 구별된다는 사실, 그리고 (적어도 구원의 시초에는) 아무런 행위를 수반하지 않는 믿음을 말할 수 있다는 사실로부터, 그러니까 믿음은 근본적으로 행위를 배제하기 위한 개념이라는 생각으로 비약할 수는 없다.

"믿음으로"라는 구호가 '행위순종 없이'라는 말로 자동 번역될 수 없다면, 바울이 말하는 믿음의 핵심은 무엇일까? 바울이 자신의 복음을 설명하면서 그토록 믿음을 강조할 수밖에 없게 만든 그 신학적 절박함이란 무엇이었을까? 믿음을 강조함으로써 바울이 성도들에게 이해시키려 했던 진리는 과연 무엇이었을까? 바울이 보여주는 도덕적 단호함은 그가 그토록 강조하는 믿음과 어떻게 조화되는 것일까? 틸리히Paul Tillich의 말처럼, "공식적인 정의만으로 믿음을 이해하는 사람들에게는 이것이 그다지 중요한 사항이 아니겠지만, 신자의 삶을 살아가는 사람들로서는 이것이 매우 중대한 사항"일 것이다.[332]

2. 구원의 시작과 마지막, 그리고 믿음

믿음에 대한 바울의 설명이 오해되는 경우는 크게 두 가지로 구분된다. 첫째, 도덕적 행위와 무관한 논의를 도덕적 행위를 부정하는 것으로 잘못 해석하는 경우다. 칭의 논증에 나오는 "율법의 행위들" 및 로마서에서 이 개념의 약어로 쓰인 "행위" 등의 개념이 이에 해당된다. 이와 관련해서는 갈라디아서와 로마서를 설명할 때 이미 다루었으므로 여기서 재론할 필요는 없을 것이다.

둘째는, 바울이 구원을 향한 첫 걸음, 곧 은혜의 부르심을 받고 회심하는 상황을 설명하면서 도덕적 행위의 개입을 부인하는 경우다. 칭의나 화목과 같은 언어는 우리의 회심을 설명하는 방식들이다. 여기서는 우리가 애초부터 죄인이나 원수로 있다가 그리스도의 속량을 통해 하나님과 화해된다는 점에서 우리의 선행을 논할 근거가 전혀 없다 롬3:25; 5:9-10. 이런 문맥에서 믿음은 당연히 인간의 도덕적 행위와 구분된다. 갖다 붙일 행위가 아예 없기 때문이다. 그런데 우리는 종종 이 회심과 관련한 진술을 (종말론적) 구원 자체에 적용되는 것으로 확대해석하고, 그럼으로써 행위에 대한 바울의 입장을 왜곡한다.

아브라함의 칭의를 소개하고 있는 로마서 4장의 경우를 보자. 여기서 바울은 아브라함이 의롭다 하심을 받은 사건의 의미를 설명하는 과정에서 시편 32편의 한 구절을 인용한다.

> 불법이 사함을 받고 죄가 가리어짐을 받는 사람들은 복이 있고 주께서 그 죄를 인정하지 아니하실 사람은 복이 있도다 함과 같으니
> 라롬4:7-8

> 허물의 사함을 받고 자신의 죄가 가려진 자는 복이 있도다 마음에 간사함이 없고 여호와께 정죄를 당하지 아니하는 자는 복이 있도다
> 다시32:1-2

여기서 다윗이 기술하고 있는 상황은 바울이 말하는 칭의와 동일하다4:5-6. 시편은 이 칭의 과정을 도덕적 관점에서 풀어낸다.[333] 칭의 이전의 상황은 불법을 저지르고 죄를 지은 상황이다. 반면 의롭다 하시는 것은 하나님께서 그 불법을 용서하시고 그 죄를 가리는 것, 곧 주께서 그 죄를 인정하지 않으시는 조치를 의미한다. 의롭다 하심을 받기 이전의 우리는 내세울 행위가 전혀 없는 죄인의 상태다. 그리고 이를 보상할 수 있는 어떤 의로운 행위를 행하기도 전에 우리는 그저 그리스도를 믿는 믿음만으로 의롭게 된다. 그렇다면 이런 믿음은 당연히 우리의 도덕적 행위를 수반하지 않는 믿음이 된다. 이런 상황에서 하나님께서 "경건하지 아니한 자를 의롭다 하시는" 분으로 등장한다4:5. 우리는 우리의 경건하지 않음을 상쇄할 만한 아무런 행위도 하지 않은 채 믿음만으로 의롭다 하심을 받았다. 이처럼 믿음으로 의롭다 하심을 얻는 것을 강조하는 문맥에서 우리의 경건치 않고 죄인 된 상태를 부각하는 것은 믿음으로 의롭다 하심을 얻는 것이 우리의 도덕적 성과와 무관하다는 점을

분명히 보여준다.

그렇다면 경건치 않은 자를 의롭다 하시는 하나님께서는 시종일관 우리의 선행에 별 관심이 없는 분이실까? 또는 우리를 의롭게 하는 믿음은 원론적으로 (도덕적) 행위를 배제하는 개념일까? 얼핏 바울의 논조는 그런 추론을 요구하는 것처럼 보인다. 하지만 실상 바울의 의도는 이와 전혀 다르다. 여기서 우리는 회심이라는 특정 상황에 관한 사실 진술을 구원하시는 하나님의 의도에 관한 일반적 진술로 잘못 해석하지 말아야 한다. 경건하지 않다는 것은 우리가 의롭게 될 때의 객관적 부대 상황을 묘사하는 사실 진술이지, 칭의 자체의 수단이나 방식에 관한 진술이 아니다. 곧 우리는 불의한 상태에서, '그 불의함에도 불구하고' 의롭게 되는 것이지, '불의함을 통해' 의롭게 되는 것이 아니다. 우리는 믿음을 통해, 우리의 경건하지 않음에도 불구하고 의롭다 하심을 받는다. 경건하지 않음이란 우리가 믿음으로 의롭게 될 당시의 상황일 뿐이다. 따라서 여기서 '그러니까 믿음은 원천적으로 행위를 배제한다'라는 결론을 도출하는 것은 논리적 비약이다. 의롭게 될 당시 믿음이 행위를 동반하지 않았다는 사실에서부터, 그러니까 믿음은 언제나 의롭지 않은 상태와 함께 간다는 식의 결론으로 건너뛸 수는 없다. 이런 비논리적 비약은 끊임없이 행위를 강조하는 바울 자신의 도덕적 엄중함을 전혀 설명하지 못한다. 어차피 내세울 행위가 없으므로 우리의 행위와 무관하게 믿음으로 의롭다 하시지만, 그렇다고 해서 그 믿음이 구원을 향한 여정에서 행위를 배제하려는 의도를 나타내는 것은 결코 아니다. 은혜에 관한 다음 장에서 더 자세히 살피게 되겠지만, 믿음으로 우리를 의롭다고 해주신 하나님의 의도는 오히려 정반대다.

또한 우리는 칭의와 구원을 말할 때 바울의 시선이 신자들의 현재 상태에 집중되어 있다는 사실을 기억해야 한다. 현재 한국교회의 '통속적' 구원론에서 신자들의 현재적 삶이 구원론적으로 무슨 의미가 있는지 분명하지 않은 것은 현재와 미래의 엄연한 시간적 구분이 무의미해진 현상과 깊은 관련이 있다. 하지만 우리가 부르심을 받아 하나님의 자녀가 되는 '회심/들어감'에 관한 묘사와 미래의 구원에 관한 진술은 구분되어야 한다. 다시 말해 우리가 죄인인 상태에서 의롭게 되고 화목하게 되었다는 진술은 우리가 여전히 같은 상태에 머물러 있는 채로 최종적 구원을 얻게 될 것이라는 진술로 오해될 수 없다.[334] 곧 우리가 언약 관계 속으로 들어가는 방식에 관한 묘사와 심판을 거쳐 최종적인 구원을 얻는 방식에 관한 묘사는 다르다. 그리고 믿음이 행위와 분명히 구분되면서 나타나는 경우는 모두가 이런 '시작'에 관한 묘사다.

로마서를 다루면서 이미 언급한 사항이지만, 의의 소망이라는 전통적 칭의 개념을 유지하고 있는 갈라디아서와는 달리[갈5:5], 로마서에서의 칭의는 미래적 의미의 칭의를 말할 때도 있고[2:13; 4:24; 5:19] 또 때로는 예수 그리스도 사건을 통해 이미 신자들에게 이루어진 현재적 칭의를 가리킬 때도 있다[3:24; 5:1 등]. 이럴 경우 칭의는 종말론적 의미의 구원 혹은 최종적 구원에 이르는 과정 전부를 포괄하는 것이 아니라, 첫 부르심의 시점, 곧 원수였던 우리가 하나님과 관계를 회복하게 되는 시점을 가리킨다. 최근 유행하는 표현을 빌리자면, 로마서의 현재적 칭의는 일차적으로 '들어감getting in'에 관한 것이며,³³⁵ 이는 "구원"5:9-10; 15:13이나 "영생"2:7; 6:22-23과 같은 미래 종말론적 개념과는 구별된다. 현재적 칭의나 화목이 미래 구원의 결정적 근거라는 점에서 이 둘은 긴밀하게 얽히지만롬5:9-10, 그렇다고 이 둘이 동일시될 수 있다는 말은 아니다. 오히려 '현재의 칭의가 미래 구원의 근거'라는 사실을 힘주어 강조하는 바울의 진술은 이 둘 사이의 시간적 간격을 전제해야만 그 의미가 분명해진다5:9-10. 현재의 칭의가 미래의 구원과 사실상 동일한 것이라면, 고난의 상황에서 '이미 구원받았으니 안심하라'고 말하는 대신 '현재는 고난의 시간이지만 미래 우리의 구원은 확실하다'라고 성도들을 격려하는 모습은 대단히 이해하기 어려운 움직임이 될 것이다.

구원의 부르심은 우리가 아직 죄인 된 시점에서 주어진다. 그러니 우리가 무슨 행위나 조건을 내세워 협조할 수 있는 상황이 아니다. 하지만 부르심 당시의 객관적 상황에 관한 이런 진술을 부르심 이후를 위한 하나님의 의도에 관한 진술로 해석할 수는 없다. 칭의는 우리의 불의한 상태에도 불구하고 이루어지는 것이지, 우리의 불의한 상태를 '통해서' 이루어지는 것이 아니다. 따라서 엄밀한 의미에서 믿음이 행위와 상반된 개념은 아니다.

현재의 칭의가 마지막 심판 때에 얻게 될 종말론적 칭의의 선취라는 말이 아주 잘못된 것은 아닐 것이다. 사실 현재의 칭의 혹은 화목은 미래의 구원에 대한 가장 결정적인 근거로 작용한다. 우리가 아직 죄인일 때 의롭다 하심을 받은 것이라면, 이미 의롭다 하심을 받은 자로서 미래의 구원 또한 받게 될 것은 당연하다롬5:9-10. 하지만 그렇다고 해서 현재와 미래의 시간 구분이 무의미하거나 미래의 구원이 '무조건' 보장되는 것이라고 말한다면, 이는 바울의 진술을 철저히 오해한 것이다. 경건하지 않은 자를 의롭게 해주시는 십자가의 사랑이 가장 확실한 확신의 근거가 되는 것이 사실이지만, 이 확신은 '무조건 구원받을 것이라'는 식의 오만한 착각과는 거리가 멀다.[336] 로마서 8장에서도 확인되는 바와 같이, 로마서 5장에서 바울이 미래 구원의 확실성을 말하는 것은 십자가의 교리적 효력에 근거한 논증이 아니라 십자가에서 확인된 하나님의 놀라운 사랑에 대한 신뢰에 근거한다5:5; 8:35-39. 현재 우리가 그리스도 안에 있다는 사실, 그리고 우리가 하나님과 의로운 관계에 들어갔다는 사실은 미래의 구원을 위한 가장 결정적인 근거로 작용한다5:2.

앞서 살핀 것처럼, 우리가 그리스도 안에 있다는 말이나 우리가 하나님과 의로운 관계가 되었다는 말은 추상적 혹은 법정적 개념을 넘어 보다 구체적이고 실천적인 내용을 가진 개념, 곧 신자들의 도덕적 정황의 변화 또한 내포한다. 그러니까 로마서에서 칭의란 과거 죄의 종으로 살던 삶에서 해방되어 하나님의 종이 되는 변화, 그리하여 이제 하나님께 우리 자신을 드리는 살아있는 관계로 옮겨가는 것이다6:17-18. 바울은 이런 변화된 삶의 길을 통해 마지막 구원과 영생에 이른다는 사실을 분명히 한다. 우리가 예전처럼 육신대로 살면 죽을 것이지만, 영으로 몸의 행실을 죽이면 살 것이다 8:13. 칭의 이후에도 여전히 죄의 삯은 사망이며, 그리스도를 통해 주어지는 영생의 선물은 우리 자신을 의에게 종으로 드리는 새로운 삶의 결과로 제시된다 6:21-23.

구원에 대한 우리의 소망이 구현되는 것은 환난이 인내를 산출하고, 인내가 연단된 성품을 낳는 과정을 통해서다. 이 연단된 성품이 소망을 현실로 만들기 때문이다 5:3-4. 우리가 영광을 상속하게 될 것이라는 약속은 우리가 그리스도와 함께 고난을 받는다는 조건을 달고 있다 8:17. ³³⁷ 여기에는 뿌린 대로 거둔다는 인과의 원칙이 철저히 적용된다 갈6:7. ³³⁸ 육체에다 씨를 뿌리는 삶을 살면 그 육체로부터 썩어짐을 거두고, 성령에다 씨를 뿌리는 삶을 살면 성령으로부터 영생을 거둔다 갈6:8-9. 그리고 이런 원칙을 무시하고 육체의 일에 탐닉하는 교인들에게 바울은 "이런 일들을 행하는 자들은 결코 하나님 나라를 상속하지 못할 것이다"라고 경고한다 갈5:21; 고전6:9-10; 엡5:5-6.

하지만 바울이 현재적 칭의뿐 아니라 '구원' 자체가 은혜로, 그리고 믿음으로 주어진다고 말하기도 한다는 사실을 지적하는 이들도 있을 것이다. 가령 에베소서 2장에서 바울은 그리스도를 통해 이루어진 우리의 부활과 구원을 설명하면서 이렇게 말한다.

> 너희는 그 은혜에 의하여 믿음으로 말미암아 구원을 받았으니 이것은 너희에게서 난 것이 아니요 하나님의 선물이라 행위에서 난

것이 아니니 이는 누구든지 자랑하지 못하게 함이라2:8-9

바울의 말처럼, 우리는 이미 구원을 얻었다 현재완료형 σεσωσμένοι; 엡 2:5,8. 이 구원은 우리의 행위와는 무관하며, 순전히 하나님의 은혜로 그리고 믿음으로 주어진 것이다. 그렇다면 이는 우리의 종말론적 구원 역시 우리의 행위와 무관하다는 의미가 아닌가?

학자들 중에서도 바울의 진술을 이렇게 이해하는 사람들이 적지 않다.[339] 하지만 조금만 생각해 보면 이런 해석이 얼마나 기계적인지 금방 드러난다. 만일 여기서의 '구원'이 고착된 하나의 전문용어라면 그런 '실현된 종말론적' 해석이 가능할 것이다. 로마서에서는 분명 미래였던 구원이 에베소서에서는 이미 이루어진 것으로 제시되기 때문이다. 하지만 이것은 언어 활용의 융통성을 고려하지 못한 실수다. '구원'을 포함하여 바울이 사용하는 많은 단어들은, 오늘 많은 이들이 생각하는 것처럼, 고착된 의미를 가진 전문용어가 아니었다. 바울이 이런 신학적 개념들을 활용하는 방식은 신학자들을 닮았다기보다는 오히려 일선 설교자들을 닮았다. 같은 단어라도 문맥에 따라 그 의미가 달라지는 경우가 많다. 가령 사도행전에서 '교회'는 대부분 신자들의 '모임'이지만, 때로는 에베소 극장의 혼란스런 군중의 '모임'이기도 하고19:32,40, 법적 심리를 위한 재판 '모임'이기도 하다19:39. 또 사도행전 27장에는 '구원' 관련 용어가 자주 나오는데, 익사하지 않고 생존하는 것27:20,31, 굶어 죽지 않고 살아남은 것27:34, 살해 시도를 벗어나는 것27:43, 파선 상태에서 구조되는 것27:44 등 다양한 상황에 두루 적용된다. 물론 신학적 의미의 구원을 가리키기도 한다16:30-31. 빌립보서에서도 '구원'은 신학적 의미의 구원이기도 하고1:19, 투옥 상태로부터의 '구원'이기도 하다2:12. 또 같은 신학적 '구원'이라고 해서 다 같은 의미가 아니다. 자세히 읽으면 분명 서로 다른 상황에서의 구원을 말한다는 것이 분명하기 때문이다. 따라서 우리는 이런저런 용어나 개념을 기계적으로 비교할 것이 아니라 각 서신에서 그려지는 구원론적 그림 자체를 살펴야 한다.

이런 점을 인식하고 읽으면 우리는 에베소서에서 말하는 (과거 허물과 죄로 죽었던 삶으로부터의) 구원은 로마서에서 말하는 (미래 하나님의 진노로부터의) 구원과는 사뭇 다르다는 사실을 알게 된다. 부정적인 과거에서 희망 가득한 현재로의 변화를 묘사한다는 점에서 에베소서의 '구원'은 오히려 죄인과 원수가 하나님과 평화로운 관계로 화해하는 로마서의 (현재적) '칭의'와 유사하다. 에베소서에서 행위 없이 '구원'을 얻었다는 말은 로마서에서 아무런 행위 없이 은혜로 의롭다 하심을 얻었다는 말과 같은 경험을 가리킨다. 곧 하나님을 모르다가 하나님의 부르심을 받는 회심 상황이다. 물론 이는 마지막 심판의 진노로부터 (선취적으로) 구출되었다는 말이 아니다. 그러니까 로마서가 마지막 심판 때의 사건으로 기다리는 그 미래의 '구원'을 에베소서가 아무런 행위 없이, 시간을 앞당겨 갖다준 것이 아니다. 로마서에서도 어두운 과거로부터의 구원이 있다. 로마서는 이를 칭의 혹은 화해라 부른다. 당연히 에베소서에도 엄연히 미래 심판과 그 심판의 진노로부터의 구원이 있고, 이는 다양한 표현으로 나타난다. '구원'이라는 단어를 두 편지가 각기 서로 다른 지점에 적용하고 있을 뿐이다.

갈라디아서나 로마서, 혹은 에베소서에서나 바울이 묘사하는 구원의 여정은 같다. 물론 이 여정을 묘사하는 표현들은 각 서신의 상황에 따라 달라진다. 재미있게도 갈라디아서에서는 '구원'이라는 말을 사용하지 않는다. 대신 칭의가 "의의 소망"이라는 미래 종말론적 개념으로 등장한다5:5. 그 점에서 이는 "유업"3-4장, "하나님의 나라"5:21 혹은 "영생"6:8 등과 일맥상통한다. 신자들의 현재 상태는 "그리스도 안에서 부르심"1:6; 5:8, "성령을 받음/성령으로 태어남"3:2-5; 4:28, "자녀/상속자"3:26,29; 4:5-7, "하나님을 알게 됨"4:9, "자유"5:1,13 등의 개념을 통해 묘사된다.

로마서에 오면 상황이 달라진다. 미래 종말론적 개념이던 칭의는 동시에 신자들의 현재 회심의 과정을 묘사하는 말로 확대되고3:21,25; 5:1,9, 대신 '구원'이 미래 종말론적 구원을 가리키는 개념으로 등장한다5:9-10. 물론 "영생", "유업/상속자" 등은 갈라디아서에서와 마찬가지로 여전히 미래 종말론적 개념으로 활용된다2:7; 6:23; 8:17 등. 다소 애매하지만, "몸의 부활" 또한 아직 실현되어야 할 미래의 소망으로 남아 있다6:5; 8:11. 이처럼 로마서에서는 이전 서신에서 미래적 의미를 갖던 칭의가 현재를 묘사하는 개념으로도 활용되는 흥미로운 현상이 보이기는 하지만, 그렇다고 해서 현재와 미래라는 현실의 시간적 구도가 달라진 것은 아니다. 현재가 더 높은 자리로 올라간 것도 아니며, 미래가 자리를 잃어버린 것도 아니다. 어느 서신에서도 미래의 구원과 영생이 성령을 따라 살아가는 삶의 결과로 주어진다는 사실은 전혀 변하지 않는다6:22-23; 8:13; cf. 갈6:7-9. 표현을 다소 바꿀 수는 있지만, 회심에서 구원에 이르는 (역사적) 과정 자체를 바꿀 수는 없다.340

에베소서로 옮아가면 사태는 또 한 번 달라진다. 로마서에서 미래 종말론적 개념으로 등장했던 '구원'이나 '부활' 등의 개념이 여기서는 구원의 시작, 혹은 신자들의 현재 상태를 설명하는 개념으로 활용된다2:5-8. 성도들은 그리스도와 함께 이미 부활하였고, 이미 구원을 받았다. 심지어 하늘에 앉았다는 표현도 등장한다. 대담한 표현이지만, 이는 모두 불순종의 과거에서 새로운 현재로의 변화를 포착하는 표현들이다. 이런 과감한 표현들이 이 변화회심의 극적 성격을 부각하는 것은 사실이지만, 그렇다고 미래가 앞으로 당겨지는 것은 아니다. 유업과 속량은 여전히 미래적 소망의 대상으로 남아 있으며3:6; 5:5, 이미 이루어진 부활과 다른 미래적 부활은 언제나 기다림의 대상이다5:14.341 당연히 에베소서에서도 현재의 순종은 미래 상속을 위한 필수 조건으로 간주된다5:5-6. 이 점에서 에베소서에 나타나는 구원의 전망 역시 갈라디아서나 로마서에서 볼 수 있는 그림과 전혀 다르지 않다.

요컨대, 바울이 구원의 과정을 묘사하는 표현들은 서신마다 상당한 융통성을 보인다. 하지만 이 언어적 융통성이 구원의 그림 자체의 변화를 의미하는 것은 아니다. 상황과 의도에 따라 표현은 바뀔 수 있지만, 현재와 미래의 시간 구조는 우리가 말로 조작할 수 없는 엄연한 실재다.[342] 미래의 소망을 바라보면서 현재 성령을 따라 순종하며 살아야 한다는 요구 또한 타협의 여지가 없는 상수다. 하나님의 은혜라는 쌍둥이 개념과 더불어 믿음은 하나님의 주권적 구원 행동을 가리키는 표현이다. 그런 점에서 믿음은 모든 인간적 요소를 배제한다. 하지만 여기서 우리는 '그러므로 구원에는 올바른 행위가 필요치 않다'라는 식의 근거 없는 결론을 내려서는 곤란하다. 위에서 살핀 것처럼, 바울이 믿음을 강조하는 이유는 유대인의 배타적 선민의식을 공격하기 위함이기도 하고, 또한 구원이 하나님의 주권적 열심에서 시작된 것임을 분명히 드러내기 위함이기도 하다. 하지만 이런 의도를 잘못 읽어서 '그러니까 구원에 올바른 행위는 필요 없다'라는 주장으로 내달릴 수는 없는 것이다.

3. 행위와 함께 일하는 믿음

지금까지 우리는 믿음을 강조하는 바울의 의도가 도덕적 행위를 배제하기 위함이 아니라는 것을 살펴보았다. 사실 바울이 믿음과 도덕적 행위에 관해 말하는 방식을 보면 실제 사정은 이와 정반대다. 앞에서 말한 것처럼, 믿음이 구원을 향한 하나님의 부르심에 대한 우리의 응답이며, 이 응답이 우리의 전인격을 포괄하는 것이라면,[343] 믿음이 몸으로 드러나는 행위의 차원 역시 포함할 것이라는 점은 당연하다. 행위 없는 삶이 어불성설이라면, 행위와 분리된 믿음 역시 마찬가지다. "영혼 없는 몸이 죽은 것 같이 행함이 없는 믿음은 죽은 것"약2:26이라는 야고보의 말은 하나의 신학적 견해 이전에 '몸'으로 이루어지는 우리 삶의 불가피한 조건에 대한 기술에 가깝다.344

믿음과 도덕적 행위의 관계를 가장 인상적으로 보여주는 서신 중 하나가 데살로니가전서다. 앞서 이미 설명한 것처럼, 바울은 데살로니가 성도들의 신앙의 자태를 "믿음의 역사"와 "사랑의 수고"와 "소망의 인내"라는 세 개념으로 요약한다. 여기서 우리의 관심을 끄는 대목은 "믿음의 역사"라는 표현이다. 개역개정에서 '역사役事'라고 번역된 단어는 대부분의 경우 '행위'로 번역되는 바로 그 단어다. 즉 우리가 의롭다 하심을 얻거나 구원을 얻는 것이 율법의 행위들이나 행위에 의한 것이 아니라고 할 때 사용하는 단어다. 그런데 여기서 이 단어를 행위라고 번역하는 대신 역사라는 말을 사용한 것은 이 단어가 믿음과 붙어 있다는 사실을 염두에 둔 교리적 고려처럼 보인다. '행위가 아니라 믿음'이라는 이분법이 바울 복음의 요체로 통하는 마당에 '믿음의 행위'라는 번역이 부담스러웠을 것이다. 하지만 이런 편법은 바울이 믿음과 행위라는 두 개념을 하나로 엮고 있다는 사실을 숨김으로써 오히려 더 중대한 잘못을 저지르는 것일 수 있다. 즉 우리의 교리적 전통이라는 프로크루스테스의 침대에 맞게 바울의 거침없는 복음을 잘라 버리는, 그럼으로써 복음의 생명을 훼손하는 자해행위가 될 수도 있는 것이다.

사실을 말하자면, 바울은 여기서 믿음을 행위와 하나의 개념으로 붙여 놓는다. "믿음의 행위"라는 표현은 행위라는 개념을 "믿음의"라는 수식어가 꾸며주는 구문으로, 주된 강조는 당연 행위에 놓인다. 행위는 행위인데, 그것이 믿음의 행위라는 것이다. "믿음의"라는 표현은 여러 가지로 생각해 볼 수 있다. 우선 '믿음에서 나오는' 혹은 '믿음에 근거를 둔' 행위라고 풀 수도 있고, '믿음의 표현으로서의' 행위라고 풀 수도 있다. 혹은 행위가 바로 믿음이라는 의미로 볼 수도 있다. 구체적으로 어떤 의미를 부여하건 그건 별로 중요치 않다. 중요한 것은, 어떻게 해석하건 믿음과 행위가 하나의 덩어리를 이룬다는 사실이다. 여기서 믿음은 행위 없이는 성립될 수 없다. 바울이혹은 디모데가 실제 눈으로 관찰하고 있는 것은 데살로니가 성도들의 삶의 자태다. 바울은 이 행위를 그들의 믿음이라는 관점에서 파악한다. 그래서 믿음의 행위다. 물론 이 행위는 그들의 삶을 요약하는 또 다른 표현들인 사랑의 "수고"나 소망의 "인내"와 구별되지 않는다. 실제로 바울은 데살로니가 성도들의 신앙을 단순히 "믿음"이라 부르기도 하고1:8; 3:5,7,10, "믿음과 사랑"이라 부르기도 한다3:6,12. 성도들의 자태를 전쟁에 대비한 무장에 비유하는 대목에서도 "믿음과 사랑"은 서로 구분되지 않은 채 가슴을 보호하는 하나의 흉배에 견주어진다5:8; cf. 살후1:3.

이미 살핀 것처럼, '(율법의) 행위와 믿음'의 반제는 갈라디아서와 로마서, 그리고 빌립보서에 등장하는 것으로, 그 문맥은 언제나 유대인들의 피상적 선민의식에 대한 공격이다. 이들의 선민의식이

"율법의 행위들"을 근거로 한 것이기에 바울은 참된 의로움의 길이 "율법의 행위들"이 아니라 믿음이라고 역설한다. 하지만 데살로니가전서에서처럼, 이런 잘못된 태도를 비판해야 할 필요가 없는 곳에서는 '(율법의) 행위'와 믿음 간의 대립적 표현 또한 사라진다. 오히려 믿음과 행위는 사이좋게 한 우산을 쓴다. 곧 칭의와 관련된 특정한 상황을 명확하게 할 때는 독특한 의미의 율법의 행위들, 혹은 행위와 믿음을 서로 대립되는 위치에 놓지만, 실제적인 신앙 관계에 있어서 믿음이란 행위적 차원을 배제하고서는 성립될 수 없는 개념이다.

심지어 '율법의 행위들이 아니라 믿음'이라는 반제가 가장 날카로운 모양으로 등장하는 갈라디아서에서도 믿음은 (도덕적) 행위와 구분되지 않는다. 우리가 의의 소망을 기다리는 것은 율법을 통해서가 아니라 "성령으로, 믿음을 좇아", 혹은 우리가 번역하는 대로 "믿음에서 나는 성령으로"다. 바로 이 문맥에서 바울은 믿음을 "사랑을 통해 작동하는" 것으로 정의한다.5:5-6; 갈라디아서에서 의의 소망은 마지막 심판 때의 칭의를 가리킨다는 점에서 로마서의 칭의와 다소 구분되는 개념이다. "사랑을 통해 작동하는 믿음"이라는 말은 믿음이 사랑에 의해 움직여진다는 의미일 수도 있고, 혹은 믿음 자체가 사랑을 통해 활성화된다는 의미일 수도 있는데, 여기서도 중요한 것은 믿음이란 사랑을 말하지 않고서는 도저히 설명할 수 없는 어떤 것이라는 사실이다.

우리를 칭의라는 종말론적 소망에 이르게 하는 믿음이란 다름 아닌 "사랑을 통해 작동하는" 믿음이다. 즉 사랑과 결합되지 않은 믿음이란 우리를 의의 소망에 이르게 하지 못하는 엉터리 믿음, 곧 야고보가 말하는 "행위 없는" 믿음, "죽은" 믿음에 지나지 않는다. 그래서 바울은 성령을 좇아 살아가며 성령의 열매를 맺는 대신, 육체의 욕심을 추구하며 "육체의 행위들"을 일삼는 사람들은 결코 하나님 나라를 상속받지 못할 것이라고 성도들에게 경고한다 5:21. 틸리히의 표현을 빌리자면, "믿음은 사랑을 포함한다. 사랑은 행위 안에서 살아간다. 이런 관점에서 본다면 믿음은 행위 안에서 실재한다."[345]

우리는 여기에다 성령의 열매에 믿음이 포함된다는 사실을 덧붙일 수 있다. 한글 성경 독자들에게는 생소하겠지만, 바울이 성령의 열매 중 하나로 언급하고 있는 "충성"은 갈라디아서나 신약의 다른 곳에서 "믿음"이라 번역되는 바로 그 단어다. 데살로니가전서의 "믿음의 역사"의 사례처럼, 여기서도 통상적인 "믿음" 대신 "충성"을 선택한 것은 교리적 고려 때문일 것이다. 성령의 열매로서의 믿음은 분명 윤리적 색채가 뚜렷한 개념으로서 바울이 통상 말하는 믿음, 곧 행위와 대조되는 개념으로서의 믿음과는 거리가 있다고 판단했을지 모른다. 하지만 이런 판단은 우리가 가진 교리적 틀에서 나온 것이지 바울의 진술 자체에서 도출된 것은 아니다.

'믿음'이라는 단어를 형용사로 활용하는 경우를 보면 상황은 더욱 분명해진다. 아브라함의 칭의를 논하는 갈라디아서 3장에서 바울은 아브라함의 믿음과 우리의 믿음을 칭의의 공통분모로 제시하면서, "믿음으로 말미암는" 혹은 "믿음에 속한" 우리가 "믿음이 있는" 아브라함과 더불어 칭의의 복을 받는다고 말한다3:9. 개역개정에서 "믿음이 있는"으로 번역된 형용사πιστός는 대부분 '신실한' 혹은 '충성된'으로 번역된다. 346 바울은 자기나 아볼로 같은 사역자들은 하나님의 말씀을 맡은 청지기들로서 하나님께 '충성된' 모습을 지녀야 한다고 말한다4:1-2. 그는 하나님의 자비를 입어 '충성된' 자가 되었다고전7:25; cf. 엡6:21; 골1:7; 딤전1:12. 이는 성도들에게 적용되기도 하고 엡1:1, 디모데와 같은 동료에게 적용되기도 한다고전4:17. 유명한 요한계시록 2장 10절 역시 '충성된'이라는 형용사를 활용하여 "죽기까지 충성되어라"고 권고한다.

믿음이 윤리적 차원 혹은 행위적 차원을 내포한다는 사실은 로마서에서도 분명하다. 로마서 1장 5절에서 바울은 자신을 사도로 삼으신 하나님의 은혜에 관해 말하면서, 자기가 사도로 섬기는 목적이 이방 사람들로 하여금 "믿음의 순종에 이르도록" 하기 위함이라고 밝힌다. 개역개정이 "믿어 순종하게 하나니"라고 풀고 있는 이 문구는 앞서 살핀 "믿음의 행위"와 마찬가지로, 순종이라는 중심 단어를 '믿음'이 소유격으로 수식한다. 순종은 순종인데, 믿음의 순종이다. 여기서도 믿음과 순종이 엄밀히 어떻게 관련되는가는 논란의 대상이다. 어떤 이들은 '순종 곧 믿음'으로 풀이하면서 복음을 믿는 것이 바로 순종이라고 생각하기도 하지만, 그렇게 되면 여기서 왜 굳이 순종이라는 단어를 삽입했는지 설명하기가 어렵다. 그리고 로마서 전체에서 순종은 시종일관 윤리적 의미의 순종이라는 분명한 의미를 지닌다. 그렇다면 '믿음에서 나는 순종'이라고 보는 것이 가장 자연스럽다.

그러니까 이방인의 사도 바울이 가진 사명의 핵심은 순종이다. 그런데 이 순종은 율법이라는 수단으로는 달성되지 않는다. 이 순종은 오로지 예수 그리스도를 믿는 믿음을 통해서만, 그리고 그의 죽음 및 부활과 하나가 되어 그에게서 오는 새로운 생명에 참여함으로써만 가능한 선물이다. 그래서 '믿음의 순종'이다. 그럼에도 불구하고 궁극적인 강조점은 순종에 놓인다. 만일 믿음이 순종을 산출하지 않는 그런 종류의 믿음이라면, 그것은 바울이 말하는 믿음은 아닐 것이며, 바울을 오해한 어떤 사람들이 내세우는 것과 같은 엉터리 믿음에 지나지 않을 것이다. 3:1-8; 6:1.

4. 믿음: 아브라함의 경우

지금까지 우리는 믿음이 윤리적인 의미에서 행위를 배제하지 않는다는 사실, 또 믿음이 윤리적인 행위와 구별되어 나타나더라도 그것은 구원 여정의 첫 단계인 회심 부르심, 칭의, 화해에만 해당된다는 사실, 그리고 실제로 바울이 믿음을 명백히 행위적 차원을 가진 개념으로 규정한다는 사실을 살펴보았다. 물론 그렇다고 해서 믿음이 그 자체로 윤리적 개념으로 환원될 수 있는 것은 아니다. 믿음 그 자체가 순종이 될 수 없는 것처럼, 순종 역시 그 자체로 믿음과 동일시되지 않는다. 순종이라는 이름이 필요한 것처럼, 믿음이라는 단어 역시 그 나름의 존재 이유가 있다. 바로 이것이 우리가 밝혀야 할 영역이다. 곧 애초에 바울이 믿음을 칭의와 구원의 결정적 열쇠로 제시하는 근본 이유가 무엇인가 하는 것이다. 이어지는 논의에서 우리는 아브라함의 믿음을 소개하는 로마서 4장을 살피면서 이 질문에 대한 답을 찾아볼 것이다.

1) 로마서 4장의 기능

이신칭의에 대한 핵심적 진술3:21-31의 뒤를 이어, 아브라함에 관한 구약적 전승을 다루는 4장은 믿음으로 의롭다 하심을 얻는다는 3장의 진술을 '성경적으로'[347] 확증하는 대목이다. 믿음으로 의롭다 하심을 얻는다는 가르침이 오늘 우리에게는 물고기가 물에 산다는 말처럼 자연스럽게 들리겠지만, 사실 바울이 이 말을 할 당시의 상황은 전혀 달랐다. 율법이 언약 관계의 기반으로 작용하던 전통적 유대교의 가르침에 비추어 볼 때, 칭의가 율법이 아니라 예수 그리스도를 믿어서 주어진다는 주장은 유대교의 근본을 부정하는 진술로 비추어질 수밖에 없다. 이런 상황에서 바울은 믿음에 의한 칭의가 갑자기 하늘에서 뚝 떨어진 가르침이거나, 혹은 성경의 가르침을 부정하는 새로운 이단 사설이 아니라, 사실은 성경 자체가 이미 분명하게 가르치고 있는 진리라는 사실을 보여줄 필요가 있었다. 그렇지 않다면 이신칭의에 대한 바울의 논증은 전혀 설득력이 없는 공론에 지나지 않았을 것이다.[348]

이 점에서 아브라함은 여러모로 이신칭의 교리를 확증하기 위한 완벽한 성경적 실례가 된다. 우선, 바울이 인용하고 있는 것처럼 롬4장; 갈3장; 약2장, 그가 믿음으로 의롭다 하심을 얻었다는 사실이 성경에 분명하게 기록되어 있다. "아브람이 여호와를 믿으니 여호와께서 이를 그의 의로 여기시고"창15:6. 복잡한 논증 없이도 확실한 근거가 될 만한 증거가 이미 성경에 있는 것이다.

하지만 아브라함을 예로 드는 것은 어찌 보면 대단히 위험한 일일 수도 있다. 왜냐하면 바울 당시의 유대인들에게 있어 아브라함은 율법을 가장 완전하게 지킨 사람, 그리고 바로 그의 순종으로 인해 의롭다 하심을 받은 사람으로 널리 여겨졌기 때문이다.[349] 야고보서의 해석에서 익히 알 수 있는 것처럼, 이때 아브라함의 믿음은 하나님께 대한 신실하심을 의미했다. 이후 창세기 22장에서 그가 하나님의 명령에 순종하여 독자 이삭조차 아끼지 않고 드렸던 사건은 이러한 '믿음/신실하심'의 극명한 실례가 된다. 아브라함은 율법 이전에 율법을 가장 완전하게 지킨 사람이었다.

이런 상황에서는 그저 "아브람이 여호와를 믿으니 여호와께서 이를 그의 의로 여기시고"라는 말씀을 인용하는 것만으로는 아무런 효과가 없었을 것이다. 믿음 자체가 율법에 대한 순종을 포함하는 것으로 이해되고 있었기 때문이다. 물론 바울의 창세기 해석은 이러한 전통과는 사뭇 다르다. 하지만 그렇다고 종종 제기되는 주장처럼, 순종을 포함하는 적극적인 신실하심으로서의 믿음을 약속에 대한 수동적인 신뢰로서의 믿음으로 재정의하고 있는 것은 아니다.[350] 거듭 지적하지만, 바울의 관심사는 믿음에서 순종이라는 개념을 배제하려는 것이 아니라, 아브라함의 믿음이 유대인의 신분_{율법}과 무관하다는 사실을 보이는 것이다. 아브라함이 믿어 의롭게 된 사건은 할례/율법 이전의 일로서 훨씬 후에 등장하는 시내산 율법과 관련될 수 없다. 갈라디아서 3장의 주장이 바로 이것이다. 물론 시내산 율법 이전에 이미 할례의 계명이 주어졌고 이 할례가 언약의 핵심으로 제시되고 있는 것은 사실이다_{창17장}. 하지만 아브라함이 하나님의 약속을 믿었고 이것이 그에게 의로 여겨진 바 되었던 창세기 15장의 사건은 17장에 등장하는 할례 명령에도 선행한다.

아브라함이 율법 아닌 약속을 믿고 의롭다 여기심을 받았던 일은 그 자체로 이미 그와 하나님과의 언약으로 성립되었다_{창15장}. 그렇다면 그 뒤에 주어진 할례의 명령은 약속을 믿어 주어진 의로움을 확증하는 추후 인증 절차 이상일 수 없다. 이것이 로마서 4장 전반부에서 제시하는 논증이다. 아브라함의 칭의는 할례 이전에 이루어졌고, 할례는 율법/할례가 아니라 믿음으로 된 의를 확증한_{개역개정: "인친"} 것이다. 요컨대, 바울은 아브라함이 하나님을 믿었다는 사실과 이 믿음이 의로움의 근거가 되었다는 사실에 주목한다. 또한 이신칭의 사건이 할례 이전에 이루어졌던 정황을 주목함으로써 율법은 칭의와 무관한 것이라는 사실을 거듭 분명히 한다.

하지만 로마서 4장에는 3장에서 볼 수 없었던 새로운 요소들도 소개되는데, 그중의 하나가 바로 믿음의 성격에 관한 설명이다.[351] 3장에서 우리는 믿음으로 의롭다 하심을 얻는다는 진술을 만난다. 그리고 이 믿음은 예수 그리스도를 믿는 믿음이다. 하지만 그를 믿는다는 것은 정확히 무엇을 말하는가? 3장에서는 다루어지지 않았던 이 질문은 바울이 아브라함의 믿음을 소개하는 4장 후반부에서 구체적으로 대답된다. 바로 이것이 다음에서 살펴보려는 내용이다. 곧 의롭게 하는 믿음이란 어떤 성격의 믿음을 말하는가?[352]

2) 두 가지 약속: 전제적 약속과 결과적 약속

아브라함의 믿음은 하나님의 약속을 그 대상으로 한다. 로마서 4장에는 서로 연관되지만 구별되는 두 가지 약속이 나온다. 첫째, 하나께서는 아브라함과 그 후손에게 "세상의 상속자가 되리라"는 약속을 주셨다[13절]. 바울은 이것을 "언약"[13절]이라 부르기도 하고 "약속"[16절]이라 말하기도 한다.[353] 물론 이는 일차적으로 창세기에서 가나안 땅을 유업으로 주시겠다 했던 그 약속이다. 하지만 바울은 이 약속을 "세상의 상속자"가 되리라는 약속으로 풀이한다. 즉 이 약속은 이미 가나안 땅이라는 현세적 제한을 넘어 보다 보편적이며 종말론적인 '땅'으로 재해석되는 것이다. 그래서 종종 종말론적 하나님 나라나 새 세대의 개념과 결합되어 나타난다.[354] 마태복음에서도 "천국이 그들의 것"이라는 약속은 조금 뒤 "땅을 기업으로 받을 것"이라는 약속으로 풀이된다[마5:3,5,10]. 이렇듯 미래적 약속들은 아브라함에게 주어진 약속에서 발전된 개념이기에 '상속'이라는 성경적 개념의 틀 속에서 이해된다.

그래서 부자 관원의 이야기에서처럼, 하나님 나라에 들어가는 것은 곧 영생을 상속하는 것이다. 하나님 나라는 심판을 통과한 이들이 상속하게 될 선물이다마25:34. 여기서도 상속의 대상인 "세상"은 곧 '오는 세상'과 사실상 같은 의미로롬4:14, 믿는 자들이 성령을 통해 상속하게 될 하나님 나라나 영생과 겹치는 개념들이다갈5:21; 6:7-9. 쉽게 말하면, 이들은 미래적 구원에 대한 소망을 표현하는 다양한 방식들인데, 모두 아브라함에게 주신 약속을 토대로 발전한 개념들이다. 그러니까 바울은 아브라함에게 주어진 '땅'에 대한 약속이 아브라함 당대나 신자들의 현재에 이미 이루어진 것이 아니라 여전히 실현을 기다려야 할 종말론 구원하나님 나라, 구원, 영생의 약속과 같은 것으로 이해하고 있는 것이다.

  이 약속은 아브라함뿐 아니라 "그의 후손"에게도 함께 주어졌다. "세상의 상속자"라는 표현에서 이미 암시된 것처럼, 이 약속은 아브라함을 넘어 그의 모든 후손들에게로 확장된다롬4:16. ³⁵⁵ 그런데 아브라함에게나 그의 후손들에게나 이 약속이 유효하게 되는 것은 "율법으로 말미암아"서가 아니라 "믿음의 의로 말미암아"서다4:13. 여기서 "믿음의 의"란 기원起源을 표현하는 소유격 구문으로서, 바울이 로마서에서 거듭 강조하는 것처럼, "믿음에서 나는"3:26; 4:16 혹은 "믿음으로 말미암는"3:22,25 의로움을 말한다. 아브라함은 하나님을 믿었다. 그리고 이 믿음이 그에게 의로 여기신 바 되었다4:3; LXX 창15:6. 이렇게 믿음으로 얻은 의를 통하여 세상의 상속자가 되리라는 약속이 그에게 "유효해진다". ³⁵⁶ 여기서 믿음으로 주어진 의로움은 이 미래의 약속을 받기 위한 근거로 작용한다5:17,21을 보라. ³⁵⁷ 따라서 "세상의 상속자가 되리라"는 종말론적 약속은 아브라함이 의로움을 얻기 위해 믿었던 약속이 아니라, 그가 믿음을 통해 얻은 의로움에 근거하여 주어진 약속이다.

이와는 달리, 아브라함이 "믿어" 의롭다 하심을 받았을 때에 그가 믿었던 약속은 "세상의 상속자가 되리라"는 먼 약속이 아니라, "네 자손이 이와 같으리라"는 약속, 곧 자식/상속자를 주겠다는 약속이었다 4:18; LXX 15:5. 이는 창세기 15장을 그대로 반영한다. 아브라함에게 밤하늘의 별을 보이시고 하나님께서는 그에게 "네 자손이 이와 같으리라"고 약속하셨다. "그리고 그는 하나님을 믿었고, 이것이 그에게 의로 여겨졌다" LXX 창15:6. 또 다른 문맥에서 이 약속은 "내가 너를 많은 민족의 조상으로 세웠다"라는 말로도 표현된다 롬4:17; 창17:5. 아브라함은 이 약속을 믿었다. 그리고 이 믿음이 그에게 의로 간주되었다. 아브라함에게 의로 여기신 바 되었던 바로 이 믿음의 성격을 이해하려는 것이 우리의 주된 관심사다.

3) 불가능한 것을 이루시는 하나님의 능력에 대한 믿음

하나님께서는 아브라함에게 "네 후손이 이와 같으리라"고 약속하셨다. 아브라함은 이 약속을 믿었다. 창세기 15장 6절의 분위기는 이런 믿음을 아주 당연시하듯 하지만, 실제 상황은 결코 간단치 않다. 바울은 여기서 아들을 주시리라는 하나님의 약속이 현실적으로 실현 가능성이 전혀 없는 상황에서 주어졌다는 사실에 주목한다. 인간적으로 말하자면, 이 약속은 믿을 수 없는 약속이었다. 그럼에도 불구하고 아브라함은 이 약속을 믿었다. 이것은 약속 자체가 드러내는 인간적 불가능성을 넘어선 행동, 곧 "바랄 수 없는 중에 바라고" 믿었던 것이다. 그가 이런 불가능성을 넘어설 수 있었던 것은 그 약속을 베푸신 하나님을 믿었기 때문이다.[358] 보다 구체적으로, 아브라함은 하나님께서 현재의 불가능한 상황을 극복하고 약속하신 바를 이루실 능력이 있다는 사실을 믿었다. 바로 이 믿음이 아브라함에게 의를 가져다준 믿음이었다. 그리고 이것이 바울이 아브라함의 믿음에서 주목하는 대목이다. 21절에서 바울은 아브라함의 믿음을 두고 이렇게 설명한다.

> 그는 약속하신 것을 이루실 능력 또한 있으신 분이라고 굳게 확신하였습니다.

아브라함은 하나님의 약속을 "굳게 확신하였다 πληροφορηθείς". 그 약속을 조금도 의심하지 않고 오롯이 믿었다는 뜻이다. 이 확실한 신뢰의 내용은 하나님께서 "약속하신 것을 실행하실 능력 또한 있으신 분"이라는 것이었다. 여기서 원문상 "행하실" 앞에 "또한"을 첨가한 것은 문맥상 '약속하실 뿐 아니라 또한'이라는 의미다. 약속만 했지 실행은 못하는 무능력한 존재가 아니라, 불가능한 상황을 바꾸어 자신이 약속하신 바를 "실행하실 능력 또한 가지신" 하나님을 부각시킨다.

이처럼 바울은 아브라함의 믿음이 하나님의 능력과 관계된다고 말한다. "능력"이 중요한 것은 약속이 주어진 상황 때문이다. 후손을 주리라는 약속이야 더없이 좋지만, 문제는 현재 아브라함의 상황에서는 이 약속이 비현실적인 환상에 불과하다는 것이다. 아브라함과 사라는 이미 너무 늙었고, 따라서 후손을 기대할 수 없다.

바울이 묘사하는 대로, 아브라함은 이미 백세가 되어 자신의 몸이 "죽었다νενεκρωμένον"라는 사실과 그의 아내 사라의 태의 "죽음τὴν νέκρωσιν" 또한 잘 알았다4:19.³⁵⁹ 여기서 "몸"은 생식기능을 우회적으로 표현한 것이다1:24.³⁶⁰ 곧 성적 기능에 관한 한 그와 사라는 사실상 죽었다. 그런데 하나님께서는 이런 아브라함에게 수많은 자손을 약속하셨다.³⁶¹ 이런 상황에서 하나님의 약속에 대한 가장 자연스러운 반응은 이를 그저 좋은 의도로 건네진 덕담 정도로 여기는 것이다. 실제 창세기의 기록은 처음 아브라함의 태도가 이에 가까웠다고 말한다. 하지만 이것은 별로 중요하지 않다. 적어도 바울이 보기에 아브라함은 하나님의 약속을 그대로 믿었다. 현실적으로 불가능한 약속을 그대로 믿고 거기에 희망을 걸었다는 점에서 아브라함의 믿음은, "희망을 거스르는 희망으로παρ' ἐλπίδα ἐπ' ἐλπίδι 개역개정: "바랄 수 없는 중에 바라고" 믿었던 그런 믿음이었다18절. 이 간명한 구절에서 처음 희망은 인간적인 가능성을 가리킨다. 따라서 "희망을 거스르다"개역개정: "바랄 수 없는 중에"는 현재 상황의 불가능성을 부각한다. 이어지는 "희망으로"개역개정: "바라고"는 실제 아브라함이 보여준 믿음의 자태, 곧 하나님의 약속을 믿고 기대했던 모습을 표현한다.³⁶² 아브라함의 믿음은 현실적 불가능성을 알면서도 그 상황을 극복하고 자신의 약속을 이루어 내실 하나님의 능력을 신뢰하는 믿음이었다.

20절에서 바울은 이런 믿음을 더욱 자세히 풀어 설명한다.

불신앙으로 하나님의 약속에 대해 의심을 품지 않았으며, 오히려 하나님께 영광을 돌리며 믿음에 더 강하여졌습니다.

아브라함은 불신앙으로 하나님의 약속을[363] 의심하는 대신, 믿음에[364] 더욱 강하여졌다. 그러면서 그는 하나님께 영광을 돌렸다. 여기서 "영광을 돌렸다"라는 이 표현 역시 하나님의 능력을 믿는 믿음을 강조한다. 아브라함이 하나님께 영광을 돌리는 모습은 1장에서 바울이 묘사한 죄인의 모습, 곧 하나님을 알면서도 "하나님께 영광을 돌리지 않는" 사람들의 행태를 떠올리게 한다[1:21]. 그들은 창조주 하나님의 "영원하신 능력과 신성"을 알았지만[1:20], 하나님을 그런 능력과 신성을 가지신 분으로 인정하여 그에게 영광을 돌리거나 "감사하기"를 거부했다[1:21]. 그 결과 오히려 그들의 생각이 무익해지고, 마음이 어두워지게 되었다[1:21-22]. 이런 이들, 곧 불의로 진리를 막는 자들에게 하나님의 진노가 드러난다[1:18]. 하지만 아브라함은 이러한 죄인들과는 상극의 태도를 보인다. 그는 하나님의 영원하신 능력을 확신하였고, 그로 인해 하나님께 영광을 돌렸다. 바로 이 믿음이 그에게 의로 여기신 바 되었다[4:22].[365]

4) 부활: 창조주로서의 능력에 대한 믿음

한 걸음 더 들어가 보자. 여기서 문제는 전능하신 하나님이라는 일반적 신관이 아니다. 아브라함이 하나님에 대해 보고 믿었던 능력은 더 구체적으로 "죽은 자를 살리시는" 생명 창조 및 부활의 능력이었다. 바울은 바로 이 점을 부각시킨다. 그가 강조하는 것처럼, 아브라함이 직면한 현실은 죽음이었다 롬4:19.

> 그는 믿음이 약해지지 않았습니다. 백 세나 되어 자기 몸이 죽은 것과 자기 아내 사라의 태의 죽음을 분명히 보면서도 말입니다
> 롬4:19.

개역개정이나 위에 제시한 번역과 달리, 실제 이 문장의 주동사는 아브라함이 자신과 사라의 죽은 몸을 "분명히 보았다"라는 것이다 NIV 참조. 여기에 "믿음이 약해지지 않으면서"라는 분사구문이 주절의 상황을 설명한다. "믿음이 약해지지 않은 채, 아브라함은 백 세나 되어 자신의 죽은 몸과 그의 아내 사라의 태의 죽음을 분명히 보았습니다."[366] 아브라함의 냉정한 현실 인식은 그의 믿음을 더욱 놀라운 것으로 부각한다. 아브라함의 믿음은 그가 직면한 죽음이라는 현실에 눈을 감는 태도와는 달랐다. 그는 현실의 절망스러운 상황을 너무나도 잘 알았지만, 이런 불가능을 현실로 바꾸어 놓으실 하나님의 능력 또한 잘 알았기에 그의 약속을 믿을 수 있었다.

이런 정황에서 바울은 한 가지 중대한 결론을 이끌어 낸다. 아브라함의 믿음은 부활/창조의 능력을 가지신 하나님께 대한 믿음이었다. 아브라함이 처한 현실적 상황과 많은 민족의 조상이 되리

라는 하나님의 약속 사이에는 죽음이라는 심연이 가로놓여 있었다. 하지만 아브라함은 "약속하신" 하나님께서 그 "약속을 실행하실 만한 능력 또한 있으신" 분이심을 믿었다. 그렇다면 결론은 분명하다. 하나님께서 자기 몸에서 후손이 날 수 있도록 죽은 자신의 몸과 사라의 몸을 다시 살리실 것이 분명하다! 하나님의 약속을 믿었다는 것은 바로 하나님께서 가지신 부활의 능력에 대한 믿음이었다.[367] 그리고 이것이 바로 바울이 보는 아브라함의 믿음의 핵심이었다. 그런 점에서 17절은 아브라함이 가진 신앙의 핵심을 포착한다.

> 그가 믿은 하나님께서는 죽은 자에게 생명을 주시며 존재하지 않는 것을 마치 존재하는 것처럼 불러내시는 분이었습니다롬4:17b.[368]

아브라함은 하나님 앞에서 우리 모두의 조상이다. 그가 믿은 하나님께서는 다름 아닌 "죽은 자를 살리시며" 또한 "없는 것을 있는 것으로처럼 부르시는" 분이시다. 이 두 가지 표현 모두 당시 하나님에 대한 묘사들로 유대인들에게 매우 잘 알려진 것들이었다. "죽은 자를 살리시는 분"이라는 표현은 유대 회당의 소위 '십팔축복기도문 the Eighteen Benedictions'의 두 번째 항목과 일치하는 것으로, 다른 중간기 문서들에서도 자주 찾아볼 수 있다Wis 16:13; Tob 13:2; Jos. Asen. 20:7 등. 물론 이는 하나님께서 "죽이기도 하며 살리기도 하시는" 분이시라는 구약의 신념을 반영한다신32:39; 삼상2:6. 여기서 바울이 일차적으로 생각하는 것은 물론 아브라함과 사라의 죽은 몸을 살리시는 것이다.[369]

죽은 자를 살리시는 능력은 또한 "없는 것을 있는 것처럼 불러내시는" 것으로도 표현된다. 이것 역시 친숙한 그림으로지혜서 11:25; 마카비후서 7:28; Philo, *Spec.* 4:187; Op. 81; 특히 *Jos. Asen.* 8:9 등, 태초의 공허에서 세계를 창조하신 창조주 하나님의 능력을 가리킨다cf. 사48:13. 아브라함의 경우 이것은 존재하지 않는 후손을 마치 존재하는 것처럼 불러내시는 능력을 가리키는데, 그런 의미에서 아브라함의 신앙은 창조주 하나님에 대한 믿음의 한 구체적인 표현이다. 생명이 없는 곳에서 생명을 창조해 낸다는 면에서, 창조와 부활은 동일한 하나님의 능력을 드러내는 방식들이다. 이미 죽은 데서 살려내는 일이란 아무것도 없는 곳에서 생명을 처음 창조하는 것과 마찬가지다. 아브라함은 하나님께서 무에서 혹은 죽음에서 생명을 만들어 낼 능력을 가지신 분임을 믿었다.370

뒤따라 나오는 18-21절은 모두 아브라함이 이 부활 신앙에서 조금도 흔들리지 않았음을 강조하는 내용들이다. 그는 하나님의 창조/부활의 능력을 믿었으므로, 하나님께서 자신에게 약속하신 사항을 능히 이루실 것이라고 확신하였다21절. "그래서" 하나님께서 아브라함의 이 믿음을 아브라함에게 의로움으로 여겨 주셨다22절.371 하나님을 죽은 자를 살리시는 분으로 믿는 그 부활 신앙이 아브라함에게 의로 여겨진 믿음이었다. 바울이 보기에 아브라함을 의롭게 하였던 믿음은 자신의 죽은 몸을 살려 후손을 만들어 내실 하나님을 향한 부활과 창조의 신앙이었다.372

5. 아브라함과 신자들

1) 동일한 믿음

여기서 우리는 바울이 아브라함을 언급하는 근본적인 동기를 분명히 할 필요가 있다. 바울의 아브라함 논의는 단순히 회고 취미의 산물이 아니다. 로마서에서 아브라함에 관한 긴 논증은 애초부터 '이신칭의'의 진리를 확증하고자 하는 상황적 필요에서 나온 것이다. 따라서 우리는 아브라함의 믿음에 관한 바울의 논의는 그 방식부터가 벌써 그의 현재적 관심에 이끌린 것임을 기억해야 한다. 아브라함의 믿음을 먼저 객관적으로 풀이하고, 그 의미를 오늘에 적용해 보는 것이 아니라, 오늘날 우리를 의롭게 하는 믿음의 성격을 밝히려는 의도를 가지고 아브라함의 믿음을 바라보고 있는 것이다.[373] 바울에게 있어 과거 아브라함의 칭의 사건은 그 자체로 의미가 완결되는 사건이 아니다. 사실 아브라함의 믿음-칭의 사건에는 필연적으로 그를 "무할례자로서 믿는 모든 자의 조상이 되게" 하시려는 하나님의 의도가 깔린 것이다4:11. 따라서 아브라함의 부활 신앙이 "그에게 (의로) 여기신 바 되었다"라는 성경의 기록은 아브라함 혼자만을 위한 역사가 아니다23절. 이것은 "성경" 말씀으로써 "장차 의롭다 하심을 받게 될οἷς μέλλει λογίζεσθαι" 우리를 위한 기록이기도 하다24절.[374]

물론 이것은 아브라함의 믿음이 오늘의 신자들과도 상관있는 것임을 전제하는 것이다. 만일 그렇지 않다면 아브라함의 이야기는 바울의 논의에 아무 의미가 없었을 것이다.[375] 바울은 이 점 역시 분명히 강조한다. 현재 예수 그리스도를 "믿는" 자들은 "아브라함이 무할례시에 가졌던 믿음의 자취를 따르는 자들"이다12절. 이들은 아브라함이 가졌던 것과 같은 믿음으로 칭의를 경험하고, 아브라함의 자손이 되어 세상의 상속자가 된다. 따라서 "예수를 믿는 믿음으로 규정되는 이"3:26는 "아브라함의 믿음으로 규정되는 이"라고도 불린다16절. 바로 이런 의미에서 아브라함은 하나님 앞에서 "우리 모든 사람의 조상"이다16절. 말하자면 아브라함이 경험한 '믿음-칭의'의 체험은 그를 따르는 모든 세대에 규범적 원칙으로 작용한다.

2) 부활을 믿는 믿음

아브라함의 칭의 체험이 이후 하나님의 칭의 방식에 대한 (구약)성경적 규범이라면, 오늘날 의롭게 되기를 바라는 신자들 역시 아브라함과 같은 믿음을 소유해야 한다. 곧 오늘 우리를 의롭게 하는 믿음 역시, 과거 아브라함의 경우에서처럼, 부활의 하나님에 대한 믿음이어야 한다. 이 점은 바울이 성경적 증거로 제시된 아브라함의 신앙을 부활 신앙 측면에서 풀이하고 있다는 사실에서 이미 드러난 것이지만, 그는 아브라함의 경우를 현재의 상황에 적용하며 이 점을 다시 한번 분명히 한다. 부활에 대한 믿음으로 의롭다 하심을 받았던 아브라함처럼, 우리 역시 의롭다 하심을 얻을 것이다. 그런데 여기서 우리란 곧 "예수 우리 주를 죽은 자 가운데서 살리신 이를 믿는 자", 그러니까 아브라함과 같은 부활 신앙을 소유한 자들이다24절.

물론 두 믿음 사이에 분명한 차이 또한 존재한다. 엄밀한 의미에서 아브라함의 신앙은 예수님의 부활에 대한 믿음은 아니다. 그에게 있어서 부활이란 이미 "죽은" 자신과 사라의 몸이 하나님의 능력으로 다시 "살게 될" 것을 믿는 것이었다. 반면 우리의 부활 신앙은 하나님께서 예수 그리스도를 죽은 자 가운데서 다시 살리셨음을 믿는 것이다. 하지만 이런 정황적 차이를 넘어 둘 사이에는 '다시 살리심'으로 수렴되는 '내적 연관'이 존재한다.³⁷⁶ 아브라함의 살아남과 그리스도의 다시 살아나심은 모두 그 주체가 하나님이시며, 그 점에서 아브라함의 믿음과 우리의 믿음은 동일하다. 곧 하나님을 부활의 능력을 가지신 분으로 믿는 믿음이다. 우리를 의롭게 하는 믿음은 바로 이런 부활 신앙, 곧 하나님께서 죽은 자를 다시 살리실 수 있는 능력을 가지신 분임을 확신하는 신앙이다. 4장의 마지막 절25절은 이 점을 매우 인상적으로 표현하고 있다.

그예수는 우리 범죄 때문에 (죽음에) 넘겨졌고 우리의 칭의를 위해 살아나셨습니다.

간결한 대칭구조를 이루는 이 선언은 바울의 이신칭의 논의의 올바른 이해를 위해 대단히 중요하다. "넘겨졌다" 혹은 "내어준 바 되었다"개역개정라는 말은 죽음에 넘겨졌다는 뜻으로, 그의 십자가 죽음이 우리의 죄를 해결하기 위한 것이었다는 신념을 표현한다. 이는 예수님이 우리 죄를 사하시기 위해 십자가에 달리셨다는 초대 교회의 신앙고백을 좀 다르게 표현한 것이다.cf. 사53:12; 롬8:32. 이 구절을 기계적으로 읽자면, 예수님의 죽음은 우리의 범죄를 다루기 위한 것이었고, 그의 부활은 우리의 칭의를 위한 것이라는 의미가 될 것이다. 하지만 여기서 대칭구조는 수사적 효과를 위한 것이다. 말하자면 죽음과 부활을 구분하고, 이것을 우리의 범죄 및 칭의와 각각 연결한 것은 수사적 효과를 위한 것이지, 실제 죽음과 부활을 구분하거나 범죄의 해결과 칭의를 나누려는 의도는 아니다.[377] 예수님의 죽음과 부활은 동일한 구속적 행위의 측면들이며, 죄사함은 그 자체가 분명 칭의의 한 결정적 측면이다3:25.[378] 이 죽음과 부활을 포괄하는 하나님의 구속 사역에 근거하여 우리는 죄사함을 포함하는 칭의의 은혜를 누린다.

그럼에도 불구하고 우리는 여기서 바울이 부활을 칭의의 결정적 근거로 제시하고 있다는 사실을 간과할 수 없다.[379] 앞서 언급한 적이 있지만, 대부분의 경우 칭의는 그리스도의 십자가와 관련하여 논의된다. 십자가가 칭의의 한 결정적 근거라는 사실을 부인할 수는 없다. 그러나 칭의는 십자가뿐 아니라 부활 또한 필요로 한다. 바울이 칭의론을 개진하는 방식을 따르면, 우리의 칭의 과정은 그리스도의 부활의 빛 아래서만 온전히 이해될 수 있다. 우리의 믿음은 예수님을 죽은 자 가운데서 일으키신 부활의 하나님을 믿는 믿음이며, 이는 오래전 자신의 죽은 몸을 살리시는 하나님을 알고 믿었던 아브라함의 믿음과 본질적으로 같다. 바울은 바로 이런 믿음이 우리를 의롭게 하는 믿음이라고 말하는 것이다.[380]

3) 믿음과 고백, 칭의와 구원

우리의 믿음이 부활, 더 구체적으로 말하면 부활의 능력을 가지신 하나님을 그 내용으로 한다는 사실은 로마서 4장에만 국한되지 않는다. 가령 이신칭의에 관한 가장 분명한 진술로 간주되는 로마서 10장 9-10절에서도 부활의 중요성은 분명히 드러난다. 익숙한 개역개정으로 읽어 보자.

> 네가 만일 네 입으로 예수를 주로 시인하며 또 하나님께서 그를 죽은 자 가운데서 살리신 것을 네 마음에 믿으면 구원을 받으리라 사람이 마음으로 믿어 의에 이르고 입으로 시인하여 구원에 이르느니라

10절은 칭의와 구원이 믿음에만 근거한다는 사실을 '증명'하는 가장 확실한 구절 중 하나다. 우리의 칭의나 구원은 우리의 행위에 의존된 것이 아니다. 우리의 구원은 "믿고" 또 "시인是認하면" 주어진다. 이 믿음이 "마음으로" 혹은 "입으로" 이루어진다는 말 역시 우리의 행위가 필요하지 않다는 의미로 이해된다. 하지만 이런 식의 해석은 10절의 진술이 9절과 이어져 있다는 사실을 고려하지 않은 오해다. 10절의 "믿음"과 "시인"은 이 믿음과 시인의 내용을 구체

적으로 설명하는 9절에서 넘어온 것이다. 분명 우리의 칭의와 구원
은 믿음과 시인에 달려 있다. 하지만 이 믿음은 그저 우리의 태도
자체만을 가리키는 것이 아니다. 이 믿음은 분명한 내용을 갖는다.
이는 "예수께서 주님이시다"라는 고백, 그리고 "하나님께서 그를 죽
은 자 가운데서 살리셨다"라는 고백이다. 또 예수께서 주님으로 다
스리신다는 고백은 그가 죽음에서 부활하고 하나님 우편으로 승천
하셨다는 사실을 바탕으로 하는 것이므로 행2:26; 엡1:19-23; 빌2:9-11; 3:20-21,
그리스도의 부활과 주님 되심이라는 두 주제는 사실상 그리스도의
부활, 곧 하나님께서 그리스도를 죽음에서 살리셨다는 한 가지 사
실로 수렴된다. 우리의 칭의와 구원은 이 결정적 사건에 대한 우리
의 믿음에 달려 있다. 앞에서 이미 살핀 것처럼, 부활에 대한 믿음
은 죽은 자를 살리실 수 있는 하나님의 능력에 대한 믿음이다. 더
나아가 이는, 아브라함의 믿음이 그러했던 것처럼, 그리스도를 통
해 믿는 자들의 삶 속에 역사하는 새 생명의 능력에 우리 자신을
개방하는 것을 의미한다. 바로 이런 믿음에서 칭의와 구원의 가능
성이 생긴다.

이 부활을 "마음으로" 믿고 "입으로" 시인한다는 것은 부활에 대
한 우리의 믿음이 진지하고 책임 있는 것이어야 한다는 점을 강조
한다. 종종 언급되곤 하는 것처럼, 성경에서 말하는 '마음'은 우리
가 흔히 '행동'과 대비되는 의미에서의 '속마음'이 아니다 cf. 마22:37; 신
6:5. 믿음을 입으로 고백하는 것 역시 공개적 선언이나 약속의 관점
에서 이해해야 한다. 믿음은 그저 말장난이나 심리적 조작과는 다

르다. 믿음은 이삭을 바치는 아브라함의 삶에서 확인되는 것처럼, 하나님의 약속에 우리 자신을 던지는 행위다 창22장. 이것은 로마서 4장에서 아브라함의 '불굴의 신앙'을 자세히 묘사함으로써 바울이 강조하고자 했던 바와 다르지 않다. 바울은 우리의 삶이 배제된 심리적 믿음이 우리를 구원한다고 말하는 것이 아니다. 오히려 우리를 의롭게 하고 우리를 구원하는 믿음이란 그리스도의 부활이 함축하는 그 역동적 의미에 우리를 개방하는 새로운 삶을 가리킨다 롬6:17.³⁸¹ 믿음 자체가 행위는 아니지만, 이 믿음은 부활의 하나님을 향해 우리를 개방한다는 점에서 새로운 삶의 가능성을 그 속에 배태하고 있다.

6. 부활 신앙의 실존적 차원

1) 믿음의 성격

그렇다면 예수님을 다시 살리신 하나님을 믿는다는 것은 무엇을 의미하는가? 우선 한 가지는, 하나님께서 예수님을 다시 살리셨다는 역사적 사실을 믿는 것이다. 이때의 믿음이란 본질적으로 우리 밖에서, 우리를 위하여 발생한 부활 사건을 사실로 인정하고 받아들이는 것이다. 죽음에서부터의 부활이라는 기적을 믿어야 한다는 면에서, 이것 역시 어려운 믿음이다. 그럼에도 불구하고 이런 믿음은 일종의 지적 승인에 머무는 것으로, 우리의 실존적 참여가 개입되지 않는 객관적 사건에 대한 믿음이다. 우리는 아무것도 할 것 없이, 단지 예수님의 부활을 믿기만 하면 그 믿음이 우리에게 의로 여겨진다는 것이다. 이것이 흔히 알고 있는 믿음의 방식이다. 우리는 이 상황에 실존적으로 개입함 없이 예수님의 죽음과 부활의 대속적 의미를 믿음으로써, 곧 지적으로 승인함으로써 이 신적 구속 행위의 수혜자가 된다. 그리고 바로 이것이 은혜의 핵심으로 간주된다.

하지만 이것이 바울이 말한 믿음이었을까? 아브라함은 자신의 몸이 살아날 것이라 믿었지만, 우리는 우리의 몸이 아닌 예수님의 몸이 부활한 것으로 믿기만 하면 되는 것일까? 예수님의 (죽음과) 부활에 실존적이고 인격적으로 personally 얽힘이 없이 부활의 사실을 지적으로 믿는다는 사실만으로도 의롭다 하심을 얻을 수 있다는 말인가? 사실 이런 식의 생각이 이신칭의의 요체인 것으로 여겨지는 것이 현실이지만, 문제는 바울이 말하는 부활 신앙은 이런 식의 태도와는 본질적으로 다르다는 것이다. 더 나아가, 이런 생각은 바울이 자기 복음에 대한 파괴적인 오해로 여겨 단호히 배격하는 생각에 속한다. 로마서 6장에서 바울이 힘주어 강조하고 있는 점이 바로 이것이다. 로마서를 살피면서 이미 분명해진 것이지만, 강조하는 의미에서 다시 한번 정리해 보기로 하자.

2) 믿음, 세례, 그리고 '하나됨'

로마서 6장은 5장까지 이어진 칭의에 대한 가르침을 계속 이어가는 것으로, 지금까지 설명한 칭의에 대한 치명적인 오해에 대답하면서 칭의의 성격이나 본질을 구체적으로 설명하는 대목이다. 예수님의 죽음과 부활이 가져다주는 직접적인 효과를 기술한다는 점에서 분명 칭의와 사실상 동일한 내용을 다룬다.[382] 하지만 지금까지 이어진 칭의에 관한 논의와는 달리 여기서는 '믿음'이라는 단어가 전혀 나오지 않는다. 이 현상은 다음과 같이 설명할 수 있을 것 같다. 3-5장까지의 칭의 논의는 우리가 '어떻게' 의로움을 얻는가에 집중한다면, 6장에서는 칭의 자체의 본질에 일차적인 관심이 놓인다. 따라서 이 칭의라고 일컬어지는 변화가 믿음을 통해 주어진다는 사실은 기정사실로 전제되고, 우리가 믿음으로 의롭다 하심을 받을 때에 실제로 어떤 일이 일어나는가를 기술함으로써 6장 초두에서 소개된 위험한 추론의 터무니없음을 드러내고자 한다. 사실 우리를 의롭게 하는 믿음이 예수님의 부활에 관한 믿음이라면 우리가 가져야 할 믿음의 본질은 부활의 의미를 규명함으로써 더욱 구체적으로 밝혀질 것이다.

 어찌 보면 예수님의 죽음과 부활을 축으로 하여 구성된 6장 전체는 4장 25절의 진술에 대한 긴 해설이라 할 수 있다. 예수님은 우리의 범죄로 인하여 내어줌이 되었다. 물론 이것은 대속적 차원을 전제하는 것이지만 3:21-26, 단순한 대속적 개념만으로는 칭의라는 변화의 전체 상황을 이해할 수 없다. 결정적인 것은 칭의 과정에는 세례를 통하여 예수님의 죽음에 동참하는 일이 포함된다는 사실이다.[383] 이런 '하나됨'을 통하여 우리 역시 동일한 죽음을 체험한다.

"함께 매장되고", 그와 "함께 십자가에 달리고", 그와 "죽음에 있어 하나가 된다"4-6절. 물론 예수님의 이 죽음은 죄에 대해 단번에 죽는 것으로 이해되고10절, 따라서 우리 역시 그리스도 안에서 우리의 죄에 대해 죽음을 경험하고 이를 통해 "죄로부터 의로워지는$\delta\epsilon\delta\iota\kappa\alpha\iota\omega\tau\alpha\iota$ $\dot{\alpha}\pi\dot{o}$ $\tau\hat{\eta}\varsigma$ $\dot{\alpha}\mu\alpha\rho\tau\acute{\iota}\alpha\varsigma$" 변화를 겪는다7절.[384]

하지만 죽음의 의미는 그 자체로 온전히 설명될 수 있는 것이 아니다. "그리스도와 함께"라는 움직임은 예수님의 죽음에서 멈추지 않는다. 왜냐하면 이 죽음이란 이미 부활의 빛 속에서 이해된 죽음이기 때문이다. 예수님은 우리의 범죄 때문에 자기를 죽음에 내어주셨지만, 동시에 우리의 칭의를 위해 살아나기도 하셨다. 지금 예수님은 하나님께 대해 살아계신다10절. 우리는 "그리스도와 함께" 그의 부활에도 동참한다. 따라서 예수님의 부활은, 그의 죽음과 마찬가지로, 그 자체로 종결되는 닫힌 사건이 아니라, 우리가 그 속에 참여하여 새로운 생명을 누리게 되어 있는 열린 사건이다.[385]

3) 우리의 부활: 미래의 소망

부활에 대한 우리의 참여는 두 가지 차원에서 기술된다. 바울이 밝히는 바에 따르면, 예수님의 부활에 대한 온전한 참여는 우리가 바라보아야 할 미래의 소망에 속한다.

> 만일 우리가 그리스도와 함께 죽었으면 또한 그와 함께 살 줄을 믿노니8절

이는 바울이 말하는바 부활 신앙의 핵심이다. 우리를 의롭게 하는 부활 신앙은 그저 예수님의 부활을 이지적으로 승인하는 것이 아니다. 우리가 믿는 바는 우리가 그와 함께 죽었던 것처럼 또한 그와 함께 살게 될 것이라는 사실이다^{고전15:20-22}. 우리가 그의 죽음과 하나 된 것처럼, 우리는 또한 그의 부활과 하나가 될 것이다^{5절}. 지금 그리스도의 고난에 참여하는 여정을 통해 어떻게 해서든 그의 부활에 도달하는 것이다^{빌 3:10-11}. 그런 점에서 우리의 믿음은 자신의 죽은 몸이 '부활'하여 많은 후손을 얻게 되리라는 약속을 굳게 믿었던 아브라함의 믿음과 동일하다. 물론 우리의 부활에 대한 이 믿음은 예수 그리스도의 부활을 분명한 현실로 믿는 믿음에 기초한다.

> 여러분은 그리스도께서 죽은 사람들에게서 살아나셔서 다시는 죽지 않고 죽음이 다시는 그를 다스리지 못한다는 것을 아니까요 ^{9절}.[386]

여기서 바울이 사용하고 있는 "안다"라는 말은 지적인 측면을 부각시키는 것이기는 하지만, 본질적으로 "믿는다"라는 말과 다르지 않다. 우리는 그리스도께서 부활하셔서 죽음의 지배를 부수고 이제 하나님을 향해 살아계신다는 것을 "안다". 그리고 이 지식은 우리가 그 부활에 참여할 것이라는 미래를 향한 믿음의 근거로 작용한다. 우리는 그리스도의 부활이 갖는 의미를 알기 때문에 우리 역시 그 부활에 참여할 것을 믿는다. 우리가 "예수 우리 주를 죽은 자 가운데서 살리신 이를 믿는다"4:24라는 것은 바로 이런 의미에서다. 곧 그의 부활에 우리 역시 동참할 것임을 믿는다는 것이다. 우리는 바로 이 믿음을 통해 의롭다 하심을 얻는다.

4) 우리의 부활: 현재적 사건

하지만 이러한 미래적 소망이 부활 신앙의 전부가 아니다. 우리가 미래에 예수님과 더불어 부활할 것이라는 믿음은 그저 '언젠가'를 기다리는 막연한 소망이 아니다. 이 미래의 소망은 그것을 가능하게 하는 보다 직접적이며 현실적인 변화와 결부되어 있다. 사실 바울이 6장에서 관심을 갖는 대목이 바로 이것이다. 칭의란 죄의 관계를 청산하고 하나님을 향하여서만 살게 되는 변화를 함축한다. 우리는 죄 가운데서 더 이상 살 수 없다. 왜냐하면 우리는 그리스도와 더불어 죄에 대하여 죽었기 때문이다2절. 여기서 죽음은 '관계 단절'을 의미한다갈2:20; 6:15; 롬7:1-3. [387] 죽음은 우리 '죄의 몸'의 죽음이다. 죄의 몸이 죽고 없으므로 죄에게는 더 이상 우리를 다스릴 근거가 없다. 물론 죄와의 관계 청산은 새로운 삶을 가능케 하려는 의도를 가진 것이다. 우리가 그리스도와 함께 장사된 것은 새로운 생명을 위한 포석이다.

> 아버지의 영광으로 그리스도를 죽은 사람들에게서 살리신 것처럼 우리 또한 새로운 생명으로 살아가게 되었습니다4절.

예수님의 부활은 그 자체로 끝나는 완결된 사건이 아니다. 그의 죽음과 마찬가지로, 그의 부활 역시 분명한 목적을 가진 사건인데, 그 목적이란 다름 아닌 "그와 함께, 우리 또한" 부활에 참여하여 "새로운 생명으로" 살아가는 것이다. 이 둘 사이를 연결하는 "이와 같이"는 우리가 새로운 삶을 살게 되는 변화가 그리스도의 부활에 근거한 것임을 말해준다. 이 부활에 근거하여 "우리 또한" 부활의 생명에 참여한다. 이것이 우리가 믿어야 할 선포의 내용을 이룬다. 따라서 바울은 독자들에게 이렇게 도전한다.

> 그가 죽으심은 죄에 대하여 단번에 죽으심이요 그가 살아계심은 하나님께 대하여 살아계심이니 이와 같이 너희도 너희 자신을 죄에 대하여는 죽은 자요 그리스도 예수 안에서 하나님께 대하여는 살아 있는 자로 여길지어다 10-11절

이것이 우리를 의롭게 하는 부활 신앙의 또 다른 측면이다. 우리가 믿는 바는 미래에 우리가 예수님과 함께 부활할 것이라는 사실뿐 아니라, 지금 우리가 이미 이 부활의 생명 속에 참여하여 새로운 삶의 정황에 놓이게 되었다는 사실을 포함한다. 그리스도의 부활을 믿는다는 것은 그리스도께서 죄에 대해 죽고 부활하여 현재 하나님을 향하여 사시는 것처럼, "이와 같이 우리 역시" 죄에 대해 죽은 자요 하나님을 향하여 산 자로 변화하였음을 믿는 것이다. 좀 다른 문맥에서 바울은 동일한 진리를 이렇게 표현한다.

> 그러므로 내 형제들아 너희도 그리스도의 몸으로 말미암아 율법에 대하여 죽임을 당하였으니 이는 다른 이 곧 **죽은 자 가운데서 살아나신 이에게 가서** 우리가 하나님을 위하여 열매를 맺게 하려 함이라 롬7:4

> 그가 모든 사람을 대신하여 죽으심은 살아 있는 자들로 하여금 다시는 그들 자신을 위하여 살지 않고 오직 그들을 대신하여 죽었다가 다시 살아나신 이를 위하여 살게 하려 함이라 고후5:15

예수님에게로 가서 하나님을 위한 열매를 맺는 것으로 묘사할 수도 있고, 예수님을 위하여 사는 것으로 묘사할 수도 있지만, 이 예수님은 "죽었다가 다시 살아나신" 분이다. 그리스도의 부활은 곧 우리의 현재를 하나님을 향한 삶으로 되돌려 놓는 '부활'의 사건이 되는 것이다 엡1:19-23.

7. 구체화되는 부활의 실재

1) 새 생명

앞서 인용한 6장 11절에서 보듯이, 예수님의 부활을 믿는 우리는 그 믿음의 일부로서 우리 자신 역시 죄에 대해 죽은 자요 하나님을 향해 살아가는 자로 '간주하도록' 요구받는다. 이것은 자동적인 결과를 말하는 것이 아니다. 아브라함 역시 불가능해 보이는 약속을 받고 그 약속을 믿었던 것처럼, 우리 역시 그리스도의 부활의 의미를 현실 속에서 믿으라는 요구에 직면한다. 부활의 의미는 우리가 그리스도와 함께 다시 살아날 것이라는 미래에 대한 희망과 우리가 "죄에 대해서는 죽었고 하나님께 대해서만 살아있는" 새로운 현재에 대한 깨우침을 포함한다. 이것이 부활 신앙의 두 축이다.

우리가 우리 자신을 죄와 아무 상관이 없는 존재로, 오로지 하나님과만 관계하는 존재로 간주한다는 것은 실제로 죄와 아무 관계가 없는 자처럼, 그리고 하나님의 의지에만 관심을 갖는 자처럼 산다는 것을 의미한다. 이것은, 로마서 6장 후반부에서 설명되고 있는 것처럼, 하나님을 우리 삶의 주인으로 인정하고 순복하는 것이다. 이런 의미에서 믿음은 단순한 교리적 수납을 넘어 순종의 개념으로 나아간다.[388] 여기서 우리는 바울 특유의 추론 형식인 '그러므로'의 논리를 만난다.

> 그러므로 너희는 죄가 너희 죽을 몸을 지배하지 못하게 하여 몸의 사욕에 순종하지 말고 또한 너희 지체를 불의의 무기로 죄에게 내주지 말고 오직 너희 자신을 죽은 자 가운데서 다시 살아난 자 같이 하나님께 드리며 너희 지체를 의의 무기로 하나님께 드리라 12-13절

앞에서 언급한 것처럼, 사실 우리가 그리스도와 하나가 되는 것 자체가 바로 이런 변화된 삶을 목적으로 한다.

그러므로 우리가 그의 죽으심과 합하여 세례를 받음으로 그와 함께 장사되었나니 이는 아버지의 영광으로 말미암아 그리스도를 죽은 자 가운데서 살리심과 같이 우리로 또한 새 생명 가운데서 행하게 하려 함이라 4절

그리스도의 부활을 믿는다는 것은, 그것이 우리의 부활을 포함하는 것임을 믿는 것이요, 또한 그 부활 속에 담긴 하나님의 뜻, 곧 "새 생명 가운데 행함"이라는 그분의 의도를 받드는 것이다. 곧 우리 자신을 죄와는 무관한 자로, 하나님만을 바라보며 살아가는 자로 간주한다. 이런 의미에서 바울은 믿음의 순종, 곧 믿음에서 나는 순종에 대해 이야기한다 1:5; 16:26; cf. 15:18. 이제 우리는 우리 지체를 죄에게 바치지 않는다. 죄와는 상관이 없는 존재들이기 때문이다. 오히려 우리는 "죽은 자 가운데서 다시 산 자"로서 우리 자신을 하나님께 드린다. 이것이 우리가 부활을 "믿는" 방식이며, 바로 이 부활 신앙으로 인해 우리는 의롭다 하심을 얻는다.

2) 부활의 현재와 미래

한 가지 더 주목해야 할 사항이 있다. 곧 우리의 삶 속에서 구체화되는 부활 생명의 현재적 면모가 미래의 부활로 이어지는 필수적인 과정이라는 사실이다. 자주 무시되곤 하지만, 사실 미래를 바라보는 종말론적 관점은 1장에서부터 8장까지의 전체 논의를 지탱하는 기본 틀이다. 예를 들어, 로마서 5장은 그 전체가 예수 그리스

도를 통한 구속과 칭의가 우리의 미래 구원에 어떤 의미를 갖는지에 대한 논의다. 5장 전반부에서는 십자가에서 드러난 하나님의 사랑의 논리에 근거하여 미래의 소망을 추론하고5:2-10, 후반부에서는 그리스도의 순종의 행위라는 기독론적 근거에서 영생/생명의 미래를 추론해 낸다5:11-21.

이와 마찬가지로, 우리가 앞에서 본 것처럼, 6장에서는 그리스도의 부활에 근거하여 우리의 부활의 소망을 읽어 낸다5,8절. 미래의 부활은 예수님의 부활이 가져다주는 보다 직접적인 효과의 필연적인 귀결이다. 그렇다고 이것이 시간만 가면 우리에게 저절로 이루어질 그런 약속은 아니다. 오히려 부활을 소망하는 사람들은 이제 죄로부터 해방되고22절 부활하신 그리스도 안에 존재하는 자로서 자신을 하나님께 드리도록 요구받는다13절. 이렇게 하여 우리는 "하나님께 종이 되어 거룩함에 이르는 열매를 얻는다". 그리고 이 거룩함의 종말론적 "결과" 혹은 "최종 목표τὸ τέλος"가 바로 "영생ζωὴν αἰώνιον"22절이다.389 이와 반대로 죄의 종으로서 우리 자신을 부정과 불법에 드린다면, 우리는 필연적으로 죽음에 이를 수밖에 없다16,21절.390 이처럼 우리는 본래 죄의 종이었지만, 그리스도의 죽음과 부활에 연합함으로써 "죄로부터 해방되었으며" 이제는 대신 의의 종이 되었다17-18절. 이런 근거로 우리는 미래의 생명에 참여할 수 있게 되었다. "죄의 삯은 사망이요 하나님의 은사는 그리스도 예수 우리 주 안에 있는 영생이니라"6:23. 이 영생의 담지자이신 예수 그리스도는, 바울이 계속 강조하는 것처럼, 죽었다가 다시 살아나신 부활의 주님이시다.

3) 성령: 부활의 영

논의를 마무리하기 전, 한 가지 더 살펴보아야 할 사항이 있다. 곧 현재 우리의 삶 속에 역사하는 부활의 능력을 지칭하는 바울의 용어가 바로 성령이라는 것이다. 현재 부활의 삶이 미래 부활의 통로가 된다는 점에서, 현재 성령의 역사는 또한 미래의 소망에 대한 보증으로 작용한다. 따라서 그리스도의 죽음과 부활이 가져다주는 효과는 또한 성령의 사역으로도 묘사된다. 곧 우리의 해방 역시 "생명의 성령의 법이 죄와 사망의 법에서 너를 해방하였음이라"는 말로 표현될 수 있다8:2. 다음의 두 구절을 비교해 보면 이 점이 분명히 드러날 것이다.

> 예수께서 아버지의 영광으로 죽은 사람들로부터 살아나신 것처럼 우리 또한 **생명의 새로움으로** 살게 되었습니다6:4b.

> 그러므로 내 형제들아 너희도 그리스도의 몸으로 말미암아 율법에 대하여 죽임을 당하였으니 이는 다른 이 곧 죽은 자 가운데서 살아나신 이에게 가서 우리가 하나님을 위하여 열매를 맺게 하려 함이라 … 이러므로 우리가 **영의 새로움으로** 섬길 것이요 율법 조문의 묵은 것으로 아니할지니라7:4-6

위에서 보듯 그리스도의 부활의 결과가 한편으로는 "생명의 새로움으로", 또 한편으로는 "영의 새로움으로"라고 색다르게 묘사된다. 쉽게 말하자면, 성령의 새로움은 그리스도의 부활과 연합한 우리의 삶 속에 활동하는 새로운 생명의 능력이다엡2장: 고전15:45. 물론 이것이 새롭다는 것은 구약의 선지자들을 통해 예언된 "새로운 영", "새로운 마음", 혹은 "새로운 언약"에 대한 약속이 예수 그리스도 안에서 "예"로 재확인되는 상황을 묘사한다렘31장: 겔11,36; cf. 고후3:1-18.[391]

현재 부활의 역사가 미래 부활에 대한 소망으로 귀결되는 것처럼, 현재 성령의 사역은 또한 미래 부활에 대한 효과적인 보증으로 작용한다.

> 만일 우리가 그리스도와 함께 죽었으면 또한 그와 함께 살 줄을 믿노니6:8
>
> 예수를 죽은 자 가운데서 살리신 이의 **영이 너희 안에 거하시면** 그리스도 예수를 죽은 자 가운데서 살리신 이가 너희 안에 거하시는 **그의 영으로 말미암아** 너희 죽을 몸도 살리시리라8:11

그리스도의 부활에서 생겨나는 미래 부활의 소망이 여기서는 다시 성령의 작용으로 기술된다.[392] 예수님을 부활시키신 하나님이시기에 이것은 하나님의 영으로 묘사되기도 하고, 또 그리스도의 부활을 통해 역사하는 능력이기에 그리스도의 영이라 묘사되기도 한다8:9. 하지만 여기서도 부활의 소망은 단순한 시간문제가 아니다. 우리는 언제고 "육신대로 살면 죽을 것이다"8:6,13. 반대로 "성령으로 몸의 행실을 죽이면", 곧 "성령의 인도를 받으면" 이 부활의 소망에 참여할 것이다 8:4,6,13. 갈라디아서를 다시 인용하자면, 우리는 육체의 밭에 심고 거기로부터 종말론적인 파멸을 거둘 수도 있고, 성령의 밭에 심어 거기로부터 영생이라는 열매를 거둘 수도 있다 갈6:7-9. 하지만 우리는 "육체와 함께 그 정욕과 탐심을 십자가에 못 박은" 사람들이다 갈5:25. 그래서 우리는 성령을 좇아 행한다 갈5:16,25.

따라서 우리가 하나님께 종이 되어 하나님을 위한 열매를 맺는 삶을 사는 것이 부활의 능력이요, 새로운 창조의 면모다 갈6:15. 여기에 미래에 대한 소망이 구체화된다. 그래서 바울은 "성령의 능력으로 소망이 넘치게 하시기를" 기도할 수 있었다 롬15:13. 이것이 바로 바울이 성령의 언어로 포착하고자 했던 복음의 능력이었다. 이 복음은 "경건하지 않은 자를 의롭게 하는" "하나님의 의"를 드러낸다. 이 의는 창조주요 부활의 주이신 하나님의 능력을 담고 있다. 그리고 이 부활의 능력이 성령의 선물을 통해 우리의 삶에 현실화된다. 부활에 대한 믿음은 이 모든 것을 포괄한다. 바울은 이런 믿음을 우리를 의롭게 하는 믿음으로 제시한다.

지금까지의 논의를 요약해 보자. 우리는 믿음으로 의롭게 되고 구원을 얻는다. 이는 행위는 구원과 아무 상관이 없어서 우리가 설사 죄에 머물더라도 구원을 얻을 것이라는 말이 아니다. 구원 자체가 미래 소망의 대상인 만큼, 이미 얻을 구원을 잃을 일이 없다는 말은 더더욱 아니다. 바울이 구원의 유일한 근거로 강조하는 믿음은 그리스도의 부활, 곧 그리스도를 죽음에서 살리시는 하나님의 창조적 능력을 바라본다. 그리고 이 부활의 능력은 믿음으로 그리스도와 하나 된 자들에게 역사하여 그들로 하여금 죄에 대하여 죽고 생명의 새로움으로 살아가게 한다. 바울은 이것을 죄의 종에서 의의 종으로의 변화라고 설명하면서, 이를 영생에 이르는 효과적인 과정으로 제시한다. 믿음은 순종의 무의미함을 뜻하기는커녕 그리스도의 부활을 통해 이루어지는 새로운 삶의 중요성을 각인시킨다.

제7장
은혜: 하나님의 통치

앞 장에서 우리는 바울의 복음 속에서 믿음이 어떤 윤리적 의미를 함축하고 있는지 살펴보았다. 본 연구의 마지막에 해당하는 본 장에서 우리는 믿음과 짝을 이루어 바울의 복음을 지탱하고 있는 은혜에 관해 살펴보려 한다. 바울 복음의 실천적 차원을 조명하는 연구가 그 복음의 중심적 사상의 하나인 은혜 개념을 제대로 설명하지 못한다면, 이 연구가 설득력 있게 들리기는 어려울 것이기 때문이다. 많은 이들은 은혜 개념에서 도덕적 함축을 찾으려는 시도가 애초부터 모순이 아닌가 하며 의아해할 것이다. 은혜 개념 자체가 우리의 행위를 배제하는 데 그 핵심이 있다고 생각하기 때문이다. 부분적으로는 타당한 발상이지만, 이런 식의 진술은 바울이 은혜를 통해 전하고자 하는 진리의 전모를 제대로 표현하지 못한다. 본 장의 목적은 이 점을 보다 자세히 논증하고, 이로써 바울의 은혜 개념이 담고 있는 본래적 역동성을 분명히 하는 것이다.

믿음에 관한 논의에서처럼, 여기서도 우리의 의도는 은혜 개념을 체계적으로 정리하려는 것이 아니다. 이 책의 목적이 바울 복음의 윤리적 성격을 규명하는 것이므로, 여기서도 우리의 관심은 역시 바울이 말하는 은혜와 윤리의 관계로 제한될 것이다. 바울의 복음에서 은혜는 어떤 윤리적 함의를 갖는 것일까? 다시 말해 구원이 하나님의 은혜로 주어진다면, 오늘 우리의 삶은 도대체 어떤 의미를 갖는 것일까? 물론 우리는 바울이 올바른 삶의 필요성을 대단히 강조하고 있음을 잘 안다. 그런데 바울의 이런 윤리적 관심은 은혜로 요약되는 구원의 복음과 어떻게 연결되는 것일까?

1. 참을 수 없는 '은혜'의 가벼움

'오직 은혜'라는 종교개혁의 모토가 아니더라도 은혜 개념이 바울 복음의 핵심에 자리하고 있다는 사실을 알기는 어렵지 않다. '오직 은혜로만'이라는 한마디는 '오직 믿음으로만'이라는 구호와 짝을 이루어 바울의 복음, 더 나아가 기독교 복음의 진수를 요약하는 말로 통한다. 실제로 바울의 복음에서 은혜가 얼마나 결정적인 역할을 하는지는 쉽게 확인할 수 있다. 한 번의 예외도 없이 바울의 편지들은 '은혜와 평강'이라는 두 마디의 인사말로 시작된다. 애초부터 이런 표현에 익숙한 우리는 별생각 없이 쉽게 넘어갈지 모르지만, 이런 인사 방식은 당시 편지의 통상적 인사말을 일부러 변형시킨 바울 특유의 것이다.[393] 뿐만 아니라 "은혜(가 있기를)"라는 인사는 목회서신을 비롯한 바울의 모든 편지의 마지막을 장식한다예외적으로 로마서에서는 16장 20절에 나온다.

마지막 인사에는 평강이 빠지고 은혜만 남는다는 사실 또한 재미있다. 이렇게 은혜로 시작하여 은혜로 끝나는 그의 편지는 그 속에 담긴 내용들 또한 대부분 은혜라는 개념으로 채색되어 있다. 바울에게 있어서 그리스도인의 삶이란, 하나님이 우리를 부르시고 구원하시는 것에서부터 우리가 부르심의 마지막 목표에 도달하는 때까지 철두철미 하나님의 은혜 혹은 그리스도의 은혜로 규정되는 것이었다.[394] 그런 의미에서 종교개혁자들이 '오직 은혜로'를 바울 복음의 핵심으로 제시한 것은 지극히 당연한 일이었다. 그래서 우리 또한 자주 은혜를 말하며, 그래서 우리는 은혜에 대단히 익숙하다.

1) 은혜에 관한 무지

은혜는 복음의 핵심이며, 그래서 우리는 항상 은혜를 말하지만, 익숙해진다는 것이 늘 좋은 것은 아니다. '오직 은혜'라는 구호를 자주 들먹인다고 해서 우리가 은혜에 더 깊은 조예를 갖게 되는 것은 아니기 때문이다. 사실은 오히려 반대에 가까울지도 모른다. '오직 은혜'라는 편리한 구호가 손 닿는 곳에 있으니 은혜를 말할 때는 언제나 이 구호를 빌려오기만 하면 된다. 은혜를 말하기 위해 굳이 성경을 뒤질 필요도 없다. 은혜를 설명하기 위해 성경을 열어볼 법한 대목에서도 우리는 대신 루터를 언급하고 '오직 은혜'라는 구호를 소개한다. 마치 그것이 은혜를 선포하고 설명해야 할 책임을 가장 효과적으로 수행하는 것인 양 말이다.

그러다 보니 성도들 대부분은 '오직 은혜'라는 구호에만 익숙해질 뿐, 정작 은혜에 관한 바울의 육성을 음미해 볼 기회는 많지 않다. 성경을 읽지 않는다는 말이 아니다. 바울서신을 펴고 은혜에 관한 그의 가르침을 대할 때조차도 우리는 이미 우리 사고의 틀로 굳어진 '오직 은혜'라는 구호의 테두리 안에서 생각한다는 것이다. 우리가 기존에 가진 소박한 은혜 개념이 하나의 굳은 껍데기가 되어 본문의 살아있는 메시지 속으로 파고드는 일을 어렵게 한다. 은혜에 대한 우리의 관심을 고무시키기 위해 고안된 '오직 은혜'라는 표어가 오히려 은혜에 대한 우리의 관심을 더 피상적이고 의례적인 것으로 만드는 상황이 되었다.

물론 피상적인 것이 꼭 나쁠 이유는 없다. 문제는 이런 피상성이 성경적 증거를 편파적으로 읽은 결과라는 점이다. 그리고 이런 편파성은 금방 복음에 대한 심각한 왜곡을 초래한다. 우리는 종종 신문이나 방송의 왜곡 보도에 관해 말한다. 유대인이 소유하고 있는 〈뉴욕타임즈〉가 보도하는 중동 사태는 아랍계 방송인 〈알 자지라〉가 보도하는 중동 사태와는 사뭇 다를 것이다. 그런데 대부분의 왜곡 보도는 완전 날조보다는 사태의 일부를 전부인 것처럼 전달하는 편파 보도의 형태를 띤다. 의도적 선택이건 아니건, 이를 접하는 대부분의 사람들은 이런 편파 보도의 희생자가 된다.

이와 비슷한 의미에서 오늘날 많은 신자들은 은혜 개념의 특정한 내용에만 익숙해져 그 개념이 본래 소유하고 있는 풍부한 전체성을 알지 못하는, 말하자면 신학적 편파 보도의 희생자들이다. 항상 은혜의 특수한 한 쪽만을 듣고 보면서 이 은혜 속에 또 다른, 어쩌면 더 중요한 차원이 담겨 있다는 사실을 생각지 못하는 것이다. 은혜가 우리에게 미치는 유익에만 너무 골몰한 나머지 은혜가 하나님의 입장에서 얼마나 중요한 개념인지를 생각하지 못한다는 것이다.

하지만 편리하게 거세된 은혜가 사람들을 감동시킬 수는 없다. 그래서 많은 신자들이나 구도자들은 하나님의 은혜를 '느끼기 위해' 애를 쓴다. 애초부터 우리의 노력과 무관한 '은혜'가 심리적, 교리적 조작의 대상으로 변질된다. 거저 주어지는 은혜를 맛보기 위해 많은 노력을 들여야 하는 역설적 상황이다. 잘 알려진 기독교 저술가 필립 얀시는 *What's So Amazing about Grace?*라는 책을 썼는데, 이 책의 질문은 은혜와 관련해 오늘날 교회의 이런 역설적인 상태를 잘 반영한다.[395] 복음의 가장 핵심이 은혜라고 말하면서, 정작 이 하나님의 은혜를 실체로 파악하는 데 어려움을 느낀다는 것은 무엇을 의미하는가?

2) 은혜, 신학적 이데올로기?

은혜에 대한 우리의 이해가 피상적이라는 것은 은혜가 본래 간직하는 나름의 깊은 울림을 상실했다는 말이다. 본래의 내용을 잃어버린 언어는, 마치 주인이 사라진 빈집처럼, 아무나 들어가 장난칠 수 있는 공간으로 전락한다. 우리가 일상에서 은혜라는 단어를 사용하는 방식을 보면, 은혜가 얼마나 텅 빈 개념이 되어 버렸는지, 그래서 얼마나 쉽게 우리의 불순한 의도에 봉사하는 신학적 이데올로기로 오용되고 있는지 금방 확인할 수 있다.

설교자들은 예배 후 으레 "은혜 많이 받았습니다"라는 인사를 받는다. 물론 대부분 예의 바른 인사치레다. 나름대로 느낀 바가 있어서 그런 인사를 했다고 해도 반드시 그 동기가 실제 은혜와 관련되는 것은 아니다. 예배가 길어져 골프 예약 시간에 못 맞출까 봐 조마조마했던 사람이 넙죽 인사를 하며 그런 말을 했다면 그 인사의 속뜻은 '시간 안에 끝내 주셔서 정말 감사합니다' 정도가 될 것이다. 혹은 '제가 하고 싶었던 이야기를 대신 설교로 해 주셔서 감사합니다'라는 마음으로 인사를 건네는 이도 있을 것이다. 각자의 욕심과 상황에 따라 우리가 받는 느낌은 다르겠지만, 이 모든 상황을 우리는 그냥 "은혜 많이 받았습니다"라는 말로 대신한다.

"은혜로 합시다"라는 표현 역시 익숙하다. 노회나 총회처럼 목회자들이 모인 회의는 시끄러울 때가 많다. 평신도들이 멋모르고 참석했다가 시험 들었다는 소리도 종종 듣는다. 은혜로 하자는 말은, 이런 회의 자리에서, 특히 열의가 넘치는 젊은 목사들이 이런 저런 문제들을 지적하며 골치 아프게 굴 때, 나이가 지긋한 목사님의 입에서 나올법한 소리다. 이런 경우 "은혜로 합시다"라는 말은 그냥 분위기 좋게 적당히 넘어가 주면 좋을 텐데 왜 자꾸 골치 아프게 따지냐는 꾸중의 의미인 경우가 많다. 말하자면 우리가 원하는 대로 따라 오라는 소리를 "은혜로 합시다"라는 멋진 말로 표현한다. 그래서 내 마음에 맞게 일이 돌아가면 '은혜가 되는' 경우고, 그렇지 못하면 '은혜가 안 되는' 경우다. 물론 이것은 내 마음대로 되니 기분 좋다는 뜻일 뿐, 성경적 의미의 은혜를 반영하는 표현은 아니다.

은혜는 성경의 권위를 입은 무거운 개념이다. 은혜가 무거운 것은 그 속에 무거운 내용이 담겨 있기 때문이다. 그 내용이 권위의 무게로 나타나는 것이지, 무거운 권위의 껍질 속에 가벼운 내용이 슬쩍 들어있는 것이 아니다. 그런데 우리는 이 성경적 개념을 빌려 성경적일 것도 없는 우리의 욕구를 포장하는 데 사용한다. 인간이 본래 정치적 존재이기에 우리의 언어가 정치적 차원을 갖는 것은 당연한 일이지만, 은혜의 내용에는 개의치 않으면서 그 말이 지닌 성경적 권위만을 도용하는 것은 슬픈 일이다. 마치 정당하지 못한 정권이 명분을 얻으려 반공 이데올로기에 호소하고 쉴 새 없이 '자유'를 떠드는 것처럼, 그 자체로는 성경적일 것도 없는 우리의 사소한 욕심을 채우기 위해 은혜라는 명분을 마구잡이로 써먹는 것이다.

은혜가 값을 매길 수 없는 것임을 모르면, 그 은혜를 값싸게 팔아버릴 공산이 크다. 은혜라는 말을 싸구려로 써먹는다는 것은 우리가 그만큼 은혜의 참뜻에 대해 무식하다는 말이 된다. 다이아몬드를 아무 데나 던져 놓을 사람이 없을 것처럼, 은혜의 본래 가치를 느끼는 사람이 그 말을 함부로 굴릴 가능성은 별로 없기 때문이다. 신앙 없는 미국 사람의 입에서는 '예수 그리스도'가 욕지거리로 튀어나오겠지만, 그를 자기 구세주로 고백하는 신자들이라면 죽었다 깨어나도 그런 말은 하지 않을 것이다.

은혜는 모든 인간적 요인을 배제하고 구원을 철저히 하나님의 배타적 주권의 문제로 놓는다. 그런 점에서 은혜는 믿음과 더불어 복음적 윤리가 분명히 설명해야 할 가장 결정적인 개념의 하나다. 바울의 복음이 하나님의 은혜에 기초한 것이라면, 그리고 이 은혜가 인간의 모든 행위를 배제하는 것이라면, 바울이 전파하는 은혜의 복음 속에서 진정한 의미의 기독교 윤리를 논하는 것은 어려운 일이 아닌가? 물론 올바른 삶에 관한 교리가 가능할 수 있겠지만, 그때의 윤리란 바울이 말하는 은혜 개념에도 불구하고 성립되는 것이지, 은혜 개념 때문에 세워지는 윤리는 아니지 않겠는가?

3) 오해의 핵심

'오직 은혜'라는 말은 우리 구원의 근거가 우리의 노력이 아니라 오로지 하나님의 주권적인 결정이라는 사실을 가리킨다. 그러기에 이 은혜는 기독교 복음의 가장 결정적 요소라고 말할 수 있다. 그러니까 우리가 입만 열면 은혜를 말하곤 하는 습관은 당연하고 바람직하다. 문제는 은혜 개념의 중요성이 아니라 우리가 은혜를 논하는 방식 혹은 문맥이다. 성경이 은혜를 강조하니까 우리도 은혜를 강조하는 것은 좋다. 그런데 우리가 은혜를 말하면서 의도하는 바가 바울이 은혜라는 말을 통해 우리에게 각인시키고자 하는 의미와는 사뭇 달라 보인다. 말하자면 같은 은혜를 말하기는 하지만, 실상은 전혀 다른 이야기를 하는 것처럼 보인다는 것이다.

바울은 우리가 하나님 앞에서 의롭다 하심을 얻는 것이 은혜에 의한 것이라고 말한다. 그런데 우리의 생각 속에서 (하나님의) '은혜'는 일차적으로 (인간의) '행위'와 대조되는 개념으로 받아들여진다. 그래서 구원이 '오직 은혜로만'이라는 것은 동시에 구원이 우리의 행위에 달려 있지 않다는 말이 된다. 오해의 소지가 없진 않지만, 이는 분명 성경적 사상이다. 믿음에 관한 앞 장의 논의에서 살핀 것처럼, 적어도 우리의 회심을 기점으로 하는 '회심' 혹은 '거듭남'의 순간에는 선이건 악이건 우리의 행위가 개입될 여지가 없기 때문이다. 실제로 바울은 인간 행위의 무의미함을 자주 언급한다. 아브라함의 칭의는 그의 행위와 무관한 것이었고 4:2, 우리가 그리스도와 함께 살아난 것 또한 우리의 행위의 결과일 수 없다 엡2:1-9. 하나님의 선택은 이삭의 두 아들 에서와 야곱이 아직 "태어나기도 전" 그러니까 "무슨 선이나 악을 행하지 아니한 때"에 이미 이루어진 것이었다 롬9:11. 하지만 이 진술들은 모두 우리 구원의 과정이 시작되는 방식에 관한 것들이다. 그러니까 바울은 우리의 구원이라는 것이 애초부터 하나님의 배타적인 주권에 의해 입안되고 실행된 것임을 밝힘으로써 사람들의 입을 막으려 한다. 곧 죄악된 인간의 의지가 아니라 하나님의 선한 뜻에 의해 조성되는 새로운 상황을 드러내기 위한 것이다.

문제는 우리가 이 뻔한 사실로부터 이끌어 내는 이상한 추론에 있다. 우리는 하나님과 새 언약 관계로 '들어가게' 된 것이 우리의 행위와 무관하다는 사실 진술을 '구원의 여정 전체'에 관한 하나님의 의도로 비약하여 해석한다. "하나님께서 우리의 행위와 무관하게 우리를 불러주셨다"라는 당연한 사실의 진술로부터 "그러니까 앞으로도 우리의 행위는 구원에 아무런 의미가 없을 것"이라는 결론으로 비약한다. 그래서 우리의 종말론적 구원에서도 우리의 행위는 아무런 가치가 없다고 생각하게 된다.[396] 그리고 이것을 은혜 개념으로 설명한다. "구원은 언제나 하나님의 은혜"라는 말에서 "그래서 우리의 구원은 결코 우리의 행위를 요구하지 않는다"라는 생각을 이끌어 내는 것이다. 앞에서 살핀 것처럼, 이런 식의 자기기만은 마태복음이나 야고보서뿐 아니라, 영생은 올바른 순종의 결과로 주어진다는 바울 자신의 생각과도 상충된다 롬6:22-23; 갈6:7-9. 하지만 대부분의 신자들은 이런 모순을 그리 심각하게 느끼지 않는다. 신학적 편파 보도에 익숙해진 탓이다. 물론 그렇다고 "그러니까 마음대로 살자"라고 말하지는 않는다. 그래서 이런 식의 은혜관이 우리의 불순종을 적극적으로 조장한다고 말하기는 어렵다. 하지만 위험은 있다. 우리가 인간의 행위와 반대되는 개념으로 하나님의 은혜를 말할 때, 이 은혜는 우리의 삶에 교묘하게 작용하는 죄의 전횡을 '방조'하는 역할을 할 가능성이 있기 때문이다.

우리의 삶이 하나님의 뜻에 어긋날 때마다 우리는 '은혜가 아니었다면…'이라는 말로 스스로를 위로한다. 이런 태도 자체는 사실 성경적 은혜 개념에서 벗어나는 것은 아니다. 하지만 이런 태도는 쉽게 사탄의 함정으로 변할 수 있다. 잘못할 때마다 '은혜'라는 편리한 해결책이 있다는 사실로 인해 우리는 더 대담하게 죄를 짓게 되거나, 혹은 죄의 치명적 해악을 과소평가할 위험이 있기 때문이다. 은혜가 직접 죄를 조장하는 것은 아니겠지만, 은혜를 잘못 의지하다가 죄에 대한 우리의 감수성이 무디어질 위험은 언제나 도사리고 있다. 말하자면 은혜가 일종의 '신학적 면죄부'로 전락할 소지가 있다는 것이다. 우리보다 앞서 가며 우리의 올바른 삶을 이끌어 내게 되어 있는 하나님의 선행적 은혜가 아예 우리의 올바른 삶의 뿌리를 자르는 개념으로 오용될 수 있는 것이다.

물론 이것은 바울의 의도와는 거리가 멀다. "은혜 아래 있으니까 죄를 짓겠느냐?"라는 질문에 바울은 "말도 안 되는 소리!"라고 잘라 말한다 롬 6:1,15, 개역개정: '그럴 수 없느니라'. 하지만 실제 우리가 은혜 개념을 활용하는 방식은 바울이 보여주는 단호함과는 사뭇 거리가 있다. "은혜 아래 있으니 죄를 짓자"라고 하지는 않아도, 죄를 지어 놓고 나서는 쉽게 "은혜 아래 있으니까"라며 읍소한다. 죄를 짓고 은혜에 호소하는 것이 잘못은 아니다. 하지만 손쉬운 해결책이 있다 싶은 생각에 죄를 짓는 일을 너무 가볍게 생각하는 경향이 생기는 것도 부정할 수 없다. 우리 한국교회의 도덕 불감증이 우리가 배운 싸구려 '은혜' 개념과 무관하다고 과연 장담할 수 있을까?

은혜에 대한 우리의 이해가 이처럼 이기적이고 통속적인 수준을 벗어나지 못하면, 은혜로 우리를 대하시는 하나님과 우리의 관계 역시 이처럼 알맹이 없고 상투적인 수준을 벗어나지 못한다. 하나님을 주님으로 섬기는 살아있는 관계보다는 은혜라는 개념을 담보로 한 계약 관계로 전락할 가능성이 크다. 하지만 사도 바울이 그토록 열정적으로 하나님의 은혜에 관해 말하는 것이 이런 상투적인 관계를 유지하고 싶어서였을까? 바울이 하나님의 은혜에 대해 그렇게 자주, 또 그렇게 강한 어조로 말하고 있다는 것이 그 속에 더 깊은 의미가 담겨 있음을 시사하지 않을까? 구원의 기초가 하나님의 은혜라고 믿는 우리는 이 하나님의 은혜에 대해 얼마나 알고 있을까?

혹자는 구원이 우리 손에 달린 것이 아니라는 사실만 알면 되지 않느냐고 말할지 모른다. 하지만 바울이 구구절절 하나님의 은혜를 말하지 않을 수 없었던 이유가 고작 그것이었을까? 구원이 우리 손에 달린 것이 아니라는 사실을 아는 일은 그렇게 어려운 일도 아닌데, 그런 뻔한 사실을 두고 그렇게 목소리를 높일 이유가 있었을까? 바울이 교회에 편지를 쓸 때마다 하나님의 은혜를 들고 나오며 목청을 높이는 데는 보다 더 절박한 이유가 있었던 것은 아닐까? 바울의 은혜 개념 속에는 우리의 이기적이고 피상적인 은혜론에 의해 덮여버린, 하지만 정작 우리가 무릎 꿇고 들어야 할 진한 복음의 울림이 담겨 있는 것은 아닐까?

4) 은혜의 난해함

본회퍼는 '값싼 은혜'라는 뼈 있는 말을 만들어 냈지만,[397] 사실 은혜라는 말의 기본적 의미는 '값이 없다'라는 것이다 롬3:25. 하나님께서 우리를 은혜로 구원하신다는 말은, 하나님께서 우리를 구원하실 때 우리 편에서 어떠한 대가도 치른 것이 없다는 뜻이다.[398] 바울이 로마서 4장에서 말하는 것처럼, 일을 해서 성과를 내고 그 성과를 보고 하나님께서 우리를 의롭다 하신다면, 그 의로움은 은혜가 아니라 '빚', 곧 정당한 대가로 여겨질 것이다[4절]. 하지만 하나님께서 우리를 의롭다 하실 때, 우리 편에서는 칭의를 유발할 만한 아무런 성과도 내놓은 것이 없다. 말하자면 우리 자신 내에서는 칭의를 당연한 것으로 만들 만한 어떤 이유도 찾을 수 없다. 우리가 받는 칭의를 설명할 수 있는 유일한 근거는 하나님 자신에게 있다. "경건하지 않은 자를 의롭게 하신다"라는 진술은 바로 이런 정황을 포착한다. 그리고 바울이 그렇게 목청을 높여 하나님의 은혜에 관해 말하는 것은 이 사실을 분명히 하기 위한 것이다. 곧 칭의는 철두철미 하나님의 주권적 결정에 의한 것이다.

좀 이상한 소리처럼 들릴지 모르지만, 사실 은혜는 사람들이 가장 받아들이기 어려운 개념에 속한다. 복음서에서 하나님의 은혜를 가르치는 비유들을 보면 죄인들을 향한 은혜 못지않게 이 은혜를 수용하지 못하는 이들의 반항적인 태도 또한 강하게 부각된다. 포도원 일꾼들에 관한 비유[마20:1-16]는 제대로 일도 하지 않았는데 오롯이 하루 품삯을 다 받는 하나님의 은혜를 이야기한다. 이런 은혜는 그런 처사를 불공평하게 느낄 수밖에 없는 이들의 강력한 반대에 직면한다. 분에 넘치는 품삯을 받은 사람들의 감사와 감격에 대해서는 침묵하지만, 상대적으로 푸대접을 받은 사람들의 불평은 매우 생생하게 전달된다11-12절.

하루 종일 일한 사람들에게 불공평한 것이 아니라 일을 제대로 하지 않은 사람들에게 너그러운 것이라고 포도원 주인은 해명하지만 13-15절, 이 비유를 읽는 우리에게도 주인의 해명보다는 하루 종일 일을 한 사람들의 반대가 더 와 닿는다. 이 비유는 "나중 된 자로서 먼저 되고 먼저 된 자로서 나중 되리라"는 무서운 말씀으로 끝을 맺는다16절. 부지런히 일을 한 사람이라면 일을 안 한 사람을 같이 대접하는 주인의 행동이 반갑지 않을 것이다. 그런데 하나님의 은혜는 이처럼 공평하지 않고 그래서 반갑지 않은 모습으로 다가온다. 은혜의 이 '불공평한' 원리는 이 원리를 수용하지 못하는 사람들을 오히려 그 은혜의 울타리에서 배제한다. 우리는 쉽게 은혜를 말하지만, 온종일 부지런히 일을 한 사람이 오히려 배제되는 세계는 우리가 쉽게 이해할 수 있는 그런 세계는 아니다.

소위 탕자의 비유 또한 마찬가지다눅15:11-32. 이 비유 앞에 나오는 짧은 두 비유에서도 분명히 확인되는 것처럼눅15:3-7,8-10, 누가복음 15장의 세 비유가 공히 강조하는 것은 잃어버린 자들이 돌아올 때 하나님께서 느끼는 기쁨이다6-7,9-10절. 탕자의 비유에서도 아버지를 떠났던 아들이 아버지에게 돌아오고, 아버지는 그를 다시 아들로 맞이하고 축하 잔치를 벌인다22-24절. 하지만 떠났다가 다시 돌아오는 둘째 아들만 있는 것이 아니라, 하루 종일 땀을 흘리며 일하기를 마다하지 않는 아들 또한 존재한다. 그리고 이 '범생이' 아들은 아버지의 기쁨을 이해하지 못한다. 아버지의 태도는 은혜이기 이

전에 불공평함이며, 그래서 그는 아버지의 기쁨에 참여하기를 거부한다28a절.

큰아들은 여태 아버지를 섬겨 왔고, 한 번도 아버지의 명령을 거역한 적이 없었다. 하지만 아버지는 그에게 염소 새끼 한 마리도 잡아준 적이 없다. 그런데 집안의 재산을 다 말아먹은 동생이 빈손으로 돌아오자, 아버지는 그를 위하여 소를 잡고 잔치를 벌인다29-30절. "너는 항상 나와 함께 있으니 내 것이 다 네 것"이라고 아버지는 말하지만31절, 그 소리는 말도 안 되는 잔치 소리에 덮여 들리지도 않는다. 우리는 이 아버지의 기쁨을 이해할 수 있을까? "네 동생은 죽었다가 살아났으며 내가 잃었다가 얻은 것이니까 기뻐하는 것이 당연하다"라는 아버지의 논리는 오히려 사태의 전모를 제대로 파악하지 못한 결과가 아닌가? 제 발로 반역하여 집을 나가고 아버지의 재산을 창기와 함께 탕진해 버린 아들의 귀향은, 죽었다가 다시 살아나거나 잃어다가 다시 찾는 것과는 본질적으로 다르지 않은가?

그래서 이 이야기에서도 두 사람의 운명은 역전된다. '사고 친' 둘째는 더 이상 아들의 신분을 기대할 수 없음을 잘 안다. 그래서 그는 품꾼이라도 될 수 있지 않을까 하는 기대를 품고 조심스레 집을 향한다. 귀향 자체가 뻔뻔한 일이겠지만, 죽음을 예감하는 현재의 절박함 앞에서는 더 이상 다른 선택의 여지가 없다17절. 돌아오면서 그는 '아들'의 신분은 기대할 수 없으니 '품꾼'이라도 족하겠다는 '대사'를 미리 준비한다18-19절. 하지만 아버지와의 만남에서, 그의 대화는 결코 완성되지 않는다. '아들'이라 불리기에 합당치 않다고 말을 꺼냈지만, 아버지는 그의 입을 막고, 그를 아들로 맞아들이는 과장된 몸짓으로 대응한다 22절.

기쁨을 이기지 못하는 아버지 앞에서 그는 결국 '품꾼'이라는 단어를 입에 올리지도 못했다. 돌아오는 순간 그는 이미 아들이었다. 반면 아버지의 은혜로운 자태 앞에서 큰아들은 오히려 종의 모습에 가깝다. 여태까지 아버지를 "(종으로) 섬겼다"라는 표현은 그래서 예사롭지 않다 29절. 그가 사용한 단어는 '종 노릇 하다'라는 의미다. 염소 새끼 운운하며 불만을 토하는 것 역시 아들보다는 종의 모습에 더 어울린다. 그가 항상 아버지와 함께 있었다는 사실, 아버지의 것이 전부 그의 것이라는 사실을 새삼 상기시켜야만 했다는 것은 이런 당연한 사실을 잊고 있는 그의 슬픈 모습을 더욱 도드라지게 한다 31절. 집을 나갔던 둘째 아들은 아버지와 함께 집안에서 잔치를 벌이고, 아버지와 함께 집에 있던 큰아들은 오히려 집 밖에서 분노한다. 이렇게 역전된 두 사람의 운명이 극명하게 대조된다.

이처럼 은혜는 어렵다. 둘째 아들을 아무 조건 없이 용서하는 아버지의 모습도 그렇고, 분노하는 큰아들을 찾아 나와 그를 다독이며 설득하는 아버지의 모습도 그렇다. 인간적 상식으로 판단하자면, 인간을 구원하는 일에 있어 하나님께서는 '은혜'라는 무리수를 두신 것이다. 은혜 앞에 역전되는 두 사람의 운명처럼, 이 은혜의 '부작용'은 만만치 않다. 그래서 우리는 거듭 묻는다. 왜 은혜인가? 아버지는 꼭 큰아들을 집 밖으로 내몰면서라도 둘째 아들을 무조건 받아들여야 했을까? 공평하게 큰아들을 구원하고 둘째를 심판에 처하는 대신, 둘째를 무조건 받아들이고 이로 인해 첫째를 배제하는 이 무리수 배후에는 어떤 깊은 뜻이 숨어있는 것일까?

앞에서 언급한 것처럼, 바울이 은혜를 외치는 것은 구원을 베푸시는 하나님의 능동적 역할 및 구원을 수용하는 인간의 수동적 태도를 강조하기 위해서다. 그렇다면 바울이 이처럼 '하나님께서 하셨다'라는 사실과 '우리가 한 것이 아니다'라는 사실을 거듭 강조하는 이유가 무엇일까? 기회 있을 때마다 이 사실을 언급하는 것을 보면, 이 점이 바울의 복음에서 빠질 수 없는 매우 결정적인 요소임에 틀림없다. 하지만 왜 그럴까? 구원을 얻는 것이 시급하지, 이 구원이 하나님께서 주신 것임을 분명히 인식하는 일은 좀 기다려도 되는, 그러니까 결정적인 중요성을 부여하기에는 다소 '사소한' 정보가 아닌가? 물론 구원이 하나님의 은혜라는 사실을 알고, 그 은혜에 감사하는 태도는 마땅하다. 하지만 이것이 그처럼 자주, 그처럼 강한 어조로 되뇔 만큼 핵심은 아니지 않는가? 마치 손자에게 좋은 옷을 사주고 그 옷을 볼 때마다 '이 옷 누가 사준 거야?'라고 묻는 할머니처럼, 은혜로운 하나님 또한 자신의 은혜로움을 거듭거듭 확인하시려는 그런 분이시기 때문일까? 아니면 바울이 하나님의 은혜를 그토록 강조하는 이면에 이것 없이는 구원을 올바르게 말할 수 없는 절실한 이유가 있기 때문일까? 바울이 구원의 은혜에 관해 말하는 세 개의 대표적 구절을 통해 이 질문에 답해 보도록 하자.

2. 은혜의 부르심과 자랑 고린도전서

1) 은혜: 가치의 역전

고린도전서 1장에서 바울은 하나님의 '택하심'의 방식에 관해 말한다. 바울은 하나님의 택하심이 전적으로 하나님의 은혜로운 결정임을 강조한다. 이렇게 말하면 관찰력 있는 독자들은 '은혜와 평강'이라는 통상적인 인사말을 제외하면1:3, 고린도전서 초반에 은혜라는 단어가 전혀 나타나지 않는다는 사실을 지적할 것이다. 올바른 지적이다. 하지만 은혜라는 말이 집약하는 구원의 정황은 은혜라는 단어 없이도 얼마든지 전달될 수 있다. 때로는 이 은혜가 '긍휼'이나 '자비', 혹은 '사랑' 등의 단어로 바뀔 수도 있고, 혹은 고린도전서에서처럼 특정 단어 대신 그 은혜로운 정황을 자세히 묘사하는 것일 수도 있다.[399]

잘 알려진 것처럼, 고린도 교회의 근본 문제는 분열과 갈등이었다. 즉 당시 고린도 교회는 교회의 개척자인 바울과 바울의 뒤를 이어 목회했던 훌륭한 설교자 아볼로를 축으로 하여 심한 분열 양상을 보이고 있었다.[400] 지도자들이 싸우는 게 아니라, 이들의 이름을 빙자하여 신자들이 서로 싸우는 것이었다. 이들은 자신의 성향과 입장에 따라 바울이나 아볼로의 이름을 내세우며 서로 대립하였고, 이런 대립의 양상은 교회적 삶의 전반에 치명적인 상처를 남기고 있었다. 바울은 이들의 이런 태도를 "사람을 자랑하는" 태도로 규정하였다3:21. 하나님의 가치가 아닌 인간적 가치에 의존하는 비신앙적 태도, 곧 "육적" 태도를 드러내는 행태였다3:1-4. 바울은 고린도 성도들의 이런 태도는 하나님께서 그들을 택하신 은혜의 원리에 정면으로 배치된다고 논박한다. 하나님께서 그들을 불러 구원하시는 방식을 알지 못한 채 "세상" 혹은 "사람"의 원리를 따르는 행동이라는 것이다3:4. 이러한 상황에서 바울은 하나님께서 실제 고린도의 성도들을 부르신 '부르심'을 상기시키며 거기서 드러나는 은혜의 원리를 설명한다.

바울이 일차적으로 주목한 것은 고린도 성도들의 비천한 사회 경제적 신분이었다. 바울은 교회 내에 "육체를 따라" 지혜 있는 자, 권력 있는 자, 혹은 집안이 좋은 이들이 "많지 않다"라는 사실을 지적한다1:26. 훨씬 더 강한 어조로 된 20절의 질문에서 확인할 수 있듯, 여기서 "많지 않다"라는 것은 그래도 어느 정도는 있다는 말이 아니라 거의 없다는 말이다.[401] 의미심장한 것은 바울이 고린도 교회의 이런 사회적 비천함에 신학적 의미를 부여한다는 사실이다. 교회가 대부분 하층민으로 구성된 것은 우연, 혹은 지역적 특성의 결과가 아니라 하나님의 의도적 선택의 결과다. 즉 하나님께서는 의도적으로 이 세상의 미련한 자, 약한 자, 천한 자들을 부르셨다.

하나님께서 이처럼 세상의 약자들을 택하여 부르신 목적은 세상의 "지혜를 미련하게" 혹은 "무의미하게" 만들기 위함이었다1:20. 고린도 교회가 소위 '하찮은' 존재들로 구성된 것은 세상의 어리석은 자들을 불러 지혜로운 자들을 "부끄럽게" 하시고, 세상의 "약한 것들"을 불러 강자들을 "부끄럽게" 하시고, 세상의 "천한 것들과 멸

시받는 것들과 없는 것들"을 택하여 세상의 유력한 자들을 "폐하려" 하시는 하나님의 의도적 조치였다. 여기서 바울이 사용하고 있는 "미련하게 하다"나 "부끄럽게 하다" 혹은 "폐하다" 등의 표현은 모두 비슷한 의미다. 하나님께서는 '세상에서', 곧 '세상의 기준으로 볼 때' 잘 나가는 사람들은 버려두고 오히려 세상에서 무가치한 존재로 여겨지는 이들을 불러 구원하고자 하셨다. 여기서 가치관의 역전이 일어난다. 세상에서 아무런 가치가 없던 자들이 오히려 구원의 공동체에 편입되면서, 세상에서 인정받는 가치들이 오히려 무가치한 것으로 드러난다. 이렇게 세상의 지혜와 권력과 명성은 폐기처분된다.[402] 이런 가치의 역전은 하나님께서 세상을 은혜로 구원하신다는 명제의 중요한 한 요소로 작용한다.

세상의 가치를 뒤집기 위해 하나님께서는 인간의 지혜 대신 십자가라는 "어리석은" 메시지를 구원의 수단으로 삼으신다. 이 세상의 가치를 의존하는 이들은 표적을 추구하는 유대인이건, 지혜에 민감한 헬라인이건, "십자가에 달리신 메시아"에서 구원의 근거를 찾지 못한다. 멸망 받을 자들에게 십자가는 "어리석음" 이상도 이하도 아니다. 그러나 유대인이건 헬라인이건 "구원을 받는 우리"[1:18], 곧 "부르심을 받은 자들"[1:24]에게는 이 십자가가 참된 "하나님의 지혜와 능력"으로 다가온다. 하나님께서 은혜로 우리를 구원하신다는 말은 바로 이런 역전의 과정을 짚어낸다[1:21].

십자가를 통한 부르심은 세상의 가치를 역전시킨다. 그러나 세상의 가치가 굳이 역전되어야 할 이유가 있을까? 둘째 아들이 큰아들보다 나을 것이 없는 것처럼, 어리석은 자의 구원이 지혜로운 자의 구원보다 더 '남는 장사'일 이유는 없다. 여기에 대해 바울은 "이 세상이 자기 지혜로 하나님을 알지 못하기 때문"이라고 말한다 1:21. 세상이 자기 지혜와 힘으로 하나님을 발견할 수 있다면, 구원의 공동체는 그런 사람들로 가득 찼을 것이다. 하지만 십자가라는 역사적 현실은 그런 낙관적인 기대를 단숨에 무너뜨린다. 만일 이 세대의 지배자들이 자기 지혜로 하나님을 알았다면, 그들이 "영광의 주를 십자가에 못 박지 않았을" 것이다 2:8. 따라서 십자가는 이 십자가를 이해하지 못하는 세상의 지혜와 힘을 해체한다. 적어도 십자가를 통해 구원의 공동체에 참여한 자들에게 있어 세상의 가치는 이제 아무 의미 없는 한 때의 기억일 뿐이다 cf. 갈6:14.

바로 여기에서 십자가를 통한 은혜의 실제적 의도가 드러난다. 하나님께서 십자가의 어리석음으로 세상의 지혜를 폐하신 것은 "그 누구도 하나님 앞에서 자랑하지 못하게 하려는" 의도의 표현이었다 1:29. 세상이 자기가 가진 지혜나 힘 덕분에 구원을 받았다면 자랑할 근거가 있었을 것이다. 그러나 실제 하나님의 부르심은 십자가라는 역설적 지혜를 따른 것이었다. 결과적으로 구원의 은혜를 입는 사람들은 그들이 왜 부르심을 받았는지를 설명할 수 없는 자들이었고, 인간적으로 자랑할 근거를 가진 사람들은 오히려 구원의 부르심에서 제외되었다. 따라서 하나님의 은혜의 부르심을 따라 형성된 구원의 공동체는 애초부터 아무것도 내세울 것 없는 사람들로 이루어져 있다. 이것이 하나님께서 의도하신 목표였다. 그러니까 하나님께서 세상에서 통하는 지혜나 힘을 폐기하신 것은 교회 공동체 내에서 인간적 지혜나 힘을 자랑하며 행세하는 태도를 용인하지 않으시겠다는 의도를 드러내신 것이다. 우리 구원의 유일한 근거는 십자가다. 우리 자신이 아니라 예수님이 우리를 위한 "지혜와 의로움과 거룩함과 구원함"이 되셨기 때문이다1:30. 그러므로 성도들은 자랑할 아무런 근거도 없다. 성도들의 태도를 굳이 자랑이라고 표현하자면, 이는 "주님 자랑"이라는 역설적 의미의 자랑이다1:31.[403] 부르심의 원리로 작용하는 은혜는 이제 주님 외에는 자랑할 것이 없는 새로운 영적 상황을 조성하기 위한 하나님의 전략적 움직임이었다.

2) 자랑: 인간의 지혜 혹은 하나님의 능력

한 걸음 더 나가보자. 은혜의 부르심이 자랑을 막기 위한 것임은 분명해졌다. 하지만 자랑하지 않는 것이 부르심의 방식조차 결정할 만큼 중요한 이유는 무엇일까? 하나님께서는 죄 짓는 사람은 용납하실 수 있어도 잘난 척하는 사람은 참으실 수 없다는 의미인가? 물론 이런 식의 설명은 만족스럽지 못하다. 그렇다면 하나님께서 부르심의 과정에서 처치 대상 영순위로 간주하고 있는 이 '자랑'이라는 것은 도대체 무엇을 가리키는 것인가?

당연한 말이지만, 고린도전서에 나오는 은혜와 자랑에 관한 바울의 논증은 현재 고린도 교회의 정황을 염두에 둔 것이다. 은혜의 부르심에 관한 논증이 '사람의 지혜냐, 하나님의 지혜냐'라는 반제에 기초하고 있다는 사실에서 알 수 있듯1:20-21, 고린도전서에서 "자랑하지 않는다"라는 것은 단순히 뻐기지 않는 겸허함이라는 의미를 넘어 세상의 지혜나 힘, 곧 구원의 근거가 되지 못하는 헛된 가치를 자랑하지 않는다는 것이다. 물론 현재 고린도 교회의 사정은 이와 다르다. 바울은 고린도 성도들의 태도를 "사람을 자랑"하는 것으로 규정한다3:21. 이것은 달리 "사람을 따라 행함"으로도 표현된다3:3. 보다 구체적으로 이런 태도는 "사람의 지혜"나 "이 세상 통치자들의 지혜"를 따라 행동하는 것이다. 그러니까 여기서 자랑은 단순한 뻐김이나, 혹은 자신의 공로나 자질을 내세우려는 태도가 아니다. 자랑한다는 것은 어떤 것을 소중하게 생각하고 그것을 의지하여 사는 것을 의미한다. 그런 의미에서 자랑은 사실상 우리가 선택하는 특정한 행동 혹은 삶의 방식이라는 개념에 접근한다. 무언가를 자랑한다는 것은 그것을 삶의 기초요 원칙으로 삼으며 산다는 의미다.[404]

엄밀히 말해 고린도 성도들의 잘못은 자랑 자체가 아니다. 어떤 것을 자랑한다는 것이 그 나름의 삶의 방식을 가리키는 것이라면 이런 자랑은 피할 수 있는 것이 아니다. 문제는 무엇을 자랑하며 어떤 방식의 삶을 사는가 하는 것이다. 고린도 성도들의 실수는 그들이 무가치한 것, 곧 하나님께서 이미 폐기처분하신 것들을 자랑한다는 것이다. 하나님의 은혜의 부르심을 받은 자들로서 그들은 이제 "주를 자랑"해야 하는데, 오히려 "사람을 자랑"하는 행태를 보였다. 곧 하나님의 은혜의 원리에 의해 배척된 헛된 인간적 가치에 연연하였고, 그 결과 그런 인간적 가치를 헛되게 하신 하나님의 의도에 저항하는 태도를 보였던 것이다. 분쟁과 분열이라는 현상 배후에는 이처럼 하나님의 은혜의 부르심에 관한 무지가 자리하고 있었다.

결국 인간적 자랑이 치명적인 독이 되는 것은 그들이 내세운 사람의 지혜 자체 때문이 아니라, 이로 인해 참된 지혜, 곧 하나님의 지혜를 놓치기 때문이다. 바울은 자신의 목회 방식을 예로 들며 이 점을 매우 분명히 논증한다. 바울의 복음 선포는 "지혜로운 말"에 의존한 것이 아니었다. 고린도에서 복음을 전할 때 바울의 유일한 자랑거리는 "예수 그리스도와 그가 십자가에 못 박히신 것"이었다 2:2.[405] 그래서 바울은 "지혜로운 권고의 말" 대신 "십자가에 달리신 그리스도"만을 선포하였다1:17.[406] 그는 이것을 거듭 "어리석음"이라 부르지만1:21,23,25, 이는 인간적 지혜의 허망함을 부각시키기 위한 일종의 역설이었다. 그가 십자가를 고집한 것은 그 메시지의 어리석음 때문이 아니다. 사실은 정반대다. 역설적이기는 하지만, 바울을 비롯하여 구원받는 자들에게 있어 십자가는 도리어 "하나님의 지혜요 하나님의 능력"이었다1:18,24. 바울이 십자가의 메시지에 집착한 것은 이 십자가를 통해서가 아니면 하나님의 지혜와 능력을 알 도리가 없기 때문이었다2:4-5.

바울에게 있어 이 신적 지혜와 능력의 구체적 표현이 바로 성령의 역사였다. 따라서 사역 현장에서 바울이 직면했던 궁극적 선택은 지혜냐 어리석음이냐가 아니라, 인간적 지혜냐 성령의 나타남이

나는 것이었다2:4. 더 나아가 사역자 바울의 이런 선택은 성도들의 믿음이 "사람의 지혜"로 만들어질 수 있는 것이 아니라, 오직 "하나님의 능력"으로 일구어질 수 있다는 체험적 신념에 근거한 것이었다2:5. 바울이 성도들에게 보여준 목회의 방식은 사람의 지혜와 능력이 아니라, 하나님의 지혜와 능력, 곧 성령의 역사에 기초한 것이었다. 그리고 바로 이것이 처음 고린도의 성도들이 하나님의 부르심을 받은 방식이기도 했다. 인간적인 것들에 대한 그들의 자랑과 집착은 동시에 하나님의 지혜와 능력에 대한 그들의 무지를 자랑하는 것 이상도 이하도 아니었다.[407]

사람을 자랑하는 고린도 성도들의 태도는 그들이 가진 기독교적 삶의 본질인 "성령과 능력의 나타남"을 무시하는 것이었다. 그래서 바울은 이들을 향해 적어도 지금 상태로는 그들을 "영적인" 사람들로 대할 수 없다고 질책한다3:1. 오히려 사람을 자랑하며 복음의 원리를 무너뜨린다는 점에서 이들은 "육신에 속한 자" 혹은 "육적인 존재들"로 지칭된다3:1,3.[408] 그들 사이에 퍼진 인간적 자랑의 태도는 심지어 하나님께서 선물로 주신 것들조차도 서로 뻐기며 서로 분열하는 구실로 변질시키고 있었다4:7; 12-14장. 하지만 이들의 자랑 속에 하나님의 지혜는 없었다. 이들의 세속적 태도가 설득력 있고 지혜로운 '말'로 치장되어 있을지 모르지만, 복음의 본래 열매인 '능력'을 보여주지는 못했다. 하지만 중요한 것은 말이 아니라 능력이다. 왜냐하면 하나님의 나라는 말을 잘해서가 아니라 복음을 통해 역사하시는 하나님의 "능력으로 상속하는" 곳이기 때문이다4:20.⁴⁰⁹ 사람을 자랑하면서 "배부르고 부요한 듯" 했지만4:8, 실상 하나님의 능력에 빈곤했던 이들을 향해 바울은 "여러분의 부르심을 보십시오"라고 질책한다. 다시 말해 하나님께서 그들을 불러주신 은혜로운 부르심의 본질을 숙고하면서 그들의 현재 행태를 진지하게 반성해 보라는 권면이다1:26. 그리고 이는 "교만한 자들의 말이 아니라 능력을 알아보겠다"라는 경고와 다르지 않다4:19.

결국 하나님의 부르심 속에 드러나는 은혜의 원리를 강조하는 바울의 논증은 인간의 지혜가 아니라 하나님의 지혜, 인간의 능력이 아니라 하나님의 능력, 지혜로운 말이 아니라 성령과 능력의 나타남이 참된 구원의 방식이라는 신념으로 수렴된다. 은혜는 헛된 자랑을 막기 위함이다. 더 나아가 이는 참된 자랑의 가능성을 열기 위한 하나님의 조치다. 곧 우리를 하나님 나라로 이끌지 못하는 세상의 지혜와 힘 대신 참된 구원의 수단이 되는 하나님의 지혜와 능력에 의존하게 하는 것이다. 하나님께서는 성령의 '선물'을 주셔서 이런 구원의 길을 열어 주신다. 바로 이것이 하나님께서 우리를 은혜로 부르신다는 진술의 실질적인 내용이다. 부르심이 하나님의 은혜라는 주장에서 도출되는 결론은 그러니까 아무렇게나 행동해도 상관없다는 것이 아니라, 그 은혜의 결과인 능력을 보이라는 것이다. 왜냐하면 은혜가 바로 이 능력을 드러내는 하나님의 방식이기 때문이다.

3. 은혜의 칭의와 자랑로마서

1) 믿음, 은혜, 그리고 자랑

하나님의 은혜를 강조하는 바울의 의도를 잘 보여주는 또 다른 구절 중 하나는 로마서 3장 21-31절이다. 하나님의 의에 관한 논의가 보다 긍정적인 논증으로 바뀌는 이 대목에서 바울은 이 하나님의 의의 나타남이 철두철미 하나님의 은혜를 통한 것임을 천명한다.

> 그리스도 예수 안에 있는 속량으로 말미암아 하나님의 은혜로 값 없이 의롭다 하심을 얻은 자 되었느니라 24절

바울이 직접 부연하는 것처럼, 우리가 하나님의 은혜로 의롭게 되었다는 것은 우리가 "값없이" 의롭게 되었다는 것을 의미한다. 우리가 의롭다 하심을 얻은 것은 오로지 "그리스도 예수를 통한 속량"의 결과일 뿐, 우리가 이를 위해 기여한 것은 아무것도 없다. 5장에서 바울은 우리의 이런 상황을 두고, 우리가 아직 "연약할 때", 곧 아직 "죄인"이고 "원수"일 때 하나님께서 우리를 의롭게 해 주셨다고 표현한다 5:6,8,10. 우리 편에서 볼 때 칭의는 우리가 저지른 죄악에도 불구하고 아무 대가 없이 주어진 하나님의 선물이다.

우리가 "믿음으로" 의롭다 하심을 얻는다는 말 역시 동일한 정황을 묘사한다. 칭의는 믿음에 의지하는 모든 사람에게 공히 미친

다. 여기서 믿음이 우리의 믿음이냐 예수 그리스도 자신의 신실하심이냐는 궁극적으로 중요치 않다. 어느 해석을 따르건, 바울이 믿음을 말하는 의도는 이 칭의가 인간의 어떤 태도나 공헌과 무관하게 순전히 예수 그리스도를 통한 구속에만 의존하고 있음을 강조하려는 것이다. 바울의 설명처럼, 칭의가 믿음으로 이루어진다는 것은 칭의가 온전히 하나님의 은혜에 속한 문제라는 사실을 강조하기 위한 것이다롬4:16.⁴¹⁰

바울이 이 칭의를 "하나님의 의"라는 개념으로 제시하고 있다는 사실 역시 이와 무관치 않아 보인다1:17; 3:21-22. 문맥상 바울이 말하는 하나님의 의가 우리의 칭의와 관련된 개념임은 부인할 수 없다3:24. 하지만 이것은 또한 하나님의 의이기도 하다. 우리를 의롭다 하시는 행동의 궁극적 결과는 하나님 자신의 의로우심으로 나타난다3:25. 자신의 의로우심을 나타내시되, 죄인이었던 우리를 의롭다 하시는 방식으로 자신의 의로우심을 나타내신다는 것이다3:24.

말하자면, 의롭다 하심이라는 하나님의 행동의 궁극적 목적은 우리가 의로워진 존재로 드러나는 것이라기보다는 하나님께서 의로우신 분으로 드러나는 것이다. 물론 이는 우리의 칭의가 그저 하나님의 의를 드러내기 위한 수단적 과정이라는 뜻은 아니다. 오히려 칭의를 통해 하나님의 의로우심이 나타난다는 바울의 말은 칭의 속에는 우리가 내세울 만한 공로란 전혀 포함되지 않았으며, 따라서 칭의의 유일한 실행자이신 하나님 자신의 의로우심이 더욱 드러나게 된다는 사실을 강조하는 것이다cf. 11:33-36. 결국 하나님의 의로우심에 대한 강조 역시 칭의의 과정에서 드러난 하나님의 배타적인 주권을 부각시키기 위한 의도를 내포한다.[411]

이처럼 칭의의 과정에서 드러나는 믿음과 은혜의 원리를 강조하면서 바울이 끌어내는 최종적 결론은 고린도전서에서의 결론과 다르지 않다. 곧 자랑할 것이 없다는 것이다.

> 그런즉 자랑할 데가 어디냐 있을 수가 없느니라 무슨 법으로냐 행위로냐 아니라 오직 믿음의 법으로니라 27절

자랑할 것이 없게 된 상황은 은혜와 믿음의 우연한 부산물이 아니다. 21절에서 26절까지 칭의의 과정을 부지런히 설명한 후 바울이 처음으로 끌어내는 결론이 자랑에 관한 것이라는 사실은 이 점이 현재 바울의 논증에서 가장 우선적으로 강조하고자 하는 사항이라는 사실을 시사한다. 실제로 이는 아브라함을 들어 칭의에 관한 자신의 논점을 더욱 공고히 하는 4장에서 더 분명하게 확인된다. 그가 아브라함을 예로 들어 가장 먼저 확증하고자 하는 논점이 바로 자랑할 것이 없다는 것이기 때문이다.

> 그런즉 육신으로 우리 조상인 아브라함이 무엇을 얻었다 하리요 만일 아브라함이 행위로써 의롭다 하심을 받았으면 자랑할 것이 있으려니와 하나님 앞에서는 없느니라 4:1-2

아브라함이 자랑할 것이 없는 것은 그의 칭의가 행위에 근거하지 않았기 때문이다. 물론 여기서의 "행위"는 할례로 대표되는 "율법의 행위들"과 연결된 개념이지만, 이어지는 시편 인용구에서 드러나는 것처럼, 도덕적 의미의 행위와 엄밀히 구별되기 어렵다. 적어도 현재적 의미의 칭의에 관한 한 인간의 행위는 칭의라는 그림 속에 어떤 자리도 차지하지 못한다. 우리는 "경건치 않은" 상태에서 칭의라는 선물을 받으며, 그러기에 이 칭의는 인간적인 자랑이 개입될 추호의 여지도 남기지 않는다.

바울의 논증은 한 걸음 더 나아간다. 칭의 자체가 인간적 행위에 근거하지 않는다는 사실을 확인한 후 그는 이 칭의가 또한 할례 이전에 이루어진 것임을 지적한다. 바로 이것이 현 문맥에서 바울이 강조하고자 하는 주제다. 하나님께서는 아브라함에게 세상의 후사가 되리라는 약속을 주셨다4:13. 아브라함은 이 약속을 믿었고, 하나님께서는 이 믿음을 그에게 의로 여겨주셨다4:9,22. 물론 이런 약속-믿음의 이야기는 할례가 무대에 등장하기 훨씬 전의 일이다4:10-11. 여기서 바울이 '할례 이전'을 강조하는 것은 바울 당시 유대인들이 이 할례를 마치 구원의 효과적인 근거인 것처럼 여기던 정황을 염두에 둔 것이다. 아브라함과 그의 후손들이 세상의 후사가 되는 것은 율법이 아니라 믿음을 통한 것이다4:13. 하나님께서 이처럼 믿음을 근거로 하여 상속자의 약속을 허락하신 것은 그 약속이 은혜에 근거한 것이 되게 하시려는 의도적 움직임이었다4:16. 은혜에 근거한다는 것은 어떠한 인간적 조건에도 영향받지 않는다는 것이다. 따라서 이런 인간적 조건의 하나인 할례, 그리고 그 할례로 생겨나는 유대인으로서의 신분 역시 하나님의 약속에는 아무런 영향력을 행사하지 못한다. 그러기에 이 약속은 모든 후손, 곧 할례자뿐 아니라 할례와 상관없는 자들에게까지 확대된다. 그런 점에서 믿음의 시효인 아브라함은 '우리 모두'의 조상이다.

믿음에 의한 칭의는 하나님의 은혜를 칭의의 유일한 원리로 부각시킨다. 그런 점에서 칭의는 믿음에 근거한다. 그리고 이 믿음의 반대편에는 인간의 행위 혹은 할례/율법이 있다. 이 믿음과 율법 사이를 판결하는 관건은 어느 것이 약속에 이르는 효과적 수단인가 하는 것이다. 그러나 율법은 세상의 상속자가 되리라는 하나님의 약속에 이르는 길이 아니다. 약속은 오직 믿음의 의를 통해서만 주어진다4:13. 이처럼 하나님이 믿음을 약속의 통로로 결정하신 것은 이 약속이 은혜의 원리에 근거하도록 하시려는 결연한 의지를 반영한다4:16. 성도들은 믿음을 통해 지금 은혜라는 삶의 정황에 설 수 있게 되었다5:2. 따라서 바울의 칭의 논의에서 믿음과 은혜는 사실상 동의어가 되며, 이런 점에서 믿음에 관한 긴 설명은 그 자체로 또한 은혜에 대한 설명이기도 하다.

로마서의 문맥에서 자랑은 일차적으로 유대인들의 자랑과 관련이 있다. 유대인들은 율법을 소유했다는 사실, 할례를 통해 하나님의 백성이 되었다는 사실을 자랑했다2:17,23. 하지만 바울의 신랄한 비판에서 이들의 자랑을 무의미하게 만드는 것은 그들의 거침없는 자랑과 순종 없는 행동 사이의 가슴 아픈 괴리였다2:21-24,27. 이들이 자랑했던 것은 "율법 조문"에 지나지 않는 것으로 드러났다2:29. 이러한 상황에서 율법과 상관없이 예수 그리스도의 십자가 죽음을 통해 모든 믿는 자를 의롭게 하시는 하나님의 의로움이 나타났다 3:21. 물론 믿음의 의는 유대인뿐 아니라 모두가 율법을 지키지 못하였다는 엄연한 사실을 전제한다3:19-20. 이렇게 믿음으로 주어지는 하나님의 의는 유대인들의 자랑을 근거 없는 허위의식에 지나지 않는 것으로 폭로한다. 이방인들뿐 아니라 유대인들에게도 자랑의 근거는 더 이상 존재하지 않는다.[412]

2) 은혜, 믿음, 그리고 하나님의 능력

하지만 믿음의 의는 "율법 조문"을 자랑할 수 없다는 부정적 진술에서 그치지 않는다. 믿음에 관한 앞 장의 논의에서 우리는 약속과 믿음에 관한 바울의 논증은 약속하신 바를 이루실 수 있는 하나님의 능력, 그리고 이 능력을 가진 하나님께 대한 전폭적인 신뢰로 수렴되고 있음을 확인한 바 있다. 아브라함에게 나타나 그와 그의 자손을 세상의 상속자로 삼겠다고 약속하신 하나님께서는 "죽은 자를 살리시며 없는 것을 있는 것으로 부르시는" 분, 따라서 "약속하신 그것을 또한 능히 이루실" 분이시다4:17,21. 아브라함이 하나님을 믿었다는 것은 바로 이런 능력의 하나님을 믿었다는 것이며4:21, 하나님께서는 그의 이런 믿음을 의로움의 근거로 인정하셨다4:22.

바울은 여기서 아브라함과 우리 믿음의 공통점을 보았다. 아브라함이 죽은 자를 살리시고 없는 것을 있는 것으로 부르시는 하나님을 믿었던 것처럼, 우리 역시 예수 그리스도를 죽은 자 가운데서 살리신 하나님을 믿는다4:24; 10:9. 우리에게도 이 부활 신앙이 우리 의로움의 근거로 작용한다. 결국 바울의 사상 속에서 믿음은 생명을 창조하는 하나님의 능력을 믿는 믿음으로 규정된다. 여기에 바울이 생각하는 은혜 개념의 핵심이 있다. 세상의 상속자가 되는 일이 '은혜에 속하기 위해 믿음으로' 된다는 진술은 진공과 같은 상태에서 우리가 상속자 됨의 복을 누린다는 말이 아니라, 하나님의 약속, 곧 상속자가 되리라는 약속을 주신 하나님의 창조적 능력에 의해 상속자로 만들어진다는 말이다. 하나님께서 아브라함과 사라의 죽은 몸에 창조적으로 개입하심으로써 약속이 이어졌던 것처럼, 이런 하나님의 창조적 개입에 의해 현재의 이방 성도들 역시 하나님의 약속의 역사에 참여하게 되리라는 것이다. 곧 은혜로 된다는 말은 하나님 자신의 능력으로 된다는 말과 통한다. 우리가 인간적인 "율법 조문"을 자랑하지 못하는 것은 우리가 아무 변화 없이 영적, 도덕적 진공상태에 머물기 때문이 아니라, 하나님 자신의 '영', 곧 그의 창조적 능력이 우리에게 역사하기 때문이다2:29; 7:6.⁴¹³

고린도전서에서 이미 본 것처럼, 바울에게 있어 능력은 성령의 언어로 표현된다. 죽은 자를 살리시고 없는 것을 있는 것으로 부르시는 하나님의 능력은 예수 그리스도의 부활에서 결정적으로 드러났다롬1:4. 그리스도를 죽음에서 살리신 이를 믿는 자들은 그리스도와 더불어 죄에 대해 죽으며, 또한 그의 부활의 궤적을 따라 새 생명에 참여한다. 종말론적 의미에서 부활은 아직 기다려야 할 것이지만, 신자들은 그 믿음을 통해 이미 "새로운 생명으로 살아가는" 상태로 이전된다⁶:⁴. 로마서 8장에서 바울은 이것을 성령에 의해 이끌리는 삶, 혹은 우리가 성령을 좇아 살아가는 삶으로 묘사한다. 이는 그리스도인의 현재적 삶을 규정하는 것일 뿐 아니라⁸:⁴,⁹,¹⁴, 우리가 소망하며 기다리는 종말론적 영생에 이르는 참되고도 유일한 길이기도 하다⁸:¹¹,¹³,¹⁶⁻¹⁷.

로마서의 문맥에서 믿음은 우선 율법과 대척에 선다. 믿음이 하나님의 능력에 대한 신뢰를 그 핵으로 한다면, 이는 곧 율법이 하나님의 능력과 반대편에 선다는 말이 된다. 실제로 칭의의 문맥에서 율법을 무가치한 것으로 젖혀놓는 것은 바로 율법의 이 연약함 때문이다.⁴¹⁴ 율법은 그 자체로는 거룩하고 신령하지만, 죄 아래 있는 존재들의 입장에서 볼 때 그 죄를 해결할 수 없다는 치명적 한계에 직면한다. 이 결정적 연약함으로 인해 율법은 율법 조문으로 불린다. 여기서 믿음과 율법의 반제는 영과 율법 조문이라는 새로운 반제로 표현된다²:²⁹; ⁷:⁶. 믿음은 하나님의 능력, 곧 성령의 역사를 우리 삶에 불러들이지만, 율법은 하나님의 창조적 역사가 결여된 율법 조문, 곧 문자로 남는다. 로마서에서 유대인들의 태도나 율법에 관한 논의가 이런 영과 율법 조문이라는 반제로 표현되는 것은 결코 우연이 아니다. 로마서 2장에서 바울은 유대인들이 범한 치명적 실수가 무엇인가를 밝힌다. 하나님 앞에서 의롭다 하심을 얻기 위해 우리가 필요로 하는 것은 할례가 보증하는 외면적 유대인 됨이 아니다. 사람이 아니라 하나님으로부터 인정받기 위해서는 마음의 할례를 통해 주어지는 내면적 유대인 됨이 필요하다.

그런데 외적 할례는 율법의 규정을 따라 이룰 수 있지만, 이 마음의 할례는 성령의 역사를 필요로 한다2:28-29. 로마서 7장에서 바울은 그리스도와 연합함으로써 생겨난 결과, 곧 율법에 대한 우리의 죽음에 관해 말한다. 그런데 이 죽음의 목적은 우리가 "새로운 영으로" 섬기고 "낡은 율법 조문으로" 섬기지 않는 상황을 조성하기 위함이다7:6. 보다 실질적으로 말하면, 이는 죄의 욕망이 율법이라는 수단을 통해 우리 삶 속에 역사하여 죽음에 이르는 열매를 맺게 하던 삶에서 벗어나, 죽은 자 가운데서 살아나신 이에게 가서 하나님을 위한 열매를 맺으며 사는 삶으로 이전된 것을 가리킨다7:4-5. 이것이 바로 우리가 "믿음으로 서 있는 이 은혜"의 정황이며5:2, "은혜 아래"에서 그 은혜의 통치를 받는 삶의 본질이다6:1,14.

바울의 사상 속에서 믿음을 통해 확보되는 은혜의 정황은 죄건 의로움이건 우리의 삶은 아무 상관이 없다는 의미가 아니다. 어차피 우리의 삶이 상관없으므로 죄를 더 지을수록 은혜가 더 커질 것이라는 궤변에 바울은 "그들이 정죄 받는 것이 마땅하다"라는 말로 응수한다3:8. 바울이 말하는 은혜란, 죄가 지배하던 우리의 삶 속에 창조의 하나님, 부활의 하나님께서 개입하셨다는 진리를 표현한다. 이 은혜의 개입은 죄의 종으로서의 삶을 버리고 의의 종으로 살아가도록 만드시는 하나님의 의지를 동반한다. 우리는 은혜로 의롭다 하심을 얻어야만 한다. 우리의 삶이, 불순종이건 순종이건, 아무 상관이 없기 위해서가 아니다. 사실은 오히려 그 반대다. 하나님 앞에서 우리의 삶은 중요하다. 그래서 우리는 죄의 종이기를 그치고 의의 종으로 돌아서야 하며, 죽음의 길에서 돌아서서 영생에 이르는 길로 들어서야 한다. 이는 "율법/율법 조문"갈라디아서, 로마서, 고린도후서 혹은 "인간의 지혜"고린도전서 등 다양한 형태로 나타나는 인간적 조건이 만들어 낼 수 있는 변화가 아니다갈3:21; 고후3:6,7,9. 여기에는 그리스도의 죽음과 부활이라는 혁명적인 사건이 필요했으며, 우리는 믿음으로 이 그리스도와 하나가 되어야 했다. 그리하여 이제 그의 죽음은 죄에 대한 우리의 죽음이 되고, 그의 부활은 우리의 새 생명이 된다. 그리스도 안에서 우리는 "새로운 생명으로 살아가며" 영생의 소망을 누린다.

그리스도인의 삶은 "은혜 아래" 있는 삶이다. 율법 혹은 죄 "아래" 있다는 것이 죄의 지배를 받는다는 의미를 전달하는 것처럼, 은혜 아래 있다는 표현 역시 우리가 은혜의 다스림 아래 있다는 사실을 드러낸다. 여기서 은혜는, 마치 예전의 죄가 그랬던 것처럼, 우리 삶을 다스리는 하나의 통치 원리로 작용한다.[415] 따라서 진정한 의미에서 은혜를 더하는 방법은 죄에 거하는 것이 아니라6:1, 죄에 대해 죽고 새로운 생명으로 살아감으로써 이 은혜의 원리에 굴복하는 것이다6:4. 그리스도를 통해 역사하는 은혜 혹은 은혜의 선물은 아담에서 시작된 죄와 죽음의 통치에서 우리를 건져 우리로 하여금 "생명 안에서 왕 노릇 하게" 만든다5:17. 아담의 불순종 이후 세상은 죄와 죽음의 지배 아래 있었지만, 이 역사 속에 그리스도의 오심은 "죄가 더한 곳에 은혜가 더욱 넘친" 사건이 되었고5:20, 이

은혜를 통해 우리는 영생에 이르게 될 것이다5:17,21.[416]

그렇지만 이 은혜는 죄의 속박을 그대로 둔 채 영생을 약속하는 것이 아니다. 오히려 그리스도를 통한 은혜의 선물은 범죄에서 정죄에 이르는 죽음의 고리를 끊고 의로움에서 영생에 이르게 하는 삶의 과정을 시작한다. 아담은 많은 사람들을 정죄에 이르게 했지만, 그리스도의 순종은 많은 죄를 범한 사람들이 의로움으로 돌아오도록 만들었다5:16. 율법이 들어와 죄가 넘치고 이 죄는 사망을 통해 통치권을 행사했지만, 죄가 더한 곳에 그보다 더 강력한 은혜가 역사하였고 이제 이 은혜가 의로움이라는 수단을 통해 새로운 통치를 수행하게 되었다5:20-21. 죄는 더 이상 우리를 주관할 수 없다. 왜냐하면 우리는 더 이상 율법 아래 있지 않고 "은혜 아래" 있기 때문이다6:14.

4. 은혜의 구원과 자랑에베소서

1) 하나님의 주권적 은혜

에베소서는 구원의 전 과정을 시종일관 하나님의 은혜라는 말로 풀어간다. 그는 자신이 전하도록 위임받은 복음을 "은혜의 경륜"이라 부른다3:2. 이는 바울의 사상 속에서 은혜가 바로 구원의 복음을 특징짓는 가장 결정적인 요소라는 사실을 보여준다. 에베소서에서 구원의 "은혜"는 예정과 선택, 그리스도 사건, 성령의 역사 등에 관한 논의를 통해 매우 효과적으로 부각된다.

바울은 구원을 하나님의 예정이나 선택의 결과로 묘사한다. 구원의 전 과정은 하나님께서 "영원부터 주 그리스도 예수 안에서 예정하신 뜻대로" 이루어진다 3:11. 하나님께서는 창세 전에 우리를 그리스도 안에서 택하셨고, 우리가 그의 아들들이 되도록 예정하셨다 1:4-5. 우리를 구원하여 선한 삶을 살게 하시는 것 역시 "전에 예비하신" 것으로 제시된다 2:10. 바울의 생각 속에서 예정의 언어는 무엇보다도 구원의 과정이 인간적 행위의 결과가 아니라는 사실을 강조한다. 하나님께서 "창세 전에" 정하셨다는 것은 우리의 의지가 개입될 여지가 없었다는 것을 의미한다. 구원의 유일한 동인은 "그(의) 기쁘신 뜻"이다. 실제로 에베소서 1장 3-14절에 이르는 긴 송영에서 바울은 하나님의 뜻과 관련된 단어들을 매우 자주 사용하는데 1:1,5,9,11, 이는 곧 구원이 우리의 뜻과 무관하며 오로지 하나님 자신의 뜻에 의해서만 결정되고 수행되는 것이라는 사실을 강조하는 것이다. 이처럼 하나님께서 자신의 주권적 결정에 근거해서만 구원을 이루시는 것은 이 구원을 누리는 우리가 "그의 은혜의 영광을 찬송하게" 하려는 것이었다 1:6. [417]

하나님의 예정에서부터 모든 구원의 과정은 "그리스도 안에서" 혹은 "그리스도를 통해서" 이루어지는 것으로 제시된다. 그래서 하나님의 "은혜의 경륜"은 또한 "그리스도의 비밀"이라고도 불린다 3:4. 그러기에 바울은 하나님의 은혜라는 동기를 부각시키기 위해 구원의 전 과정이 그리스도를 통해 이루어지는 것임을 강조한다. "그리스도 안에서"라는 표현은 에베소서의 가장 두드러진 특징 중 하나로 주목받는 것인데, 실제로 구원의 조감도라 할 수 있는 1장의 송영3-14절에는 이 표현이 거의 모든 절에서 빠지지 않고 등장한다. 우리가 하나님의 은혜의 풍성함을 따라 구원받는 것은 우리가 "그리스도 안에서", 곧 "그의 피로 말미암아" 속량구속 혹은 죄사함을 체험하는 과정을 포함한다1:7.

2장 1-10절에서 바울은 그리스도 사건을 통해 드러나는 하나님의 은혜를 집중적으로 논의한다. 여기서 바울의 의도가 하나님의 은혜를 강조하려는 것임은 분명하다. 우선 우리의 과거 상태가 죽음이라 묘사된다1절. 로마서 4장에서 아브라함과 사라의 몸이 죽었다고 말할 때와 같이 우리가 스스로를 구원할 수 없는 상황이라는 사실을 부각하려는 것이다. 따라서 이런 죽음은 문자적인 죽음처럼 무위의 정적에 빠진 삶이 아니다. 우리는 "불순종의 아들들"로서 적극적으로 죄와 허물 가운데서 "행하며" 이 세상의 풍속을 "따르던" 자들이었으며2절, 육체의 욕심을 따라 "살아가며"418 육체와 마음이 원하는 것을 "실천하던" 진노의 자녀들이었다3절. 말하자면 죄에 관한 한 우리는 더없이 적극적인 삶을 살았다. 바울이 이런 우리의 과거를 죽음이라 묘사하는 것은 우리의 구원을 염두에 두고 있기 때문이다. 즉 우리의 구원을 위해 아무것도 할 수 없었다는 점에서 우리의 부지런한 과거란 한낱 죽음에 지나지 않는다는 것이다.

죽은 사람이 무엇을 할 수 있는 것이 아닌 것처럼, 하나님과의 관계 속에서 우리는 하나의 '죽은' 존재에 지나지 않는다. 죽은 자들이 스스로를 살릴 수 있는 것이 아니라면, 우리가 얻은 생명은 우리 스스로 만들어 낸 것일 수 없다. 하나님께서 자신의 영으로 마른 뼈를 살려낸 에스겔의 환상처럼겔37:1-14, 우리가 지금 살아있다는 것은 우리 아닌 누군가가 우리에게 생명을 부여했다는 말이 된다. 이런 상황에서 우리를 살려내실 수 있는 이는 하나님뿐이시다. 그래서 우리의 살아남은 우리 자신의 자격이나 조건이 아니라, 하나님의 긍휼이나 사랑 등과 같은 말로 설명될 수밖에 없다. 우리가 살아난 것은 "긍휼이 풍성하신 하나님"의 "그 큰 사랑 때문"이었다2:4. 곧 하나님께서 죽어있던 우리를 "살리셨다"라는 진술은 바로 이런 주권적 은혜를 포착하는 한 방식이다엡2:5; 골2:12; 3:1.[419] 그런 의미에서 우리의 구원은 철두철미 하나님의 "선물"이다8절. 죽어있는 우리에게 새로운 생명을 주셨다는 점에서 이는 또한 (새로운) 창조에도 비견될 수 있다. 하나님께서는 우리를 "창조하셨고"개역개정: "지으셨고", 그래서 우리는 그의 "창조물"개역개정: "만드신 바"이라고 불린다10절; 2:15 cf. 롬4:17.

우리를 구원하는 하나님의 은혜는 그리스도를 통해 구체화된다. 바울은 우리의 구원 과정이 철두철미 그리스도와 "함께" 이루어진 것이라고 말한다. 하나님께서는 허물로 "죽은" 우리를 "그리스도와 함께" 살리셨다5절. 또한 우리를 그리스도와 "함께" 일으키셨고, 또 "함께" 하늘에 앉히셨다6절. 이 모든 과정은 "그리스도 예수 안에서" 이루어진 일종의 새로운 창조로 제시된다10절. 5절 말미에 달린 첨언처럼, "그리스도와 함께"를 계속 반복하는 것은 우리가 "은혜로 구원을 받았다"라는 사실을 분명히 각인시키기 위해서다.

8-9절의 진술은 바로 이 점을 강력하게 드러낸다. 하나님께서 우리에게 이렇게 '자비'를 베푸신 것은 온 세상에 그의 '은혜의 풍성함'을 드러내기 위한 것이다. 다시 말해 '우리'가 아니라 '하나님'께서 구원의 주역이시라는 사실이 분명하게 인식되어야 한다. 8-9절의 반복적 표현들은 이 사실을 분명히 인식하는 것이 얼마나 중요한가를 잘 보여준다.

> 너희는 그 은혜에 의하여
> 믿음으로 말미암아 구원을 받았으니
> 이것은 너희에게서 난 것이 아니요
> 하나님의 선물이라
> 행위에서 난 것이 아니니 8-9a절

위에서 독립된 행으로 따로 배열한 다섯 개의 구절들은 유사한 생각을 반복, 강조한다. 믿음을 통해 구원을 받았다는 것은 우리의 구원이 하나님의 은혜에 기초한다는 말이다. 여기서 우리가 인식해야 할 중요한 사실은 구원이 우리에게서 연유한 것이 아니라는 것이다. 구원은 하나님의 선물이다. 우리가 무슨 행위를 해서 만들어 낸 결과가 아니기 때문이다. 구원의 방식에 관한 설명은 우리에게서가 아니라 하나님에게서만 찾을 수 있을 뿐이다.

위에서 살핀 것처럼, 하나님의 은혜를 강조하면서 바울은 우리의 구원에 우리가 기여한 바가 있을 수 없음을 분명히 한다. 하나님의 사랑이 우리를 구원할 때, 우리는 죽은 존재에 지나지 않았다. 따라서 구원은 우리에게서 난 것이 아니다. 우리는 은혜로 구원을 받았다. 그렇다면 하나님께서는 왜 자신의 주권적 은혜로 우리를 구원하시는 것일까? 그리고 바울은 구원의 복음을 선포하면서 왜 은혜의 계기를 그토록 강조하고 있는 것일까? 물론 이 질문의 답변을 찾는 일은 전혀 어렵지 않다. 은혜에 대한 바울의 설명 속에 이미 그 목적이 분명히 제시되어 있기 때문이다.

이는 누구든지 자랑하지 못하게 함이라 9b절

9절 말미에서 분명히 드러나는 것처럼, 하나님의 은혜 구원의 목적은 누구도 자랑치 못하도록 만들려는 것이었다. 하나님께서는 구원받은 우리가 결코 자랑할 수 없는 상황을 조성하시기 위해 우리를 은혜로 구원하셨다. 물론 이는 고린도전서와 로마서에서 보았던 은혜의 목적과 정확하게 일치한다.

2) 자랑과 새로운 삶

에베소서에는 자랑 개념 자체에 관한 논의는 없지만, 여기서 자랑하지 않는 태도가 구체적으로 무엇인가는 바로 다음 절에서 쉽게 드러난다. 죽은 우리를 하나님께서 살리셨다는 것은 우리가 하나님의 창조물이라는 말과 같다. 우리는 "그의 작품"개역개정: "만드신 바"이다. 로마서 식의 유비를 활용하자면, 우리는 토기장이 하나님께서 만들어 내신 그릇에 해당한다. 이것은 물론 우리의 창조 자체가 전적으로 하나님의 배타적 주권의 문제임을 강조하기 위한 그림 언어다. 새로운 창조에 관한 한 우리의 생각이 아니라 하나님 자신의 계획이 중요하다.

하나님께서 우리를 "그리스도 예수 안에서", 곧 그와 더불어 살리심으로써 이루신 새로운 창조는 그 속에 분명한 목적이 있었다. 다름 아닌 "선한 일"이다. 하나님께서는 우리를 선한 일을 행하는 자로 만드시기 위해 우리를 새롭게 창조하셨다. 그러니까 하나님 은혜의 구원이란 우리가 선한 일을 행하며 살아가야 한다는 분명한 목적을 염두에 둔 하나님의 의도적 행동이었다.

여기서 바울이 구원 이전의 상태를 묘사하는 방식 또한 이해된다. 하나님의 구원은 "허물과 죄로 죽었던" 혹은 "허물로 죽은" 우리를 살리는 것으로 간주된다1,5절. 하지만 우리의 죽음은 구원에 있어서의 무능력을 강조하려는 것이지 우리의 삶 자체가 수동적 무위의 상태였음을 말하는 것이 아니다. 오히려 과거 우리의 삶은 매우 적극적인 불순종의 삶으로 요약된다. 우리는 하나님 아닌 불법적 권세를 따르며 우리 "육체의 욕심", 곧 "우리 마음이 원하는 대로 행하던" 진노의 자녀들이었다2-3절. 이것이 바울이 말하는 자랑의 핵심이다. 자랑한다는 것은 자신을 자랑한다는 것인데, 이는 곧 자신의 생각, 자신의 욕구를 원칙으로 삼아 이를 의지하며 살아가는 삶이다. 따라서 이런 불순종-죽음에서의 부활은 순종-생명에로의 변화일 수밖에 없다. 우리는 하나님으로부터 새로운 생명을 부여받고, 이 생명으로 하나님께 순종하는 자들, 곧 "선한 일을 위하여" 살아가는 자들이 된다10절. 이 변화가 하나님의 긍휼과 은혜에 기초한 것이므로, 이제 우리는 우리 스스로를 자랑할 위치에 있지 않다. 이제 우리 삶의 기초는 우리 자신의 욕망이 아니라 하나님의 뜻, 곧 우리를 은혜로 구원하실 때 하나님께서 보여주신 거룩한 계획이다. 물론 이 계획이나 목적은 "선한 일"로 모아진다. 우리는 우리를 자랑하는 삶을 버리고, 이제 하나님께서 보여주신 선한 일을 힘쓰는 자들로 살아간다.

하나님의 은혜가 "선한 일"을 의도한 것이었다면, 이 은혜가 드러나는 구원의 단계들, 곧 하나님의 예정 및 선택, 그리스도의 구속, 더 나아가 이 복음을 전하는 바울의 사역 역시 동일한 목적을 바라보고 있다고 말할 수 있다. 하나님의 예정은 무조건 우리를 구원하겠다는 식의 눈먼 결정이 아니다. 바울이 말하는 하나님의 예정은 하나님의 구원에 합당한 존재로 변화시키겠다는 분명한 목적을 포함한 것이다1:4.

> 곧 창세 전에 그리스도 안에서 우리를 택하사 우리로 사랑 안에서 그 앞에 거룩하고 흠이 없게 하시려고 그 기쁘신 뜻대로 우리를 예정하사 예수 그리스도로 말미암아 자기의 아들들이 되게 하셨으니
> 1:4-5

하나님의 예정은 우리가 거룩하고 흠이 없는 존재가 되는 것을 그 내용으로 삼는다. "거룩하고 흠이 없다"라는 것은 구약의 제사 제도에서 유래한 개념으로 우리의 삶이 일종의 제사처럼 하나님 앞에 받아들여질 만한 것이어야 한다는 사실을 표현한다.[420] 물론 거룩함의 핵심은 하나님의 뜻과의 합치다. 거룩하고 흠이 없는 제사란 하나님의 규정에 맞는 제사를 말하는 것처럼, 하나님 앞에서 거룩하고 흠이 없는 삶이란 하나님의 뜻과 요구에 어긋나지 않는 순종의 삶을 말한다. 우리를 하나님의 아들들이 되도록 선택하셨다는 말 역시 동일한 생각을 담고 있다. 성경적 의미에서 아들이란 아버지의 성품을 함께 나누는 관계, 곧 아버지의 뜻을 충실하게 수행하는 관계를 의미하기 때문이다.cf. 5:1; 요8:39.

구원을 실행하는 그리스도 사건 역시 마찬가지다. 남편들에게 아내 사랑하기를 권하는 대목에서 바울은 그 사랑이 교회를 위한 그리스도의 사랑과 같은 것이어야 한다고 말하며, 이것이 어떤 사랑이었는지를 설명하고 있다.

> 이는 곧 물로 씻어 말씀으로 깨끗하게 하사 거룩하게 하시고 자기 앞에 영광스러운 교회로 세우사 티나 주름 잡힌 것이나 이런 것들이 없이 거룩하고 흠이 없게 하려 하심이라5:26-27

티나 주름 같은 것이 없는 상태는 신랑을 위해 깨끗하고 아름답게 단장한 신부의 이미지다. 여기에 "거룩하고 흠이 없다"라는 제의적 이미지가 결합되어 이 구절은 한층 더 강력한 의미를 전달한다. 은혜의 구체적 계기로 작용하는 그리스도 사건은 우리를 부정한 존재로 그냥 둔 채, 그리스도의 대속적 효과에만 의지하여 무조건 우리를 구원하겠다는 식의 생각과는 거리가 멀다. 오히려 십자가는 우리가 하나님 앞에서 거룩하고 흠이 없는 존재, 혹은 그리스도의 신부가 되기에 합당할 만큼 맑고 아름다운 존재로 만들려는 구체적인 의도의 표현이었다. 십자가는 죄와 허물로 죽은 우리를 살려내어 하나님의 뜻을 따라 살아가는 존재로 만드는 새로운 창조의 수단인 것이다.

그러기에 그리스도는 믿음의 대상이기도 하지만, 또한 배움의 원천이기도 하다. 우리 이방인들은 하나님의 생명에서 떠난 자로서 자신을 방탕에 내어주며 더러운 욕심에 집착하던 자들이었다 4:17-19. 그러던 우리가 그리스도를 알고 그의 가르침을 받게 되었다 4:20-21. 이 배움은 우리가 "유혹의 욕심을 따라 썩어져 가는 구습을 따르는 옛 사람을 벗어버리라"는 것이었으며, "너희의 심령이 새롭게 되어cf. 롬12:2 하나님을 따라하나님의 뜻에 맞게 의와 진리의 거룩함으로 지으심을 받은 새사람을 입으라"는 것이었다4:22-24.

에베소서 역시 이런 변화를 성령의 역사로 묘사한다. 우리는 구원의 복음을 듣고 믿었으며, 우리는 "약속의 성령으로" 인치심을 받았다1:13. 이 성령은 우리를 구속의 날까지 지켜주는 구원의 보증이 되신다. 따라서 하나님께서 자기 은혜로 우리를 살리시고 구원하신다는 말은 우리의 구체적인 체험 속에서 그가 우리에게 성령을 주신다는 말로 표현될 수 있다. 바울이 자신의 사도적 기도에서 밝히는 것처럼, 성령은 우리에게 하나님의 부르심을 이해하게 하며1:17-18, 우리에게 역사하는 하나님의 능력을 깨닫게 한다. 이 능력은 그리스도의 부활에서 극명하게 드러났던 생명 창조의 능력이며1:20-22, 하나님께서는 성령을 통해 이 능력을 "믿는 우리"에게 베푸신다1:19. 바울은 "성령으로 말미암아" 성도들의 속사람을 "능력으로" 강건하게 해 달라고 하나님께 기도한다3:16. 하나님께서는 "우리 가운데서 역사하시는 능력대로" 우리의 생각과 기대를 넘어 우리의 삶을 인도하신다3:20. 은혜 구원을 강론하며, 그 은혜의 복음을 선포하는 바울의 기도가 성령의 역사와 하나님의 능력에 집중되어 있다는 사실은 바울이 말하는 은혜가 실제로 하나님의 능력과 얼마나 긴밀히 연관되어 있는지를 잘 보여준다.

반면 우리가 하나님께서 제시하신 삶을 버리고 과거의 삶을 고집하는 것은 구원에 이르기까지 우리를 지키시는 성령을 근심하게 하는 행위가 된다4:30. 이런 자들은 "여러분은 그리스도를 그런 식으로 배우지 않았습니다!"라는 경고와 함께 불순종의 아들들에게는 하나님 나라에서의 유업 대신 하나님의 종말론적 진노가 임할 뿐이라는 경고에 직면한다4:20; 5:5-6. 은혜는 이런 불순종에도 우리를 구원하는 너그러움이 아니다. 이런 불순종은 하나님께서 우리를 은혜로 구원하시는 목적 그 자체를 부인하는 행위가 되기 때문이다.

지금까지 우리는 고린도전서, 로마서, 그리고 에베소서를 통해 은혜 개념 속에 담긴 하나님의 목적에 관해 살펴보았다. 세 서신에서 공통적으로 나타난 것처럼, 하나님께서 우리를 은혜로 부르시고 구원하시는 것은 아무도 하나님 앞에서 자랑하지 못하도록 하시려는 의도의 결과였다. 하나님께서 인간적 자랑을 막으시는 것은 구원의 진정한 근거가 될 수 있는 하나님의 능력과 하나님의 지혜를 의지하도록 만들기 위함이었다. 바울은 이런 하나님의 능력을 성령의 언어로 묘사한다. 결국 은혜를 강조하는 바울의 생각 속에서는 인간의 지혜가 아니라 하나님의 능력, 육신적인 것이 아니라 성령의 역사가 참된 구원의 근거라는 신념이 깔려 있다. 바울이 하나님의 은혜를 역설할 때, 그가 말하고자 한 것은 우리의 삶이 아무래도 좋다는 것이 아니다. 우리의 삶은 여전히 중요하다. 그러기에 우리는 하나님의 은혜를 필요로 한다. 구원의 약속은 현재 우리의 삶이 인간적이고 육신적인 것들이 아니라, 성령을 통해 역사하시는 하나님의 능력에 이끌릴 것을 요구한다.

5. 바울의 사도적 삶과 하나님의 은혜

지금까지 우리는 바울에게 있어 은혜란 하나님의 능력, 곧 성령의 역사를 염두에 둔 표현이라는 사실을 고찰하였다. 그렇다면 이런 은혜관은 바울 자신의 경우 얼마나 잘 적용되는 것일까? 바울은 평생을 이방인의 사도로 살았고, 그는 언제나 자신이 받은 사도의 직무를 "내게 주신 하나님의 은혜"라는 말로 표현하곤 하였다. 그렇다면 우리는 그의 이런 은혜 속에도 위에서 우리가 본 것과 같은 사상이 배어있으리라고 생각해 볼 수 있다. 그가 자신의 사도적 직무를 이해하고 수행하는 과정이 은혜의 표현이라면, 우리는 무엇보다도 바울 자신에게서 이 능력으로서의 은혜를 확인할 수 있어야 할 것이다.

1) 은혜와 능력

바울의 사도직은 하나님의 은혜의 결과다. 우리가 잘 아는 것처럼, 바울의 부르심은 그의 선행에 근거한 보답이 아니었다. 바울은 자신이 사도 직분을 맡을 자격이 없는 존재였다는 사실을 자주 고백한다. 바울은 분명 사도로 부르심을 받았지만, 자신은 "사도 중에 가장 작은 자"일 수밖에 없다고전15:9. 사도가 될 요건을 갖추어 사도로 부름 받은 것이 아니기 때문이다. 자신은 오히려 "하나님의 교회를 심히 박해하여 없애려던" 삶을 살아온 자로서, 사도가 되어야 할 어떤 이유도 찾을 수 없으며갈1:13-14; 딤전1:13, 사도라는 직책을 감당할 수도 없는 자였다15:9. 하지만 하나님께서는 그를 택하시고 "은혜로" 그를 사도로 부르셨다갈1:15. 그러기에 바울이 사도 바울이 된 것은 순전히 "하나님의 은혜"의 결과였으며15:10, 따라서 바울의 사도 직분을 사람과 연결 짓는 것은 어리석은 일이다갈1:1. 그의 사도 직분은 결코 사람에게서 나온 것이거나 사람을 통해 주어진 것일 수 없다. 그야말로 바울은 "모든 성도 중에 지극히 작은 자보다 더 작은" 자였지만, 하나님께서는 그에게 이방인의 사도라는 직분을 맡기셨다 엡3:8. 그의 사도 직분은 하나님의 은혜가 흘러 넘친 결과 이상도 이하도 아니었다 딤전1:14.

하지만 하나님께서 과거 "죄인의 우두머리" 딤전1:15에게 이런 은혜를 내리신 것은 그의 삶을 무시해서가 아니다. 하나님의 은혜의 부르심에서 바울은 자신의 죄악된 과거가 별 상관없다거나 이후 자신의 삶 역시 별로 신경 쓸 것 없다고 결론내리지 않는다. 교회를 박해한 자신의 잘못은 언제나 중대한 잘못으로 남는다. 그러기에 하나님의 은혜가 더욱 놀라운 것으로 다가온다. 과거의 잘못을 덮은 이 은혜는 이제 죄는 아무래도 괜찮다는 것이 아니다. 오히려 자신의 잘못을 덮으시고 자신을 사도로 부르시는 데서 바울은 이 은혜가 분명한 하나님의 목적과 계획을 담고 있는 것임을 발견하였고, 그리하여 이 은혜는 또한 자신이 삶을 바쳐 섬겨야 할 책임인 것을 알게 되었다.

바울에게 주신 은혜가 사도 직분이라는 사명의 형태로 나타났다는 사실에서 알 수 있는 것처럼, 바울이 체험한 하나님의 은혜는 그를 수동적인 무위의 삶에 머물게 하는 것이 아니었다. 그에게 있어 은혜의 부르심은 과거의 삶과 단절된 새로운 삶, 박해자가 아닌 사도의 삶을 가능하게 하는 능력의 부르심으로 다가왔다. 그래서 바울에게 있어 하나님의 은혜는 자기의 삶에 역사하는 하나님의 능력과 구분될 수 없었다. 교회의 박해자 바울은 사도의 자격이

전무한 사람이었지만, 하나님의 은혜를 따라 사도가 되었다. 고린도 교회의 성도들에게 바울은 자기에게 주신 하나님의 이 은혜가 헛되지 않았고, 그래서 자신은 다른 사도들보다 더 많은 수고를 할 수 있었다고 말한다.고전15:10. 그의 삶에서 은혜가 헛되지 않다는 것은 자신의 노력을 더해 볼 시도를 멈추고 수동적으로 하나님의 구원을 받아 누리기만 하였다는 말이 아니다. 은혜는 바울의 삶 속에서 그 목적을 이루기 위해 역사하였고, 이 은혜에 힘입어 바울은 자신의 사명을 충실히 수행할 수 있었다. 그러나 이 수고가 바울 자신의 성과로 제시될 수는 없다. 엄밀한 의미에서 그의 삶에서 이루어진 결과들은 자격 없는 사람을 사도로 부르신 하나님의 은혜의 산물일 뿐이다15:10. 바울에게 있어 이 은혜는 자신의 삶에 찾아오신 하나님의 창조적 능력이었다.

> 우리가 그를 전파하여 각 사람을 권하고 모든 지혜로 각 사람을 가르침은 각 사람을 그리스도 안에서 완전한 자로 세우려 함이니 이를 위하여 나도 내 속에서 능력으로 역사하시는 이의 역사를 따라 힘을 다하여 수고하노라골1:28-29
>
> 이 복음을 위하여 그의 능력이 역사하시는 대로 내게 주신 하나님의 은혜의 선물을 따라 내가 일꾼이 되었노라엡3:7

바울은 자기의 사도적 사역을 "수고"라는 말로 표현하기 좋아한다갈4:11; 고전15:10. 골로새서 1장 28절에서 그리스도를 "전파하고", "권

제7장 은혜: 하나님의 통치   399

하고", "가르치는" 일은 이런 사도적 수고의 구체적인 내용을 요약하는 표현들이다.cf. 살전2:11. 바울이 이처럼 수고하는 것은 각 사람을 그리스도 안에서 "완전한" 자들로 세우기 위함이다. 바로 앞 문맥에서 드러나는 것처럼, 완전하다는 것은 그들이 하나님 앞에서 "거룩하고 흠이 없다"라는 것을 의미한다골1:22. 은혜의 복음을 전하는 바울의 사역은 아무 목적 없이 성도들을 윤리적 진공상태에 남겨두는 그런 사역이 아니었다. 그가 그리스도를 통한 은혜의 복음을 선포한 것은 사람들이 그리스도를 믿어 하나님 앞에 "거룩하고 흠이 없는" 자들, 곧 "완전한" 자들이 되어야 한다는 분명한 목적을 가진 것이었다.

이처럼 바울에게 주어진 하나님의 "은혜"는 그 속에 성도들의 거룩함이라는 분명한 목적을 포함한다. 따라서 이 은혜의 목적성은 바울의 삶 속에 들어와 그의 삶을 움직여 가는 하나의 분명한 힘이다. 바울은 자신의 힘을 다하여 이방인의 사도로 섬기며 수고한다. 하지만 이 수고는 바울 스스로에게서 연유한 것이 아니라 먼저 자신의 삶에 주어진 은혜의 결과다. 그는 힘을 다해 수고하지만, 그의 이 수고는 "내 속에서 능력으로 역사하시는 이의 역사를 따라" 이루어진다. 에베소서에서 그가 말하는 것처럼, 바울이 사도가 된 것은 하나님께서 주신 은혜의 선물을 통해서다. 그리고 이는 하나님의 능력이 역사하여서 그가 사도로 섬기게 되었다는 말과 다르지 않다cf. 딤전1:12-16.[421]

2) 은혜와 성령의 역사

바울의 삶에서 능력으로 역사하시는 하나님의 은혜는 그의 사명 완수를 위한 가장 결정적인 열쇠가 된다. 그렇다면 이는 곧 바울의 '은혜' 사역의 핵심이 다름 아닌 성령의 역사라는 말과 같다. 하나님의 능력은 성령의 역사를 통해 드러나기 때문이다. 자신의 사도적 사역에 관한 로마서의 설명이 이 점을 매우 분명하게 보여 준다.

로마의 성도들에게 자기가 전하는 복음의 내용인 그리스도를 소개하면서, 바울은 자신이 그리스도를 통해 "은혜와 사도의 직분"이라는 모양의 은혜를 받았다고 말한다1:5. 그래서 그는 이방인의 사도로서 모든 이방인들 가운데서 '믿음의 순종'을 이끌어 내기 위해 땀 흘린다. 바울은 편지의 말미에서 자신의 은혜에 관해 더욱 자세히 설명한다. 그는 자신이 굳이 로마의 성도들에게 편지를 보내게 된 것은 "하나님께서 내게 주신 은혜" 때문이라고 말한다15:15. 물론 이 은혜는 이방인의 사도라는 자신의 직분을 가리킨다cf. 11:13.

바울은 자신을 사도로 부르신 은혜의 목적을 제사장의 역할에 비유한다15:16. 제사장들이 율법을 따라 제사장 직무를 수행하듯, 이제 자신 또한 복음을 따라 제사장 직무를 수행한다. 이 제사장적 직무는 구약에서처럼 짐승이 아니라 이방인들을 제물로 드리는 것과 관계된다. 이 제사에서 제사장 바울의 책무는 이방인의 제물이 하나님께서 받으실 만한 제물이 되도록 하는 일이다. 구약의 제사장들이 제물을 관리하고 제사 과정을 주도하면서 거룩한 제사가 이루어지도록 했던 것처럼, 제사장 바울은 이방인의 제물이 하나님께서 받으실 만한 것이 되게끔 복음을 통해 섬긴다cf. 1:9. 받으실 만한 제물이란 물론 거룩한 제물을 가리키는데, 여기서는 이방인들이 믿음의 순종, 곧 그리스도를 믿음으로 순종하는 삶으로 변하는 것을 의미한다.

이방인의 제물을 거룩하게 하는 일은 인간적 노력의 범위를 벗어난다. 여기에는 성령의 역사가 필요하다. 바울의 말처럼, 그가 드릴 이방인의 제물이 거룩하게 되는 것은 "성령을 통해서"다. 바로 이것이 바울의 "자랑"이었다.

> 그러므로 내가 그리스도 예수 안에서 하나님의 일에 대하여 자랑하는 것이 있거니와 그리스도께서 이방인들을 순종하게 하기 위하여 나를 통하여 역사하신 것 외에는 내가 감히 말하지 아니하노라
> 15:17-18

17절의 "자랑함"과 18절의 "말함"은 같은 의미다. 바울은 예수님 안에서 자랑하는 것이 있었고, 그 자랑의 내용은 한마디로 성령의 역사였다. 물론 이 역사는 바울의 삶 속, 그러니까 바울 자신의 말과 행실을 통해 드러난다. 하지만 이것이 바울 자신의 공로가 되는 것은 아니다. 그의 사역에서 나타난 믿음의 순종, 혹은 성도들의 "거룩함"이라는 열매들은 본질적으로 그리스도께서 역사하셔서 이루신 결과물이기 때문이다.[422]

당연한 일이지만, 바울은 이 성령의 역사를 사도라는 소명의 표지로 간주하였다. 하나님의 은혜로 사도가 되었다면, 그의 섬김에는 이 은혜의 족적이 드러날 것이다. 따라서 바울의 사역에 역사하는 성령의 능력은 그가 사도 직분이라는 은혜를 받았다는 사실에 관해 가장 확실한 증거가 된다. 사탄의 일꾼들도 자신을 광명의 천사로 꾸미겠지만, 그들의 "행위"는 그들의 본질을 드러낼 것이다고후11:15. 반면 바울이 성도들 가운데서 "모든 참음과 표적과 기사와 능력"을 행했다는 사실은 그가 진정 하나님의 은혜를 받은 자임을 드러내 준다고후12:12. 고린도 교회는 "성령과 능력의 나타남"을 통해 이루어진 교회, 곧 인간의 지혜가 아니라 하나님의 능력으로 믿음 생활을 시작했던 교회다. 이런 교회의 성도들에게 바울은 "다른 사람들에게는 몰라도 여러분에게는 사도"라고 목소리를 높인다. 바울이 "주 안에서 행한 나의 일"의 열매인 고린도 교회의 존재 자체가 바울의 사도적 은혜를 확증하는 것이기 때문이다고전9:1-2. 고린도의 성도들이 바로 자신의 사도됨을 증명하는 "편지/추천장"이라고 말하는 고린도후서의 진술 역시 같은 생각을 전달한다3:2-3.

고린도의 성도들은 인간의 지혜와 능력을 자랑하였고, 갈라디아의 거짓 교사들, 빌립보서의 거짓 사도들, 혹은 로마서에 등장하는 유대인들은 할례나 율법을 자랑하였다. 바울은 이 모든 것들을 육신에 속한 것으로 간주한다. 반면 그의 사도적 섬김은 "하나님의 성령으로" 이루어진다빌3:3. 성령의 능력은 인간적 지혜나 권력이 아니라 십자가에서 죽고 부활하신 그리스도를 통해 역사한다. 그래서 바울은 십자가에 달리신 그리스도 외에는 아무것도 내세우지 않는다 고전2:1-5. 사도로서 그의 행보는 "그리스도 예수를 자랑하는" 것이었다 빌3:3.

인간적 조건이 아닌 하나님의 능력에 의존하는 바울의 행보는 자신의 연약함을 자랑하는 모습에서도 잘 드러난다. 고린도후서에서 바울은 "육체를 따라 자랑하는" 여러 사람들과 자신을 대비한다. 이들의 관점에 현혹된 고린도의 일부 성도들 역시 바울의 사도적 자격에 심각한 의문을 품고 있었던 것으로 보인다. 물론 바울은 이런 세속적 가치관에 입각한 도토리 키재기식의 태도를 지혜롭지 못한 것으로 거부한다 고후10:12. 논쟁을 위해 그들의 방식대로 그들과 자기를 견주면서 자기가 결코 그들에 비해 못할 것이 없다고 말하기도 한다. 그러나 이는 자랑할 만한 것들이 많지만 그런 것들을 다 버렸다는 사실을 지적함으로써 인간적 자랑의 어리석음을 드러내기 위한 수사적 움직임에 속한다 11:16-18; 빌3:4-9. 정작 바울이 진정으로 자랑하려는 것은 자신의 약함이다. 이는 일종의 가학적 자기만족이 아니다. 그가 자신의 약함을 자랑하는 것은 진정한 능력, 곧 그리스도로부터 오는 능력을 자기 속에 머물러 두기 위해서였다.

바울 역시 자신의 약함이 즐겁지 않았다. 그래서 그는 자기의 "육체의 가시"가 없어지도록 세 번이나 기도하였다. 하지만 주님은 그 가시를 머물러 두심으로써 바울이 교만하지 않도록 하셨고, 이런 바울의 연약함은 그리스도의 능력을 담아내는 그릇이 되었다 고후12:9; cf. 11:29; 고전2:3. 그래서 그는 그리스도를 위하여 자기의 약함을 자랑한다. 자신이 약할 때 그리스도의 능력이 드러난다는 사실을 깨달았기 때문이다고후12:10. 그는 육신 속에 살지만, 사도로서 그의 행보는 육신을 따르지 않는다10:3. 바울이 필요로 하는 무기는 육체적 영역에 속한 것이 아니다. 그의 목표는 모든 인간적 오만을 파괴하고 모든 사람을 그리스도께 복종케 하는 것이었으며10:5, 여기에는 인간의 영역을 넘어서는 하나님의 능력이 필요했다10:4. 바울이 자신의 외적인 조건들, 곧 육체의 영역에 속한 것들에 구애받지 않았던 것은 바로 이 하나님의 능력이 자신의 삶 속에 머물도록 하려는 의도적 결단이었다12:9.

6. 은혜 속에 담긴 하나님의 목적

하나님께서 은혜로 우리를 구원하시는 드라마의 한 흐름은 하나님께서 우리를 헛된 삶의 방식에서 건져내어 하나님의 뜻을 따라 살아가는 존재로 변화시키시는 역동적 과정으로 표현될 수 있다. 우리가 은혜로 구원받는다는 성경적 숙어는 우리가 죄의 수렁에 놓인 그대로 무조건 천국에 간다는 뜻이 아니다. 하나님께서 우리를 은혜로 구원하신다는 선포 속에는 하나님께서 친히 우리를 천국에 합당한 자요 그 하늘의 부르심에 합당한 자로 만드시겠다는 그분의 주권적 의지가 담겨 있다. 그러니까 바울에게 있어 하나님의 은혜는 우리의 죄와 상관없이 하나님께서 우리를 하나님 나라로 영접하실 것이라는 식의 도덕적 무관심으로 오해되어서는 곤란하다. 성경적 진술을 제대로 이해했을 때 하나님의 은혜란 일체의 인간적 개입을 막고 구원을 철저히 하나님의 의지의 표현으로 만들자는 것이다. 그 결과 타락한 인간들의 헛된 자랑이 불가능해지고 하나님의 거룩한 뜻, 곧 우리가 하나님 나라에 합당한 존재가 되어야 한다는 신적 당위가 구원의 과정 전체를 다스린다.

그러므로 바울이 하나님의 은혜를 강조하는 것은 "구원은 어쨌든 은혜니까 죄 짓는 삶을 살아도 천국에는 간다"라는 식의 억지 주장을 위한 것이 아니라, "은혜로 우리를 구원하시기 때문에 우리가 구원에 합당한 자로 변화한다"라는 진리를 부각시키기 위해서였다. 바울이 구원의 은혜에 관해 말하는 구절들은 위에서 자세히 살펴본 세 구절 말고도 여러 곳에서 쉽게 확인할 수 있다. 특별히 우리는 디도서에 나오는 두 구절을 살펴보기로 하자.

1) 디도서 2장 11-14절

여기서 바울은 "모든 사람에게 구원을 주시는 하나님의 은혜"에 관해 말한다. 즉 바울이 말하는 은혜는 "구원을 주시는" 은혜, 곧 무엇보다도 우리의 구원 과정에서 드러나는 하나님의 은혜다. 바울은 이 하나님의 은혜가 "나타났다"라고 말한다. 바울이 사용하고 있는 부정과거시제는 이 '나타남'이 과거의 한 특정한 사건, 곧 그리스도의 십자가 사건과 관련된 것임을 암시한다 14절 참조. 그런데 재미있게도 하나님의 은혜의 나타남은 보다 구체적으로 이 은혜가 우리를 "가르치는"개역개정: "양육하시되" 역할을 하는 것으로 묘사된다12절.⁴²³ 가르침 혹은 양육이라는 단어 자체가 암시하는 것처럼, 그리고 이 단어를 이어받고 있는 목적절이 제시하는 것처럼, 이 가르침의 내용이나 목표는 어떤 교리를 알려주는 것이 아니라 우리의 구체적인 삶의 방식"살고"을 바꾸는 것이다.

하나님의 구원의 은혜가 우리에게 가르치는 핵심은 우리가 나쁜 삶의 방식에서 벗어나 건전한 삶의 방식을 택해야 한다는 것이다. 우리가 "이 세상"을 살면서 버려야 할 태도는 "경건하지 않은 것" 혹은 "세상 정욕"으로, 그리고 우리가 취해야 할 삶의 태도는 "신중함근신"과 "의로움" 그리고 "경건함"으로 표현된다. 바울 당시의 독자들에게나, 혹은 오늘의 독자들을 위해 이런 개념들을 엄밀히 정의할 필요는 없다. 바울의 의도는 우리가 악을 버리고 선을 행해야 한다는 것이지, 불경건이나 신중함 등의 말이 무슨 전문용어라도 되는 듯 설명하는 것이 아니다. 말하자면 바울의 말은 무엇이든 하나님 보시기에 악한 모습을 버리고 선한 모습만을 갖추라는 말과 같다.

하나님의 은혜의 가르침을 받아 현 세대를 살아가는 신자들의 삶은 동시에 오는 세대에 대한 그들의 소망을 바라보는 기다림이기도 하다. 개역개정에서는 "선한 삶을 사는 것"12절과 "미래의 소망을 기다리는 것"13절이 서로 독립된 결과인 것처럼 번역되었지만, 실제로 13절의 기다림은 12절에서 말한 삶의 정황을 설명하는 내용이다. 곧 성도들은 미래의 소망이 실현될 것을 기다리면서 의롭고 경건한 현재의 삶을 살려고 노력한다. 성도들이 기다리는 것은 "복스러운 소망"으로 혹은 "그리스도의 영광이 나타나심"으로 지칭된다. 물론 이것은 편지의 서두에서 밝힌바 "영생의 소망"과 같다 1:2; 3:7. 그러니까 성도들이 불경한 삶을 포기하고 경건한 삶을 실천하는 것이 바로 그들이 가진 복된 소망을 기다리는 방식이다.

우리의 종말론적 기다림은 정류소에서 버스 기다리듯 아무렇게나 서 있는 것과는 다르다. 우리의 기다림은 도덕적 치열함을 그 내용으로 하는 역동적인 기다림, 곧 불경함을 버리고 경건함과 의로움을 추구하면서 수행하는 투쟁적인 기다림이다.[424] 여기서 하나님의 은혜가 우리를 구원하는 방식이라는 말의 구체적인 의미가 드러난다. 하나님의 은혜가 나타났고, 이 은혜는 악한 삶을 버리고 의로운 삶을 살도록 우리를 가르친다. 그리고 이런 새로운 삶은 곧 우리가 미래의 복된 소망을 기다리는 방식이다. 그러니까 우리가 새로운 삶을 통해 미래의 소망을 기다릴 수 있게 된 것은 무엇보다도 하나님의 은혜의 나타남, 그리고 그 은혜를 통한 가르침 덕분이다. 하나님께서 은혜로 우리를 구원하신다는 간단한 말 속에는 은혜의 이런 역동적 성격이 감추어져 있다.

11-13절에서 제시된 설명은 14절에서 다시 반복되며 요약된다. 14절에서는 "하나님의 은혜가 나타났다"라는 다소 두루뭉술한 표현 대신 "그가 우리를 대신하여 자신을 주셨다"라는 더 구체적인 진술이 등장한다. 그리스도께서 자신을 주셨다는 것은 당연히 그의 십자가 죽으심을 가리킨다 cf. 갈2:20. 그러니까 14절은 앞서 "하나

님의 은혜가 나타났다"라는 11절의 표현에서 암시되었던 기독론적 계기를 더욱 명시적으로 드러낸다. 앞에서 은혜의 가르침이 그러했던 것처럼, 그리스도의 자기희생 역시 한 가지 분명한 목적을 가진 의도적 행위다. 그 목적은 앞서 12-13절에 묘사된 것과 다르지 않다.

그의 죽으심은 우리를 "모든 불법으로부터 속량하려는" 것, 다시 말해 우리를 "깨끗하게" 하려는 것이었다. 이러한 속량과 정결함을 통해 우리는 하나님의 "친 백성" 혹은 "특별한 백성"개역개정: "자기 백성"으로 거듭난다. 그리고 우리가 깨끗해진 친 백성이라는 말은 동시에 우리가 "선한 일에 열심을 가진" 존재들이라는 말로 설명된다엡2:10; 벧전3:13. 하나님의 관점에서 "하나님의 은혜의 나타남"이라고 말하건, 기독론적으로 "그리스도께서 자신을 주심"이라고 말하건, 이 결정적 사건의 목적은 분명하다. 곧 우리가 불의한 삶을 버리고 의로운 삶을 살게 되는 것이다.

14절에는 11-13절에서 드러나지 않은 또 한 가지 차원이 드러난다. 곧 그리스도 사건에 의미를 제공하는 언약적 관점이다. 십자가 죽으심은 우리를 "속량구속"하는 사건이라는 점에서 일종의 출애굽에 해당한다. 우리가 벗어나게 된 "모든 불법"은 애굽에서의 종살이에 해당하고, 그 출애굽의 결과는 우리가 하나님의 "특별한 백성"이 된 것이다. 물론 이것은 이스라엘이 애굽에서 나와 하나님과 언약을 맺으면서 획득하게 된 새로운 신분을 가리키는 바로 그 이름이다출19:5, LXX.

이 언약의 논리는 바울이 여기서 역설하고 있는 도덕적 변화라는 당위를 더욱 강력하게 만들어 준다. 언약의 논리 속에서 이 "특별한 백성"의 신분은 "너희가 내 말을 잘 듣고 내 언약을 지키면"이라는 순종의 조건을 포함하기 때문이다. 그러니까 "선한 일에 열심을 내는 특별한 백성"이라는 설명은 바로 이 언약적 논리를 보다 구체적으로 풀어낸 것이다. 십자가를 통한 구속의 행위는, 처음 이집트 종살이로부터의 해방과 마찬가지로, 하나님의 말씀에 순종하는 새로운 백성을 만들어 내려는 하나님의 의지를 드러낸다. 따라서 십자가를 통한 하나님의 은혜의 나타남은, 첫 언약에서 드러난 은혜로운 해방과 마찬가지로19:4; 20:2, 헛된 것들을 섬기는 삶에서 우리를 건져 하나님을 섬기며 그의 뜻을 행하는 자들로 만들고자 하시는 하나님의 방식이었다.

2) 디도서 3장 4-8절

엄밀히 말해 3장 4-8절은 앞에서 다룬 구절과 나누어지지 않는다. 동일한 구원의 은혜에 관해 말하고 있기 때문이다. 바울의 복음에서 은혜가 얼마나 역동적인 개념인가는 여기서도 다시금 분명히 드러난다. 4절에서 8절에 이르기까지 바울은 우리를 구원하시는 하나님의 태도를 여러 가지 개념으로 표현한다. 하나님의 자비, 혹은 사람을 사랑하시는 것이기도 하고4절, 하나님의 긍휼하심이기도 하며5절, 혹은 한마디로 하나님의 은혜라고도 말할 수 있다7절. 물론 이들은 서로 구별되는 상이한 개념이 아니라 하나님의 은혜로운 사랑을 표현하는 다양한 방식들이다.

여기서 바울은 "하나님의 자비와 사람 사랑하심"이 나타났던 사실에 관해 말한다4절. 바울이 사용한 "나타났다"라는 부정과거 동사는 앞의 2장 11절에서 "하나님의 은혜의 나타남"을 말할 때 사용했던 것과 같다. 그러니까 하나님의 자비 혹은 하나님의 사랑이 나타났다는 말은, 앞에서 하나님의 은혜가 나타났다고 말할 때와 마찬가지로, 모두 그리스도 사건 혹은 더 구체적으로 그리스도의 십자가 죽으심을 염두에 둔 표현이다. 물론 이 자비와 사랑은 하나님께서 구원하시기 위해 보여주시는 구원의 사랑을 가리킨다5절. 하나님의 구원이 자비와 사랑의 행위로 표현될 수 있는 것은 이것이 "우리가 행한 바 의로운 행위"가 아니라, 하나님의 "긍휼하심"에 근거한 것이기 때문이다. 그렇지만 이 긍휼은 아무 생각 없이 우리를 구원하신다는 식의 눈 먼 사랑은 아니다. 여기서 우리는 구원이 우리의 행위에 근거한 것이 아니라는 말을 '우리가 선한 행위를 했지만' 하는 식으로 잘못 읽어서는 곤란하다.

바울의 사상에서 은혜 이전 우리의 행위는 도덕적 타락 이상도 이하도 아니다. 바울은 우리 행위의 구원론적 의미를 부정한다. 이는 우리의 '죄악된 행위'가 구원의 동기가 될 수 없다는 뻔한 사실 때문이다. 로마서 식으로 말하자면, 우리가 아직 "죄인일 때에" 하나님께서 자신의 사랑을 나타내셨다는 말과 같다롬5:6-10. 그러니까 바울의 의도는 구원의 과정이 우리에게서 시작될 수 없었음을 밝히려는 것이지, 선한 삶의 가치를 부정하려는 것이 아니다.

우리의 선한 행위가 구원과 무관한 것이라면 우리를 구원하시는 하나님의 긍휼 역시 도덕적 차원이 배제된 방식으로 드러났을 것이다. 하지만 이것은 하나님께서 실제로 자신의 은혜를 드러내신 방식이 아니다. 우리를 구원하시는 하나님의 긍휼하심은 오히려 "중생의 씻음과 성령의 새롭게 하심"이라는 모양으로 우리에게 다가온다5절. 하나님의 긍휼하심의 구체적인 면모를 보여주는 거듭남, 씻음 그리고 새롭게 하심 등의 단어들은 하나님의 긍휼하심이 믿는 자들의 도덕적 갱신과 분리되어 생각할 수 없는 것임을 분명히 보여준다.[425] 4절부터 시작되는 진술의 배경을 제공하는 3절의 내용이 이를 잘 보여준다.

> 우리도 전에는 어리석은 자요 순종하지 아니한 자요 속은 자요 여러 가지 정욕과 행락에 종 노릇 한 자요 악독과 투기를 일삼은 자요 가증스러운 자요 피차 미워한 자였으나딛3:3

디도서의 독자들은 이전에 이런 식의 타락한 삶을 살던 자들이었다. 그런데 이런 상황에도 불구하고 "우리"를 구원하시는 하나님의 자비가 나타났다. 이 자비는 타락한 삶이 아무런 상관도 없는 것처럼 무시해 버리는 그런 자비가 아니었다. 오히려 하나님의 구원하시는 은혜는 우리를 이런 타락한 옛적 삶에서 다시 태어나게 하시는 변화, 우리를 이런 죄악된 행실로부터 씻어내시는 변화, 곧 우리를 새로운 존재로 만드시는 변화로 나타났다. 앞에서 하나님의 은혜가 나타나 우리로 하여금 "경건하지 않은 것과 이 세상 정욕을 다 버리고 신중함과 의로움과 경건함으로" 이 세상을 살도록 "가르치셨다"라고 말한 것과 다르지 않다2:12.

물론 이런 변화는 성령의 역사를 통해 이루어진다. 그래서 이 새롭게 하심은 "성령의 새롭게 하심"이라고 명시적으로 표현된다. 그런 점에서 이 새롭게 하는 은혜의 나타남은 또한 하나님께서 우리에게 성령을 주신 사건이기도 하다6절. "부어주셨다"라는 동사나 "풍성하게"라는 부사는 모두 이 새롭게 하는 성령의 역사가 신자의 삶에 역동적이며 효과적인 변화로 나타난다는 사실을 강조한다. 물론 이 성령을 주심은 우리 구주 예수 그리스도를 통한 것이다. 이 성령을 통한 자비의 나타남이 바로 그리스도의 십자가 희생을 근거로 한 것이기 때문이다2:14.[426]

7절은 이런 진술을 보다 넓은 구원론적 문맥에서 정리한다. 4-6절에서는 새롭게 하시는 하나님의 사랑의 움직임이 7절에서는 다시 우리를 의롭게 하시는 움직임으로 표현된다. 이 의롭게 하심이 "하나님의 은혜로" 이루어진다는 말은 의롭게 하시는 움직임이 전적으로 하나님의 주권적 행위라는 사실을 다시금 강조한다. 곧 우리를 더러운 행위에서 건져내어 구원하시는 것은 우리의 행위가 아니라 전적으로 하나님의 긍휼하심에 따른 것이다.

2장에서 현재적 변화에 관한 12절의 진술이 미래의 소망에 관한 13절의 진술로 연결되었던 것과 마찬가지로, 7절 후반에서도 바울은 현재적 갱신의 궁극적, 미래적 의미를 다시 설명한다. 우리를 성령으로 새롭게 하시는 사역, 곧 우리를 의롭게 하시는 하나님의 은혜의 역사는 그 자체로 의미가 완결되는 변화는 아니다. 하나님께서 우리를 이처럼 과거의 죄에서 벗어나 새로운 존재로 만드시는 것은 우리를 "상속자"개역개정: "후사"로 만드시기 위해서였다. 자주 언급한 것처럼, 상속자라는 명칭은 우리가 '기다리는' 존재라는 사실을 상기시킨다. 물론 우리의 기다림은 "영생의 소망"을 향한 기다림이다1:2. 우리가 의롭게 된 것은 상속자가 되기 위한 것이고, 우리가 기다리는 유업은 다름 아닌 영생의 소망이다. 그런 점에서 우리가 성령으로 새로워지는 현재의 변화는 우리를 미래의 영생을 상속하는 자로 만드시기 위한 하나님의 전략적 움직임이다롬8:17-18.

바울은 디도에게 이러한 복음의 진리를 자신 있게 선포하도록 명령한다. 이런 사역이 필요한 것은 "하나님을 믿는 자들로 하여금 조심하여 선한 일을 힘쓰게 하려는" 목적 때문이다3:8. 믿는 자들이 선한 일을 힘쓰지 않는다는 것은 어불성설이다. "하나님을 시인하나 행위로는 부인"하는 자들은 하나님께 가증스러운 자들이다1:16. 이들은 하나님께서 은혜로 우리를 구원하신다는 말의 참뜻을 알지 못하는 사람들, 곧 하나님의 은혜를 알지 못하는 사람들에 지나지 않는다.

7. 결론

은혜는 구원이 하나님의 주권적 의지에 속한 것임을 나타낸다. 바울이 에베소서에서 말한 것처럼, 우리를 구원하시는 하나님의 주권적 의지는 애초부터 택한 자들의 도덕적 갱신, 곧 성도들의 거룩함을 지향한다. 우리는 하나님 앞에서 "거룩하고 흠이 없는" 존재가 되도록 예정되었고엡1:4, 그리스도의 십자가 죽으심과 부활은 바로 이 태초 이전에 예정된 신적 의지를 현실로 만들기 위한 하나님의 방식이었다엡5:26. 죄의 본질은 하나님의 거룩한 뜻을 거역하고 자기 자신의 타락한 의지를 주장하려는 데 있다. 이러한 죄의 상태를 구원의 상태로 바꾸기 위해서는 이 죄의 지배를 타파하지 않으면 안 된다. 하나님의 은혜의 논리가 불가피해지는 대목이 바로 여기다.

은혜라는 방식을 택하심으로써 인간적 자랑을 막으시는 하나님, 성령으로 믿는 자들에게 역사하시는 하나님의 창조적 능력은 모두 죄가 지배하던 상황에서 하나님의 거룩한 뜻이 지배하는 상황으로 바뀌어 가는 도덕적 변화의 과정을 설명한다. 바울에게 있어서 하나님의 은혜는 창조주요 부활의 주이신 하나님께서 인간의 삶에 찾아오시는 초자연적 간섭을 의미한다. 따라서 바울이 목소리 높이는 은혜는 우리의 순종의 의미를 잠재우는 수면제가 아니라, 참된 순종을 일깨우는 각성제다. 각성제를 수면제로 먹고 비성경적 환상에 근거한 '은혜의 몽상'을 계속 꿀 수 있다는 것이 우리의 역설이라면 역설일 것이다.

에필로그

올바른 삶이 중요하다고 말하면서도 우리의 삶이 구원과 관계 있다는 말에는 펄쩍 뛴다. 올바르게 살지 않겠다는 것이 아니라, 우리의 삶이 구원을 보장할 만큼 자신 있는 것이 아니라는 뜻일 것이다. 인간은 실수하고 신은 용서한다는 서양 속담이 말해 주는 것처럼, 그리고 우리의 일상적 체험에서 쉽게 확인할 수 있는 것처럼, 우리의 삶을 심판의 저울에 객관적으로 달아 구원에 어울리는 무게를 얻어내기는 어려울 것이다. 하지만 우리의 삶이 구원론적으로 중요하다는 것은, 즉 올바른 순종의 삶이 우리의 종말론적 구원에 요구된다는 말은 우리의 삶으로 하나님의 구원을 살 수 있다는 주장과는 다르다.

개혁주의 신앙의 핵심은 하나님의 절대 주권이다. 이는 구원 자체가 하나님의 절대 주권의 문제라는 것을 의미하기도 하지만, 우리를 구원하는 방식이 하나님의 주권적 결정의 문제라는 것을 의미하는 것이기도 하다. 성경은 그 방식으로 믿음과 은혜를 말한다. 그래서 루터는 '오직 믿음'과 '오직 은혜'를 외치며 올바른 성경적 가르침을 회복하려고 시도하였다. 그리고 그의 노력은 종교개혁이라는 큰 움직임으로 이어졌고, 이 움직임은 오늘날 우리 대부분이 속한 개신교회의 시발점이 되었다. 그래서 오늘날의 우리 역시 '오직 믿음'과 '오직 은혜'를 복음의 요체로 믿고 살아간다.

많은 이들은 내가 이 책에서 강조한 바가 종교개혁의 모토와 어긋난다고 느낄 것이다. 우리의 구원에는 행위가 필요하다는 사실을 강조하고 있기 때문이다. 여기에 대해 나는 먼저 우리가 바울이 '믿음'과 '은혜'를 강조하는 이유가 무엇인지 보다 신중하게 고려해 보아야 한다고 주장하였다. 구호 수준의 교리를 넘어, 바울이 믿음과 은혜를 왜 그토록 강조할 수밖에 없었는지 보다 자세히 살피자는 것이었다. 그 결과 우리는 바울이 믿음과 은혜의 논리를 통해 강조하는 바가 우리의 거룩함이라는 하나님의 신적 의지와 그 의지를 실현해 가는 창조주/부활주로서의 하나님의 능력에 집중되고 있다는 사실을 확인하였다. 내가 강조하고 싶은 최종적인 메시지는 '행위가 중요하다'라는 당위론이 아니다. 내가 정작 말하고 싶은 것은, 믿음이란 우리의 구원을 일구어 가시는 창조와 부활의 하나님의 능력에 눈을 뜨는 것이며, 그 능력의 하나님께서 제공하시는 약속에 '아멘' 하며 응답하는 것이라는 사실이다. 그리고 하나님의 은혜는 바로 그 응답을 이끌어 내기 위한 하나님의 주권적 방식이 된다.

행위의 중요성을 강조하는 것은 믿음이나 은혜를 교리적으로 상대화하려는 움직임이 아니라, 믿음과 은혜의 메시지가 스며드는 인간적 삶의 정황을 더 깊이 숙고하자는 제안이다. 아브라함을 의롭게 하였던 믿음이 부활의 믿음이었던 것처럼, 우리 역시 스스로를 기만하는 공허한 '믿음' 대신 그리스도를 죽음에서 살리신 하나님을 향한 산 믿음이 필요하다. 바울이 말하는 하나님의 은혜가 우리의 비극을 덮어 버리는 무책임이 아니라 그 비극을 희극으로 바꾸는 창조적 능력이었던 것처럼, 우리가 외치는 은혜 역시 하나님의 능력을 우리의 삶에 끌어들이는 통로로 작용되어야 한다. 하나님의 은혜는 '이 악한 세대'와 다를 바 없는 순종의 부재를 덮는 포장지가 아니라, "다른 사도들보다 더 많이 수고했지만" 그게 "내가 아니라 하나님의 은혜"라고 말했던 바울처럼 고전15:10, 우리의 삶에 나타난 하나님의 능하신 손길을 설명하는 열쇠여야 한다. 물론 이 믿음과 은혜의 논리는 인간이 살지 않는 허공을 향한 사상적 외침이 아니라, 지금 우리의 삶을 겨냥한 실존적 도전이다. 또한 자식이 없어 고통하는 아브라함에게 하나님의 약속이 들려졌던 것처럼, 참된 삶을 희구하며 안타까워하는 우리를 향한 약속이요 도전이다.

루터는 자기가 처한 교회적 상황에서 '오직 믿음'과 '오직 은혜'를 외치며 교회의 회개를 촉구했다. 객관적으로 말하자면, 루터의 교리는 바울의 가르침을 일방적인 것으로 만들고 야고보서의 가르침을 격하하였다는 점에서 일종의 신학적 과장이다. 그러니까 그의 신학은 균형 잡힌 신학이 아니다. 하지만 우리의 현실 세계 속에서는 균형이 신학의 최종 목표는 아니다. 신학은 역사적 상황에 관여하며, 그 상황에서 가장 효과적인 섬김을 감당해야 할 책임을 갖는다. 그런 의미에서 루터의 '과장'은 그 나름의 역사적 정당성을 갖는다. 즉 그 당시 교회를 제대로 섬기기 위해서는 피할 수 없었던 '과장된 몸짓'이었던 것이다.

오늘 한국교회의 상황은 종교개혁 당시의 교회와 크게 다르지 않다. 적어도 겉으로 드러나는 현상으로는 그렇다. 하지만 우리가 이런 비슷한 결과에 이르게 된 논리는 다소 다른 것처럼 보인다. 잘못된 상급교리가 행위구원론의 역할을 충실히 대행하고 있는 상황이야 당시와 비슷하겠지만, 오늘날 교회의 현 상황은 '믿음과 은혜'라는 또 다른 용병의 지원을 받는다. 그런 점에서 우리의 싸움은 이중적이다. 한편으로는 교회의 실제적 삶을 조종하고 있는 행위구원론혹은 행위상급론?을 분쇄해야 하고, 또 한편으로는 우리의 도덕적 실패를 방조하고 있는 피상적 믿음/은혜 교리를 극복해야 한다. 행위와 구원의 문제가 냉정한 교리적 문제를 넘어 개인의 감정을 자극하는 민감한 사안이 되어 있다는 사실 역시 어려움을 가중시키는 요인의 하나다. 이런 상황에 루터가 나타난다면 어떤 태도를 취할까?

내가 이 책에서 제시한 내용은 비록 성경의 가르침을 풀이한 것이지만 완벽한 균형과는 거리가 멀다. 많은 독자들은 내가 인정하는 것 이상으로 그렇게 느낄 것이다. 때로는 수사적 효과를 위해 교리적 위험을 무릅쓰고 다소 과장된 표현을 쓰기도 했다. 하지만 나는 이런 신학적 '치우침'이 오히려 오늘 우리의 상황에 꼭 필요한 목소리일 것이라고 생각하고 있다. 교회가 전도의 가장 큰 걸림돌이 되어 버린 이 어처구니없는 상황, 막상 전도를 해도 복음을 잘 배울 수 있겠다 싶어 자신 있게 소개할 교회가 드물다는 이 답답한 상황은 분명 '균형 있는' 신학 이상의 더 강력한 치료약을 필요로 한다. 우리가 계승해야 할 종교개혁의 유산은 교리적 표어 자체는 아닐 것이다. 그런 점에서 나는 나의 목소리 역시 종교개혁의 관심과 멀지 않다고 믿고 싶다.

1907년의 부흥을 재현하자는 목소리가 높다. 하지만 이런 희망 사항을 실제적 가능성으로 예기하는 사람은 그리 많지 않다. 사실 많은 경우엔, 그 재현을 외치는 방식 자체가 벌써 그 가능성을 비현실적인 것으로 보이게 만든다. 개혁의 대상이 될 만한 이들이 오히려 개혁이라는 말을 자주 입에 올리고, 부흥이 가능하려면 없어져야 할 상황을 조장하는 사람들이 부흥의 재현을 꿈꾼다. 그렇다면 1907년의 재현을 외치는 목소리 역시 과거 유태인 대학살이라는 역사를 끊임없이 재생하며 이를 이용해 지금 자신의 권익을 극대화하는 유대인들의 정치적 몸짓과 본질적으로 다르지 않다. 1907이라는 거룩한 역사마저 또 다른 정치적 호재로 만들어 버리는 우리의 '대책 없는' 모습에는 정말 아무런 대책이 없는 것일까?

우리가 꿈꾸는 부흥은 부흥에 필적할 분위기를 산출해 보려는 집단적 노력 이전에, 나의 집안 곳곳에 흩어진 우상을 찾아내고 그 우상을 불태우는 회개에서부터 시작될 것이다. 이 당연한 진리를 우리는 모르는 것일까, 아니면 모른 척하는 것일까? 루터의 종교개혁이 바로 그 회개에 대한 도전으로부터 시작되었다는 사실을 우리는 모르는 것일까, 모르고 싶은 것일까? 자기 나름의 필요를 채우기 위해 복음을 정치로 삼는 사람들에게서야 어차피 참된 관심을 기대하기 어려운 일이겠지만, 삶의 한가운데서 복음의 말씀을 붙잡고 씨름하며 분투하는 하나님의 백성들, 그리스도의 제자들에게는 이 부족한 책이 진리를 향한 그들의 노력을 섬기는 작은 도움이라도 될 수 있기를 바라는 마음 간절하다.

주註

서문

1. William Muehl, *Why Preach? Why Listen?* (Philadelphia: Fortress Press, 1987), 71. David L. Bartlett, *What's Good about This News?* (Louisville: Westminster John Knox Press, 2003), 59-60에서 재인용.

제1부 신약의 가르침과 바울 사도의 목표

제1장 잊힌 목소리: 마태복음과 야고보서

2. 신약의 통일성과 다양성 및 일관된 신약신학의 가능성은 계속되는 논쟁의 주제다. 도움이 되는 책으로는 J. D. G. Dunn, 김득중 역, 『신약성서의 통일성과 다양성』 (서울: 나단, 1988) 혹은 John Reumann, *Variety and Unity in New Testament Thought* (Oxford: OUP, 1991), 보다 극단적인 입장으로서는 Heikki Räisänen, *Beyond New Testament Theology: A Story and a Programme* (London: SCM Press, 1990)를 들 수 있다. 그는 통일성이 있는 '신약성서 신학'의 가능성을 부정한다.
3. 루터의 입장은 야고보서의 진위에 대한 제롬의 의구심과 관련이 있다. 주의 동생 야고보를 저자로 처음 명시한 에우세비우스도 야고보서를 정경성에 있어 반대를 받는 문서 중 하나라 말한다. 『교회사』 23.25. 이에 대해서는 표준주석서들의 서론 및 Kümmel, *Introduction to the New Testament* (London: SCM Press, 1975), 405-406을 보라.
4. 많은 경우 우리의 '해법'은 바울신학의 울타리 내에서 신약의 다른 증거들을 (재)해석하는 것이다. 그래서 행위를 '조건'으로 제시하는 구절들조차도 쉽게 (구원하는) 믿음의 (구원과는 무관

한) '열매'에 관한 말씀으로 둔갑한다.
5. 동일한 주제를 다루는 네 개의 상이한 복음서라는 문제에 관해서는 R. Burridge, *Four Gospels, One Jesus?* (London: SPCK, 1994) = 손승우 역, 『복음서와 만나다』 (서울: 비아, 2017)를 참고하라.
6. 각 복음서를 비교하면 그런 차이가 보인다는 것이지, 반드시 마태가 마가를 활용했다는 말은 아니다. 물론 다수의 학자들은 마가 우선설이 가장 그럴듯한 가설이라고 생각한다. 공관복음의 문제에 관해서는 신현우, 『공관복음으로의 여행』 (서울: 이레서원, 2005); 마크 L. 스트라우스, 박규태 역, 『네 편의 초상, 한 분의 예수』 (서울: 성서유니온, 2017), 제1부를 참고하라.
7. 동일한 문장 속에서 각 문맥에 따라 '말씀', '비유', '명령' 등의 명사만 달라진다. 재미있게도 마지막 단락에서는 '모든'이라는 단어가 더해져 "이 모든 말씀"으로 되어 있다(마26:1).
8. 마태복음의 전반적인 특징에 관해서는 G. Stanton, *Gospels and Jesus* (Oxford: OUP, 2002), 58-78; Burridge, 『복음서와 만나다』, 제3장; 스트라우스, 『네 편의 초상, 한 분의 예수』, 제8장을 참고하라.
9. O. Michel, "Conclusion of Matthew's Gospel" in *The Interpretation of Matthew* (Edinburgh: T&T Clark, 1995), 45; D. Harrington, *Matthew* (Collegeville, MN: Liturgical, 1991), 416.
10. H. Ridderbos, *Matthew* (Grand Rapids: Zondervan, 1987), 556; John Nolland, *The Gospel of Matthew*, NIGTC (Grand Rapids: Eerdmans, 2005), 1270.
11. G. Strecker, "The Concept of History in Matthew" in G. N. Stanton ed., *Interpretation of Matthew*, 90-92; R. T. France, 이한수 역, 『마태신학』 (서울: 엠마오, 1995/1989), 425-428. 정훈택은 5장 6절과 6장 33절의 "의"를 하나님의 구원론적 의로 설명하려 하지만, 설득력이 약하다. 마태복음에서 천국은 그 도래를 기다려야 할 것이 아니라 들어가기를 힘써야 할 것이며, 이러한 추구는 아버지의 뜻을 행하는 것으로 요약된다. 정훈택, 『열매로 알리라』 (서울: 총신대출판부, 1993), 425-428.
12. P. Stuhlmacher, "The New Righteousness in the Proclamation of Jesus" in *Reconciliation, Law & Righteousness: Essays in Biblical Theology* (Philadelphia: Fortress, 1986), 30-49.
13. '천국 내에서 서열이 가장 낮은 자라는 뜻이 아니라 천국의 관점에서 볼 때 가장 작은 자, 곧 천국에 들어갈 자격이 없는 자라는 뜻이다. "천국의 관점에서 볼 때"라는 해석을 반대하는 이도 율법 위반은 천국으로부터의 배제로 이어진다는 경고가 이 구절의 실제 의미라는 사실은 부정하지 않는다. Nolland, *Matthew*, 222.
14. 물론 이는 "내가 거룩하니 너희도 거룩하라"는 언약적 요구(레19:2)를 달리 표현한 것이다. D. Hagner, *Matthew 1-13*, WBC (Dallas: Word, 1993), 135. Stuhlmacher는 "그[예수님]의 제자들은 그들의 삶을 온전히 하나님의 의로우신 행동에 일치시켜야 한다"라고 말하며, 이것이 "생사가 걸린 중요한 문제"임을 분명히 한다. 곧 "하나님의 은혜를 상실하는 것은 생생한 가능성으로 남아 있다"라는 것이다. "New Righteousness", 36.
15. Hagner, *Matthew 1-13*, 134.
16. 주석가들이 여러 가능성을 제시하지만, 모두 분명한 근거가 없는 추측들이다. 다양한 제안이

나온다는 사실 자체가 본문이 그런 의도를 갖고 있지 않다는 것을 반증한다.
17. Ridderbos, *Matthew*, 94.
18. 권연경, "심판에 대한 경고로서의 '소금'(마 5:13)", 「신약연구」 11(2012), 1-32.
19. 이 두 비유에 관한 나의 간략한 설명이 『복음과 상황』, 176호, 28-29와 179호, 22-23에 있다. 『네가 읽는 것을 깨닫느뇨?』(서울: 야다북스, 2024), 136-151.
20. 흥미롭게도 신약의 뒤를 잇는 사도 교부의 문서 중 하나인 "디다케"(열두 사도의 가르침; AD 90년 경) 11-13장도 이 문제를 다룬다. 이 부분은 산상수훈의 말씀에 기초한 것으로 '열매'를 확인할 수 있는 몇 가지 구체적인 지침을 덧붙인다.
21. 이 경고는 소위 '은사주의적' 신앙에 대한 경고일 수 있지만 보다 일반적인 의미로 '거짓 선지자들'에 관한 경고로 보는 것도 가능하다. cf. Hagner, *Matthew*, 182-183. 하나님의 뜻을 행하는 태도의 진정한 반대는 은사를 행하는 것이 아니라 말씀을 그저 듣기만 하는 것이다. W. Schrage, trans. D. E. Green, *The Ethics of the New Testament* (Minneapolis: Fortress, 1988), 147.
22. 예수님의 묘사는 팔레스타인의 겨울 폭풍에 근거한 것이다. 이는 인간의 모든 삶이 샅샅이 파헤쳐질 심판의 철저함을 잘 드러내 준다. Ridderbos, *Matthew*, 156.
23. 모두가 주님을 부르는 자들이라는 데서 알 수 있듯이, 이 뒤섞인 그룹은 교회 내의 상황이다. 이 비유는 세상과 교회의 갈림이 아니라 교회 내에서 천국에 합당한 신자와 그렇지 못한 자와의 갈림에 관한 것이다.
24. 여기서 "지극히 작은 자"가 누구인지는 비유 자체가 분명히 묘사한다(35-36, 42-43). "지극히 작은 자"를 그리스도인으로 보고, 이 구절을 신자들을 대하는 태도에 근거한 이방인 심판에 관한 것으로 해석하는 것은 이방인들 역시 그리스도인의 범주에 포함될 것임을 망각한 것이다. 가령, Harrington, *Matthew*, 358-360.
25. 예수님이 삶으로 보이셨고 그의 제자들에게 기대하셨던 '새로운 의'는 '마지막 심판의 기준'이 되며, 그런 의미에서 이런 삶은 '종말론적 성격과 의의'를 갖는다. Stuhlmacher, "New Righteousness", 37.
26. 물론 변명 차체가 말도 안 되는 모욕적인 것들이다. 이 점에 관해서는 John Timmer, 류호준 역, 『하나님 나라 방정식』(서울: 크리스챤다이제스트, 1991), 104-105를 보라.
27. 당시에 그런 관습이 없었다는 반대가 가능하다. J. Jeremias, *The Parables of Jesus* (London: SCM, 1965), 65. 하지만 화자가 그런 난점을 몰랐을까? 예복의 출처는 본문의 핵심에서 벗어난다.
28. 바울서신에 관해서는 김정훈, "바울서신에 나타난 옷 입왐 은유의 의미", 「신약신학저널」 제1권 3호. (2000년), 227-245를 참고하라.
29. Ridderbos, *Matthew*, 406; Jeremias, *Parables*, 66; 정훈택, 『열매로 알리라』, 506 역시 이를 '행위에 대한 또 하나의 비유어'로 간주한다.
30. Ridderbos, *Matthew*, 132.
31. Ridderbos, *Matthew*, 134는 이 구절이 시사하는 '도덕적 요구'를 인식하면서도, 이 구절이 분

명히 드러내는 조건적 성격에 대해서는 모호한 언급으로 끝내고 있다.
32. 이 구절에 관한 나의 짧은 묵상이 『복음과 상황』 177호, 28-29에 실려 있다.
33. 가령, U. Luz, *Theology of the Gospel of Matthew* (Cambridge: CUP, 1995), 132는 은혜와 심판이 변증법적 긴장 관계에 있는 것으로 파악한다. 그는 행위에 근거한 심판이라는 생각은 은혜와 예수 그리스도의 하나님을 생각하면 불가능한 것이지만, 심판에 대한 경고 없이는 하나님을 진지하게 대하지 않을 인간의 본성을 생각하면 '필연적인' 것이라는 견해를 조심스레 개진한다.
34. 구원론에 대한 혼란의 하나는 구원의 시작과 종말론적 의미의 구원 사이를 구분하지 못하는 데 있다.
35. 나는 '행위구원론'이라는 불행한 단어만 없었어도, 한국교회가 적어도 지금보다는 더 건강하게 되었으리라고 생각한다. 물론 많은 사람은 이런 식의 말에 펄쩍 뛰겠지만 말이다.
36. 나의 은사이기도 한 예일대학의 David L. Bartlett는 *What's Good about This News?: Preaching from the Gospels and Galatians* (Louisville: Westminster John Knox Press, 2003), 57-72에서 명령으로 가득 찬 마태복음이 어떻게 복음으로 읽히며 설교될 수 있을까에 관해 멋진 논의를 제공한다. 그의 관점은 종종 우리가 생각하는 '복음적' 신앙의 범주를 넘어가는 듯 보이지만, 그럼에도 불구하고 그의 논의에는 귀담아 들어야 할 이야기가 많다.
37. S. Law, *James* (London: A&C Black, 1980), 27.
38. 댄 매카트니, 강대이 역, 『야고보서』 ECNT (서울: 부흥과개혁사, 2016[원서, 2009]), 387-401.
39. S. Law, *James*, 3. 루터가 야고보서 서문에서 제기한 사항이다.
40. 간략한 논의로는 알리시아 J. 배튼, 『최근 야고보서 연구 동향』 (서울: CLC, 2015[원서 2005]). 86-96; 댄 매카트니, 『야고보서』 372-386.
41. 이는 1522년 독일어 번역의 야고보서 서문에 나온다. 물론 그는 야고보서 역시 좋은 가르침을 많이 담고 있는 '좋은 책'이라 생각했다. 하지만 이런 호의적 평가는 야고보서가 성경의 다른 가르침과 배치되며, 따라서 사도성이 없다는 부정적 판단에 비해 미약한 것이라는 인상을 피할 수 없다. 이 서문은 G. Kümmel, *The New Testament: The History of its Investigation of its Problems* (Nashville: Abingdon, 1972), 24-25에 인용되어 있다. cf. Bultmann, *Theology of the New Testament*, Vol. II (New York: Charles Scribner's Sons, 1955), 162-163.
42. 이것이 루터의 판단이기도 하다. 미주 41 참조.
43. 성령의 열매 중 "충성"은 보통 '믿음'으로 번역된 바로 그 단어다. 죽도록 "충성하라"는 계시록의 말씀은 믿음의 형용사형으로 '신실하라'는 뜻이다. 디모데후서 4장 7절의 "믿음을 지켰다"라는 말은 맡은 임무를 잘 완수함으로써 '신의를 지켰다'라는 말이다.
44. 동일한 논법이 뒤집어진 경우로는, 광야 이스라엘의 '불순종'을 언급하면서 "이로 보건대 그들이 믿지 아니하므로" 안식에 들어가지 못했다고 말하는 히브리서 3장 18-19절을 들 수 있다.
45. 바울 칭의론의 핵심 축의 하나인 율법 문제가 야고보의 칭의 논의에서 빠져 있다는 사실은 그가 바울의 칭의론을 의식하고 있지 않았다는 증거의 하나로 제시되곤 한다.
46. "헛것"으로 번역된 단어는 '무익한' 혹은 '소용없는' 등의 의미를 갖는다. 원어상 '행위'와 같은

계열의 단어로서, '행위 없는' 믿음은 아무런 '행위/결과 없는 것'이라는 식의 언어유희가 개입되어 있다. S. Law, *James*, 128; R. Martin, *James*, WBC (Waco, TX: Word, 1988), 90.
47. 야고보서에 나타난 예수님의 전승 역시 자주 탐구되는 주제다. 간략한 개관은 배튼, 『최근 야고보서 연구 동향』, 123-141을 참고하라.
48. 바울은 하나님의 은혜는 인간의 자랑을 막기 위한 것이라고 가르친다. 이 책 7장을 보라.
49. L. Goppelt, *Theology of the New Testament*, Vol. 2 (Grand Rapids: Eerdmans, 1982/1976), 200-211은 야고보서를 "편리한 구호로 전락하여 왜곡된" 바울 칭의론에 대한 반론이라고 간주한다.
50. 바울은 베드로의 행위를 복음의 진리에 어울리지 않는 이중적, 위선적 행동으로 간주했다.
51. R. Martin, *New Testament Foundations*, Vol. 2 (Grand Rapids: Eerdmans, 1978), 365에서 재인용. Martin은 C. E. B. Cranfield, "Message" *SJT* 18 (1965), 182-193, 338-345에서 재인용한다.

제2장 다시 듣는 목소리: 바울의 사명과 바울 복음의 성격

52. C. K. Barrett, *The Signs of the Apostle* (Philadelphia: Fortress, 1972), 41. "그 누구도 바울만큼 하나님의 뜻을 따라 예수 그리스도의 사도가 되었다는 사실을 깊이 확신한 사람은 없었다."
53. P. Stuhlmacher, trans. S. Hafemann, *Paul's Letter to the Romans* (Louisville: Westminster/John Knox Press, 1994/1989), 22.
54. Stuhlmacher, *Romans*, 72-73. "[바울]은 사도직의 본질이 복음의 핵심과 함께 가는 것이라는 사실을 잘 알고 있었다. 그가 복음의 의미를 당대의 사람들과는 달리 이해하고 있었다면 이는 곧 그의 사도직에 대한 이해가 달랐다는 말일 수밖에 없다."
55. 간략한 논의를 보려면 P. W. Barnett, "Apostle" in *Dictionary of Paul and His Letters*를 참고하라.
56. cf. C. K. Barrett, "Paul: Missionary and Theologian", now in *On Paul* (T&T Clark, 2003), 55-72.
57. 최근 작품 중 하나로 우리는 J. D. G. Dunn, *Theology of Paul the Apostle* (Grand Rapids: Eerdmans, 1998)을 들 수 있다.
58. 가령 M. Debelius/G. Kümmel, *Paul* (London: Longmans, 1953), 67ff. "하지만 그의 주 관심사는 목회적 돌봄이라기보다는 복음 선포였을 것이다."(87) E. P. Sanders, *Paul and Palestinian Judaism* (Minneapolis: Fortress Press, 1977), 442. "다가오는 종말을 생각하며 바울은 이방인의 사도로서 가능한 한 빨리 전 세계에 복음을 전파해야 한다는 강박관념에 사로잡혀 있었다." J. Munck, trans. Frank Clarke, *Paul and the Salvation of Mankind* (London: SCM Press, 1959), 53-55는 이런 관점이 사실과 다르다는 것을 잘 논증하고 있다.
59. 김세윤, "사도 바울의 큰 비전", 『예수와 바울』 (서울: 도서출판 참말, 1993), 387-398에 이 주제

에 관한 간략하지만 유익한 논의가 있다.
60. 이 점에서 A. Malherbe의 연구들은 예외적이다. 가령 그의 최근 논문 "The Apostle Paul as a Pastor" in *Jesus, Paul and John* (Chung Chi College, Hong Kong: 1999), 98-138을 보라.
61. D. J. Chae, *Paul as Apostle to the Gentiles* (Carlisle: PaterNoster, 1997). 그의 논지는 Krister Stendahl, *Paul Among Jews and Gentiles* (Philadelphia: Fortress, 1976)의 논지를 주석적으로 확대한 것이다. 하지만 바울은 유대인과 이방인 문제를 다루기 전부터 이방인의 사도였다.
62. cf. L. Keck, *Paul and His Letters* (Philadelphia: Fortress, 1988), 27.
63. 로마서 내에서도 최종상 박사의 주장이 시종일관 설득력 있는 것은 아니다. 유대인과 이방인의 평등이라는 그의 논지는 1-4장, 9-11장을 설명하는 데는 효과적이지만, 5-8장과 12-16장을 설명하는 데는 역부족이다. 9-11장에는 상당한 지면이 할애되는 데 반해, 5-8장은 매우 간략하다는 사실이 그의 논지가 가진 지엽적 편향성을 잘 반증해 준다.
64. 바로 이 점이 최종상 박사의 실수다. 이방인의 사도라는 자의식의 중요성을 포착한 것은 옳았지만, 여기서 어떻게 '이방인 변호'라는 구체적 사명이 도출되는지 설명하지 못한다. 그는 바울의 사도적 소명에 관한 진술 어디에서 이 '변호'라는 개념을 '발견'한 것일까?
65. 미주 61에 언급된 최종상 박사의 책 역시 이 구절에 관한 자세한 논의로부터 시작된다. 그의 논의는 "이방인을 위하여"라는 대목에 집중하면서 정작 바울이 제시하는 사명의 구체적 내용에는 주의를 기울이지 않았다는 한계를 보인다.
66. 선함이 가득했다거나, "모든" 지식이 충만하다는 표현에는 다소간의 수사적 과장이 포함되어 있다. 성도들의 반응을 고려하는 바울의 조심스런 입장이 묻어나는 표현들이다. C. E. B. Cranfield, *The Epistle to the Romans*, ICC (Edinburgh: T&T Clark, 1979) 752. 또한 이 책 제5장을 참고하라.
67. Stuhlmacher, *Romans*, 239.
68. Stuhlmacher, *Romans*, 235.
69. Chae, *Paul*, 18-71.
70. 칠십인역의 용례는 Cranfield, *Romans*, 755의 미주 1-2를 참조하라. 칠십인역은 헬레니즘 시대에 히브리어 구약성경을 헬라어로 번역한 것이다. 초대교회는 대부분 이 헬라어 성경을 사용했다.
71. A. T. Robertson은 이 용법이 "순전히 비유적인 것일 뿐, 바울이 자기 사역의 제의적 거룩함을 시사하는 것은 아니다"라고 주장한다. 그의 주장은 많은 학자들의 견해를 대표하지만, 우리의 연구는 이런 생각이 잘못된 것임을 보여준다. *Word Pictures*, ad loc.
72. Stuhlmacher, *Romans*, 237.
73. Cranfield, *Romans*, 155-156; Vanhoye, *Old Testament Priests and the New Priest* (St. Bede's, 1986), 267-269 역시 같은 견해를 피력하고 있다.
74. Stuhlmacher, *Romans*, 237; E. Käsemann, trans. G. Bromiley, *Commentary on Romans* (Grand Rapids: Eerdmans), 392.
75. 칠십인역에서 이 단어는 종종 θυσία와 결합되어 제의적 의미가 더욱 분명해진다(cf. 1 Esdr

5:51; Ps 39:7; Dan 3:38; Sir 34:19).
76. *BDAG*, 720.
77. B. Childs, *Introduction to the Old Testament as Scripture* (Philadelphia: Fortress, 1979), 184-185.
78. 이 구절에는 해석상의 애매함이 있다. Durham, *Exodus*, WBC (Waco: Word, 1988), 389의 경우, 본문의 죄를 제사 과정에서 발생하는 죄가 아니라 애초에 제사의 이유가 되는 죄라고 주장하지만 설득력이 떨어진다. R. I. Clifford는 거룩함을 유지하는 것이 순금 판 자체가 아니라 판을 달고 죄책을 담당하는 아론이라고 생각한다, "Exodus" in *The New Jerome Biblical Commentary* (Englewood Cliffs, NJ: Prentice Hall, 1990), 57. 이런 해석은 바울과 관련된 우리의 주장을 더욱 강력한 것으로 만들어 준다.
79. "제사장적 기능들에 수반된 갈수록 복잡해진 의식들 배후에는 항상 야훼의 백성이 되려면 거룩한 백성이어야 했던 민족의 선택을 유지하려는 관심이 놓여 있었다. 제사장의 핵심적 기능은, 특별히 제의적 본문에서 나타나는 것처럼, 이 거룩함을 확보하고 늘 타협될 소지가 있는 이 거룩함을 다시 확립하는 것이었다." 에드몽 자콥, 박문재 역, 『구약신학』(고양: 크리스챤다이제스트, 1999), 293 (번역 일부 수정).
80. 제사의 거룩함은 이방인 신자들에게 익숙했던 이교적 문화에서도 당연한 상식이었다.
81. 우리는 쿰란 문서의 1QSa2:4-9 같은 곳에서 이런 견해를 찾아볼 수 있다. 여기서 신체적 결함이 있는 자들은 종말론적 전투에 참여하지 못하도록 제외되었다. 이에 관한 영문 번역이 F. G. Martinez, *The Dead Sea Scrolls Translated* (Leiden: E. J. Brill, 1994), 126-128에 실려 있다.
82. 이 단어는 '영적인' 혹은 '합당한'이라는 두 가지 뜻으로 번역될 수 있다. 어느 쪽이건 합당한 예배의 방식을 말하려는 바울의 의도는 동일하다. "영적 예배"의 배경에 관해서는 Stuhlmacher, *Romans*, 187을 보라.
83. 예배는 섬김으로 옮길 수도 있다. 성전 예배는 성전에서의 하나님 섬김이다. 바울은 이미 9장 4절에서 이 단어를 구약 제사를 가리키는 말로 사용한 적이 있다. 또한 히브리서 9장 1절과 6절 등을 보라. 칠십인역에서는 Jos 22:27(B); 1 Chr 28:13; 1 Macc 1:43 등에 제의적 용법이 나타난다.
84. 빌립보서에서 바울은 성도들로부터의 후원을 언급하면서 이 두 단어를 나란히 사용하여 "받으실 만한 향기로운 제물이요 하나님을 기쁘시게 한 것"이라 말한다(빌4:18; cf. 히13:16).
85. 여기서 우리는 바울이 제사장이냐 아니냐 하는 15장 16절의 논쟁은 벌써 바울의 의도에서 빗나간 것임을 확인할 수 있다. 문맥에 따라 바울은 자신을 제사장/레위인으로 묘사할 수도 있고(15장), 혹은 성도들을 제사드리는 주체로 묘사할 수도 있다(12장). 혹은 빌립보서에서처럼 바울 자신 역시 성도들의 제사에 더하여 바쳐지는 제물의 일부로 말해질 수도 있다(2:17).
86. Stuhlmacher, *Romans*, 188; Käsemann, *Romans*, 327.
87. '제물'과 '제사'는 같은 단어를 달리 번역한 것이다. 드려지는 것은 제물이고, 이를 바치는 행위는 제사다. 여기서는 상황에 맞게 자유롭게 표현하였다.
88. 이사야 66장 20절에서는 포로에서 회복된 이스라엘이 하나님께 드려지는 예물, 곧 이스라엘

을 '깨끗한 그릇'에 담아 드리는 예물에 비유된다. 이는 "마음이 가난하고 심령에 통회하며 내 말을 듣고 떠는 자"와 연결되면서(2절), 또한 우상적 제의에 자신을 바치는 자들과 대조된다 (17절). 회복의 약속이 심판의 경고와 동반되는 것에서 우리는 이 회복이 '무조건적' 회복과는 다를 것임을 느낄 수 있다.
89. 칠십인역 출애굽기 12장 5절에서 이 단어 역시 제물의 상태를 묘사하는 말로 사용된다(cf. 골 1:28).
90. Cranfield, *Romans*, 609. 그는 Michel의 말을 언급하고 있다. "그는 인식과 의지, 그리고 행동이 서로 연결되어 있다는 것을 전제하고 있다(Er setzt voraus, dass Erkennen, Wollen und Tun miteinander verbunden sind. KEK 294)."
91. 바울의 이런 개념들 뒤에는 "돌 심장"을 떼어내고 "살 심장"을 주겠다는 에스겔의 비전이 자리한다(겔36:26). 개역개정성경에는 "굳은" 심장과 "부드러운" 심장이라 되어 있다.
92. 처음부터 참된 제의는 언제나 하나님과의 인격적 관계 속에서 그의 언약적 뜻에 대한 순종을 동반하는 것이었다. 언약적 문맥에서 벗어난 헛된 제의에 대한 선지자들의 비판은 잘 알려져 있다(암4:4; 5:21; 사1:10-17 등). W. Eichrodt, 박문제 역, 『구약성서신학』 (서울: 크리스챤다이제스트, 1994), 386-390 참조. 율법적 종교의 무력함을 폭로하는 바울의 복음은 그런 점에서 구약 선지자들의 입장을 이어받는다고 할 수 있다. 졸저, 『위선』 (서울: IVP, 2018)을 참고하라.
93. 그러니까 12장의 권면을 시작하는 "그러므로"는 복음 자체를 설명하고 난 뒤 후속 조치를 소개하는 접속사가 아니라 1-11장까지 제시된 복음을 실제 삶의 문맥에서 구체화하는 접속사에 해당한다.
94. Cranfield, *Romans*, 598-600; Käsemann, *Romans*, 183.
95. 물론 간주한다는 것 역시 인지적 차원뿐 아니라 실천적 차원을 포함한다.
96. 뒤에 나오는 "무기"는 군사적 문맥을 가리키지만, 핵심 논점은 여전히 지배와 복종이다. cf. Käsemann, *Romans*, 177.
97. Cranfield, *Romans*, 318.
98. Käsemann, *Romans*, 177.
99. Käsemann, *Romans*, 327. 여기서 그는 "주님(the Kyrios)'은 우리를 자신의 소유로 삼는 것이며, 세례는 우리가 주님의 '주님되심(lordship)'을 받아들이는 것을 묘사한다"라고 말한다(175-176쪽).
100. 많은 주석가들은 믿음 자체가 순종이라고 생각한다. 가령 Cranfield, *Romans*, 66-67. 바울의 복음 속에서 믿음은 분명 순종과 통하지만(cf. Käsemann, *Romans*, 14-15), 로마서에서도 순종이 분명한 도덕적 색채를 지니고 있다는 사실을 잊어서는 곤란할 것이다(5:19;6:16,19 등). 사실 믿음이 순종이라고 주장하는 이들 또한 결국 윤리적 순종의 요소를 말하지 않을 수 없게 된다. V. Furnish, *Theology and Ethics in Paul* (Abingdon: Philadelphia,1968), 182-187; D. B. Garlington, *Faith, Obedience and Perseverance* (Tübingen: Mohr Siebeck, 1994), 10-31.
101. 공간적 의미로 옮긴 "성령 안에서"(개역개정, 새한글성경)보다는 수단적 의미로 옮긴 "성령

으로"(새번역)가 더 자연스럽다.
102. 고린도전서와 데살로니가전서의 구절은 직접 제의적 의미를 포함하지 않는 단어를 사용하고 있다. 하지만 표현하는 내용은 사실상 똑같다.
103. 알렉산드리아의 유대인 철학자 필론은 하나님의 영원한 은혜의 음료를 받은 제사장이 그 보답으로 섞이지 않은 포도주의 전제를 가득 부어드림으로써 자신을 하나님께 바친다고 말한다(De Somniis 2.183).
104. 칠십인역에서는 달리 번역되었지만, 히브리 원문에 사용된 단어는 분명 '거부'의 의미를 포함한다(표준새번역 참고). 여기 사용된 단어는 예레미야 33장 20-21절에서 언약 파기의 문맥에 사용되었다. 거기서는 언약 파기의 위협이 아니라 그 불가성을 강조하고 있다.
105. 비슷한 관점이 호세아에도 나타난다. 하나님께서는 선지자의 아들을 "로암미(not my people)"라고 명명함으로써 "너희는 내 백성이 아니며 나는 너희 하나님이 되지 않을 것"이라는 언약 파기의 경고 메시지를 던진다(호1:8-9). 물론 이는 이스라엘의 자녀됨을 부인하는 명시적 선언이 아니라 하나님의 자녀다운 삶을 회복하도록 촉구하는 목회적 수사로서, 범죄한 삶을 계속하면 결국 언약 백성의 공동체에서 끊어지게 된다는 엄연한 사실을 바탕에 깐 논법이다.
106. 광야 이스라엘의 불순종은 신약 성도들을 위한 일종의 반면교사로 자주 등장한다. 가령 고린도전서 10장이나 히브리서 3-4장을 보라.
107. F. F. Bruce, *Philippians* (Peabody: Hendrickson, 1983), 82.
108. 칠십인역에서의 용법은 신명기 32장 47절, 그리고 이사야 49장 4절과 45장 18절 등에 나타난다. cf. V. C. Pfitzner, *Paul and the Agon Motif: Traditional Athletic Imagery in the Pauline literature* (SNovT, Leiden: E. J. Brill, 1967).
109. C. J. Bjerkelund, "'Vergeblich' als Missionsergebnis bei Paulus" in J. Jervell ed., *God's Christ and His People*, N. A. Dahl FS. (Oslo: Universitätsverlaget, 1977), 175-191.
110. 가령 Lincoln, *Ephesians* (Waco, TX: Word, 1990), 24.
111. 아들이 순종을 전제하는 개념이기에 "불순종의 아들들" 혹은 "진노의 자녀들"이라는 표현은 역설적이다. '불순종'은 문자적으로 '신실하지 못함'인데, 언약적 신실함을 보이지 못하는 상태를 가리킨다. Sampley는 "빗나간 종류의 아들들"과 "제대로 된 하나님의 아들들"에 관해 말한다. J. Paul Sampley, "Ephesians", in G. Krodel ed., *The Deutero-Pauline Letters* (Minneapolis: Fortress, 1993), 14.
112. 이 표현의 번역에 관해서는 M. Barth, *Ephesians*, AB (Garden City, NY: Doubleday, 1974), 69-71을 참조하라.
113. 신부의 이미지가 제의적 이미지를 대치하고 있다는 식의 설명은 억지스럽다. 가령 Sampley, "Ephesians", 18. 하지만 Sampley 역시 에베소서 저자의 지배적 관심이 교회의 순결함이라는 사실을 강조하고 있다.
114. 보다 자세한 논의는 졸고, "에베소서에 나타난 구원의 목적", 『개혁신학』 18호 (서울: 웨신출판부, 2005), 53-91을 참조하라.

115. 말하자면 그리스도의 날은 제사장 바울이 지성소에서 제사를 드리는 일종의 대속죄일에 해당한다.

제2부 세 편지의 메시지: 구원의 소망과 복음적 삶

제3장 구원의 소망과 하나님께 합당한 삶: 데살로니가전·후서

116. 이 책 제2장, 미주 58을 보라.
117. 많은 학자들에게 바울의 편지들은 그의 '사상'이라는 알맹이를 추출하기 위한 원자료로 간주된다. 따라서 바울서신의 Sitz-im-Leben이 되는 그의 목회적 정황들은 바울서신의 본래적 의미의 담지자가 아니라 그의 사상적 핵심에 이르기 위해 넘어가야 할 해석학적 장애물로 인식되는 수가 많다. 가령 J. Bassler, ed., *Pauline Theology*, Vol. I (Minneapolis: Fortress, 1991)의 Part I에 실린 논문들을 참고하라.
118. AD 50 혹은 51년이었을 것이다. 곧 데살로니가전서는 신약에서 최초로 '기록'된 문서에 해당한다.
119. L. Keck, *Paul and His Letters* (Philadelphia: Fortress, 1989), 29.
120. 하지만 그런 주장의 근거는 바울이 이런 말을 했을 리 없다는 추측일 뿐, 사본상의 증거는 후대의 삽입이라는 흔적을 전혀 보여주지 않는다.
121. 가령 A. Malherbe, *Paul and the Thessalonians* (Philadelphia: Fortress, 1987), 46-52.
122. 김세윤, 황진기 역, 『데살로니가인들과 모두를 위한 바울의 복음』 (서울: 두란노, 2024), 436-461.
123. S. Westerholm, *Perspectives Old and New on Paul: The 'Lutheran' Paul and His Critics* (Grand Rapids: Eerdmans, 2004), 361.
124. 오래전 유대 기독교와 이방 기독교의 대립 구도 속에서 바울을 파악했던 F. C. Baur는 이 서신 또한 바울이 아닌 다른 사람에 의한 모작으로 간주했다. *Paul the Apostle of Jesus Christ*, Vol. 2 (Peabody: Hendrickson, 2002(1875)), 85-97. cf. 제2장 미주 62 참조.
125. 김세윤, *Paul and the New Perspective* (Grand Rapids: Eerdmans, 2004), 99: "the version of the gospel that he preached to the gentiles when there was no controversy with Judaizers(유대주의자들과의 논쟁이 없었을 때 선포했을 법한 그런 형태의 복음)."
126. R. Riesner, *Paul's Early Period* (Grand Rapids: Eerdmans, 1994), 363-364는 길어야 2-4개월 정도였으리라고 추정한다.
127. 데살로니가 교회의 형성 과정과 방식에 관한 유익한 연구로는 Malherbe, *Thessalonians*, 5-33이 있다. 위에 언급한 R. Riesner의 연구는 바울의 데살로니가 사역에 관한 보다 역사적 관점의 논의를 담고 있다.
128. 이 단어는 영어 orphan('고아')의 어원으로서, 강제적인 헤어짐의 아픔을 강하게 전달한다. *BDAG*, 119-120; C. H. Wanamaker, *The Epistles to the Thessalonians* (Grand Rapids:

Eerdmans, 1990), 16.
129. 사도행전에 의하면 실라와 디모데는 베뢰아에 남은 채 바울만 아테네로 갔고, 바울은 길잡이 역할을 해준 베뢰아의 성도들에게 실라와 디모데를 자기에게 보내도록 부탁하였다(행 17:14-15). 두 기록 사이의 표면적 차이를 조화시킬 방법은 있겠지만, 그러자면 진위를 확인할 수 없는 여러 역사적 가설이 필요할 것이다.
130. 예를 들어 고린도 교회 내에 부활에 관한 오해로 문제가 발생하지 않았다면, 우리는 부활에 관한 고린도전서 15장의 소중한 가르침을 갖지 못했을 것이다.
131. A Malherbe, "Exhortation in First Thessalonians" in *NovT* 25 (1983), 238-256(254).
132. Baur, *Paul*, 85 ff. 여기서 그는 다른 서신에서 '부수적'이던 것이 데살로니가전서에서는 '핵심적'인 내용이 되었다고 말한다. 물론 우리의 연구 목적은 이런 판단이 피상적 관찰의 결과임을 보이려는 것이다.
133. Malherbe, *Thessalonians*, 68-78.
134. 바울에게 있어 소위 '케뤼그마(선포)'와 '디다케(도덕적 교훈)'는 사실상 구분되지 않는다는 사실은 오래전에 이미 분명히 확인되었다. V. Furnish, 김용옥 역, 『바울의 신학과 윤리』 (서울: 대한기독교출판사, 1982), 100-118.
135. 굳이 구분하려 들자면 도덕적 요소가 더욱 분명히 드러날 것이다. Wanamaker, *Thessalonians*, 106-107.
136. Malherbe, *Thessalonians*, 60; Baur, *Paul*, 85.
137. 동역자 파송은 직접적인 목회가 불가능할 때 바울이 가장 선호한 방법의 하나다(고전4:17; 16:10-12; 고후2:12-13; 7:5-7; 8:6, 16-24; 빌2:19-30 등).
138. 편지는 바울의 실제 사역의 한 부분으로 간주될 수 있다. 그런 의미에서 바울의 서신들은 모두 '목회서신'이다. Beker, *Paulus: Der Apostel der Völker* (Tübingen: Mohr Siebeck,1998), 7-8.
139. 위 미주 136을 보라.
140. 물론 이는 신뢰에 대한 진술을 넘어 '너희들을 믿는다'라는 식의 수사적 권면이 된다(cf. 갈 5:10). cf. Wanamaker, *Thessalonians*, 277.
141. 성도들이 모범적인 자태를 유지하고 있는 상황에서 성령에 관한 긴 논의는 무의미했을 것이다. 반면 실제 성도들의 태도가 심각한 문제를 드러내고 있는 갈라디아서의 경우 성령 혹은 성령을 좇아 살아가야 할 것에 관한 논증이 서신의 핵심을 차지하고 있는 것을 볼 수 있다.
142. 바울의 사역에서 성령의 중심적 역할에 관해서는 졸고, "바울과 성령", 『개혁신학』 17 (서울: 웨신출판부, 2005), 59-86을 참고하라.
143. 모범을 보이는 것은 실제 바울 사역에서 하나의 핵심적 요소였다. 따라서 바울의 권면은 종종 "나를 본받으라"는 말로 요약되곤 한다(갈4:12; 고전4:16; 11:1; 빌3:17 등). 물론 이는 그리스도를 본받으려는 바울의 열정을 전제한 것이다(고전11:1). M. J. Gorman, *Apostle of the Crucified Lord* (Grand Rapids: Eerdmans, 2004), 154-155. 또한 김광건 편, 『하나님 나라와 리더십』 (서울: 웨신출판부) 145-175에 실린 졸고, "바울과 십자가의 리더십"을 참고하라.

144. E. Richard, "Early Pauline Thought" in J. Bassler, ed., *Pauline Theology: Thessalonians, Philippians, Galatians, Philemon* (Philadelphia: Fortress, 1991), 35.
145. cf. 최갑종, "신약의 성령론은 윤리중심적이다", 『바울연구 II』 (서울: CLC, 1997), 361-405.
146. 이 점에서 "바울은 구체적 행동보다는 그를 위한 신학적 동기부여에 더 관심이 있다"라는 Richard의 진술은 별로 도움 되는 방향은 아닌 것으로 보인다. "Early Pauline Thought", 49.
147. 이는 바울의 복음에서 확인할 수 있는 출애굽 모티브의 하나다. 출애굽기의 기록은 출애굽 사건이 바로를 섬기는 삶에서 하나님을 예배하는 삶에로의 변화임을 강조한다.
148. 고전적 연구는 P. Schubert, *Form and Function of the Pauline Thanksgivings* (Berlin: Töpelmann, 1939)이다. 또한 D. E. Aune, *Literary Environment* (Philadelphia: Westminster, 1987), 186도 있다.
149. Wanamaker, *Thessalonians*, 76. 분사구문인 4절은 3절에서 언급된 감사의 이유가 된다. 즉 '여러분들의 택함을 알고 감사한다'라는 뜻이다. 물론 이런 진술은 신학적 선언이라기보다는 목회적 격려에 더 가깝다.
150. Gorman, *Apostle*, 151.
151. 이 구절은 바울이 '복음 전하다'라는 동사를 문자적인 복음 전파와는 다른 의미로 사용하고 있는 유일한 예다. 이는 바울이 이 소식을 얼마나 기쁘게 받았을지 엿보게 하는 대목이다. 물론 성도들의 믿음과 사랑이 그가 전하는 복음의 중요한 핵심이라는 점에서 디모데의 보고를 '복음'으로 간주할 수도 있었을 것이다. 그런 의미에서 이 구절을 근거로 갈라디아서의 '복음' 용어를 일반적인 비기독교적 의미로 해석하려고 하는 나노스의 시도는 근거가 약하다. M. Nanos, *The Irony of Galatians* (Philadelphia: Fortress, 2003), 284-316.
152. 이를 "a lived faith(삶으로 드러나는 믿음)"라는 개념으로 설명하는 Richard, "Early Pauline Thought", 47을 참조하라.
153. 완전무장 비유는 군장의 각 요소를 구분하려는 의도가 아니라, 이 모든 것이 다 같이 필요하다는 사실, 곧 이 모든 자질이 어우러져야 한다는 것을 강조한다. 따라서 개별적인 개념을 한 특정한 장비에 대비시켜 설명하는 것은 바울의 수사적 의도를 오해한 것이다. cf. E. Richard, *First and Second Thessalonians*, Sacra Pagina 11 (Collegeville, MN: Liturgical Press,1995) 264-265. J. Stott는 이 비유가 매우 자유롭게 활용되고 있다는 사실을 관찰했는데, 이 역시 일대일대응 식의 해석이 바울의 의도가 아님을 시사한다. 정옥배 옮김, 『데살로니가전후서 강해』 (서울: NP, 1993), 135.
154. 사도적 기도는 그의 소명 의식의 핵심을 표현하는 경우가 많다. G. Wiles, *Paul's Intercessory Prayers* (Cambridge: CUP, 1974).
155. 이와 비슷하게 S. Westerholm은 '믿음'이 '의무'와 분리될 수 없다고 말한다. *Paul*, 357. 이 책 제6장 3절을 보라.
156. 실질적으로 이는 로마서에서 말하는 믿음의 순종과 비슷한 개념이다(개역개정에는 "믿어 순종하게"[롬1:5]라고 풀어 번역되었다). 여기서 "행위"는 단수로서 믿음과 상반되는 "율법의 행위"를 말할 때 사용된 복수형 ἔργα와는 구분되어야 한다. 이는 바울이 말하는 율법의 행위들

이 일반적인 '도덕적 행위'와는 구분되는 개념임을 시사한다.
157. 여기서 우리는 바울의 "믿음"이 야고보가 말하는 산 "믿음"과 다르지 않다는 것을 확인한다.
158. "믿음의 행위"에서처럼, 믿음과 행위의 자연스런 결합은 율법과 관련된 토론의 문맥에서 등장하는 "율법의 행위" 혹은 "행위" 개념의 올바른 해석을 위해 중요한 자료가 된다.
159. 위 미주 135를 참조하라.
160. 바울서신에서 하나님은 '구원자'보다는 오히려 '부르시는 자'로 더 자주 불린다(가령, 갈1:6,15; 5:8; 롬8:30; 9:11,24 등).
161. 최근 유행하는 몇몇 책들에서 볼 수 있듯이, 부르심 혹은 소명에 관한 관심이 많지만 이들 작품은 정작 부르심이라는 말의 성경적 개념을 제대로 고려하지 않는다. 신약에서 부르심은 거의 대부분의 경우 구원론적 문맥에서의 부르심, 곧 '구원의 부르심' 혹은 '언약 관계로의 부르심'이라는 의미를 갖는다. cf. Rick Warren, *Purpose-Driven life* (Grand Rapids: Zondervan, 2002); Os Guiness, *The Call* (Nashville: Word, 1998). 이들은 모두 한글로 번역되어 많은 사람들에 의해 읽히고 있다.
162. 가령 C. H. Dodd, "The Mind of Paul: A Psychological Approach", *BJRL* 17 (1933), 91-105; "The Mind of Paul: Change and Development", *BJRL* 18 (1934), 69-110 및 이에 대해 비판하는 J. Lowe, "An Examination of Attempts to Detect Development in St Paul's Theology", *JTS* 42 (1941), 129-142를 참고하라. 이후에도 바울 종말론의 발전에 관한 논의는 계속되었다.
163. Becker, *Paulus*, 437.
164. 앞에서 살펴본 바울의 "거룩한 제사" 개념이 말해 주듯, 이 요구는 새 언약이라고 해서 달라지지 않는다. 히브리서는 오히려 더 큰 구원으로 부르심을 받은 만큼 더 큰 심판에 직면할 것이라는 논증을 편다(히2:2-3; 10:28-29; 12:25).
165. 이 점은 독일의 신약학자 캐제만에 의해 특별히 강조되었다. 그는 구원이 선물(Gabe)이며 동시에 사명(Aufgabe)이요, 혹은 은혜이며 동시에 능력이라고 말한다. 가령 Käsemann, "The Righteousness of God in Paul" in *New Testament Questions for Today* (London: SCM, 1969), 163-182. 이 점은 그의 로마서 주석에서 강력하게 논증되었다.
166. Wanamaker, *Thessalonians*, 107. 통속적 '성도의 견인' 교리로 인해 분명하게 인식되지 않고 있지만, 열매 없는 삶이 종말론적 구원에서의 배제를 뜻한다는 것은 성경적 상식이다. 가령 C. Beker, *Paul the Apostle* (Philadelphia: Fortress, 1980), 255-302. 그는 통상적인 "indicative-imperative" 도식이 종말론적 심판을 염두에 둔 "(현재적) indicative-imperative-(종말론적) indicative" 구도로 수정되어야 한다고 말한다. 이는 행위구원론이라기보다는 구원자 하나님의 주권과 권위를 강조하는 차원에서 접근하는 것이 옳다.
167. 이는 바울의 일관된 신념에 속한다(롬2:6-11; 6:21-23; 8:13; 갈6:7-9 등). cf. K. L. Yinger, *Paul, Judaism, and Judgment according to Deeds*, SNTSMS 105 (Cambridge: CUP, 1999). 성도들의 미래적 소망은 현재적 삶의 변화와 "직결되어 있다"라는 Hays의 진술은 옳기는 하지만 매우 모호하다. R. Hays, *The Moral Vision of the New Testament* (Edinburgh: T&T

Clark, 1998), 22.
168. 에베소서 문맥에서 이에 관한 토론을 보려면 졸고, "에베소서에 나타난 구원의 목적", 『개혁신학』 18호(서울: 웨신출판부, 2005), 53-91을 참고하라.
169. 이것이 바울이 말하는 은혜 개념의 핵심이다. 이 책 제7장을 보라.
170. 고린도 교회는 이 점에 있어 문제가 많았다. 그래서 바울은 디모데를 보내 그들이 배운 바울의 행보를 새로이 상기시키고자 하였다(4:16-17).
171. Gorman, *Apostle*, 163.

제4장 성령으로 기다리는 의의 소망: 갈라디아서

172. E. P. Sanders, *Paul and the Palestinian Judaism* (Philadelphia: Fortress, 1977).
173. 가령 C. Beker (*Paul*, 37-58)는 갈라디아서 특유의 실현된 종말론이 바울 본연의 (미래적) 묵시적 비전과 맞지 않는다고 생각하여 이를 해결하기 위해 고심한다. 물론 나는 그를 괴롭게 한 갈라디아서의 실현된 종말론은 잘못된 해석의 결과라고 생각하지만 말이다.
174. 가령 코스그로브는 갈라디아서에서 칭의는 "율법의 무능함"을 보여주기 위한 "중요한 부수적 주제의 하나"로서, "율법의 행위는 성령을 가져다주지 못한다는 논증의 한 부분"으로 등장한다고 주장한다. *The Corss and the Spirit* (Maeon, GA: Mercer, 1988), 143. 비슷한 논증이 C. Stanley, "Under a Curse", *NTS* 36 (1990), 492-495; G. D. Fee, *God's Empowering Presence* (Peabody: Hendrickson, 1995), 368-369; B. Witherington, *Grace in Galatia* (Edinburgh: T&T Oark, 1998), 175,184 등에서도 나타난다. 하지만 이들은 보조적 주제에 지나지 않는 칭의가 왜 그렇게 빈번하게 등장하는지를 전혀 설명하지 못한다.
175. 이 점은 대부분의 주석가들이 인정하는 바다. Becker, *Paulus*, 294; B. H. Brinsmead, *Galatians - Dialogical Response to Opponents* (1982), 75, 87, 188; D. Patte, *Paul's Faith and the Power of the Gospel* (1983), 94, 209. cf. W. Schmithals, "Judaisten in Galatien?" *ZNW* 74 (1983), 47, 50.
176. 로마서 2장 13,20,30절, 4장 24절, 5장 19절, 6장 16절 등은 미래적 칭의 개념을 말하는 것으로 보인다.
177. 가령 Becker, *Paulus*, 49-53.
178. 가령 한국 신학계에 잘 알려진 두 인물의 해석을 들자면 H. Ridderbos, *The Outline of Pauline Theology* (Grand Rapids: Eerdmans, 1975), 161-166; G. E. Ladd, *Theology of the New Testament* (1974), 437-447 등이 있다.
179. "이중적 칭의"(Duncan), "단일한 칭의의 미래적 차원"(Martyn), "칭의라는 과정"(Jeremias, Barrett, Dunn) 등 다양한 개념들이 제안되었다. 칭의에 관한 바울의 진술은 미래면 미래, 현재면 현재라는 분명한 시점을 요구하는 진술들이 대부분이다. 바울이 실제로 이런 복합적 개념을 말하는 구절이 하나라도 있을까?
180. 보다 상세한 논증은 졸저, *Eschatology in Galatians: Rethinking Paul's Response to the Crisis in Galatia*, WUNT II: 183 (Tübingen: Mohr Siebeck, 2004), 51-77을 보라.

181. 동일한 개념이지만 느낌의 차이가 있을 수 있다. 가령 영생은 종종 올바른 삶의 필연적 열매로 제시된다(갈6:7-9; 롬6:22-23; 롬2:6-7; 8:6,13). 이들 개념의 정확한 용법은 더 자세한 연구를 필요로 한다.
182. 가령 홍인규, 『바울의 율법과 복음』 (서울: 생명의 말씀사, 1996), 148.
183. 학계에서는 다른 다양한 해석들이 논의되지만, 이들 이론을 소개하는 일은 이 책의 범위를 벗어난다.
184. 현실적으로 율법에 대한 순종을 지향하는 유대적 경건은 기독교적 경건과 별로 다르지 않다. 따라서 학자들은 실제로는 똑같은 두 경건 사이를 구분해야 하는 문제에 봉착한다. 믿음에 대한 불트만의 실존론적 해석은 이러한 차이를 설명하려는 한 방식이 될 것이다. 그는 율법에 순종하는 것은 "순수한 하나님의 부르심으로부터, 곧 결단으로부터 도피하는 길이라는 것을 바울은 알았다"라고 말한다. 서남동 역, 『역사와 종말론』 (서울: 대한기독교서회, 1968), 58.
185. 많은 이들은 여기서 바울이 "순종으로서의 믿음(신실함)" 개념을 "신뢰로서의 믿음"으로 바꾸고 있다고 생각한다. Betz, *Galatians*, 141; Fung, *Galatians*, 135. 하지만 그렇다면 바울이 5장 6절과 같은 말을 했겠는가?
186. 이런 입장에서는 인간의 믿음조차 무의미해진다. R. Hays, *Faith of Jesus Christ*, SBLDS 56 (Chico: Scholars Press, 1983); B. Longenecker, *The Triumph of Abraham's God* (Edinburgh: T&T Oark, 1998). 하지만 참고로 B. Matlock, *De-theologizing the PISTIS XRISTOU Debate*, NovT42 (2000), 1-23를 보라.
187. J. Eckert, *Die urchristliche Verkündigung im Streit zwischen Paulus und seinen Gegnern nach dem Galaterbrief* (Regensburg: Friedrich Pustet, 1971), 134; H-J. Eckstein, *VerheiBung und Gesetz: Eine exegetische Untersuchungen zu Galater 2,15-4, 7* WUNT 86 (Tübingen: Mohr Siebeck, 1996), 248-249.
188. 한 예를 들자면 J. Barclay, *Obeying the Truth* (Edinburgh: T&T Clark, 1988), 60-74가 있다.
189. 선동자들의 입장에서 율법은 믿음을 반대하는 것이 아니라 보충하는 것이다. J. L. Martyn, *Theological Issues in the Letters of Paul* (Edinburgh: T&T Clark, 1997), 7-24, 141-156.
190. 이 점은 D. Guthrie, *Galatians*, 61; Dunn, *Galatians*, 40 등에 의해 인식되었다.
191. Barclay, *Truth*, 204. 하지만 B. Longenecker, *Triumph*, 239의 견해도 있다.
192. Keck, *Paul*, 101; Frey, "Antithese", 45. 또한 H. Cassirer, 탁영철 역, 『은혜와 율법』 (서울: 새순출판사, 1993), 76-77도 참고하라.
193. R. Jewett, "The Agitators and the Galatian Congregation", *NTS* 17 (1971), 198-212.
194. Fung, *Galatians*, 261-262; Fee, *Presence*, 443. 이 점은 특히 '성도의 견인' 교리를 소중히 여기는 개혁주의적 입장의 주석가들이 자주 드러내는 약점이라 할 수 있다.
195. 아마 Fung의 의도에 제일 잘 맞는 본문은 고린도후서 13장 5절일 것이다. 하지만 거기서도 바울의 목회적 의도는 분명히 드러난다. 바울의 의도는 회심자들의 신앙의 진정성을 시험하려는 것이 아니라, 그들이 더 나아지도록 자극하는 것이다.

196. Betz, *Galatians*, 28-29; Gundry-Volf, *Paul and Perseverance* (Tübingen: J.C.B. Mohr, 1990), 141-154.
197. Barclay가 말하듯, 할례는 "논의의 여지가 없는 한 가지 사실"로서 "갈라디아의 위기를 파악하는 확고한 기초"가 된다. *Truth*, 45-46.
198. Eckert, *Verkündigung*, 40에서 재인용. 최근 Nanos(*Irony*, 58)는 "할례를 통해 언약 백성이 되는 복음"과 "할례 없이 언약 백성이 되는 복음"의 양립 불가능성에 관해 말한다.
199. L. Johnson, *The Writings of the New Testament: An Interpretation* (Philadelphia: Fortress Press, 1986), 94.
200. 이 분사가 수동태인지 중간태인지에 따라 의미가 달라질 수 있지만, 어느 경우든 사랑과 믿음이 하나로 결합된다는 사실 자체는 변하지 않는다(cf. 살전1:3; 5:8).
201. 이것은 2장 19-20절을 이신칭의에 대한 윤리적 변호로 간주하려는 경향과 통한다. 하지만 2장 19-20절은 칭의론 자체의 일부며, 그 점에 있어서는 5장 6절 역시 마찬가지다.
202. 따라서 할례로 인한 위협이 가시적이 아닌 상황에서 할례는 배설물처럼 무익하긴 하지만, 반드시 해로운 것일 필요는 없는 것으로 묘사된다(3:4-9). 또한 로마서에서는 할례가 보다 긍정적인 관점에서 묘사된다. 할례는 갈라디아서에서처럼 칭의의 반대편이 아니라 칭의의 표징이다(4:11). 구체적으로 설명하지는 않지만, 할례 또한 그 나름의 유익이 있는 것으로 간주되기도 한다(3:1).
203. 바울의 율법관은 바울신학에서 가장 어려운 문제로 꼽힌다. 다양한 관점을 개관해 볼 수 있는 최근의 논의 중 하나를 들자면 S. Westerholm, *Perspectives Old and New: The 'Lutheran' Paul and His Critics* (Grand Rapids: Eerdmans, 2004)가 있다. 이 책은 전통적 입장에 대한 가장 탄탄한 변증서로 꼽힌다.
204. B. Longenecker, "'Until Christ Is Formed in You': Suprahuman Forces and Moral Character in Galatians", *CBQ* 61 (1999), 92-108. 그는 선동자들에 관한 바울의 묘사가 5장 19-21절에 묘사된 "육체의 행위들"과 의도적으로 연결된다는 점을 설득력 있게 보여준다.
205. I. Hong, *The Law in Galatians*, JSNTSS (Sheffield: JSOT Press, 1993), 61, 149-169 및 "갈라디아서에 나타난 '율법 아래' 상태", 『신약신학저널』 제2권 4호 (2001) 411-441; T. Schreiner, *The Law and Its Fulfillment: A Pauline Theology of Law* (Grand Rapids: Baker Books, 1993), 77-81 등.
206. G. Ebeling, *The Truth of the Gospel: An Exposition of Galatians*, Trans. David Green, (Philadelphia: Fortress Press, 1985), 258; Fee, *Presence*, 441.
207. 첫 칭의론의 결론으로 등장하는 2장 20절은 5-6장에 제시된 실천적 논의를 미리 예견한다. 갈라디아서를 교리와 실천으로 구분하는 것이 무의미함을 잘 보여주는 대목이다.
208. cf. 에스겔 37장 1-14절. 이 구절에는 "내 영을 주리니 너희가 살리라"는 말이 반복되고 있다 (6,14절. 37:10; 39:29).
209. D. Lull, *The Spirit in Galatia: Pauls Interpretation of Pneuma as Divine Power*, SBWS 49 (Chico, CA: Scholars Press, 1980), 113-130.

210. 이에 대한 학자들의 논의는 대부분 이 "법"이 모세 율법 및 예수 전통과 어떤 관련이 있는가 하는 문제에 관한 것이다. 간략한 논의를 보려면 Barclay, *Truth*, 125-145; Hong, *Law*, 173-183를 보라.
211. B. Longenecker, "Until Christ Is Formed", 106.
212. 정체성과 관련된 율법의 '사회학적' 기능에 초점을 맞추는 Dunn의 '새로운 관점'은 이 정체성이 궁극적으로 구원론적 관심으로 수렴된다는 사실을 다소 소홀히 취급하는 것 같다.
213. 세례요한과 예수님의 설교에서 볼 수 있듯, 이는 바울뿐 아니라 하나님 나라의 도래를 앞두고 회개를 강조한 초대 기독교의 핵심적 메시지였다.
214. 성령 체험에 관한 언급이라는 점에서 3장 14b절은 3장 1-5절과 통한다. 일종의 수미상관 구조라 할 수 있다.
215. S. Williams, "Justification and the Spirit in Galatians", *JSNT* 29 (1987), 96-97; Cosgrove, *Cross*, 65-69.
216. 약속과 성령의 동일한 기능은 4장 21-31절에서 더욱 분명해진다. 이는 성령이 문자적 의미에서 아브라함 약속의 내용이었다는 말이 아니라, 오늘날 성령의 역할과 아브라함 당시 약속의 역할이 기능적으로 동일하다는 발견의 표현이다. 이를 위해 졸저, *Eschatology*, 제5장을 보라.
217. Fee, *Presence*, 402, 404-405; Martyn, *Galatians*, 391.
218. 3장 14절 이후 4장 6절에서 처음으로 성령을 다시 언급하고 있다.
219. Lull, *Spirit*, 126; Cosgrove, *Cross*, 152 등을 보라.
220. 갈라디아서의 다양한 주제들이 이 논증에 함께 등장한다. 따라서 이 논증이 갈라디아서 전체의 논증을 하나로 묶는 절정에 해당한다는 주장에는 어느 정도 일리가 있다. D. Boyarin, *A Radical Jew: Paul and the Politics of Identity* (Berkeley: University of California Press, 1994), 32.
221. Fee, *Presence*, 383.
222. 곧 성령의 신학적 의미에 초점을 맞춘다. Lull, *Spirit*, 38, 42-43.
223. 현재성을 강조하는 학자들이 이 진술의 미래적 논조를 무시하는 것은 불가피한 현상이라 하겠다.
224. 혹은 신비종교적 언어로, 혹은 선동자들의 프로그램으로 파악하기도 한다. Lull, *Spirit*, 76, n.13; 135, n.7; Jewett, "Agitators", 206-207.
225. Dunn, *Galatians*, 155-156; Barclay, *Truth*, 85 등.
226. 이 진술은 뿌림과 거둠의 그림 언어로 성령과 종말에 관해 설명하는 6장 7-9절과 통한다.
227. 바울은 이삭의 경우(약속)와 갈라디아인들의 경우(성령) 사이에서 하나님의 초자연적 간섭이라는 공통 분모를 보았다.
228. 비록 표현 자체는 사용되지 않았지만, 이는 성령이 구원의 "보증" 혹은 "첫 열매"라는 말과 같다(롬8:23; 고후5:5; 엡1:14).
229. 가령 B. Longenecker, *Triumph*는 한 번도 5절을 언급하지 않는다.

230. Matera, *Galatians*, 189; Fee, *Presence*, 419-420.
231. Barclay, *Truth*, 93. 소망이 정체성의 한 중요한 요소임을 부인할 수 없지만, 이것이 바울 논의의 핵심이라는 주장으로 비약할 수는 없다.
232. Paulsen, *EDNT* 2:208.
233. Betz, *Galatians*, 263, n. 94; Mussner, *Galater*, 351-352: "의의 소망을 가져다줄 수 있는 능력."
234. Betz, *Galatians*, 264: "오직 이 사랑만이 기독교인의 종말론적 소망의 기초가 된다"(5:25-6:10).
235. Cosgrove, *Cross*, 150. 하지만 그는 칭의의 중요성을 부인함으로써 이 관찰의 의미를 축소한다.
236. 17절의 해석은 매우 어렵다. 가능한 해석들을 보려면, Barclay, *Truth*, 112-115를 보라. 위의 결론은 대부분의 주석가들이 동의하는 수준의 결론이다.
237. C. K. Barrett, *Freedom and Obligation* (London: SPCK, 1985), 46.
238. 로마서 8장에서 성령의 내주하심은 성령을 따라 행하는 것(4절)과 영으로 몸의 행실을 죽이는 것(13절)과 같다.
239. Fee, *Presence*, 443; Lull, *Spirit*, 175.
240. 이 점에 관해서는 D. J. Hester, *Paul's Concept of Inheritance*, JSTOP 14 (Edinburgh: Olive and Boyd, 1968), 86; Yinger, *Paul, Judaism, and Judgment according to Deeds* (Cambridge: CUP, 1999), 247; Watson, *Paul, Judaism and the Gentiles* (Cambridge: CUP, 1986), 64 등을 보라.

제5장 모든 믿는 자를 구원하는 하나님의 능력: 로마서

241. 가령 1장 11절의 강력한 진술이 12절에서 부드럽게 재진술되고 있는 점, 혹은 15장 14-15절에서 자신의 로마서 저술에 관해 조심스럽게 설명하는 점 등이 이를 잘 보여준다. Käsemann, *Romans*, 18-19.
242. J. D. G. Dunn, *Theology of Paul the Apostle* (Grand Rapids: Eerdmans, 1998), 1.5. J. Becker는 자기 복음을 다양한 방식으로 제시할 수 있었던 바울이 로마서에서는 "논문을 쓰듯 기술적(記述的)으로(trakthaft beschreibend)" 복음을 개진하고 있다고 말한다. *Paulus: Der Apostel der Völker* (Tübingen: Mohr Siebeck, 1998), 371. 물론 로마서가 '조직적'이라는 것은 상대적으로 그렇다는 뜻이다.
243. 가령 고전1:1; 고후1:1a; 갈1:1; 엡1:1a; 빌1:1a; 골1:1 등을 보라. 바울서신에서 형식적 파격은 서신의 성격에 관한 주요한 단서가 될 수 있다.
244. 이 단어의 통상적 의미는 '임명하다'이다. 개역개정 및 여러 번역들은 양자론적 시비를 의식하여 '인정되었다' 혹은 이와 비슷한 의미로 옮긴다. cf. Käsemann, *Romans*, 11.
245. J. D. G. Dunn, *Romans 1-8*, WBC (Dallas: Word, 1988), 14.
246. N. T. Wright, 박문재 역, 『하나님의 아들의 부활』 (고양: 크리스챤다이제스트, 2005), 403.
247. 로마서 4장에서 보듯, 예수님의 부활은 아브라함과 사라의 '죽은' 몸이 '부활'한 것과 유형론

적으로 상통한다. 그래서 하나님께서는 "죽은 자를 살리시며 없는 것을 있는 것 같이 부르시는" 분으로 이해된다. 아브라함의 믿음에 관해 다루는 이 책 6장의 논의를 보라.
248. Dunn, *Romans 1-8*, 15.
249. 갈라디아서에서 그리스도는 "여자에게서 나신" 분, 곧 "율법 아래 나신" 분으로서 율법 아래 있는 자들을 속량하는 분으로 묘사된다(4:4-5).
250. 이 책 제7장 미주 404를 보라.
251. 이런 인식은 5장이 이전 논증의 결론이냐, 이어지는 논증을 위한 도입이냐 하는 해묵은 논쟁을 해소시켜 준다.
252. 고린도전서에서 하나님 나라는 분명 미래적 개념으로 제시된다(6:9-10; 15:50). 그렇다면 이 구절의 전치사도 대부분의 번역에서처럼 장소적 의미가 아니라 미래의 하나님 나라에 들어가기 위한 방식을 설명하는 수단적 의미로 간주하는 것이 훨씬 자연스러울 것이다. 권연경, "능력으로 상속하는 하나님 나라(고전 4:20)", 「신약논단」 15(2008), 987-1016.
253. 이 책 7장 5. 1) "은혜와 능력"을 보라.
254. J. Stott, 『로마서 강해』, 58. 가령 로마서 6장을 보라.
255. Stott, 『로마서 강해』도 이 두 절 간의 논리 관계를 인식하지만, 구체적 설명에는 잘 반영되지 못하고 있다. 하지만 80-81쪽을 보라.
256. Käsemann, "Righteousness", 170-176; idem, *New Testament Questions for Today* (London: SCM, 1969/1965), 168-182; idem, *Romans*, 28-29. Dunn, *Romans 1-8*, 41-42.
257. 아래의 논의에 더하여 '믿음'에 관한 이 책 제6장을 보라.
258. 18절 문두의 접속사 γάρ는 17절과 18절이 엄격히 분리되지 않음을 보여준다.
259. Stott, 『로마서 강해』, 89; Dunn, *Romans*, 43; Stuhlmacher, *Romans*, 40. 하지만 이와 다른 견해로 Becker, *Paulus*, 379도 있다.
260. 권연경, "하나님의 진노는 현재적인가?" 「신약연구」 13(2013), 273-301.
261. Dunn, *Paul*, §4.4.
262. 로마서 2장과 지혜서(특히11-15장) 간의 언어적 유사성은 자주 논의된다. 가령 Chae, *Paul*, 73-94.
263. 격렬한 논의의 물꼬를 튼 것은 당연히 E. P. Sanders의 *Paul and the Palestinian Judaism* (Minneapolis: Fortress, 1977)이다(제4장 미주 172 참고).
264. 이 대목에서 바울의 유대교 비판은 거의 한국교회에 대한 비판으로 읽어도 무리가 없을 것 같다.
265. 세례요한 역시 "아브라함의 자손"들로서 "회개에 합당한 열매" 없이도 "장차 올 진노"를 피할 수 있다고 믿던 유대인들을 "독사의 자식들"이라 부르며, 그들의 자가당착을 신랄하게 공격한다(눅3:7-9; 마3:7-10). 물론 그리스도인들 또한 이런 착각에서 자유롭지 않으며, 따라서 신약은 성도들에게 같은 경고를 자주 말하고 있다(가령, 갈5:19-21; 6:7-9). 권연경, 『위선』, 제4장.
266. 이는 유대인들이 장차 이방인들을 심판할 것이라는 유대교의 종말론적 기대를 정면으로 뒤

집는다는 점에서 유대인의 민족적 자긍심을 건드리는 매우 자극적인 비판으로 받아들여졌을 것이다. 물론 이방인들의 율법 준수는 현 단계에서는 순전한 가정에 속하겠지만, 여기서 드러나는 신학적 원칙은 결코 가정된 것이 아니다(cf. 롬8:4).
267. 바울서신에서 이는 "마음을 새롭게 함"(롬12:2), "그리스도의 할례"(골2:11), "중생의 씻음" 혹은 "성령의 새롭게 하심"(딛3:5) 등과 통한다. 제2장 미주 91을 보라.
268. Westerholm, *Paul*, 387. 권연경, "마음의 할례와 행위", 「신약연구」 7(2008), 311-340.
269. 계시록 2장 23절에서 "생각과 마음을 살핀다"라는 것은 우리의 '행위를 따라 갚아준다/심판한다'라는 말과 같은 의미로 사용되고 있음을 기억하면 이해가 쉬울 것이다.
270. 우리 식으로 말하자면 신동엽 시인이 "사월도 알맹이만 남고 껍데기는 가라"고 말했을 때 알맹이-껍데기 구분과 비슷하다.
271. (영 혹은 율법 조문에) '있다'라는 개정개역의 장소적 표현은 '통하여 (이루어진다)'라는 수단적 의미로 이해되어야 한다(새번역 참조). "율법 조문"은 '문자, 글자'라는 의미인데, 바울이 의도한 의미는 '힘 없는 글자 나부랭이' 정도가 될 것이다.
272. 6절은 시편 62편 12절(잠24:12)의 인용이다. 행위 심판 사상은 바울을 비롯하여 신약 전반에 걸쳐 나타나는 근본적인 신념에 속한다.
273. Westerholm, *Paul*, 267-269; Gorman, *Apostle*, 354-355.
274. 졸저, *Eschatology in Galatians* 제3장을 보라.
275. 마태복음과 야고보서에 관한 이 책 1장을 볼 것.
276. K. Snodgrass, "Justification by Grace-To the Doers: An Analysis of the Place of Romans 2 in the Theology of Paul", *NTS* 32 (1986), 72-93.
277. cf. J. Becker, *Paulus*, 42-53.
278. 갈라디아서와 마찬가지로 복수형 "율법의 행위들"이다.
279. 갈라디아서와 마찬가지로 이 소유격 구문은 '예수 그리스도의 믿음', 곧 '예수 그리스도 자신이 보여주신 신실함'으로 해석할 수도 있다. 치열한 논쟁의 주제지만, 여기서 다룰 수는 없다. 우리는 '전통적' 해석, 곧 예수님을 믿는 믿음을 가리킨다는 입장에서 이야기를 풀어간다. 논쟁에 관한 개관으로는 Michael Bird and Preston M. Sprinkle 편, *The Faith of Jesus Christ: Exegetical, Biblical, and Theological Studies* (Peabody, MA: Hendrickson, 2010).
280. 이 전통적 견해에 대한 최근의 변호로는 Kim, *Paul*, 57-66; Westerholm, *Perspectives*, 300-320이 있다.
281. 바울의 경우 접속사 διότι는 대부분 앞 진술에 근거한 추론 및 결론을 나타낸다.
282. 전통적 해석은 이 부분에서 문제가 있다. 가령 김세윤 교수는(*Paul*, 58) "율법의 행위"가 "율법을 지키려고 헌신하지만 실패하는" 상황을 묘사한다고 생각한다. 하지만 그가 그 근거로 제시하는 2장 17-24절과 3장 9-18절 등은 율법 준수의 의도조차 없다는 사실에 대한 비판이다. 실재하지 않는 율법 준수 개념이 바울 논증의 핵심일까? 그렇다면 바울의 논증은 '완벽한 순종'을 요구하는 쪽으로 흘러야 하지 않았을까?
283. 바로 아래 4절의 설명과 제7장 3절을 보라.

284. 이것이 K. Stendahl이나 최종상이 제시하는 논지다. 제2장 미주 61을 보라.
285. 개역개정의 "한 의가"라는 번역은 마치 하나님의 의가 여럿인 것 같은 인상을 주어 어색하다.
286. 바울의 핵심적 의도는 구원이 행위를 요구한다는 것을 공박하려는 것이 아니라, 하나님의 구원 과정에는 일체의 종교적, 인종적 자랑이 불가능하다는 사실을 강조하려는 것이다. Gorman, *Apostle*, 360.
287. 여기서 칭의는 현재적 개념이다. 이 변화의 의미는 이어지는 논의에서 다루어질 것이다.
288. "그런즉" 혹은 "그렇다면"이라는 접속사는 1-8절에서 당연한 사실(이신칭의)을 재확인한 후, 논란이 되는 이슈(이신칭의에 율법의 행위/할례가 어떤 의미가 있는가?)로 넘어가는 움직임을 나타내는 것으로 보인다.
289. 현재의 칭의가 미래 구원의 근거라는 사실은 5장 1-11절, 6장 그리고 8장에서 집중적으로 다루어진다. 이는 곧 복음에는 하나님의 의가 나타나기 때문에 이 복음은 모든 믿는 자를 (미래적) 구원에 이르게 하시는 하나님의 능력이 된다는 주제문의 다소 다른 표현일 뿐이다.
290. 아브라함의 믿음에 관한 아래 6장의 논의를 보라.
291. "행위"라는 한글 번역은 자동적으로 (도덕적) 행위를 연상시키지만, 바탕이 되는 헬라어는 반드시 그렇지는 않다. 같은 단어가 가령 갈라디아서 5장 19절에서는 "(육체의) 일탈"로 번역되었다.
292. Dunn, *Romans*, 582.
293. 위 미주 289를 보라.
294. 이를 위해서는 졸저, *Eschatology*, 71-73을 보라.
295. 바울의 구원론을 설명하기 위해 학자들이 자주 사용하는 "예기적(anticipatory)" 혹은 "선취적(proleptic)" 등의 개념은 오히려 바울의 생각을 더 복잡하게 만드는 것 같다.
296. 개인적인 불만이겠지만, 학자들이 고안해 낸 "세대의 중첩" 혹은 "미래의 현존" 등과 같이 지나치게 역설적인 개념은 멋있게 들리긴 하지만, 구체적 설명의 효과는 별로 없어 보인다. 이런 식의 막연한 표현보다는 현재와 미래의 실제적 관계를 더 구체적으로 규명하는 것이 유익하지 않을까?
297. 5장 초반에서 미래의 구원은 "우리 주 예수 그리스도로 말미암아"(5:1,2,9,11) 가능한 것으로 제시되고, 그 이후 바울의 논증은 거의 바로 이 점에 관한 상세한 주석으로 읽힐 수 있다. 로마서 논증의 기독론적 중심을 강조하는 B. Childs, *The New Testament as Canon* (Philadelphia: Fortress, 1985), 253-255를 보라.
298. 여기서 내가 '구원의 과정'이라는 익숙한 표현을 피하고 있음에 유의하라. 구원이 우리의 회심 상황과 관련하여 쓰일 수도 있고(에베소서, 골로새서, 목회서신) 미래의 구원에도 사용될 수 있지만(데살로니가서, 고린도전서, 로마서), 구원 자체를 하나의 '과정'으로 묘사하는 것은 바울의 의도가 아닌 것 같다. 현재와 미래의 차원을 종합하기 위해 칭의를 하나의 과정으로 설명하려는 시도 역시 실제 바울의 진술로 정당화하기는 어려울 것이다. cf. Dunn, *Paul*, 386-389.
299. 여기서 우리는 '믿음장'으로 잘 알려진 히브리서 11장을 '소망장'이라 불러도 아무 손색이 없

다는 사실을 생각해 볼 수 있을 것이다.
300. Gorman은 칭의 개념을 "하나님의 현재적 화해"와 "미래 구원에 대한 소망"이 포함된 것으로 정의한다. Gorman, *Apostle*, 365.
301. 바울의 관심사는 원죄가 아니라 죄의 보편성이다. Gorman, *Apostle*, 366.
302. 히브리어로 '아담'은 '사람'이라는 의미의 보통명사이기도 하다.
303. Cranfield, *Romans*, 287. 개역개정은 "의롭다 하심"으로, 표준새번역은 "무죄선언"으로 옮겼다.
304. 16절의 "디카이오마"는 (율법의) "제도"(2:26), (그리스도의) "의로운 행동"(18절), (율법의) "요구"(8:4) 등으로 번역되었다. 이는 의롭다 하심을 의미하는 '디카이오시스'와는 구별된다. 18절에서 그리스도의 의로운 행동을 의미한 단어가 16절에서 다른 뜻을 가진다는 주장은 설득력이 없다. 본 구절의 대조는 범죄/의로움, 곧 6장에서 말하는 죄의 종/의의 종 사이의 대조다.
305. 여기서 "실제로 이런 주장을 펴는 사람들이 있었는가?"라는 역사적 질문은 크게 중요하지는 않다. 아마 이런 태도는 은혜를 의지하는 모든 이들 속에 내재한 위험이라는 사실을 인식하는 것이 더 중요할 것이다.
306. 초대교회에서 세례는 분명 단순한 상징 이상이었지만, 여기서 바울은 세례 의식 자체를 생각하고 있지 않다는 사실이 분명해 보인다. 바울의 논증은 성례전적이라기보다는 기독론적이며 실존적이다. 로마서 6장의 세례에 관한 유익한 논의를 보려면 G. R. Beasley-Murray, *Baptism in the New Testament* (Carlisle: PaterNoster, 1972/1997), 126-146을 참고하라.
307. 문자적으로 "그리스도 안으로 세례를 받았다"라는 표현이다.
308. 이것을 부활이라 부를 것인지 아닌지는 그리 중요한 문제가 아닐 것이다.
309. 여기서 "의롭다 하심을 얻는다"라는 말은 사실상 '해방한다'라는 의미에 접근한다. 바울이 생각하는 칭의의 핵심이 죄와의 결별에 있음을 잘 보여주는 부분이다.
310. J. Stott는 여기서의 죽음이 죄의 세력의 죽음이 아니라 죄책에 대한 죽음이라고 주장한다. 그 근거의 하나로 그는 우리가 죄에 살았다가 죽는 것처럼 그리스도께서 이전에 죄에 대해 살아계신 분일 수 없다는 점을 내세운다. 이 말 자체는 정당하지만, 그리스도의 죽음과 우리의 죽음이 모든 면에서 일치해야 한다는 그의 전제는 지나친 것이다(219). 『로마서 강해』, 218-222.
311. Gorman, *Apostle*, 370.
312. Westerholm은 그런 점에서 지상적 삶은 "an interim character"를 띤다고 말한다. *Perspectives*, 80.
313. "삯"으로 번역된 단어는 '임금'인데, 여기서는 '필연적' 결과 혹은 '응분의' 대가를 가리킨다.
314. cf. Watson, *Paul*, 147-148.
315. 가령 6장에 대한 Käsemann의 주석을 보라.
316. 이런 진술은 이 단락이 회심 이후의 상태라는 견해를 지탱하기 어렵게 만든다. 이 구절에 관한 논쟁의 역사가 오우성, 『바울의 갈등과 회심』(서울: 대한기독교서회, 1992)에 정리되어

있다.
317. Stendahl, *Paul*, 92-93은 이 단락을 "율법의 거룩함과 선함에 관한 아주 특정한 논증"이라고 부른다. 하지만 율법의 선함을 보이는 것이 목적이었다면 바울이 이처럼 복잡한 그림을 그릴 필요가 있었을까?
318. 거룩한 율법에 대한 바울의 불만의 핵심은 그 율법의 효력(the efficacy of Torah)과 관련된 것이었다. Westerholm, *Perspectives*, 270, n. 21.
319. "죄를 정했다"라는 말은 정확하게 죄를 '정죄했다'라는 표현이다. 육신의 죽음은 죄의 세력 자체를 정죄하고 헤치는 사건이었음을 나타내는 표현이다. 갈라디아서 5장 24절은 이런 생각을 회심에 적용하고 있다.
320. 따라서 2-4절의 근거를 배제한 채 1절만 따로 떼어 '사죄의 선언'으로 활용하는 관행은 매우 위험하다.
321. 이 책 6장의 부활과 성령에 관한 논의를 참조하라.
322. 여기에 관한 나의 간단한 묵상이 "믿음과 착각", 『복음과 상황』, 191호, 26-27에 실려 있다. 권연경, 『네가 읽는 것을 깨닫느뇨?』, 195-207.

제3부 새롭게 보는 바울 복음의 핵심 코드: 믿음과 은혜

제6장 믿음: 하나님의 부활의 능력

323. 개역개정의 "이르게 하나니"는 원문에 없는 첨가다. "믿음에서 믿음으로"는 복음에 하나님의 의가 나타난다는 진술을 수식하는 것으로 '순전히 믿음에 의하여' 정도의 의미일 것이다. 표준새번역을 참고하라.
324. 로마서에서 보더라도 '믿음'은 5장 1절 이후 거의 자취를 감추었다가 칭의 개념이 재등장하는 9-11장에 가서야 다시 나타난다. 이는 로마서에서 '믿음'이 칭의와 관련한 어떤 특별한 문제를 겨냥한 개념임을 강하게 시사한다.
325. 가령 D. Campbell, "Romans 1:17 - A Crux Interpretum for the PISTIS CHRISTOU Debate", *JBL* 113/2 (1994), 265-285. 강한 논증이지만, 문맥의 중요성을 부각하는 그가 '모든 믿는 자'라는 명백한 인간학적 표현을 전혀 고려하지 않는다는 사실은 기독론적 '믿음'에 대한 그의 논증을 매우 취약한 것으로 만든다. 이 책 제5장 미주 186을 참조하라.
326. '예수 그리스도의 신실하심'을 주장하는 이들은 이 신실하심을 본받는 것이 우리의 믿음이라는 점에서 윤리적 함의가 더욱 분명히 드러난다고 말한다. 실제 논란이 되는 구절들이 '그리스도의 믿음'으로 해석되는 것이 옳다면 매우 설득력 있는 주장일 것이다. 하지만 바울은 과연 그리스도의 신실하심이 칭의의 근거라고 말하는가? 전통적 입장의 변호로서는 Dunn, *Paul*, §14.8을 보라.
327. J. Becker, *Paulus*, 438.
328. 이는 예를 들어 그의 갈라디아서 주석에서 강력하게 피력되고 있다.

329. 슈바이처 혹은 보다 최근의 샌더스처럼, 바울 복음의 핵심을 "그리스도 안에서" 이루어지는 그와의 "신비적 연합" 개념에서 풀어보려는 학자들은 칭의론 중심의 바울 해석은 올바른 기독교 윤리에 대한 근거를 제공하지 못한다고 비판한다. 가령 A. Schweitzer, *Mysticism of Paul the Apostle* (London: JHUP, 1931/1998), 225-226 및 E. P. Sanders, *Paul and the Palestinian Judaism* (Minneapolis: Fortress, 1977), 434-474를 보라. 물론 이는 바울의 칭의론을 제대로 이해하지 못한 결과라고 하겠지만, 실제 대부분의 성도들이 피상적 칭의관에 익숙해져 있다는 현실을 생각하면 매우 의미심장한 비판이라고 하겠다.
330. 유명한 감리교 대형교회 목사가 "여러분은 사람 천 명을 죽여도 지옥에 못 갑니다"라고 설교하고, 거기에 거의 전부가 큰 소리로 "아멘" 하는 것을 보면, 이런 염려는 결코 공연한 것이 아니다.
331. 구원은 우리의 행위를 요구하지 않아도 여전히 우리는 삶의 의미를 찾아야 하고 그래서 기독교 윤리는 필요하다. 이를 위해 가장 유용하게 활용되는 개념이 현재적 개념의 '하나님 나라'다. 우리의 윤리를 구원과 직접 연결하지 않으면서도 충분히 의미를 느끼게 해 주는 일종의 묘책인 셈이다. 하지만 바울을 비롯한 신약의 저자들은 우리처럼 '하나님 나라'에 호소할 필요가 없었다. 신자의 삶이 미래 구원과 직접 얽힌 것이라는 사실을 잘 알았기 때문이다.
332. Paul Tillich, 최규택 역, 『믿음의 역동성』 (서울: 그루터기하우스, 2005), 34-35.
333. 김세윤 교수가 지적하는 것처럼, 바울의 칭의론을 유대인의 선민의식과 관련하여 설명하는 Dunn조차도 이 대목에서는 도덕적 성격을 인정한다. Kim, *Paul*, 63.
334. 나는 이런 오류를 '영적축지법'이라고 부른 적이 있다.
335. Sanders, *Palestinian Judaism*, 463-472는 이를 "transfer terminology"라고 부른다. 하지만 "staying in"이라는 개념은 마치 이미 주어진 구원 내에 머무른다는 생각을 암시하므로 마지막 구원이라는 계기의 중요성을 상대화시키는 난점이 있다. 바울의 생각에서 종말론적 구원은 오히려 본격적인 "getting in"으로 간주된다.
336. 앞서 제1장에서 마태복음의 잔치 비유에 관해 설명하면서 나는 "천국은 **아무나** 갈 수 있는 곳이지만 **아무렇게나** 갈 수 있는 곳은 아니다"라고 말한 적이 있다.
337. 8장 18절의 문장은 원래 조건문이다. 곧 그리스도와 '함께 고난을 받는다면(εἴπερ)' 그와 함께 영광을 누리게 될 것이다. 즉 현재 고난의 삶을 인내하며 제대로 살아가는 것이 소망에 이르는 필연적 과정이 된다는 것이다(5:34).
338. '심고 뿌린다'라는 농업적 그림 언어나 '삯'이라는 경제적 그림 언어는 모두 필연적 인과관계를 강조한다. 바울의 진술이 많은 경우 조건문의 형태를 띤다는 사실 또한 깊이 고려되어야 한다.
339. 이것이 거의 정설에 가깝다. 가령 Lincoln, *The Theology of the Later Pauline Letters* (Cambridge: CUP, 1993), 104-105; E. Best, 김정훈 역, 『에베소서』 (이레서원, 2003), 113-116.
340. 갈라디아서와 로마서의 칭의 개념 변화와 관련해서는 졸저, *Eschatology*, 221-222에서 간략히 언급한 적이 있다.

341. 에베소서에서 최종 구원 및 심판은 "속량의 날"(4:30), "그리스도와 하나님의 나라에서 유산을 상속하는 때"(5:5) 혹은 "하나님의 진노가 불순종의 자녀들에게 오는 날", "그리스도께서 모든 것을 밝히고 숨은 것을 드러내시는 날"(5:13-14) 및 "종이나 자유인 할 것 없이 각자 선한 행실만큼 주님께 받게 될 날"(6:8) 등으로 묘사된다. 신자들은 그때까지 완전무장하고 사탄의 술수에 맞서 투쟁해야 한다(6:10-18).
342. 동일한 개념이 현재이기도 하고 미래이기도 한 현상에 근거하여 학자들은 '이미-아직'의 도식을 즐겨 말하지만, 개별 서신의 흐름 안에서 그런 도식을 발견하기는 쉽지 않다.
343. 믿는다는 것은 "생애 전체에 걸쳐 모든 것을 포괄하는 하나님과의 관계 속에 서는 것"이며, 여기서 "그의 최종적이며 항존적 결의는 마지막 구원"에 모인다. J. Becker, *Paulus*, 438.
344. 일상용어에서 '믿음이 좋은' 사람은 행실은 없이 고백만 무성한 사람이 아니라, 실제 행실이 아름다운 사람을 가리킨다. 행실과 분리된 믿음은 추상적 교리로는 존재할 수 있지만, 실제 삶의 과정에서는 무의미한 것이 되는 경우가 많다.
345. Tillich, 『믿음의 역동성』, 188. 물론 정작 틸리히 개인의 삶은 이런 멋진 진술과 맞지 않는다고 느끼는 사람도 많을 것이다.
346. 갈라디아서 3장 9절의 "믿음이 있는"이라는 번역은 교리적 이유로 '신실한'이라는 통상적 번역을 피한 사례다.
347. 물론 여기서 '성경적'이라는 것은 바울의 입장에서 하는 말이다. 우리는 구약이라 부르지만, 바울에게는 이것이 유일한 '성경'이었다.
348. 갈라디아서의 논증도 많은 부분 아브라함 전통에 관한 주석이라는 사실이 이를 잘 말해준다.
349. 예를 들어 Cranfield, *Romans*, 227에 소개된 희년서 23:10; Kidd 4.14; 므낫세의 기도 8 등을 보라. 또한 집회서 44:20-21도 보라. 이 책 제1장에서 살핀 것처럼, 이것은 야고보서에서도 발견된다.
350. 이런 주장은 자주 대두된다. 가령 Dunn, *Galatians*, 161-162; Martyn, *Galatians*, 297-298 등. cf. 집회서 44:19-21; 마카비 1서 2:52; 희년서 17:15-18; 공동체 규칙 3:2; m. Abbot 5:3. 하지만 그렇다면 갈라디아서 5장 6절 같은 진술은 어떻게 이해할 수 있을까?
351. Cranfield, *Romans*, 224.
352. 여기서 우리는 가령 장해경, "구원을 얻는 믿음의 기원", 『신약신학저널』 1권 3호(2000), 278-302에서처럼, 믿음이 칭의의 '근거'냐 '방법'이냐 하는 물음을 다루는 것이 아니다. 사실 믿음이 조건이냐 수단이냐를 결정하는 것보다 더 근본적인 것은 이 믿음의 본질을 이해하는 것이다. 믿음 자체를 정확히 이해하지 못한다면, 이것이 근거인지 수단인지 논하는 일은 공허한 개념을 두고 교리적으로 다투는 결과가 되고 말 것이기 때문이다. 또한 믿음의 신적인 기원에 치중한 나머지 믿음이 인간론적 개념임을 망각하는 것 역시 중대한 실수일 것이다. 복음이 "인간이 보이는 반응과 상관없이" 언제나 하나님의 능력이라는 진술(298쪽)은 능력이 무엇을 향하고 있느냐를 잊고 있다는 점에서 아쉬움을 남긴다.
353. 창세기는 이 '약속'을 '언약'이라 부른다(15:18). '약속'이라는 말 자체는 구약 이후에 보편화되었다.

354. 구체적 자료는 Byrne, 'Sons of God' - 'Seed of Abraham' (1979) 제1장과 Hester, "Inheritance"를 참고하라.

355. 확실하다는 것은 신뢰할 만한 것으로 확증되었다는 것이지 이미 성취되었다는 것이 아니다. "하나님의 약속은 얼마든지 그리스도 안에서 예가 되니…"라는 고린도후서 1장 20절 역시 성취가 아니라 확실한 것으로 재확인되었다는 의미다. Dahl, *Studies in Paul* (Minneaspolis: Augsburg, 1977), 136.

356. 13절의 원문에는 동사가 생략되어 있다. "유효해진다"라는 것은 의미를 고려하여 첨가한 것이다. 개역개정은 "말미암은 것이다"라고 번역하고 있다.

357. 이것이 '근거'인지 '수단'인지 논하는 것은 현재 우리의 관심사는 아니다. 앞에 언급한(미주 352) 장해경의 논문을 참조하라.

358. Käsemann, *Romans*, 112.

359. 개역개정의 "죽은 것 같고"나 "죽은 것 같음을 알고도"는 아쉬운 번역이다. 새번역도 마찬가지다. 새한글성경은 "같고"를 지우고 올바르게 번역했다.

360. Byrne, *Romans*, 160.

361. 히브리서 11장 11-12절 역시 아브라함의 상태를 동일한 언어로 묘사하고 있다. 한편 여기서 바울이 '죽음'의 개념을 도입함으로써 그의 믿음을 부활신앙으로 명시하고, 또 이것을 오늘날 그리스도인들이 갖는 부활에 대한 믿음과 관련지으려 한다고 생각해 볼 수 있다.

362. *BDAG*는 이 구절을 "in hope"로 옮기기도 하고(252), "on the basis of hope"(287)로 옮기기도 한다. 우리는 대부분의 주석가들을 따라 이 구절이 아브라함의 믿음의 양상을 보여주는 것으로 해석한다.

363. 여기서 εἰς는 '…에 관하여'라는 의미를 가진다. *BDAG*, s.v.

364. 여기서 여격은 '측면의 여격(dative of respect)'으로서, '믿음에 있어서' 강해졌다는 의미다(NIV). 곧 믿음 자체가 강해졌다는 것이다. 앞 절(節)과의 상응을 고려하여 이를 수단적 의미로 해석할 수도 있지만(개역개정판), 그렇게 되면 '강해졌다'라는 말의 의미가 모호해진다는 어려움이 있다.

365. 1장과 4장의 언어적 관련 및 그 의미에 관해서는 E. Adams, "Abraham's Faith and Gentile Disobedience: Textual Links between Romans 1 and 4" in *JSNT* 65 (1997), 47-66을 참고하라.

366. 일부 사본들(D G K P 등)은 동사 앞에 οὐ를 첨가하여 '주목하지 않았다'라는 의미로 만든다. 이것도 나름대로 의미가 잘 통하지만, 대부분의 주석가를 따라 위에서 채택한 독법이 문맥에 맞는 것으로 간주한다. 가령 Cranfield, *Romans*, 247와 Käsemann, *Perspectives*, 92-93을 보라.

367. Käsemann, *Perspectives*, 90.

368. 이 절은 앞 문장과 연결된 관계사 구문이지만, 편의상 개역개정과 비슷한 방식으로 바꾸었다.

369. 히브리서 11장 19절에서와 같이 죽은 이삭이라도 살려내실 것이라는 믿음을 포함하는 것일 수도 있지만, 현재의 문맥에서는 그런 의도가 보이지 않는다. cf. Cranfield, *Romans*, 244.

370. 이 점에서 히브리서 11장 11-12절은 로마서 4장과 비슷하다. 여기서 보면 아브라함은 사라가 늙어 잉태할 수 없는 상황에서 "잉태할 수 있는 힘을 얻었으니" 이는 그가 "약속하신 이를 미쁘신(신실하신) 줄 알았기" 때문이다. 따라서 "죽은 자와 같은(방불한)" 이 한 사람으로 말미암아 하늘의 별, 바다의 모래같이 많은 후손이 나오게 되었다. 11절의 주어가 누구인가는 대단히 논란이 되는 문제인데, 우리는 아브라함을 주어로 보았다. 이를 위해서는 W. Lane, *Hebrews* (Dallas: Word, 1991), 344-345를 보라.
371. "그래서(διό)"는 지금까지 기술한 내용의 논리적 귀결을 제시한다. 곧 아브라함의 칭의는 지금까지 기술된 부활 신앙의 결과다.
372. 믿음은 앞을 바라보는 것이라는 점에서 소망의 다른 이름이라고 할 수 있다. Gorman, *Apostle*, 361.
373. 이 "우리"는 오늘날 우리에게까지 확대되는 개념이지만, 일차적으로는 바울 당시의 신자들을 가리킨다.
374. 이 구절은 의로움 자체를 미래적 소망으로 제시한다(2:13; 5:16 18,19,21). 로마서에서의 '칭의'는 현재적 측면과 미래적 측면이 서로 얽혀 있는데, 이 양자를 어떻게 설명할 것인가 하는 것은 주석가들의 숙제다. 반면 갈라디아서에서는 칭의가 '의의 소망'이라는 미래적 관점에서 다루어진다. 이에 대해서는 앞 4장 및 졸저, *Eschatology* 제3장을 참조하라.
375. 주석가들이 지적하듯, 복음의 논증이라는 면에서 볼 때, 아브라함을 통해 증명할 수 없는 것이라면 하나님의 복음이 될 수 없을 것이므로 아브라함을 언급하지 않을 수 없었다고도 볼 수 있다.
376. Cranfield, *Romans*, 251.
377. Cranfield, *Romans*, 252.
378. 특별히 칭의를 예수님의 피, 곧 십자가의 죽음과 관련시키는 로마서 5장 9절을 보라.
379. Käsemann, *Perspectives*, 95.
380. "그리스도께서 만일 다시 살아나지 못하셨으면 우리가 전파하는 것도 헛것이요 또 너희 믿음도 헛것이며 … 너희가 여전히 죄 가운데 있을 것이요"(고전15:14,17).
381. "없는 것을 있는 것같이 부르시고 죽은 자를 살리시는(4:17b) 하나님을 믿는 것은 경건치 않은 자를 은혜로 의롭다 하시는(4:25) 하나님을 믿는 것과 동일하다." Byrne, *Romans*, 156. Käsemann의 로마서 4장의 주해는 이 점을 매우 강력하게 논증한다.
382. 흔히 이 장은 '성화나 윤리'라는 제목하에 다루어지지만, 이것이 '칭의'와의 분리를 의미하는 것이라면 이것은 바울의 의도에 반하는 것이다. 바울은 '믿음'의 효과인 칭의의 실제적 면모를 드러내는 것뿐이다. Käsemann, *Romans*, 175-176을 참고하라.
383. 바울이 여기서 갑자기 이런 사상을 소개하는 것이 아니다. "알지 못하느냐"(롬6:3)라는 구절이 암시하는 바처럼, 이것은 누구나 아는 기독교적 상식에 속한 것으로 보는 것이 옳다. 물론 세례에 관해 바울이 말하고자 하는 바를 전부 깨닫고 있었다고 볼 필요는 없을 것이다. Byrne, *Romans*, 195.
384. 여기서 죄로부터 의롭다 하심을 얻는 것은, 죄책으로부터의 자유가 아니라 6장에서 계속 강

조되고 있는 것처럼 죄의 세력에서 벗어나는 것을 말한다. Byrne, *Romans*, 197; Käsemann, *Romans*, 170.
385. 물론 이것은 그리스도 사건이 미완의 과업으로 남는다는 의미는 아니다.
386. "알기 때문이다"로 번역한 동사는 분사인데, 문맥상 앞 8절의 진술에 대한 근거를 제공한다. 다른 견해로는 Cranfield, *Romans*, 313을 보라.
387. 졸저, *Eschatology*, 161-177.
388. 이것은 특별히 Käsemann, *Romans*, 107-108에서 강조되는 부분이다.
389. 이 단어('텔로스')는 여정의 '끝'일 수도 있고 최종 '목표'일 수도 있다(cf. 벧전1:9, 개역개정: "결국").
390. 믿음은 여기에 대한 예외 규정이 아니다. 바울은 이것을 "하나님은 외모로 사람을 취하지 않으신다"라는 명제로 표현하며, 성도들에게 "속지 말라"고 자주 경고한다. 로마서 2장 6-11절, 고린도전서 6장 9-11절, 갈라디아서 5장 21절, 6장 7-9절, 에베소서 5장 5-6절, 골로새서 3장 5-6, 25절 등을 보라. cf. 마태복음 7장 21-27절.
391. G. Fee, *Presence*, 507-508.
392. 갈라디아서 4장에서 바울은 "약속의 자녀"인 이삭을 "성령의 자녀"라고 부른다(4:28). 부활의 능력을 성령과 연결시키기 때문이다.

제7장 은혜: 하나님의 통치

393. 당시의 서신 양식에서 가장 단순한 인사말의 형태는 '카이레인(χαίρειν)'이라는 말로, 신약에는 야고보서 1장 1절 및 사도행전 15장 23절(예루살렘 공회의 후 예루살렘 사도들과 장로들이 안디옥 교회에 보낸 편지)에 나타난다. 개역개정에는 "문안하노라"라고 번역되었다.
394. 부르심도 "은혜"의 결과며(갈1:6), 종말론적 영생 또한 하나님의 은혜로운 선물이다(롬6:23). 그 사이의 삶이 하나님의 은혜에 의해 지탱되는 것은 "은혜와 평강"이라는 편지의 인사말이 잘 드러내 준다.
395. 윤종석 역, 『놀라운 하나님의 은혜』(서울: IVP, 1999). 우리의 논의는 은혜와 윤리 사이의 관계에 치중하는 것이므로, 많은 이들은 은혜 사건 자체에 대한 설명이 미진하다고 느낄 것이다. 그런 이들은 이 책에서 또 다른 의미의 도전을 받을 수 있을 것이다.
396. 이 책 제6장 1. 4) 참조.
397. 그는 "제자도의 요구가 빠진 죄 용서"를 값싼 은혜라고 불렀다. D. Bonhoeffer, trans. R. H. Fuller, *The Cost of Discipleship* (London: SCM, 1959/1937) 중 특히 Part 1을 보라.
398. 물론 하나님 편에서는 매우 비싼 값을 치르셨다는 것을 의미한다(벧전1:18-19). 그런 점에서 우리는 하나님께 "빚진" 자들이다(롬8:12).
399. 이 점에 관해서는 Moses Silva, *Biblical Words and Their Meanings* (Grand Rapids: zondervan, 1983), 특히 26-28쪽을 보라.
400. 첫 번째 목록에는 게바(베드로)와 그리스도가 포함되어 모두 네 개의 계파가 등장한다(1:12). 하지만 3장 4절의 계파 목록에 바울과 아볼로만 언급되고 있는 것으로 보아, 실제 고

린도에서 사역했던 이 두 사람의 이름이 교회 내 파벌들의 '인기 품목'이었던 것으로 보인다. G. Theissen, trans. J. H. Schlitz, *The Social Setting of Pauline Christianity* (Edinburgh: T&T Clark, 1982), 99-110.

401. 물론 고린도 교회 내에는 다양한 사회 계층이 혼재해 있었다. 이 점에 관해서는 G. Theissen, *Social Setting* (Edinburgh: T&T Clark, 1982), 69-119; Malherbe, *Social Aspects of Early Christianity* (Philadelphia: Fortress, 1983), 29-51; W. Meeks, *The First Urban Christians* (New Haven: YUP, 1983), 51-72 등을 보라. 하지만 바울의 어조는 그들 중 대부분은 하층민이었음을 시사한다. 이 점은 최근 J. J. Meggitt, *Paul, Poverty and Survival* (Edinburgh: T&T Clark, 1998)에 의해 강력하게 논증되었다.

402. A. Clarke, *Secular and Christian Leadership in Corinth* (Cambridge: CUP, 1993), 124-125. 또한 졸고, "바울과 십자가의 리더십", 김광건 편, 『하나님 나라와 리더십』 (서울: 웨스트민스터출판부, 2006), 145-175.

403. "주 안에서"(개역개정) 자랑한다는 말은 "주를 두고" 자랑한다는 뜻으로, 간단히 "주를" 자랑한다는 말이다.

404. J. Zmijewski, "καυχάομαι" in *EDNT* 2: 276-279, 특히 277.

405. 여기서 '안다'라는 것은 단순한 인지가 아니라, 자신의 사역의 원리로 삼는다는 의미를 갖는다. 그런 점에서 자랑한다는 말과 사실상 동의어라고 할 수 있다(cf. 빌3:3).

406. cf. M. Hengel, 김명수 역, 『십자가 처형』 (서울: 대한기독교서회, 1982), 15-25. 이 책은 2020년에 감은사에서 이영욱 번역으로 새로 나왔다.

407. 졸고 "바울과 성령", 『개혁신학』 17권 (서울: 웨신출판부, 2005), 65-69.

408. 바울은 서로 다른 두 단어를 사용하지만, 둘 사이에 의미상의 차이는 없다.

409. 로마서 14장 17절과 더불어 이 구절은 대개 천국의 속성에 관한 진술로 이해되어 왔다. 그렇지만 천국을 분명하게 미래의 종말론적 "유업"으로 규정하는 6장 9-11절에 비추어 볼 때, 이 구절의 전치사 ἐν은 장소적 의미가 아니라 수단적 의미로 사용된 것이 분명하다. 곧 바울은 미래의 천국에 들어가기 위한 삶의 방식에 관해 말하고 있는 것이다. 이는 "주여, 주여"하는 자가 아니라 "아버지의 뜻대로 행하는 자"들이 천국에 들어가리라는 마태복음의 말씀을 기억나게 한다(마7:21).

410. *Sola fide*의 원리가 은혜를 강조하는 문맥에서 나타나고 있다는 점은 T. J. Deidun, *New Covenant Morality in Paul, AB* (Rome: Biblical Institute Press, 1981), 45-50을 참고하라. 이 책은 이 은혜가 성령의 역사와 긴밀하게 연결되어 있으며 이것이 바로 기독교적 삶의 근거를 제공한다는 사실을 상세히 설명하고 있다.

411. Byrne, *Romans*, 129: "이는 하나님과 인간의 관계를 막고 하나님의 진노를 촉발하는 인간의 죄를 하나님께서 (그리스도를 통해) 없이하셨다는 의미다."

412. Byrne, *Romans*, 135-139.

413. 아브라함의 믿음에 관한 이 책 제5장의 논의를 참고하라.

414. 이 책 제5장의 5. 3) 항목을 참고하라.

415. 로마서 5장 2절에서는 은혜가 우리가 그리스도 안에서 믿음을 통해 존재하고 있는 일종의 영역으로 묘사된다.
416. 18절에서 생명에 "이르렀다"라는 과거형 동사는 본문에 없는 번역상의 첨가다. 17절과 21절의 분명한 미래시제에 비추어 볼 때, 여기서의 생명을 현재적 선물로 간주하는 것은 바울의 의도와 맞지 않는다(cf. 6:22; 8:13,23-25). 여기서 바울은 "(미래의) 영원한 생명"을 가져다주는, "(현재의) 칭의"에 관해 말하고 있다(cf. NIV).
417. 제2장 미주 114에 언급된 나의 글을 참고하라.
418. 육체의 욕심을 따라 "살았다"라는 의미로서, 개역개정의 "지내며"라는 번역은 다소 약하다. 표준새번역 참조.
419. 물론 이 '살리심'을 종말론적 의미의 '부활'과 혼동해서는 안 될 것이다. 우리가 죄로 '죽었다'라는 말과 우리가 죄에 대해 '죽었다'라는 말을 혼동해서는 안 되는 것과 같은 이치다.
420. 이 책 제2장 9절을 참조하라.
421. 하나님의 은혜가 우리 실천의 원동력이라는 사실을 사회 윤리적인 문맥에서 강조하고 있는 것으로는 스티븐 C. 모트, 이문장 역, 『복음과 새로운 사회』(서울: 대장간, 2002), 445-465와 스티븐 C. 모트 & 에스더 B. 브루랜드, 이문장 역, 『예수와 정의』(서울: 두레시대, 1994), 29-43이 있다. 이 장은 "구원과 은혜의 원인으로서의 은혜"라는 제목을 달고 있다. 여기서 저자들은 하나님께서 우리를 부르신 목적은 우리가 하나님의 은혜의 능력에 따라 살아야 한다는 사실과 우리가 "하나님의 은혜의 효과적인 통로"가 되어야 한다는 사실에 관해 말한다.
422. 이 책 제2장 참조.
423. 교육학(pedagogy)이라는 단어의 어원이다. '아이'를 제대로 된 성인으로 양육하고 가르치는 과정을 가리키는 포괄적 단어다.
424. 현재의 삶이 추수를 기다리는 씨 뿌림의 과정이라는 그림 언어 역시 같은 생각을 전달한다(갈6:7-9).
425. cf. 배재욱, "디도서 3장 4-7절에서의 중생($\pi\alpha\lambda\iota\gamma\gamma\epsilon\nu\epsilon\sigma\iota\alpha$)과 그의 전 역사", 『신약논단』(2005, 겨울), 921-951.
426. 십자가 사건이 성령의 유일한 원천으로 묘사되고 있는 갈라디아서 3장 1-5절과 고린도전서 2장 1-5절을 참고하라.